مبدأ قابلية قواعد المرافق العامة للتغير والتطوير
دراسة مقارنة

نشأة المرافق العامة الاقتصادية وتطورها التشريعي - الإطار القانوني لمبدأ قابلية قواعد المرافق العامة الاقتصادية للتغيير والتطوير - سلطة الإدارة في تطوير طرائق إدارة المرافق العامة الاقتصادية - التمييز بين الخصخصة والإدارة الخاصة للمرافق العامة الاقتصادية - عقد التزام المرافق العامة B.O.T - العقود الإدارية الأخرى لإدارة المرافق العامة الاقتصادية - التحكيم أسلوب فض منازعات إدارة المرافق العامة الاقتصادية - تطبيق القانون التجاري على المرافق العامة الاقتصادية - المركز القانوني للمستفيدين بالمرفق العام الاقتصادي.

الدكتور
حسن محمد علي حسن البنان
أستاذ القانون الإداري المساعد بجامعة الموصل

الطبعة الأولى
2014

المركز القومي للإصدارات القانونية
42 ش عبد الخالق ثروت - عمارة حلاوة - أعلى مكتبة الأنجلو - القاهرة
Mob: 01115555760 - 01002551696 - 01224900337
Tel:002/02/23957807 - Fax: 002/02/23957807
Email: walied_gun@yahoo.com law_book2003@yahoo.com
www.publicationlaw.com

عنوان الكتاب : مبدأ قابلية قواعد المرافق العامة للتغيير والتطوير

اسم المؤلف : حسن محمد علي حسن البنان

رقم الطبعة : الأولى

تاريخ الطبعة : 2014

رقم الأيداع : 2013/13416

الترقيم الدولي : 978-977-6223-77-6

عدد الصفحات : 384

المقاس : 17 × 24

ISBN 978-977-6223-77-6

9 789776 223776

المركـز القومـي للإصـدارات القانونيـة

42 ش عبد الخالق ثروت مدخل (أ) / 165 ش محمد فريد مدخل (ب) عمارة حلاوة أعلى مكتبة الأنجلو ومكتبة الأهرام - وسط البلد – القاهرة

Mob: 01115555760 – 01002551696 – 01224900337

Tel:002/02/23957807 – Fax: 002/02/23957807

Email: walied_gun@yahoo.com   law_book2003@yahoo.com

www.publicationlaw.com

بِسْمِ اللـهِ الرَّحْمَنِ الرَّحِيمِ

(مَا عِندَكُمْ يَنفَدُ وَمَا عِندَ اللـهِ بَاقٍ وَلَنَجْزِيَنَّ الَّذِينَ صَبَرُواْ أَجْرَهُم بِأَحْسَنِ مَا كَانُواْ يَعْمَلُونَ)

صدق اللـه العظيم

[سورة النحل: الآية 96]

شكر وتقدير

- نتقدم بخالص الشكر والتقدير للمركز القومي للإصدارات القانونية ...

- على الجهد الذي بذلـه لإخـراج هذا العمل على هذه الصورة المتميزة..

- **ونختص بالشكر السيد/وليد مصطفى**

رئيس مجلس الإدارة

- راجين له التوفيق فيما ينشره المركز من إصدارات تسهم في نشر الثقافة والمعرفة القانونية.

الدكتور
حسن محمد علي

إهــــداء

- إلى روح والديّ طيب الـله ثراهما
- إلى زوجتي وفاءً لصبرها
- إلى أبنائي علي وعمر وجوان
- إلى إخوتي وأخواتي

أهدي ثمرة هذا الجهد المتواضع

الدكتور

حسن محمد علي

بِسْمِ اللـهِ الرَّحْمَنِ الرَّحِيمِ

مقدمة

الحمد لله رب العالمين والصلاة والسلام على سيدنا محمد وعلى اله وصحبه أجمعين

أولا : مدخل تعريفي بموضوع البحث :

أن موضوع بحثنا هو مبدأ قابلية قواعد المرافق العامة للتغيير والتطوير، دراسة مقارنة في تطور نشاط المرافق العامة الاقتصادية وعلى التفصيل الأتي :

أ- مبدأ قابلية قواعد المرافق العامة للتغيير والتطوير

يجمع الفقه والقضاء على أن هناك مصادر أخرى للقانون إلى جانب التشريع الذي يراه البعض المصدر الرئيس للقاعدة القانونية، ومن هذه المصادر العرف والدين والفقه والمبادئ القانونية.

والمبادئ القانونية، هي قاعدة عامة قد تكون مكتوبة وهذه تصدر عن المشرع وهي مبادئ تشريعية لها كل ما للقواعد من إلزامية تستمد قوتها من كونها صادرة عن المشرع (وهي خارج نطاق بحثنا)

أما موضوع دراستنا فيدور حول المبادئ القانونية العامة غير المكتوبة والتي هي من وضع القضاء وسندرس أحد هذه المبادئ، وهو مبدأ قابلية قواعد المرافق العامة للتغيير والتطوير وخصوصا ما يتعلق بتطور نشاط المرافق العامة الاقتصادية.

لما كانت المرافق العامة تهدف إلى إشباع الحاجات العامة للمواطنين، وان هذه الحاجات العامة هي حاجات متطورة باستمرار لأنها وليدة متطلبات أفراد

المجتمع المتطورة. ومن ثم يكون للإدارة دائما تطوير المرافق العامة سواء من حيث نشاطها، أو من حيث أساليب وقواعد إدارتها، وذلك لكي يتسنى للمرافق العامة مسايرة حاجات الأفراد، ومن ثم يمكن دائما تطوير المرفق العام. تتمتع الإدارة إذن بسلطة تقديرية في تطوير المرفق العام، ولا يقيدها في هذا الشأن إلا شرط استهداف المصلحة العامة. ولا يكون لأحد حق الاعتراض على تطوير المرفق العام حتى لو أثر ذلك على مركزه القانوني.

والمقصود بقابلية قواعد المرافق العامة للتغيير والتطوير، منح الإدارة حق تعديل القواعد القانونية واللائحية التي تنظم سير العمل بالمرفق العام وتعديل أنماط خدماته حتى تكون متجاوبة باستمرار مع تطورات المصلحة العامة وتطورات العصر، وبما يمكنها من القيام بخدماتها للمنتفعين بأقل كلفة وبأساليب أفضل، ودواعي هذا التغبير كثيرة ومتنوعة.

فبالنسبة لطريقة الإدارة قد ترى السلطة الإدارية ان تعيد تنظيم المرفق بمنحه الشخصية المعنوية، أو تجدد نوع الخدمات التي يؤديها المرفق، أو كيفية الانتفاع به من جانب الجمهور، فإذا ظهر لها في أي وقت من الأوقات ان هذا التنظيم لم يعد يتفق مع المنفعة المرجوة من المرفق أو ان هناك تنظيما يكفل أداءها على وجه أفضل كان لها ان تلجأ إلى إعادة تنظيم المرفق فتجعل إدارته عن طريق الهيئة العامة بدلا من الإدارة المباشرة أو تختار نظام شركة الاقتصاد أو التأميم ... الخ. ولها ان تفرض رسوما على الانتفاع أو تخفض الرسوم الموجودة، أو تشدد من الرسوم المتطلبة ليكون للأفراد حق الانتفاع. وبمقتضى هذه الفكرة أنشئت للإدارة في خصوص تسيير المرفق العام حقوقا لا وجود لها في غير المرافق العامة تتمثل في قدرتها على تعديل نظام سير المرفق العام بإرادتها المنفردة وتعديل العقود الإدارية التي يكون الغرض منها تسيير المرفق العام، وكذلك قدرتها على تطوير أساليب إدارة المرفق العام الاقتصادي، ولا يقيدها ـ كما ذكرنا سابقا ـ إلا شرط استهداف المصلحة العامة.

إذا سلمنا للإدارة بهذه الامكانية بوصفها مبدأ عاماً من مبادئ القانون بشكل عام والمبادئ الحاكمة للمرافق العامة بشكل خاص، نكون اصطففنا منحازين إلى القضاء والى اغلب الفقه وما اقره المشرع. فان توصلنا الى هكذا نتيجة نجد أنفسنا ملزمين ببحث مظاهر هذا المبدأ واليات تفعيله من قبل الإدارة.

ب- تطور نشاط المرافق العامة الاقتصادية:

لقد تطور دور الدولة في العصر الحديث في مجال النشاط الاقتصادي على نحو جدير بالتأمل والمتابعة، ففي بداية الأمر لم تكن تتدخل الدولة في هذا النشاط الذي يقوم القطاع الخاص بمعظمه وفقا لمفهوم الدولة الحارسة، والذي يقتضي استبعاد تدخلها في الحياة الاقتصادية. وإذا كانت الدولة تدير بعض الأنشطة التجارية والصناعية فذلك على سبيل الاستثناء، ومن ثم يجب ان تفقد امتيازاتها التي تملكها في إطار مهمتها الطبيعية.

وقد تحول دور الدولة بشكل ظاهر في هذا المجال، ولم يكن هذا لأنها تنظم النشاط الاقتصادي فحسب، بل انها أصبحت تساهم فيه مباشرة أو بطريقة غير مباشرة بمرافقها، حيث تنتج الكهرباء والغاز والفحم والبترول والمواد الكيماوية، كما تسير القطارات وتنقل والطائرات. وهذا يشير إلى التحولات ذات الاعتبار لطبيعة الدولة وفقا لمفهوم الدولة المتدخلة، إذ ان ممارسة التجارة أو الصناعة لم يعد امرا استثنائيا بل انه جزء من انشطتها الأساسية ولم يعد في الامكان التمييز بين ما هو أساسي وما ليس كذلك. فالمرافق العامة الاقتصادية أصبحت مرافق عادية ومسألة تحديدها، ووصفها حدث له تحول كبير فلم يعد بالامكان تحليلها باعتبارها وضعا استثنائيا بيد ان صفتها لا تبدو هكذا موضوعية بحتة ومجرد هدف، ولكن تنتج بحسب الأصل من الأخذ بموقف سياسي واقتصادي. ولهذا يتعين ان يتم تحديد إيجابي لخصائص هذه المرافق حتى يمكن تمييزها عن غيرها من المرافق الإدارية، ومعرفة في أية حالة تطبق القواعد المتعلقة بها.

ولا يستطيع أحد إنكار النقد الـذي يوجـه إلى الدولـة عندما أرادت التـدخل في مجـال كـان في نظـر الكثـيرين لا يخصـها. فجهـات الإدارة غـير قـادرة عـلى اسـتغلال المشروعات الصناعية أو التجاريـة، ويرجـع ذلك بصفة أساسية إلى القواعد الجامـدة المعقـدة " المكاتب " فضـلا عـن الـروتين والخـوف مـن المسـؤولية، كـما ان أشـكال المحاسبات العامة (الحكومية) تحول دون تكوين راس مال للاستثمار، كل هذا يكون عائقا حيال ممارسة الدولة والهيئات المحلية للنشاط الاقتصادي. وقد أثار إيجاد معيـار لهذا النوع من المرافق العامة جدلا هاما على مستوى الفقه والقضاء. حيـث تنوعـت المعايير الفقهية وتعددت أحكـام القضاء. حيـث تكاثفت الجهـود للبحـث عـن نظـام للتطبيق يكون اكثر ملائمة لهذا النوع من النشاط.

وغالبا ما يكون القانون الخاص اكثر ملائمة للنشاط التجاري والصناعي، وهو الـذي يتعين بحسب الأصل ان يستمر في التطبيق، فيشمل بصفة خاصة كـل مـا يتعلق بتسيير المرفق الاقتصادي، أما تنظيمه فيخضع للقانون العام، وعلى ذلك نجد القـانون العـام والقـانون الخـاص متـداخلين في المرافـق العـامـة الاقتصادية دون ان تكون معايير تطبيقهما سهلة التحديد دائما.

وقد تنوعت الطرائق التي اتبعتها الدولة في تنظيم وادارة المرافـق الاقتصادية في محاولة منها للوصول إلى انسب الحلول، فحتى أوائل القرن التاسع عشر كانت المرافق الاقتصادية تدار أساسا تحت شكل الاستغلال المباشر ولم تكن المشاكل ظاهرة لان هـذه المرافق كانت تدار بطريقة اقرب لنظام المرافق العامة الإدارية.

مشكلة المرافق العامة الاقتصادية وجدت نفسها مطروحة منذ الوقت التـي بدأت فيه إدارتها الابتعاد عن الاستغلال المباشر لكي تعرف طرائقاً اكثر استقلالية منهـا طريقـة المؤسسـات أو الهيئـات العامـة والتـي ازدهرت كثـيرا سـواءً في

مصر أو العراق في العقود الاربعة من القرن الماضي. الا انه سرعان ما ظهرت أزمة المؤسسات العامة والهيأت العامة مما دعا المشرعون ومنهم المصري والعراقي -الى حد ما -الى هجر نظام المؤسسات والهيئات العامة والبحث عن وسائل اخرى لادارة المرافق الاقتصادية.

وتنعكس طرائق إدارة المرفق الاقتصادي باختيار طريقة معينة دون غيرها على تحديد النظام القانوني الذي يخضع له المرفق في تسييره وعلاقاته المختلفة وما إذا كان هو نظام القانون العام أو القانون الخاص.

ومن الملاحظ في فرنسا ومصر ان بعض هذه الطرائق خاصة طريقة الالتزام تشهد تطورا ملحوظا وظهرت أنواع جديدة منه ـ ولاسيما في مصر ـ بل وشمل التطور أيضا هيكل الاقتصاد القومي وانحصرت موجات التأميم، ولجأت الدولة سواء في فرنسا ومصر وكذلك العراق ـ بشكل محدود ـ إلى معالجة آثاره السلبية مستخدمة أسلوب القانون الخاص، وهو ما عرف بالعودة إلى نظام القطاع الخاص، أو الخصخصة.

ويتمثل التطور الحادث في إدارة المرافق الاقتصادية في اللجوء المتزايد إلى القطاع الخاص لادارة المرافق الاقتصادية، الأمر الذي أدى إلى تزايد واتساع دائرة تطبيق القانون الخاص في إدارة هذه المرافق وعلى حساب دائرة القانون العام.

ثانيا : أهمية موضوع البحث :

أن اختيار طريقة إدارة المرفق الاقتصادي أمر يتعلق في المقام الأول بتحقيق المصلحة العامة التي تبتغيها الدولة باتباع الأسلوب الذي يتلاءم وطبيعة هذا النوع من النشاط، وصولا إلى الهدف المنشود الذي تحرص عليه الدولة، وفقا لتطور الظروف الاجتماعية والاقتصادية في عصر يتزايد فيه كل يوم المشكلات الاقتصادية العالمية، والإقليمية على نحو يؤرق كثيرا من دول العالم بصفة عامة، والدول النامية بصفة خاصة.

ولعـل اختيارنـا موضـوع مبـدأ قابليـة قواعـد المرافـق العامـة الاقتصادية للتغير والتطوير يرجـع إلى ان إدارة النشاط الاقتصادي في الدولة، كانت منذ مـدة طويلة ومـا زالت حتى الآن محل اهتمام وجدل كبيرين على المستويين الإقليمـي، والعالمي، حيـث يتنازعها تياران مختلفان يتمثل أحدهما في الأخـذ بأساليب القانون الخاص، والآخر يتمثل في الأخذ بأساليب القانون العام وترجح كفـة أحـدهما الآخـر، تبعا للمعطيات الاجتماعية والسياسية السائدة في حقبة معينة. كل هذا لم يكن ليحدث إلا بوجود هذا المبدأ ولا شك ان تجارب بعض الدول الأخرى التي سبقت إلى اتباع أسلوب القانون العام والقطاع العام ثم رأت التحـول إلى القطاع الخاص في إدارة نشـاطها الاقتصادي، تقدم خير دليل يمكن الاسترشاد به في هذا المجال، كما انه من المفيد الوقوف على مـا وصلت إليه هذه الدول وبخاصة فرنسا ومصر في هذا الصدد، فسوف يفتح ذلك مجالا للمقارنة، وبالتـالي يمكـن مـن اقتراح تطويـر الأسـاليب المعمـول بها في العراق كفالة وتحقيقا اكثر للنفع العام، ذلك انه حيث تسعى الدولة إلى تحقيق التنميـة الاقتصادية باستخدام الإمكانات البشرية والمادية وصولا لحياة افضل ومستوى معيشـة لائـق لأفرادها. فلابد من ان يكون نقطة البدء هي اختيار طريقة إدارة النشـاط الاقتصادي على نحو يواكب واقع هذه الظروف الاجتماعية والاقتصادية وهو انعكاس لمبدأ قابليـة المرافق العامة الاقتصادية للتغيير والتطوير.

ومن ثم فان دراسة طرائق إدارة النشاط الاقتصادي وتطورهـا مـن خـلال المرفـق العام الاقتصادي على ضوء المعطيات الجديدة يمثل موضوعا أساسيا يمثل أهميـة كبيرة لدى الدولة والأفراد فهو يمس بحق صميم حياتهم.

ثالثا : مشكلة البحث :

تتمثل مشكلة البحـث في معالجـة الاتجاهـات المعـاصرة في إدارة المرافق العامـة الاقتصادية

رابعا : تحديد نطاق البحث :

أن مبدأ قابلية قواعد المرافق العامة للتغيير والتطوير، يسري على كل المرافق العامة ومنها الاقتصادية والذي سيقتصر البحث في المبدأ بخصوصها فقط، كما ان قواعد المرفق العام هي القواعد الدستورية والتشريعية واللائحية إلا أننا سنقصر البحث حول القواعد التشريعية، وكذلك الأنظمة مستبعدين القواعد الدستورية، واخيرا فان بحثنا سيكون مقتصرا على المرافق العامة الاقتصادية وبالتحديد المرافق العامة التجارية والصناعية دون البحث في المشروعات العامة.

خامسا : أهداف البحث :

1- عرض لفكرة قابلية المرافق العامة الاقتصادية للتغيير والتطوير، ومحاولة تأصيلها من الناحية القانونية والفلسفية، وبيان للعوامل التي تدعو السلطة العامة لإجراء التغيير والتطوير، وماهية القيود التي تعترض ممارسة السلطة العامة لسلطتها في التغيير والتطوير.

2- تقييم تجربة العراق في إدارة المرافق العامة الاقتصادية، ومحاولة رصد التطور الحادث في طرائق إدارة المرافق العامة الاقتصادية في كل من فرنسا ومصر، ثم إجراء المقارنة بين نظامنا القانوني في إدارة تلك المرافق من جهة والاتجاهات المعاصرة في إدارة المرافق الاقتصادية لها في الدولتين من جهة أخرى. ان هذه المقارنة ستتيح لنا اقتراح تطوير طرق إدارة المرفق العام الاقتصادي.

سادسا : منهجية البحث :

اتبعنا طريقة البحث المقارن مع فرنسا ومصر نظرا للعلاقات القانونية الوثيقة بين العراق، وهاتين الدولتين، إذ ان فرنسا هي منبع النظام المالي والإداري، فضلا عن ريادتها للقانون الإداري، ولان مصر صاحبة تجربة طويلة في

إدارة المشروعات العامة، هذا من جهة، ومن جهة أخرى، فان المشرع العراقي وزميله المصري قد تناوبا على اتباع وجهة نظر الطرف الآخر في كثير من الموضوعات، والتي كانت لهما فيها رؤية مشتركة ومن جهة أخيرة ان كل من فرنسا ومصر والعراق يشتركون في خاصية ازدواج القضاء. فضلا عن ان انتهاج المنهج المقارن يساعدنا على الوقوف على اوجه التشابه والاختلاف، وما يمكن الأخذ به في العراق إذا كان يتفق والظروف الاجتماعية والاقتصادية.

كما كان للجانب التطبيقي أيضا نصيب مهم، فلم يقتصر البحث على الجانب النظري من نصوص تشريعية، واراء الفقهاء، والشراح، ولكن كان الاهتمام أيضا بالجانب التطبيقي، الذي يكشف عن اوجه التطبيق المختلفة وكيفية معالجة الموضوعات التي تضمنها البحث.

وقد آثرنا اتباع أسلوب الأبواب في التقسيم لانه اكثر ملائمة واتفاقا مع طبيعة البحث على النحو الذي عرضناه.

خطة البحث :

بناء على ما تقدم تكون خطة البحث في فصل تمهيدي وبابين، فقد كان لزاما علينا ان يكون البحث في أبواب لان له جانبين أولهما : الجانب النظري حيث نحاول في الباب الأول بيان الاطار القانوني للمبدأ، في حين نتناول في الباب الثاني كيف يتم تفعيل المبدأ، على أن يسبق ذلك كله فصل تمهيدي نوضح فيه ماهية كل من المبدأ من ناحية والمرفق العام الاقتصادي من ناحية أخرى. وفي اعتقادنا ان نظام الفصول لا يخدم هذا النهج، وعلى ذلك تكون خطة البحث على الترتيب الاتي :

- **فصل تمهيدي :** مفهوم مبدأ قابلية قواعد المرافق العامة الاقتصادية للتغيير والتطوير.
- **الباب الأول :** الإطار القانوني لمبدأ قابلية قواعد المرافق العامة الاقتصادية للتغيير والتطوير.

- **الفصل الأول :** النظام القـانوني لمبـدأ قابليـة قواعـد المرافـق العامـة الاقتصـادية للتغيير والتطوير.
- **الفصل الثاني :** النظام القانوني للمرافق العامة الاقتصادية.
- **الباب الثاني** : سلطة الادارة في تطوير طرائق أدارة المرافق العامة الاقتصادية.
- **الفصل الأول** : الإدارة الخاصة للمرافق العامة الاقتصادية.
- **الفصل الثاني** : اتساع تطبيق القانون الخاص في إدارة المرافق العامة الاقتصادية.

ونختم الدراسة بأهم النتائج التي تم التوصل إليهـا مـن خـلال الدراسـة والبحـث المقارن، وتقديم أهم التوصيات التي نأمـل في أنهـا سـتعمل عـلى تطـوير طرائـق إدارة المرافق العامة الاقتصادية في العراق.

الفصل التمهيدي

مفهوم مبدأ قابلية قواعد المرافق العامة الاقتصادية للتغيير(*) والتطوير

ان مبدأ قابلية قواعد المرافق العامة للتغيير والتطوير كما قدمنا له من المبادئ العامة للقانون والتي لها مكانة التشريع ضمن مصادر المشروعية. يعني هذا المبدأ منح الادارة سلطة تغيير قواعد المرافق العامة وتطويرها بما ينسجم مع التطورات الحادثة في طبيعة الخدمات المراد إشباعها ووسائل تقديمها، الأمر الذي يقتضي تطوير طرائق إدارة المرافق العامة الاقتصادية التي تتولى مهمة تقديم هذه الخدمات.

ومن ذلك يتبين لنا أن موضوع البحث ذو جانبين أولهما يتمثل في مبدأ قابلية قواعد المرافق العامة للتغيير والتطوير، والجانب الاخر يتمثل في نشاط المرافق العامة الاقتصادية وتطويرها.

لذلك ارتأينا أن نمهد لهذه الدراسة بفصل تمهيدي جعلناه في مبحثين وعلى النحو الآتي :

- **المبحث الأول** : ماهية قابلية قواعد المرافق العامة للتغيير والتطوير.
- **المبحث الثاني** : ماهية المرافق العامة الاقتصادية

**) التغيير أما ان يكون صريحا أي ان تتضمن القاعدة القانونية نصا صريحا يقضي بإلغاء القاعدة القانونية واستبدالها بقاعدة قانونية أخرى وهو ما يسمى بالتبديل، أو ان يكون ضمنيا أي ان تتضمن القاعدة القانونية الجديدة نصا يتعارض مع نص قاعدة قانونية سابقة دون ان تنص صراحة على إلغائها، أو حين تعيد القاعدة القانونية الجديدة تنظيم موضوع سبق وان نظمته قاعدة قانونية سابقة، واعادة التنظيم أما ان تكون بشكل كامل وهو التبديل الكلي، أو ان يكون بشكل جزئي وهو التعديل. إذن يمكن أن يكون التغيير كليا بمعنى التبديل ويمكن ان يكون جزئيا بمعنى التعديل، لذا حبذنا استخدام لفظ التغيير ليشمل معنى التبديل والتعديل معا.

المبحث الأول

ماهية قابلية قواعد المرافق العامة للتغيير والتطوير

للإلمام بهذا الموضع يتعين علينا دراسة مدلول التغيير والتطوير في المطلب الأول، وحتمية تطور القانون في المطلب الثاني.

المطلب الأول

مدلول تغيير قواعد المرافق العامة وتطورها

تهدف المرافق العامة إلى إشباع الحاجات الجوهرية للأفراد، ولما كانت هذه الحاجات العامة دائمة ومتطورة لأنها وليدة رغبات الأفراد المتجددة كان للإدارة دائما الحق في تغيير أو تطوير القواعد التي تحكم المرافق العامة لكي تساير حاجات الأفراد وتواكب تطلعاتهم.

لذلك يكون منطقيا ان تخضع المرافق العامة لمبدأ أساسي وهو قابليتها للتغيير والتطوير في أي وقت، دون الوقوف عند مصلحة الأفراد الخاصة الذين قد يصيبهم ضرر من هذا التغيير طالما كان الهدف من التغيير تحقيق المصلحة العامة [1]. ويقصد بقابلية المرافق العامة للتغيير والتطوير انها تجيز للإدارة ان تتدخل في أي وقت لكي تجري تغييرا في المرافق العامة سواء من حيث نشاطها أو أساليبها أو طرائق إداراتها، دون ان يؤثر في استعمالها لهذا الحق إلا اعتبارات المصلحة العامة.

فإذا ما ظهر للإدارة في أي وقت ان تنظيم المرفق العام لم يعد متفقا مع المصلحة العامة التي أنشئ من اجلها[2]، أو ان هناك طريقة افضل لزيادة

---

(1) د. محمد انس قاسم جعفر، الوسيط في القانون العام، أسس واصول القانون الإداري، بلا سنة طبع، 1984 - 1985، ص221، د. انور احمد رسلان، القانون الإداري، دار النهضة العربية، القاهرة، 1994، ص269 وص270.

(2) د. محمد رفعت عبد الوهاب ود. عاصم احمد عجيله، أصول القانون الإداري، مطبعة نهضة مصر، القاهرة، 1984، ص194.

كفاءته، أو ان هناك تنظيما يكفل أداء الخدمة على وجه افضل كـان لهـا ان تجـري مـا تشاء من تعديل في تنظيمه فتجعل إدارته غير مباشرة بـدلا مـن الإدارة المبـاشرة، أو ان تفرض رسوما على الانتفاع بخدماته أو تخفض منها، ولا يقيـدها في ذلك إلا اسـتهداف الصالح العام، ولا يكون لأحد حق الاعتراض على التعديل الذي أجرته الإدارة سـواء مـن المنتفعين بخدمات المرفق العـام أو العـاملين فيـه أو التمسـك بقيـام حـق مكتسـب في استمرار نظام معين[1].

المطلب الثاني
القانون وحتمية التطور

لا جدال في ان القانون هو أحد الركائز الجوهريـة في حيـاة الإنسـان الاجتماعيـة، ولولاه لأصبح الإنسان مخلوقا مختلفا عما هو عليه الآن.

وقد دلت التجربة على ان القانون أحد القوى التي تساعد عـلى تحضـير المجتمـع الإنساني، كما دلت أيضا على ان نمو الحضارة قد ارتبط عـلى الـدوام بـالتطور التـاريخي لنظام من القواعد الشرعية ولجهاز يجعل تنفيذها فعالا ومنتظما[2].

أن القانون ظاهرة اجتماعية متصلة الحلقات، وكونه بهـذا الوصـف يوجـد بوجود الأفراد في جماعة لان الإنسان اجتماعـي بطبعـه، لا يعيش وحده وإنمـا

---

(1) د. مـاهر جـبر نصـر، الأصـول العامـة للقـانون الإداري، الكتـاب الأول، مكتبـة الجـلاء الجديـدة، المنصورة، 2001-2002، ص412. د. سليمان الطماوي، مبادئ القانون الإداري، دراسـة مقارنـة، الكتاب الثاني، دار الفكر العربي، القاهرة، 1973، ص211 وما بعدها.

Rivero(J) : droit admininstratif 10ed 1983 p.455 ets.

Vedel (G) : droit administratif 1973 p.418.

(2) لورد دينيس لويـد، فكـرة القـانون، تعريـب الأسـتاذ سـليم الصـويص ومراجعـة الأسـتاذ سـليم بسيسو، سلسلة عالم المعرفة، العدد 47، نوفمبر 1981، ص5.

يعيش في المجتمع، وهو أيضا نظامي بطبعه يميل إلى النظام ولا يستقيم أمره إلا به[1].

لقد ساير القانون وما يزال تطور الإدراك الإنساني، ولذلك قيل ان القانون قاعدة ـ أو هو مجموع ـ الحياة الإنسانية بكاملها[2].

ويلاحظ بصفة عامة ان التقدم الإنساني يسبق دائما التطور القانوني، لان القانون ثابت بطبعه والفكر الاجتماعي غير ثابت، فلابد ان تمضي مدة لكي يصبح القانون مسايرا للتطور الإنساني[3].

أن القانون في حاجة دائمة إلى تجديد شبابه ـ إذا لم يكن يريد النعاس في ثبات النصوص ـ فطابع المرونة فيه يجعله رفيق الحياة، في حين ان الخوف من عدم الاستقرار سيؤدي به حتما إلى الجمود.

فالقانون في أي عصر من العصور وفي أي شعب من الشعوب لم يكن حادثة من حوادث المصادفة، أو نزعة عرضية من نزعات المشرع، وانما هو وليد ظروف التاريخ وثمرة تطور المجتمع، ونتيجة لعوامل مختلفة سياسية واقتصادية وفكرية ودينية متصلة الحلقات متدرجة مع سنة التقدم والارتقاء[4].

ان تناهي النصوص وعدم تناهي الوقائع يعد ـ كما يذهب جانب من الفقه ـ أحد الأسباب الرئيسة إلى تطور الشرائع والقوانين[5]. فقد وصلت الأمم والشعوب

---

(1) يقول الاستاذان موريه وداني : " ان الإنسان إذا كان بطبيعته حيوانا اجتماعيا، فهو كذلك حيوان نظامي، أي انه يستشعر ضرورة القواعد المنظمة " انظر في ذلك الأستاذ صبيح مسكوني، تاريخ القانون العراقي القديم، ط1، 1971، ص9.

(2) د. عبد السلام الترمانيني، الوسيط في تاريخ القانون والنظم القانونية، مطبعة جامعة الكويت، 1982، ص8.

(3) د. محمد عبد المجيد مغربي، الوجيز في تاريخ القوانين، بيروت، 1979، ص215.

(4) أ. علي بدوي، ابحاث التاريخ العام للقانون، ج1، تاريخ الشرائع، ط3، 1947.

(5) د. صوفي ابو طالب، مبادئ تاريخ القانون، دار النهضة العربية، القاهرة، 1967، ص215.

إلى مرحلة تدوين القواعد القانونية في مجموعات قانونية محددة، وهذه المجموعات القانونية جاءت بطبيعة الحال لتقف عند الحالة التي وصلت إليها قواعد السلوك لدى الأمم والشعوب ولتحمل في الوقت نفسه مجموعة التصورات والافتراضات القانونية للوقائع التي يمكن أن تستجد في الحياة القانونية في حدود إمكانات المشرع الوضعي وقدرته على الإحاطة بحوادث المستقبل القريب أو البعيد. فالنصوص القانونية الواردة في المجموعات القانونية محددة ومحصورة ومعلومة سلفا، في حين ان الوقائع التي يتمخض عنها التطور الاقتصادي والاجتماعي تقع بصفة دائمة ومطردة، كما انها عرضة للتغيير بشكل دائم، الأمر الذي لا يمكن معه وضع مجموعة من النظريات يمكن ان تشمل كل الحوادث والوقائع المستقبلة هذا من جهة[1] ومن جهة أخرى لا يمكن ان تكون هناك نصوص قانونية لكل حادثة أو واقعة مستقبلة على هذه، وعليه يصبح تطور القانون أمرا ضروريا لا مفر منه ولا محيد عنه[2].

المبحث الثاني

ماهية المرافق العامة الاقتصادية

لم يعد نشاط الدولة قاصرا على وظائفها التقليدية من ضمان الأمن وتحقيق العدالة في الداخل وحماية البلد من الاعتداء الخارجي، فلم تكن تنشأ من المرافق إلا ما يتفق وطبيعة هذه الوظائف وهذه هي المرافق العامة الإدارية.

غير انه منذ الحرب العالمية الأولى بدأت الحكومات تتدخل في الميدان الاقتصادي بإنشاء مرافق عامة مهمتها القيام بأعمال تجارية أو صناعية، كالتي تقوم بها الأفراد أو الجماعات الخاصة متبعة في إدارتها أساليب وطرائق شبيهة

(1) د. السيد عبدالحميد فودة، تطور القانون، دار النهضة العربية، ط1، القاهرة، 2003، ص8.
(2) المصدر السابق، ص9.

بتلك التي يتبعها الأفراد واستغلال المشروعات الخاصة المشابهة وهـذه هـي المرافق العامة الاقتصادية[1].

وسيكون هذا المبحث في مطلبين وعلى الوجه الآتي :

◈ **المطلب الأول** : نشأة المرافق العامة الاقتصادية وتطورها التشريعي.
◈ **المطلب الثاني** : تعريف المرافق العامة الاقتصادية.

المطلب الأول

نشأة المرافق العامة الاقتصادية وتطورها التشريعي

لقد كان ظهور المرافق العامة الاقتصادية محددا ولكنه بفضل استخلاص القضـاء الفرنسي نظرية المرفق العـام الاقتصادي في حكـم عبـارة دلوكا عـام 1921[2]، واتسع نطاق هذا النوع من المرافق وزاد عددها وتباينت أنشطتها واختلفت أساليب إداراتها. وسنخصص هذا المطلب لبحث نشأة المرافق الاقتصادية وتطورها التشريعي في كل مـن فرنسا ومصر والعراق وسنخصص فرعا لكل منها.

---

(1) يطلق عليها بعض الفقه المرافق التجارية والصناعية كترجمة حرفية للمصطلح الفرنسي (Services publics industrial et commerciaux) إلا اننا نحبذ تسـميتها بـالمرافق الاقتصادية تمييزا لها عن المرافق الإدارية التي لا تدر بعضها أي دخـل، كـما ان نشـاطـها محتكـرا لمعرفـة الدولة في حين ان المرفق الاقتصادي ليس كـذلك، كـما ان النشـاط الاقتصادي لا يقتصر عـلى التجارة والصناعة إذ يشمل النشاط المالي والزراعـي. انظر عكـس هـذا الـرأي محمـد حامـد الجمل، نظرة جديـدة للمرافق العامة، ج1، مصر المعـاصرة، السنة 63، العـدد 350، اكتوبر 1972، ص145، هامش رقم 2.

(2) حيث ظهرت التفرقة بـين المرفق العـام الإداري والمرفق العـام الاقتصادي، إذ قضت محكمـة التنازع بان دعاوى المسؤولية الناشئة عن نشاط شركة غرب أفريقيا للنقل بالمعديات والتي تقوم على إدارة مرفق عام اقتصادي تخضع للقانون الخاص ولاختصاص المحاكم العادية. انظر تفاصيل هذه الدعوى ونتائجهد. عزت فوزي حنا، المرفق العـام الاقتصادي، رسالة دكتوراه، كلية حقوق عين شمس، 1992، ص53 وما بعدها.

الفرع الأول

نشأة المرافق العامة الاقتصادية وتطورها التشريعي في فرنسا

يمكن تقسيم مراحل نشأة المرافق العامة الاقتصادية في فرنسا وتطورها التشريعي فيما يأتي :

أولا : ساد مفهوم الاقتصاد الحر في فترةما قبل الحرب العالمية الاولى والذي بمقتضاه تلتزم الإدارة بعدم التدخل في النشاط الاقتصادي وكانت المرافق قليلة العدد وعلى سبيل الاستثناء[1]، وكان منها مرافق اقتصادية قومية وأخرى محلية وهذه الأخيرة تولدت عن مبدأ الاشتراكية البلدية الذي كان مشجعا للمشروعات المحلية الصناعية والتجارية، وصدرت عدة قوانين تتجسد فيها توجهات هذا المبدأ مثل قانون السلخانات في 1905/1/8 وقانون خطوط السكك الحديدية ذات المنفعة المحلية في 1913/7/21[2].

ثانيا : تدخلت الإدارة ما بين الحربين العالميتين في النشاط الاقتصادي بأشكال مختلفة، حيث اضطرت أثناء الحرب العالمية الأولى لإعاشة الأفراد المدنيين بواسطة مرفق التموين، وإنشاء الهيئة القومية للفحم، وكذلك الهيئة القومية للبنزين، والعمل في مجال النقل البحري بواسطة الناقلات الخاضعة لأوامر الحكومة[3].

ثالثا : كان التطور الأبرز عام 1921 صدور الحكم في دعوى عبارة دلوكا والذي كان له فضل الكشف عن نظرية المرفق العام الاقتصادي.

---

(1) Auby (J.M) et Ducos (K)، Ader grand Services publics etenterprises Nationales 1975 , p 71.

(2) Ibid Op.cit p.75.

(3) د. عزت فوزي حنا، المصدر السابق، ص13.

رابعا : لقد كان للتأميم[1] أثر كبير في تحويل الاقتصاد الحر إلى الاقتصاد الموجه، إذ صدر قانون ضبط الأسعار بقانون 1939، وتمويل المشروعات الكبرى بطريقة غيرة مباشرة بواسطة الصندوق القومي للأسواق، وإنشاء المؤسسة القومية للقمح والتي أصبحت المؤسسة القومية للحبوب، وفيما بعد سمح للحكومة ان تطبق على المشروعات المؤممة المعروفة بصناعة السلاح نظام الترخيص مع الرقابة وكذلك نظام الاقتصاد المختلط[2].

خامسا: حدث تطور في المرافق العامة الاقتصادية تمثل في مجالي الإنشاء والطاقة، إذ أنشئت هيئة الطاقة الذرية عام 1945، وظهرت الشركات العامة في مجال الأنشطة البترولية والكيماوية والدوائية، ونشأت هيئة الفحم الفرنسية، والشركة الكيماوية للفحم عام 1967، وعادت موجة التأميمات للظهور مرة أخرى في عامي 1981، 1982 إذ أممت قطاعات مهمة مالية وصناعية وتجارية ونشأت تبعا لذلك العديد من المرافق الاقتصادية والتي أخذت شكل الشركات العامة وهي على نوعين، أما الأول : شركات مساهمة تكون الدولة المساهم الوحيد فيها ،الثاني : شركات مختلطة قد تمتلك الدولة أغلبية رأس المال، أو ان تكون مساهمتها اقل من ذلك[3]. وكذلك

---

(1) إذ صدرت في الفترة ما بين ديسمبر (كانون الاول) 1945 إلى يوليو (حزيران) 1946 عدة قوانين بموجبها أممت العديد من المشروعات منها قانون تأميم بنك فرنسا الصادر في 1945/12/2، وقانون تأميم الغاز والكهرباء الصادر في 1946/4/8، وقانون تأميم الوقود المستخلص من المناجم الصادر في 1946/5/17. أشار إليهد. عزت فوزي حنا، المصدر السابق، ص17.

(3) De lau biadere (A) : Trait de droit administration de la economic 3ed 1977, p.177.

(4) Philipe Colson (J) : Droit public zconomigue, L.G.D.J. Paris 1977, p.243.

25

صدور المنشور الوزاري في 7 أغسطس 1987 الخاص بتفويض إدارة المرافق العامة المحلية إلى المشروعات الخاصة، وكذلك قانون 29 يناير 1993 بشأن عقود تفويض المرفق العام والتي يبرمها كل شخص عام إلى المشروعات الخاصة[1].

الفرع الثاني

نشأة المرافق العامة الاقتصادية وتطورها التشريعي في مصر

مر تطور المرافق العامة الاقتصادية في مصر بمرحلتين متميزتين مرحلة ما قبل ثورة يوليو 1952 ومرحلة ما بعد ثورة يوليو 1952 وعلى النحو الآتي :

أولا : مرحلة ما قبل ثورة يوليو 1952[2] :

ان السمة المميزة لهذه المرحلة هي سيطرة النظام الرأسمالي، وان ركيزة النظام الاقتصادي فيها هي المشروعات الخاصة والوطنية والتي تعمل في ظل نظام الاقتصاد الحر، وقد اتبعت طريقة الاستغلال المباشر في قطاعي البريد والسكك الحديدية والحقتهما بوزارة المواصلات[3]، كما لجئت إلى طريقة

---

(1) د. محمد محمد عبداللطيف، تفويض المرفق العام، دار النهضة العربية، القاهرة، 2000، ص 16 وص 18.

(2) للمزيد من التفاصيل بشأن النشاط الاقتصادي للدولة يراجع : د. اسماعيل صبري عبدالله، الإطار النظري للمشكلة التنظيمية في القطاع العام، مصر المعاصرة، السنة 52، العدد 330 اكتوبر، 1967، ص5 وما بعدها، وكذلك د. محمود سمير الشرقاوي، النشاط التجاري للمشروعات العامة، مجلة الحقوق، جامعة الاسكندرية، السنة 13، ملحق العدد 3،4، 1968، تقرير مقدم للمؤتمر القانوني الأول لكلية الحقوق، جامعة الاسكندرية، مايو، 1968، ص29، ود. أكثم أمين الخولي، دراسات في قانون النشاط التجاري الحديث للدولة، مطبعة نهضة مصر، 1961، ص 16 وص17 وص19.

(3) وذلك بموجب القانون رقم 7 لسنة 1919، الوقائع العراقية في 1919/6/5، العدد 543.

الالتزام لادارة المرافق العامة الكبرى كالتزام إدارة مرفق الكهرباء والغاز بمدينة القاهرة لشركة الغاز (ليون وشركاه) عام 1948، ولجئت الدولة أيضا إلى نظام الاقتصاد المختلط كبنك التسليف الزراعي بمقتضى القانون رقم 50 لسنة 1930[1]، والبنك الصناعي بموجب القانون 131 لسنة 1947[2].

ثانيا : مرحلة ما بعد ثورة يوليو 1952 :

يمكن تحليل التطور التاريخي والتشريعي للنشاط الاقتصادي للدولة من خلال البحث في ثلاث فترات وعلى النحو الآتي :

الفترة الأولى : فترة الدفع الثوري في الميدان الاقتصادي للفترة من يوليو (تموز) 1952 ويوليو (تموز) 1961. ويطلق على هذه الفترة الانتقالية فترة الدفع الثوري[3]، إذ لم يكن بالإمكان التعجيل بالإصلاح بل الترقب والحذر والتدرج البطيء هي سمة هذه الفترة، إلا انه يمكن ان نرصد اتجاه الدولة إلى نظام الشركات المختلطة[4]، وكذلك صدور قوانين التمصير للمشروعات الأجنبية[5]، واعتماد الدولة على سياسة التوجيه الاقتصادي التي تتمحور حول

(1) الوقائع المصرية في 1930/11/2، العدد 107.

(2) الوقائع المصرية في 1947/7/28 العدد70.

(3) د. حسني المصري، نظرية المشروع العام وقانون شركات القطاع العام المصري، ط1، بلا دار نشر، 1979، ص24.

(4) لقد كان للمجلس الدائم لتنمية الإنتاج القومي المنشأ عام 1953 دور بارز في الإسهام بالجزء الأكبر من رأس مال أهم المشروعات الإنمائية، راجع د. عزت فوزي حنا، المصدر السابق، ص26.

(5) يقصد بالتمصير بيع اسهم المشروعات الأجنبية إلى المصريين حتى تحل الملكية الوطنية محل الملكية الأجنبية، فقد اصدر المشرع في عام 1957 عددا من القوانين بهذا الصدد منها القانون رقم 22 والخاص بمزاولة أعمال البنوك، والقانون رقم 23 والخاص بالإشراف والرقابة على هيئات التأمين وتكوين الأموال والقانون رقم 24 والخاص=

توجيه القطاع العام للنشاط الاقتصادي في مجموعة ولا سيما الشركات المختلطة في ظل القوانين السائدة للشركات المساهمة.

وظهرت بدايات القطاع العام في عام 1957 إذ صدر القانون رقم 20 بإنشاء المؤسسة الاقتصادية والتي كان لها دورا في تنسيق الاستثمارات الحكومية والإشراف عليها وتوجيهها وفق مصالح الدولة[1]، ونجاح المؤسسة أدى إلى صدور القانون رقم 32 لسنة 1957 بشأن قانون المؤسسات العامة، وتبعه صدور القانون رقم 265 لسنة 1960 بشأن المؤسسات العامة ذات الطابع الاقتصادي[2].

الفترة الثانية : مرحلة القطاع العام وتبدأ من قوانين يوليو الاشتراكية 1961 إلى قوانين الانفتاح الاقتصادي. بصدور قوانين يوليو الاشتراكية 1961 اصبح من الضروري تطوير التنظيم التشريعي للقطاع العام، إذ كان الإشراف على الشركات المؤممة موزعا بين المؤسسات القائمة آنذاك ولم تكن العلاقة واضحة بينهما، لذا نشأت الحاجة إلى إعادة تنظيم القطاع العام وانشئت خمسون مؤسسة عامة يختص كل منها بنشاط نوعي محدد في قطاعات الاقتصاد والتجارة والخدمات والاستهلاك. وقد انعكس هذا التنظيم على التنظيم التشريعي للقطاع العام، فقد صدر قانون المؤسسات العامة رقم 60 لسنة 1963[3]، والقانون 32 لسنة 1966 الخاص بالمؤسسات العامة

= بتنظيم أعمال الوكالة التجارية، د. احمد رشيد، ظهور القطاع العام في الجمهورية العربية المتحدة، مجلة القانون والاقتصاد، السنة 37، العدد الثاني، يوليو 1967، ص161.

(1) إذ نصت المادة الأولى من هذا القانون على ان " أغراض المؤسسة هي تنمية الاقتصاد القومي عن طريق النشاط التجاري والصناعي والزراعي والمالي "

(2) د. علي يونس، النظام القانوني للقطاع الخاص والقطاع العام في الشركات والمؤسسات، دار الفكر العربي، القاهرة، 1967، ص452.

(3) د. اميرة صدقي، النظام القانوني للمشروع العام، رسالة دكتوراه، مقدمة إلى كلية الحقوق، جامعة القاهرة، 1971، ص50.

وشركات القطاع العام[1]، والقانون رقم 60 لسنة 1971 بشأن تعديل قانون المؤسسات العامة وشركات القطاع العام[2]، والقانون رقم 111 لسنة 1975[3].

الفترة الثالثة : فترة الانفتاح الاقتصادي التي تبدأ عام 1974، ان أهم ما ميز السياسة الاقتصادية في هذه الفترة هـو تطلعهـا إلى مسـاهمة أجنبية كبـيرة في تمويل التنمية على ان يأتي الجزء الأكبر من هذه المساهمة في صورة استثمارات عربية وأجنبية وليس في صورة قروض أجنبية[4]، لذلك اصدر المشرع سلسلة مـن التشريعـات لجعل ذلك النهج موضع التنفيذ مثل القانون رقم 43 لسـنة 1974[5]، والمعدل بالقانون 32 لسنة 1977[6]، والملغي بموجب القانون 230 لسنة 1989[7].

ومن ناحية أخرى فقد صدر القانون رقم 97 لسنة 1983[8] لمعالجة ما تكشف عن تطبيق القانون رقم 111 لسنة 1975 من نقص أو قصور، فضلا عن تنظيم وتطوير القطاع العام عـلى ضوء التنظيم الجديد للشركات المساهمة

---

(1) الجريدة الرسمية في 1966/8/15 العدد 184.

(2) الجريدة الرسمية في 1977/9/30 العدد 39.

(3) الجريدة الرسمية في 1975/9/18 العدد 38.

(4) وعلى الرغم من ذلك فقد تورطت مصر في الديون الخارجية خاصة قصيرة الاجل منها ذات الاعباء الباهضة لاسيما بعد حرب تشرين 1973 وبعد اتباع سياسـة الانفتاح الاقتصادي، د. جلال امـين، الـديون الأجنبيـة وازمـة مصر الاقتصاديـة، بحـث مقـدم إلى مـؤتمر بناء مصر الاقتصادي، مجلة المحاماة المصرية، العدد 1983/10/9، ص17 وما بعدها.

(5) الجريدة الرسمية في 1974/7/9 العدد 26.

(6) الجريدة الرسمية في 1977/9/9 أ /العدد 36

(7) الجريدة الرسمية في 1989/8/4 العدد 31.

(8) الجريدة الرسمية في 1983/8/4 العدد 37.

طبقا للقانون رقم 59 لسنة 1981[1]، ثم صدر القانون رقم 203 لسنة 1991، قانون شركات قطاع الأعمال العام، والذي نص في المادة الأولى منه " على حلول الشركات القابضة محل هيئات القطاع العام الخاضعة لاحكام القانون 97 لسنة 1983 على ان تأخذ الشركات القابضة شكل الشركات المساهمة، وتعتبر من أشخاص القانون الخاص ".

ونصت المادة الثانية على حلول الشركات التابعة محل الشركات التي كانت تشرف عليها هذه الهيئات.

والتطور الأحدث والأبرز في التشريعات المتعلقة بأنشطة المرافق العامة الاقتصادية هي تشريعات خاصة تقيد قانون عام وهو قانون الالتزام رقم 129 لسنة 1947 وتمثلت تلك التشريعات[2] في القانون رقم 100 لسنة 1996 بشأن تعديل بعض أحكام القانون رقم 13 لسنة 1976 في شأن هيئة كهرباء مصر والسماح للمستثمرين المحليين والأجانب للعمل في مجال الكهرباء، والقانون رقم 229 لسنة 1996 لتعديل بعض أحكام القانون رقم 84 لسنة 1986 بشأن الطرق العامة، والقانون رقم 3 لسنة 1997 بشأن منح التزامات المرافق العامة لإنشاء وادارة واستغلال المطارات وارض النزول، والقانون رقم 22 لسنة 1998 في شأن الموانئ المتخصصة.

(1) وتمثل ذلك في إلغاء المجلس الأعلى للقطاع واحلال هيئات القطاع العام محله، واختيار المشرع لنظام الهيئات العامة فيه إشارة واضحة إلى طابع المرفق العام لنشاط المشروع العام وخاصة ان المشرع في المادة الثانية اعتبره من أشخاص القانون العام، إلا ان اختيار المشرع لشكل الشركات المساهمة وإضفاءه على الوحدات الإنتاجية (وهي القاعدة العريضة للقطاع العام) كان محل جدل حول إلى أي من القانونين العام أم الخاص تنتمي هذه الشركة، ولقد حسم المشرع الجدل باعتبارها من أشخاص القانون الخاص.

(2) د. محمد محمد عبد اللطيف، الاتجاهات المعاصرة في إدارة المرافق العامة الاقتصادية، دار النهضة العربية، القاهرة، 2000، ص35، وكذلك د. جابر جاد نصار، عقود البوت **B.O.T** والتطور الحديث، دار النهضة العربية، القاهرة، 2002، ص5 وسنعود لشرح هذه القوانين تفصيليا عند دراسة عقود البوت.

الفرع الثالث

نشأة المرافق العامة الاقتصادية وتطورها التشريعي في العراق

من المعـروف ان المؤسسات العامة في العراق هـي أحـدى الطرائـق الأكـثر أهميـة لأدارة المرافـق العامة الاقتصادية، فهـي تمثـل الهياكـل الأساسـية الاقتصادية في الدولـة، واستتبع ذلك ضرورة تنظيم هذه المؤسسات وتطويرها لتتمكن مـن تحقيـق الأهـداف المرسومة.

ان ما وصلت إليه المؤسسة العامة في العراق لم يتحقق طفرة واحدة وانما سبقته ظروف واحداث كبيرة مهدت الطريـق للقطاع العـام في العـراق، وبصفة عامـة يمكن اجمال مراحل التطور في مجالات الدولة واهدافها على ثلاث فترات:

الفترة الأولى : من سنة 1921 - 1950[1] :

تميزت هذه الفترة ولاسيما في بداياتها بتواضع مجالات الدولة في مواجهة الحاجات العامة المتزايدة وكذلك تعطيل الكثير من الموارد غير المستغلة[2].

ومن أهم القوانين الصادرة في هذه الفترة القانون رقم 84 لسـنة 1931 بـالترخيص للبلديات في إنشاء المؤسسات التجارية والصناعية مثل مشروعات القـوة الكهربائيـة أو الترمواي أو بحسب نـص المـادة 44 " مـما يعـود عـلى الجمهـور بالراحـة وعـلى امـوال البلدية بالربح أو تؤدي إلى اعلاء شأن البضائع المحلية، كادارة المطابع أو معامـل الـثلج أو المياه المعدنية ... الخ "[3].

_____

(1) يراجع : عن هذه الفترة الاستاذان عماد الجواهري وعبـدالكريم كامـل، التجربـة الاقتصـادية في العراق 1921 ـ 1945، مجلـة بحـوث اقتصادية عربيـة، العـدد 3، خريف 1994، مـن ص4 ـ ص31.

(2) د. سعد العلوش، نظرية المؤسسة العامة وتطبيقها في التشريع العراقي، رسالة دكتوراه، جامعـة القاهرة، 1968، ص47 وما بعدها.

(3) المصدر السابق، ص48.

إلا ان ديون التدوين القانوني رأى في اقدام الحكومة عام 1949 على تأسيس شركة التامين - وهي مشروع تجاري - ما يتعارض مع نص المادة 8 من قانون التجارة العراقي رقم 60 لسنة 1943 " لا تعد الحكومة ودوائرها ولا البلديات واللجان والنوادي والجمعيات ذوات الشخصية الاعتبارية تاجرا وان قامت بمعاملات تجارية، إلا ان معاملاتها المذكورة تكون تابعة لإحكام قانون التجارة " وعلى ذلك يمكن القول بان المشرع العراقي في هذه الفترة قد اهتم بمبادئ الاشتراكية البلدية[1].

وقد صدرت مجموعة من التشريعات الخاصة بإنشاء مؤسسات صناعية وتجارية وزراعية منها القانون رقم 38 لسنة 1938 الذي أسس مصلحة بلدية في العاصمة أسندت إليها إدارة مرفق المواصلات وزودت بالشخصية المعنوية وبالاستقلال المالي والاداري وتديرها هيئة من أربعة أشخاص يترأسها المدير العام للمصلحة[2].

في الحقيقة ان تدخل الدولة في مجالات تحقيق التنمية الاقتصادية كان متواضعا إلى حد كبير اللهم بعض المشروعات القليلة. على سبيل المثال، في القطاع المصرفي ففي عام 1936 أسس المصرف الزراعي - الصناعي - وفي عام 1940 قررت حكومة رشيد عالي الكيلاني فصل المصرفين إلى مصرفين منفصلين متخصصين إلا ان ذلك لم يحدث لظروف الحرب إلا في عام 1946، وفي عام 1941 دخل رأس المال الوطني الحكومي مساهما في الصيرفة التجارية بتكوين أول مصرف تجاري عراقي هو مصرف الرافدين[3].

---

(1) د. سعد العلوش، المصدر السابق، ص48، 30 وهامشها رقم 3.

(2) الوقائع العراقية رقم 1643 لسنة 1938 والمعدلة بالقوانين الصادرة في السنوات 1941،1945،1950،1952.

(3) لقد كانت غاية المصرف الزراعي معاونة الزراع وانهاض الزراعة وتحسينها ولكن كان الاداء ضعيفا وكانت قروضه لكبار الملاك دون غالبية الزراع الذين كانوا في امس الحاجة إلى الائتمان، ولم يكن الحال احسن في المصرف الصناعي الذي أسس بموجب=

الفترة الثانية : من سنة 1950 إلى تموز (يوليو) 1964:

لقد كان أداء الدولة في النشاط الاقتصادي متواضعا إلى ان تم الاتفاق بين الحكومة العراقية وشركات النفط الأجنبية على رفع حصة الحكومة العراقية إلى 50% من مجموع الأرباح[1]. فقد تطور مفهوم الدولة بخصوص اعبائها من تحقيق التنمية وتطوير التيار الاقتصادي والاجتماعي وفقا لخطة موضوعة فلم يعد الأمر مجرد رخصة بل هو التزام تجاه هذه الأعباء[2].

وتجسيدا لهذا المفهوم تم إنشاء مجلس الاعمار بموجب القانون رقم 23 لسنة 1950[3] والذي عهد إليه بوضع البرنامج الاقتصادي والمالي الذي يقدمه مجلس الوزراء بهدف تنمية موارد العراق، وقد تمتع المجلس بالشخصية المعنوية والاستقلال المالي والإداري، وبميزانية خاصة ملحقة بالميزانية العامة للدولة. وفي الوقت نفسه خضع لرقابة رئيس الوزراء الذي كان يعد رئيسا للمجلس، وكذلك برقابة مجلس الأمة[4].

= القانون رقم 12 لسنة 1941 وكان الهدف من انشائه مساعدة الصناعات التي تفيد الاقتصاد العراقي. الاستاذان عماد الجواهري وعبدالكريم كامل، المصدر السابق، ص25.

(1) في 14 آذار 1925 تم توقيع اتفاقية الامتياز مع شركة النفط التركية والتي لم تعترف للعراق سوى بمقدار من العوائد قدرها 4 شلنات ذهب عن كل طن من النفط الخام ولمدة عشرين عاما اعتبارا من تاريخ البدء بتصدير النفط 1934 ـ 1954 على ان يرتفع مقدار هذه العوائد أو ينخفض كل عشر سنوات تالية بنسبة زيادة أو نقصان أرباح أو خسائر الشركة، وحدها الأدنى لمقدار العوائد بـ 2 شلن ذهب والحد الأعلى بـ 6 شلنات ذهب. الاستاذان عماد الجواهري وعبدالكريم كامل، المصدر السابق، ص 14 وص 15.

(2) د. سعد العلوش، المصدر السابق، ص 49 وص50.

(3) الوقائع العراقية عدد 2836 في 1950/5/27 وقد عدل هذا القانون بالقانون رقم 6 لسنة 1952 والمنشور بالوقائع العراقية عدد 3066 في 1952/2/24 والقانون رقم 25 لسنة 1952 والمنشور في الوقائع العراقية عدد 3076 في 1952/3/24.

(4) انظر : على التوالي م1 ف أ، م3 ف1، م2 ف1، م4 ف1، م1 ف أ، م3 ف د، من القانون رقم 23 لسنة 1950.

إلا ان المشرع العراقي لم يمهل مجلس الاعمار طويلا فألغـاه بموجب القانون 74 لسنة 1959 وحل محله مجلس التخطيط الاقتصادي والـذي تمتـع بكافـة صلاحيات المجلس الملغى[1].

الفترة الثالثة : تبدأ من قوانين يوليو (تموز) الاشتراكية سنة 1964:

كانت متطلبات الاتجاه الاشتراكي الذي اعتنقه المشرع العراقي مـن أهـم العوامـل المؤدية إلى إنشاء قطاع عام نتيجة لتأميم قطاعات كاملة من وسائل الإنتاج والمبادلـة ونقلها من القطاع الخاص إلى القطاع العام[2].

وتحقيقا لذلك صدر القانون رقم 98 لسنة 1964 [3] كأول قانون يتجه إلى إنشـاء المؤسسة الاقتصادية في العراق واصبح هـو المرجـع في شـأن إدارة المشروعـات المؤممـة وغيرها من المؤسسات التي تهتم بتنفيذ الخطة الاقتصادية للدولة[4].

في ظل القانون رقم 98 لسنة 1964 كانت المؤسسات الاقتصادية تتكون مـن ثـلاث مؤسسات وهـي المؤسسـات العامـة للصـناعة والتـأمين والتجارة. وارتبطت بمجلس الوزراء وتحدد اختصاصها في نطاق المشاركة في تنمية الاقتصاد

---

(1) د. سعد العلوش، المصدر السابق، ص 50 وص 51.

(2) المصدر السابق، ص 51 وص 52. ويـرى سيادتـه ان التطـور الحـادث في هـذه الفـترة كـان وليـد اعتبارات موضوعية منها الفهم الجديد لفكرة الملكية على ان لهـا وظيفـة اجتماعيـة وليست حقا مقدسا لا يمكن المساس به، ومنها أيضا الرغبة في تحقيق العدالة الاجتماعيـة النابعـة مـن روح المبادئ الإسلامية وبناء قطاع عام يعمل جنبا إلى جنب مع القطاع الخاص الـذي يخضع للتوجيه، وهذا هو جوهر الاشتراكية العربية.

(3) الوقائع العراقية 975 في 14 / 7 / 1964.

(4) تأثر المشرع العراقي إلى حد كبير بزميله المشرع المصري في اتجاهه بشـأن السياسـة التشريعيـة للمؤسسات العامة وفقا للقانون المصري رقم 32 لسنة 1957 إذ يقول الأستاذ حامد مصطفى : " ان المشرع العراقي لم يكن يملك تشريعا عامـا لنظريـة المؤسسـات العامـة كالقانـون المصري رقم 32 لسنة 1957 ... " راجع مؤلفه : النظام القانوني للمؤسسات العامة والتـاميم في القانون العراقي، بغداد، 1965، ص 168 وما بعدها.

القومي. وتتلخص المهام الطبيعية للمؤسسة الاقتصادية في تنمية الأنشطة ذات الطبيعة الصناعية والتجارية.

لم يكن القانون رقم 98 لسنة 1964 في مستوى الطموح واثبت عدم كفايته بسبب توسع القطاع العام، مما أدى إلى إلغائه وإصدار قانون المؤسسات العامة الجديد رقم 166 لسنة 1965[(1)]، والذي بموجبه اصبحت المؤسسات العامة تابعة للوزارات الخاصة بمباشرة نشاطها النوعي واشار القانون الجديد إلى تأليف مجلس اعلى للمؤسسات يتولى مهمة رسم السياسة الاقتصادية لها ويشرف على تنفيذها وينسق العمل فيما بينها[(2)].

ولقد منح القانون المذكور آنفا صلاحيات واسعة للمؤسسة العامة للصناعة ومنها حق الاشراف على كافة المنشآت الصناعية في العراق على الرغم من تباين أنشطتها، الأمر الذي أدى إلى إلغائها بموجب القانون رقم 90 لسنة 1970، والذي انشا مجموعة من المؤسسات النوعية متبعا في ذلك خطوات المشرع المصري في عام 1961 بإنشاء المؤسسات العامة النوعية[(3)]، وبموجب القانون رقم 90 لسنة 1970 استعيض عن المؤسسة العامة للصناعة بست مؤسسات عامة تتبع وزارة الصناعة مباشرة، ويتبع كل منها عدد من الشركات العامة.

وبموجب القرارين 117و118 الصادرين من مجلس قيادة الثورة المنحل عام1987 ألغيت المؤسسات العامة التابعة لوزارتي الصناعة والمعادن والصناعات الخفيفة[(4)]. وبذلك أصبحت المنشأت التابعة للمؤسسات الملغاة وكذلك المعامل والشركات العامة التابعة لهذه المنشات تمارس النشاط الاقتصادي للدولة بدلاً من المؤسسات الملغاة.

---

(1) الوقائع العراقية العدد 1205 في 1965/12/9.

(2) راجع : المادة 7 من القانون المذكور.

(3) فواز خالد عبد العزيز المختار، المؤسسة العامة وتطور نظامها القانوني في التشريع العراقي، رسالة ماجستير مقدمة إلى كلية القانون، جامعة الموصل، 1996، ص 119 وص120.

(4) المصدر السابق، ص 120.

ثم صدر قانون الشركات العامة المرقم 22 لسنة 1997 وبموجب المادة (40) منه تم تحويل جميع الوحدات الاقتصادية التابعة للقطاع الاشتراكي الممولة ذاتياً والتي تمارس نشاطاً اقتصادياً الى شركات عامة ومن الممكن " كما سنرى لاحقاً أن يكون نشاط هذه الشركات نشاطاً مرفقياً اقتصادياً مثل الشركة العامة للبريد والاتصالات والشركة العامة للسكك الحديدية والشركة العامة لأنتاج لطاقة الكهربائية.

وبموجب المادة 35 من القنون المذكور تمثل التطلع الاقتصادي في جواز تحويل الشركات العامة الى شركات مساهمة ".

المطلب الثاني

تعريف المرافق العامة الاقتصادية

سنعرض لموقف المشرع والفقه في كل من فرنسا ومصر والعراق من تعريف المرفق العام الاقتصادي[1] وسنخصص لكل منها فرعاً وعلى الوجه الآتي :

---

(1) سنقتصر في عرضنا على موقف المشرع والفقه من أنظمة هذه الدول دون القضاء ذلك لأن مسألة تعريف المرفق العام الآقتصادي لم تحظ بأهتمام القضاء الاداري الفرنسي بل كان سعيه الدؤوب الى التمييز بين هذا المرفق من ناحية والمرفق العام الاداري من ناحية أخرى، فقد كان يضفي الصفة الاقتصادية على المرفق العام عندما يشابه المشروعات التجارية في ثلاث نواح هي محله، ومصدر تمويله، وأوضاع تسييره. راجع في ذلك : مجموعة الأحكام الصادرة من القضاء الأداري وكذلك محكمة التنازع لاسيما في دعوى (SARAPOL) أشار اليهد. صلاح يوسف عبد العليم، اثر القضاء الاداري على النشاط الأداري للدولة، رسالة دكتوراه مقدمة الى كلية الحقوق، جامعة عين شمس، 2000، ص165وص166. وكذلك كان يرجع في تكييفه لطبيعة المرفق الى النص القانوني أو اللأئحي الذي أنشأه ولا يقيد نفسه بالتفسير الحرفي للنص اذا كان لائحياً، وانما يأخذ بمجموعة من المعايير أو الدلائل أهمها طبيعة المرفق، الطريقة التي اتبعتها الدولة في تنظيمه، موضوع النشاط الذي يمارسه، الظروف والأوضاع التي يمارس فيها نشاطه، فأذا كان مجموع هذه العناصر يجعل المرفق قريباً من المشروعات الخاصة فأنه=

الفرع الأول

موقف المشرع والفقه في فرنسا من تعريف المرفق العام الاقتصادي

سنعرض تباعاً لموقف المشرع والفقه وعلى الوجه الآتي :

أولاً : موقف المشرع : لم يبذل المشرع أو السلطة التنفيذية أية جهود في هذا الصدد فقد كان له وجهات نظر في مجالات معينة، ففي المجال الضريبي تنص المادتان 165،167 من قانون 16 ابريل(نيسان) 1950 ملحق 4 من التشريع العام الضريبي على المرافق الخاضعة للضرائب المفروضة على التجارة الخاصة، كما بين قانون 19 يوليو(تموز) 1948 المنوط به الرقابة المرافق التي تتبع لجنة مراجعة الحسابات[1].

أما في مجال قوانين العمل ومنها قانون أول يوليو(تموز) 1950 الذي حدد المرافق التي لا ينطبق عليها قانون منازعات واتفاقيات العمل الجماعية.

= يعد مرفقاً صناعياً أو تجارياً على حسب الأحوال. وعليه فأن القضاء ينظر الى عنصرين : عنصر شخصي يتمثل في الإرادة الحقيقية للإدارة والتي تظهر من الأسلوب الذي اختارته لإدارة المرفق، وعنصر موضوعي يتمثل في طبيعة النشاط الذي يمارسه المرفق من الناحية الفعلية وهل هو إداري أم اقتصادي. أنظر: الأحكام الصادرة من محكمة التنازع.

T.C 23 novembre : 1959. mobiliere et immobiliere de meunerie , R. D. P. 1960. p676. T.C. 26 octber 1987. centre francais. du commerce externeur , J.C.P. 1989 11 no 2104.

أشار الى الحكمين د. عزت فوزي حنا، المصدر السابق، ص 112

VEDEL (G) et DELVOLVE (P.) ،droit administratif paris puf. 1992 1,2 , p618 et p.748.

أما في مصر والعراق فلم تنل مسألة تعريف المرفق العام الاقتصادي وكذلك تمييزه عن المرفق العام الاداري من لدن القضاء الاداري بنفس درجة الاهتمام التي حظيت بها في فرنسا، وذلك مرده الى ان قواعد اختصاص القضاء الاداري واضحة في كل من البلدين.

(1) د. عزت فوزي حنا، المصدر السابق، ص72.

فقـد اطلــق المشرع الصـفة الصـناعية والتجاريـة عـلى بعـض المرافـق التـي سنستعرضها عند البحث في معايير المرفق الاقتصادي[1].

ثانياً : موقف الفقه يرى جيز(Jeze)[2] ان تقتصر عبارة مرفق عام على المرافق الإدارية وحدها، وان تطلق عبارة مشروعات عامة على المرافق الاقتصادية (الصناعية والتجارية) التي تديرها الدولة والأشخاص الإدارية الأخرى.

ويرى المفوض لاتورنير (Lautournerie) بأنه مشروع يخضع لسلطان الإدارة بطريقة مباشرة أو غير مباشرة، ويقوم بنشاط تجاري عـن طريق تقديم حاجات للجمهور، مقابل تحصيل قيمتها، ويخضع للنظام القانوني المقرر في القانون الخاص[3].

ويعرفه الفقيه شافنون (Chavanon) بأنه " مشروع إداري يقدم خدمات للأفراد من خلال ممارسة الأعمال التجارية على وجه الاعتياد، دون ان يكتسب صفة التاجر، بمفهوم القانون الخاص فهو أولاً مرفق عام ثم بعد ذلك مرفق تجاري"[4].

ويذهب الفقيه رولانـد (Rolland) إلى ان مـا يميـز المرافـق التجاريـة والصـناعية في رأي الفقـه الفرنسي انهـا تقـوم بـأعمال تجاريـة وفقـا للتعريـف المنصوص عليه في قانون التجارة بالنسبة لهذا النوع من الأعمال ولهذا فان فقهـاء القانون العام يعرفون المرافـق التجاريـة والصـناعية بأنها " المرافـق التـي تكـون موضوع نشاطها القيام بعمليات تجارية وصناعية، كالشراء بقصد البيع أو شراء

---

(1) المصدر السابق، ص73.

(2) JEZE : les principes generaux du droite administratif T. 11 1998. p 7.

(3) R.D.P: 1934, p.130 et Siery 1935.385

أشار اليه د. عزت فوزي حنا، المصدر السابق.

(4) Chavanon (C): op. cit, p 164.

المواد الأولية بقصد صنعها وتحويلها أو بيعها في صورتها الجديدة بعد صنعها أو تحويلها"[1].

الفرع الثاني

موقف المشرع والفقه في مصر من تعريف المرفق العام الاقتصادي

لم يعرف المشرع المرافق العامة الاقتصادية لان التعريف ليس من عمله وانما هو من عمل الفقهاء، فمنهم من يرى أن المرافق الصناعية والتجارية مشروعات صناعية وتجارية تقوم بنشاط مماثل للنشاط الذي يتولاه الأفراد والجماعات الخاصة وتتوافر لها في الوقت نفسه جميع الصفات المميزة للمرافق العامة وتخضع لاحكام القانون العام والقانون الخاص معا كلٌ في نطاق محدد[2].

بينما يرى البعض الآخر ان أساس هذه المرافق هو قيام نشاط من جنس نشاط الأفراد والذي يمثل طابع الدولة الحديثة القائمة على المبادئ الاشتراكية والاقتصاد الموجه لاسيما بعد الحربين العالميتين الاخيرتين، وان هذه المرافق لا تقتصر على الهيئات الإدارية، بل يمكن ان يزاول الأفراد نشاطا من النوع نفسه. ويعمل المرفق العام والمشروع الخاص معا الأمر الذي يؤدي إلى منافسة بينهما نتيجتها من صالح الافراد[3].

وينعقد إجماع الفقهاء على ان المرفق العام عبارة عن مشروع أي نشاط منظم تمارسه مجموعة بشرية مستعينة بوسائل مادية وفنية وقانونية لتحقيق

---

(1) Rolland ،Cours de droiT Administrtif , p.51.

(2) د. محمد فؤاد مهنا، مبادئ واحكام القانون الإداري في ظل الاتجاهات الحديث، دراسة مقارنة، منشأة المعارف، الإسكندرية، بلا سنة طبع، ص249.

(3) د. سليمان الطماوي، الوجيز في القانون الإداري، دار الفكر العربي، القاهرة، 1988، ص304، وكذلك مبادئ القانون الإداري، الكتاب الثاني، نظرية المرفق العام، دار الفكر العربي، القاهرة، 1979، ص9.

غـرض معـين ومـن ذلـك يبـين ان كـل مشـروع عـام أو خـاص يحتـوي علـى هـذه العناصر[1].

فمن المسلم به ان المرفق العام مشروع تنشئه الدولة بقصد تحقيق غرض مـن أغراض النفع العام وان العناصر التي يتكون منها المرفق العـام ثلاثـة، وهـي ان الدولـة التي تنشأ المرفق العام، وانه ينشا بقصد تحقيق غرض مـن أغـراض النفع العـام، وانـه يخضع للسلطة العامة.

أما ما يتعلق بركن المشروع، فهو يحتـوي علـى عناصـر اولهـا المجموعـة البشرية المتكونة من هيئة توجيهية أو تنظيمية تقـوم بالتوجيـه العـام ووضع الخطط وهيئـة تنفيذية تقوم بنقل القرارات والخطط إلى حيز العمل والتنفيذ وكذلك موظفين وعمال يـأتمرون بـأوامر الهيئـة التنفيذيـة ويمارسـون النشـاط الـذي يستهدفه المشـروع. وثاني العناصر هي ممارسة المجموعة البشرية لنشاط معين بقصد تحقيق هدف معين وهو تحقيق النفع العام، والعنصر الأخير هـو استعانة المشروع في سبيل تحقيق اغراضـه بوسائل متعددة قانونية وفنية ومادية[2].

وان الإدارة حين تنشئ مرفقا اقتصاديا ينبغي ان يكون هدفها في ذلك تحقيق النفع العام لا الرغبة في الحصول علـى أربـاح، فالحاجـات التـي تشبعها المرافق الاقتصادية، مثل تلك التي تشبعها المرافـق الإداريـة، تجمعهـا انهـا ذات نفـع عـام[3]، وان الحاجـات العامـة في تطـور مسـتمر وتزايـد بفعـل تطـور المجتمـع، فيزيـد

---

(1) د. عثمان خليل، القانون الإداري، ط2، بـلا دار نشر، 1950 – 1951، ص7 ومـا بعـدها. ود. ماجد راغب الحلو، القانون الاداري، منشأة المعارف، الاسكندرية، 1982، ص279.

(2) د. محمود محمد حافظ، نظرية المرفق العـام، دار النهضة العربيـة، القاهرة، 1981-1982، ص22 وما بعدها. و د. محمد علي أبو عمارة، النظام القانوني للمرافق العامة في قطاع غزة، دراسة تطبيقية لنظام الادارة المحلية والتعليم العالي، رسالة دكتوراه، كلية حقوق عين شمس، 1991، ص82.

(3) د. توفيق شحاتة، مظهر مـن مظاهر تـدخل الدولة في الميـدان الاقتصادي، المرافـق العامـة الاقتصادية، مجلة مجلس الدولة، السنة الثانية، 1951، ص466 و ص467.

ضغط الأفراد على السلطة العامة لانشاء المرافـق العامـة لاشباع تلك الحاجـات ذات النفع العام، وهو ما يستدعي تدخل السلطة العامة.

وبالنسبة لخضوع المشروع ذو النفع العام لهيمنة السلطة العامة أو الحكام يـرى بعض الفقه. ان هذا الركن من أهم اركان المرفق العام لانه العنصر المميز لـه عـن المشروعات الخاصة، لان الركنين السابقين يتـوافران سـواء بالنسبة للمرافق العامـة أو المشروعات الخاصة. والكثير من هذه المشروعات الاخيرة تستهدف تحقيق النفع العـام وشأنها في ذلك شأن المرافق العامة. إلا انها تسمى بالمشروعات الخاصة محتفظـة بهذا الطابع الخاص وهو عدم خضوعها لهيمنة الحكام[1]. ان المقصود بهيمنـة الحكـام هـو خضوع المرفق في ادارته للسـلطة الحاكمـة أي ان للاخـيرة الكلمـة العليـا في الإدارة فلا يكفي حق الرقابة أو حق التفتيش أو حق الموافقة على النظام الداخلي لأنها تعد مـن ضمن اعمال الضبط التي تتمتع بها الدولة كقاعدة عامة ازاء المشروعات الخاصـة علـى اختلاف انواعها.

عليه يجب لكي يعتبر المشروع مرفقا عاما ان تكون الكلمـة النهائيـة فيمـا يتعلـق بادارته للسلطة العامة، فهي أما ان تدير المشروع بنفسها بوساطة عمالها وموظفيها، أو ان تشـترك اشتراكا فعليا بوساطة مندوبيها مـع تلـك الإدارة علـى ان يحـتفظ لهؤلاء المندوبين بالرأي الأعلى كما هو الحال في المرافق التي تدار بطريق الاقتصاد المختلط، أو ان يكون لها الحق في تعديل نظم المرفق وتوجهه، كما هو الحال في المرافق التـي تـدار بطريق الامتياز[2].

ان خضوع المرافق العامـة لهيمنـة الحكـام يعتـبر عنصرا متميزا عـن عنصر استعمال وسائل وامتيازات السلطة العامة، إذ ان هـذين العنصرين غـير متلازمين

---

(1) د. محمود محمد حافظ، نظرية المرفق العام، مصدر سابق، ص27.
(2) د. محمد فؤاد مهنا، حقوق الأفراد ازاء المرافق العامـة، مصدر سابق، ص176 وص177، ود. محمود محمد حافظ، نظرية المرفق العام، مصدر سابق، ص27.

دائما، فقد نكون بصدد مشروع خاص يتمتع ببعض امتيازات السلطة العامة، وهذا شأن المشروعات الخاصة ذات النفع العام، لذا يمكن القول بان عنصر استعمال وسائل السلطة العامة لايندمج في عنصر هيمنة الحكام وان كان يقترن به في معظم الأحيان. وعليه يكون الخضوع لسلطة الحكام هو وحده العنصر المميز للمرافق العامة عن المشروعات الخاصة، وبالتالي يعتبر ركنا في تعريف المرفق العام[1]. وعليه يجب لاعتبار والمشروعات العامة الاقتصادية مرافق عامة ان تتوفر فيها الاركان الثلاثة من مشروعات ذات نفع عام تخضع لهيمنة الحكام.

لذا لا يمكن اعتبار كل مشروع اقتصادي تديره الدولة مرفقا عاما بل يجب ان يهدف إلى إشباع حاجة عامة ويحقق نفعا عاما. وفي الحقيقة ان تحقيق النفع العام بالنسبة للمرافق الاقتصادية يتمثل في تحقيق التنمية الاقتصادية[2].

ولما كان للمفهوم الموضوعي الاولوية في تقديرنا مع بعض الفقهاء فانه يكفي لكي نجد انفسنا أمام مرفق عام ان يكون هناك نشاط يحقق مصلحة عامة اتجهت نية السلطات العامة إلى اعتباره مرفقا عاما[3].

---

(1) د. محمود محمد حافظ، نظرية المرفق العام، مصدر سابق، ص32 وص33.

(2) يعرف د. علي لطفي التنمية الاقتصادية بأنها " إجراءات وسياسات وتدابير متعددة تتمثل في تغيير بنيان وهيكل الاقتصاد القومي وتهدف إلى تحقيق زيادة سريعة ودائمة في متوسط دخل الفرد عبر فترة ممتدة من الزمن وبحيث يستفيد منها الغالبية العظمى من الافراد " راجع : مؤلفه الموسوم التنمية الاقتصادية، مكتبة عين شمس، 1979، ص164. وقد ميز بعض الفقهاء بين التنمية الاقتصادية من جانب والنمو الاقتصادي أو الرقي الاقتصادي من جانب آخر فالاخير يعني " تزايد المتوسط الفردي من إنتاج السلع والخدمات بنسبة تفوق نسبة عدد السكان في دولة معينة "، أما التنمية الاقتصادية فهي تحقيق النمو بتدخل السلطات العامة لغرض معالجة التخلف ورفع مستوى معيشة السكان. د. زكريا احمد نصر، العلاقات الاقتصادية الدولية، مطبعة نهضة مصر، 1954، ص 393 وص 397 وما بعدها.

(3) د. سعاد الشرقاوي، القانون الإداري، النهضة العربية، القاهرة، 1984، ص150.

ان الطابع الخاص للمرافق العامة الاقتصادية إذا كان لا يحول دون اعتبارها مرافق عامة، إلا انه يحدد لها موضعا معينا داخل هذه المرافق العامة. فالمرافق الاقتصادية نوعا خاصا من الناحية الاقتصادية والسياسية هذا من ناحية، وهي تقوم بنشاط ذي صبغة معينة وهو نشاط اقتصادي (صناعي أو تجاري) مما يجعلها في بعض النواحي تخضع لنظام القانون الخاص إلى جانب خضوعها أساس لقواعد القانون العام من ناحية أخرى[1].

وعلى ذلك يمكن القول بأنه لا تعارض بين فكرة المرفق العام الإداري من ناحية والمرفق العام الاقتصادي من ناحية أخرى، فالاخير هو أولا وقبل كل شيء مرفق، والمرفق العام بمدلوله التقليدي في القانون الإداري يشمل المرفق العام الاقتصادي الذي يعتبر مرفقا عاما بمدلول اضيق حدودا[2].

ويعرفه الدكتور عزت فوزي حنا بانه " نشاط الإدارة في المجال الاقتصادي بكافة جوانبه الصناعية والتجارية والمدنية والمالية باتباع أساليب القانون الخاص، واستخدام وسائل القانون العام لتحقيق أهداف النفع العام المتمثل في التنمية الاقتصادية[3] ".

الفرع الثالث

موقف المشرع والفقه في العراق من تعريف المرفق العام الاقتصادي

لم يعرف المشرع سواء القانوني أو الدستوري المرافق العامة سواء الادارية أم غيرها، الا أن المادة 891 من القانون المدني العراقي عرفت صورة من صور ادارة المرافق العامة الاقتصادية وهي الالتزام، اذ نصت على انه " عقد الغرض منه

---

(1) د. توفيق شحاتة، مظهر من مظاهر تدخل الدولة في الميدان الاقتصادي، مصدر سابق، ص38.

(2) د. توفيق شحاتة، مظهر من مظاهر تدخل الدولة في الميدان الاقتصادي، مصدر سابق، ص38.

(3) د. عزت فوزي حنا، المصدر السابق، ص77.

إدارة مرفق عام ذي صفة اقتصادية ويكون هذا العقد بين الحكومة وبين فرد أو شركة يعهد إليها باستغلال المرفق مدة محددة من الزمن بمقتضى قانون ".

ولقد عرفت الفقرة 10 من المادة الأولى من القانون رقم (11) لسنة 1974 قانون التعديل السابع لقانون إدارة البلديات رقم 164 لسنة 1964 المرافق العامة بانها " المشاريع التي تؤدي خدمات أو منافع عامة وتتولى إدارتها الحكومة أو إحدى الهيئات التابعة لها إدارة مباشرة أو غير مباشرة "[1] " تحول مهم ونوعي في موقف المشرع العراقي من فكرة المرافق العامة حيث عرفتها الفقرة المذكورة بأنها " المرافق العامة.

أما بشأن تعريف الفقهاء للمرافق العامة الاقتصادية فان الأستاذ الدكتور شابا يوما منصور عرفها بأنها " المرافق التي يخضع نشاطها في بعض جوانبه إلى تقديم الخدمات بالشروط نفسها التي يعمل فيها المشروع الخاص "[2]. واكتفى الأستاذ الدكتور ماهر صالح علاوي بذكر ان الإدارة تدير هذه المرافق بنفس الشروط والظروف التي يعمل بها أي تاجر أو صناعي وهي في تقدير سيادته الميزة الأساسية التي تتميز بها المرافق العامة والاقتصادية عن المرافق العامة الإدارية[3]. ويرى السيد فواز خالد عبد العزيز المختار بان تلك المرافق تقوم على أساس مزاولة نشاط من جنس نشاط الافراد[4]. وفي تقديرنا ان هذه الخاصية وحدها لا تميز المرفق العام الاقتصادي، إذ أصبحت الدولة تمارس أنشطة كثيرة

---

(1) ويرى بعض الفقهاء أن هذا التعريف يمثل تحول مهم ونوعي في موقف المشرع العراقي من فكرة المرافق العامة، أنظر : د. ماهر صالح علاوي، مبادئ القانون الإداري، دراسة مقارنة، وزارة التعليم العالي والبحث العلمي، 1996، ص87 و ص88.

(2) د. شابا توما منصور، القانون الإداري، دراسة مقارنة، الجزء الأول، الطبعة الثانية، مطبعة سلمان الاعظمي، بغداد، 1975 - 1976، ص225.

(3) د. ماهر صالح علاوي، مبادئ القانون الإداري 1996، مصدر سابق، ص92.

(4) فواز خالد عبد العزيز، المصدر السابق، ص35.

من جنس نشاط الأفراد وبالرغم من هذا فان هذه الأنشطة لا تعد من قبيل المرافق العامة الاقتصادية.

بينما يذهب الدكتور مهدي ياسين السلامي [1] الى أن المرافق العامة الاقتصادية مشروعات من طبيعة مماثلة للمشروعات التي يتولاها النشاط الخاص مثل النقل بالسكك، الحديدية وتوليد الطاقة الكهربائية والمنشآت التجارية والمالية والزراعية. وبسبب طبيعة نشاطها اتجه الفقه الحديث الى تطبيق قواعد القانون الخاص جنباً الى جنب مع قواعد القانون العام، وعلى الرغم من ذلك فهي تخضع لجميع القواعد التي تحكم سير المرافق العامة.

وبعد عرضنا للتعريفات التي أدلى بها الفقهاء في كل من فرنسا ومصر والعراق يمكن أن نقسم المرافق العامة من حيث الاساليب التي تتبعها وطبيعة الخدمات والاعمال التي تتولاها الى مرافق ادارية ومرافق ذات صفة تجارية أو صناعية أو مالية [2] مثل البريد والتلغراف والنقل بالسكك الحديدية وتوزيع

---

(1) د. علي محمد بدير و د. عصام عبد الوهاب البرزنجي و د. مهدي ياسين السلامي، مبادىء واحكام القانون الاداري، جامعة بغداد، 1993، ص 249 و ص250.

(2) وقد ثار تساؤل عن المعيار الذي يمكن أن يهتدى به في تحديد طبيعة المرفق وهل هو اداري أم اقتصادي بما يؤدي الى معرفة النظام القانوني الذي سيخضع له المرفق. واتجه الفقه الفرنسي الى تبني عدة معايير كان مجملها ان المرفق يعد صناعياً أو تجارياً اذا كان النشاط الذي يمارسه من طبيعة اقتصادية وكان ينطبق عليه معيار العمل التجاري وفقاً لقانون التجارة، وكان يقوم بأنشطته وفقاً للظروف نفسها والأوضاع التي تتم فيها ممارسة النشاط الفردي، وكان يعتمد في تمويل نشاطه على موارده الذاتية وليس على الخزانة العامة، أي كانت موارده تتكون أساساً من المقابل المالي الذي يدفعه المنتفعون من أشطته. يراجع : بخصوص معايير الفقه الفرنسي.

De aubadere : Traite elementair de droit administratif. 1953. p311, Auby et Drago ،traite du contentieux administratif tom 1,2 1975. p44 et suiv. F. B Benoit ،la droit administratif francais D. 1988. p 789 et suiv. =

الكهرباء والغاز والنشاط المصرفي، واعداد هذا النوع الاخير من المرافق في ازدياد مستمر، وتعمل الدولة أو الوحدات الادارية التابعة لها على ادارة مرافقها التي تحمل هذه الطبيعة كفرد من الافراد متبعة في ادارتها أساليب القانون الخاص.

وعلى ذلك يمكن تعريف المرفق العام الاقتصادي بانه نشاط الادارة في المجال الاقتصادي سواء بنفسها أو بواسطة من تفوضه في المجال الاقتصادي بكافة جوانبه التجارية والصناعية والمالية متبعة فيه باساليب القانون الخاص مع استخدامها لوسائل القانون العام بغية تحقيق النفع العام المتمثل في التنمية الاقتصادية.

= وبخصوص معايير الفقه المصري يراجع : دكتور عزت يوسف حنا، المصدر السابق، ص128، ود. محمود محمد حافظ، نظرية المرفق العام، مصدر سابق، ص 70 وما بعدها، د. طعيمة الجرف، القانون الاداري، 1963، مصدر سابق، ص235. ومن الفقه العراقي راجع : فواز خالد عبد العزيز المصدر السابق، ص36 وما بعدها.

الباب الأول
الإطار القانوني لمبدأ قابلية قواعد المرافق العامة الاقتصادية للتغيير والتطوير

الباب الأول
الإطار القانوني لمبدأ قابلية قواعد المرافق العامة الاقتصادية للتغيير والتطوير

ان القانون هو أداة لترجمة السياسات إلى قواعد وإجراءات لانه يعكس الواقع السياسي والاجتماعي والثقافي والاقتصادي والمالي السائد في المجتمع، وهو أيضا أداة ممتازة لإحداث التغيير والإسراع في التطور والتنمية.

أي ان القانون الذي يعكس عادة الحقائق في المجتمع يمكن له ان يغير في مضمون هذه الحقائق، انه الأداة الرئيسة للتغيير المنظم في أي مجتمع. ان مجال المرافق العامة ولا سيما الاقتصادية منها من المجالات الخصبة التي تظهر فيها قدرات الإدارة على التغيير والتطوير.

ان الإطار القانوني لمبدأ قابلية قواعد المرافق العامة الاقتصادية للتغيير والتطوير، مبني على ركنين الأول : النظام القانوني للمبدأ والذي سنبين فيه أسس هذا المبدأ وعوامل تفعيله من قبل الإدارة والقيود الواردة على العمل به فضلا عن بحث مظاهره، والثاني : النظام القانوني للمرافق العامة الاقتصادية والذي سنبين فيه الأحكام والمبادئ التي تخضع لها المرافق العامة الاقتصادية. ومجموع هذين النظامين يشكلان الإطار القانوني للمبدأ وهو موضوع الدراسة في هذا الباب.

وعلى ضوء هذا التمهيد سنقسم هذا الباب إلى فصلين وعلى النحو الآتي :

◈ **الفصل الأول** : النظام القانوني لمبدأ قابلية قواعد المرافق العامة الاقتصادية للتغيير والتطوير.

◈ **الفصل الثاني** : النظام القانوني للمرافق العامة الاقتصادية.

الفصل الأول

النظام القانوني لمبدأ قابلية قواعد المرافق العامة الاقتصادية للتغيير والتطوير

لبيان النظام القانوني للمبدأ يجب عرض الأسس التي يقـوم عليهـا هـذا المبـدأ، وكـذلك دراسـة العوامـل التـي تـتحكم في تغيـير قواعـد المرافـق العامـة الاقتصـادية وتطويرها، ومن الـلازم أيضـا البحـث في القيـد الـوارد علـى امكانيـات الإدارة في إجـراء التغيير أو التطوير والمتمثل في قيد المصلحة العامة. وأخيراً يجب عـرض مظاهـر هـذا المبدأ ولذلك ارتأينا تقسيم هذا الفصل إلى ثلاثة مباحث وكما يأتي :

◈ المبحث الأول   : أسس مبدأ قابليـة قواعـد المرافـق العامـة الاقتصـادية للتغيـير
والتطوير.

◈ المبحث الثاني   : عوامل تغيير قواعد المرافق العامة الاقتصادية وتطورها، وقيـد
المصلحة العامة.

◈ المبحث الثالث   : مظاهـر مبدأ قابلية قواعـد المرافـق العامـة الاقتصـادية للتغيـير
والتطوير.

المبحث الأول

أسس مبدأ قابلية قواعد المرافق العامة الاقتصادية

للتغيير والتطوير

استقرت أحكام القضاء سواء في فرنسا أو مصر أو العراق ـ كـما سـنرى ـ عـلى ان للسلطة العامة سلطة وضع القواعد التنظيمية لسير المرفق الذي تقوم على شؤونه، وان لها في أي وقت تغيير هذه القواعد وإلغاؤها وفقا لما تراه الأحسن لضـمان حسـن سـير المرفق، وقرارها في هذا الشأن من الاطلاقات التي تستقل بها الإدارة دون معقب عليها.

ولكـن مـا أسـاس هـذه السـلطة (الحـق(*)) ؟ في تقـديرنا يجـب أن نبحـث في موضوعين للأجابة عـن هـذا السـؤال الأول : موقـف النظريـات التي قيلت في أسـاس القاعدة القانونية وطبيعتها من قابلية قواعد المرافق العامة للتغيير والتطوير أو كـما سنطلق عليه الأسس الفلسفية، الثاني : البحـث في المبـدأ بوصفه مـن المبـادئ العامـة للقانون. وسنخصص مطلباً مستقلا لكل من الموضوعين كما يأتي :

◈ **المطلب الأول**   :   الأسس الفلسفية لمبدأ قابلية قواعد المرافق العامة الاقتصادية للتغيير والتطوير.

◈ **المطلب الثاني**   :   المبادئ العامة للقانون أساس حق الأدارة في التغيير والتطوير.

(*) إن السلطة هي مظهر من مظاهر الحق، لذا فان الكثير من الفقهاء ـ وبحـق ـ يجعـل السـلطة والحق مترادفتين.

المطلب الأول

الأسس الفلسفية لمبدأ

قابلية قواعد المرافق العامة الاقتصادية للتغيير والتطوير

ان البحث عن أساس وجود مبدأ قانوني يقتضي البحث - في تقديرينا - في القاعدة القانونية، وعما إذا كان المبدأ يتماشى مع النظريات المعروفة بوصفها أساساً للقاعدة القانونية، وعلى ذلك يتعين عرض النظريات المختلفة في طبيعة أو أساس القاعدة القانونية بغية التعرف على موقف هذه النظريات من تغيير القواعد القانونية وعلى التفصيل الآتي.

أولا : المذاهب الشكلية :

ترى هذه المذاهب في القانون مشيئة المشرع الذي لا يستند إلا إلى سلطان الدولة، والسلطان هو الذي يصنع القانون وهو الذي يلزم الناس بطاعته[1]. فإذا كان الأمر كذلك - على ما في هذه المذاهب من ضعف - فان الدولة التي تملك الإنشاء تملك الإلغاء ومن باب أولى تملك التغيير في كل الأوقات.

ثانيا : مذهب القانون الطبيعي :

يرى أصحاب هذا المذهب ان هناك قانونا كامنا في طبيعة الروابط الاجتماعية، وهو قانون ثابت لا يتغير لا في الزمان ولا المكان يكشفه العقل ولا يوجده، قانون سرمدي ككل القوانين التي تهيمن على الظواهر الطبيعية،

---

(1) د. عبدالرزاق السنهوري و د. حشمت ابو شيت، أصول القانون أو المدخل لدراسة القانون، مطبعة لجنة التأليف والترجمة والنشر، القاهرة، 1950، ص44. وللمزيد من التفاصيل عن هذا المبدأ يراجع :، د. حسن كيرة، المدخل إلى القانون، منشأة المعارف، الاسكندرية، 1971، ص90 وما بعدها، د. احمد عشوش و د. سعيد الصادق، المدخل للعلوم القانونية بنظرية القانون، مكتبة جيل، القاهرة، 2000، ص200.

وما على العقل البشري إلا ان يتمعن في الروابط الاجتماعية فيستخلص منها هذا القانون الطبيعي ويصوغ قانونه الوضعي وكلما أقترب من القانون الطبيعي كان اقرب إلى الكمال[1].

والأخذ بهذا المعنى ينتهي بنا إلى ضرورة ان يتغير التشريع حتى يتطابق مع القانون الطبيعي الذي لا يتغير، ان تغيير تشريع معناه ان المجتمع قد اقتنع ان التشريع ـ قبل التغيير ـ لا يتطابق مع القانون الطبيعي، ويقتضي تعديله ليتطابق مع القانون الأبدي الذي نشأ في ضمير الجماعة منذ وجودها[2]. فالقانون الطبيعي يعد موجها مثاليا للعدل ويفرض نفسه على إرادة المشرع فهو ملزم باحترام الوجه المثالي[3].

ثالثا : المذهب التاريخي :

القانون في منطق هذا المبدأ ليس من خلق إرادة إنسانية مبصرة عاقلة، ولا هو من وحي مثل أعلى يوجه إلى إدراك غاية معينة، ولكنه من وضع الزمن ونتاج التاريخ، إذ هو وليد الميول الغريزية للخلق الوطني والقوى الكامنة في المجتمع شأنه في ذلك شأن اللغة والأخلاق[4]، فليس القانون تبعا لهذا المذهب ثمرة جيل معين من أجيال الجماعة وانما هو ثمرة التطور التاريخي لهذه الجماعة وامتداد لماضيها وتسلسل لتراثها، فهو نتاج عمل صامت مستمر جماعي يساير ركب الجماعة على الزمن وبذلك يكون هذا المذهب قد صور المشرع في شكل اله يقتصر عملها على تسجيل ما يقتضيه التطور، فالقانون يتطور من تلقاء نفسه[5].

---

(1) د. عبدالرزاق السنهوري ود. حشمت ابو شيت، المصدر السابق، ص44.

(2) د. محمد علي عرفة، مبادئ العلوم القانونية، ط2، مكتبة النهضة المصرية، 1951، ص23.

(3) د. حسن كيرة، المصدر السابق، ص114.

(4) د. محمد علي عرفة، المصدر السابق، ص114.

(5) د. عبدالرزاق السنهوري، و د. حشمت ابو ستيت، المصدر السابق، ص52. وللمزيد من التفاصيل عن هذا المذهب والنقد الموجه إليه. راجع : د. محمد جمال عطية عيسى،=

فإذا كان القانون ثمرة التطور التاريخي للجماعة، فلا بد ان يساير هذا التطور ومنذ الوقت الذي يتكامل فيه.

رابعا : مذهب الغاية أو الكفاح :

احتفظ اهرنج (Ihring) في هذا المذهب بمسألة خضوع القانون لظاهرة التطور ولكنه رد هذا التطور إلى الإرادة الإنسانية العاقلة، وعلى ذلك لم يكن تطورا أعمى بل تطور يندفع عن بصيرة واعية نحو غاية يبتغي تحقيقها.

وما دام القانون لا يتطور آليا ولكنه يتطور بفعل الإرادة الإنسانية فتطوره لا يتم في يسر، إذ يقوم التنازع بين أصحاب المصالح المتعارضة في بقاء القانون وتطوره فيرتبط مصير هذا القانون بنتيجة هذا التنازع، والتاريخ ملئ بأمثلة الثورات والكفاح المرير في سبيل تغيير الأنظمة القانونية وتطورها[1].

وعلى ذلك إذا كانت هناك قاعدة قانونية أصبحت غير صالحة لتحقيق غاية القانون في حفظ المجتمع فيجب ان تتغير ولو اقتضى تغييرها كفاحا ونضالا.

خامسا: مذهب جيني (Geny) في العلم والصياغة أو المذاهب المختلطة[2]:

هذا المذهب يرد أساس القاعدة القانونية إلى أربع حقائق واقعية أو طبيعية، وتاريخية، وعقلية، ومثالية هذه الحقائق جميعا تتكون أولا كجوهر أو مادة

= أهداف القانون بين النظرية والتطبيق، المجلة القانونية والاقتصادية، كلية الحقوق، جامعة الزقازيق، العدد السابع، 1995، ص248، د. ثروت انيس الاسيوطي، المنهج القانوني بين الرأسمالية والاشتراكية، مجلة مصر المعاصرة، السنة التاسعة والخمسون، العدد 333، يوليو، 1968، ص 702 وص 703.

(1) د. حسن كيرة، أصول القانون، ط2، دار المعارف، مصر، 1959 - 1960، ص154 وص155.

(2) د. حازم الببلاوي، الحقائق الاقتصادية والفن القانوني، مجلة مصر المعاصرة، السنة الحادية والسبعون، العدد 38 أبريل، 1980، ص278.

أوليــة للقــانون، وتتـدخل الصياغة لتخلـق منهـا قاعـدة عمليـة للتطبيـق في الحيـاة الاجتماعية، فالصياغة القانونية هي التي تخرج القاعدة القانونية إلى الوجـود العملـي إخراجا محققا الغاية التي يفصح عنها جوهرها.

وعلى ذلك فان المعطيات التي أشار إليهـا جينـي (Geny) وهـي المـادة الأولية ليست في إنشاء القاعدة القانونية بصورة مباشرة ولكن لتحديد إطارها الذي هو عرضة للتغيير ولاسيما في المعطيات الواقعية وبتأثير أقل وبصورة أخـف مـن بـاقي المعطيـات، وبالتالي تتغير المصالح المـراد حمايتهـا ـ وهـو جـوهر وظيفـة القـانون ـ وعليـه يكـون القانون قابلا للتغيير والتطوير.

وهكذا أينما أخذنا بمذهب من المذاهب التي تبحث في طبيعة القاعدة القانونية وجـدنا ان قابليـة القواعـد القانونيـة ـ ومنهـا قواعـد المرافـق العامـة ومنهـا المرافـق الاقتصادية ـ للتغيير هـو الأمـر المنطقـي وان تغيـير القاعـدة القانونية ليسـت مسـألة عرضية في حياة القاعدة القانونية بل انهـا ملازمـة لهـا وضروريـة لبقائهـا لان القاعـدة القانونية التي لا تتمتـع بخاصية التغيير تصاب بالشـلل والجمـود ولا تسـتطيع اللحـاق بركب التغيير لتتواءم مع ظروف مجتمعها.

المطلب الثاني

المبادئ العامة للقانون

أساس حق الإدارة في التغيير والتطوير

إذا كانت هناك بعض التشريعات تنص على حـق الإدارة في تعـديل النصوص اللائحية بإرادتها المنفردة، وإذا كان فقه القانون الإداري في فرنسا ومصر والعراق قد ارجع قابلية قواعـد المرافـق العامة للتغيير والتطوير باستمرار إلى اعتبـارات المصلحة العامة التي من اجل إشباعها وجد المرفق العام، وفرضته ضرورة المواءمـة المسـتمرة بـين متطلبـات المرفـق وبـين الظـروف المتغـيرة واجمـع الفقـه

كذلك على ان سلطة الإدارة في التغيير والتطوير تمثل مبدأ من المبادئ الثلاثة الحاكمة للمرافق العامة ومنها الاقتصادية وإذا كان القضاء قد استقر أيضا ـ كما سنرى ـ على ان قابلية قواعد المرافق العامة للتغيير والتطوير مردها إلى المبادئ العامة للقانون. فانه من اللازم ان نبين ماهية هذه المبادئ، ومرتبتها الإلزامية بين مصادر المشروعية وأخيراً نعرض للمبدأ كونه من المبادئ العامة للقانون وذلك في فروع ثلاثة وعلى الوجه الآتي:

الفرع الأول

ماهية المبادئ العامة للقانون

المقصود بالمبادئ العامة للقانون هي المبادئ التي مصدرها القضاء الذي يقررها، دون المبادئ القانونية التي مصدرها المشرع. فالمبادئ القانونية العامة تشمل المبادئ الواردة في نصوص مدونة صادرة عن سلطة عامة مختصة، كالمبادئ الدستورية التي تمخضت عنها الدساتير، والمبادئ القانونية التي جاءت بها القوانين العادية، وهذه تكتسب قوتها الإلزامية بوصفها مبادئ تشريعية، كما تشمل أيضا المبادئ القانونية التي جاء بها القضاء، وهي التي يطلق عليه Les principes generaux du droit[(1)].

ان هذه المبادئ لم تقرر بنص دستوري أو قانوني صريح تكون له بطبيعته صفة الإلزام وانما أنشأها القضاء بما له من سلطة انشاء مبادئ القانون الإداري، حيث قام بإخراجها إلى حيز الوجود باعتباره إنشائيا يبتدع الحلول المناسبة للروابط القانونية التي تنشأ بين الإدارة والأفراد، ويبتكر النظريات والقواعد المتفقة مع المبادئ الدستورية العامة ومع الأسس التي يقوم عليها نظام الحكم في الدولة[(2)].

---

(1) د. صلاح الدين فوزي، المبادئ العامة غير المكتوبة في القانون الإداري، دراسة مقارنة، دار النهضة العربية، القاهرة، 1998، ص18 وما بعدها.

(2) Letourneur ,Les prin cipes generaux du droit dans conseil d'etet ,etudes et documents 1951 , p.19. =

= د. فؤاد العطار، القانون الإداري، ج1، 1976، ص62 وما بعدها، د. سليمان الطماوي، القضاء الإداري، الكتاب الأول، قضاء الالغاء، دار الفكر العربي، 1976، ص804 وما بعدها.

والمبادئ العامة للقانون هي قواعد ملزمة قد تكون مكتوبة، وهـي تصـدر عـن المشرع، وقد تكون غير مكتوبة من صنع القضاء، يقف فيها القاضي على خطوط فاصلة بين السلطة التشريعية والسلطة القضائية تتراجع عندها السلطة التشريعية أمام سلطة القضاء الإنشائية فتحل الأخيرة محلها[1].

ويبين من ذلك ان مهمـة القاضـي الإداري لا تكمـن في مجـرد اعمـال النصوص في حالة وجودها أو ابتداع الحلـول الملائمـة في حالـة الافتقـار اليهـا، وانمـا تمتـد إلى إنشـاء مبادئ قانونية تهديه سواء السبيل، وترشده في استنباط الأحكام اللازمة لحسـم النـزاع، من ذلك مبدأ مساواة الأفـراد أمـام القـانون، ومبـدأ حريـة الصـناعة والتجـارة، ومبـدأ مساواة المنتفعين بخدمات المرافق العامة، ومبدأ المساواة أمام التكاليف العامة، ومبـدأ دوام سير المرافق العامة، مبـدأ عـدم جـواز الـتصرف بـالأموال العامـة، والحجـز عليهـا، ومبدأ عدم رجعية القرارات الإدارية[2].

ان القاضي عند ممارسته لوظيفته وبالتحديـد في الشـق التقليـدي مـن هـذه الوظيفة وهو تطبيق أحكام القانون على الـدعاوى المعروضة عليـه انمـا يخضـع ـ ككل قاض ـ للقانون أمـا عنـدما يضـع القاعـدة القانونيـة وينشـؤها فانـه يفعل

---

(1) د. مجدي دسوقي محمود حسين، المبادئ العامة للقانون والمشروعيـة الداخليـة للقرار، رسالة دكتوراه مقدمة إلى كلية الحقوق، جامعة القاهرة، دون سنة، ص1.

(2) د. محمد عبد الحميد أبو زيد، المطول في القانون الإداري، دراسة مقارنة، دار النهضة العربية 1996 ـ 1997، ص109، د. احمد مدحت، نظرية الظروف الاستثنائية، دراسة مقارنة في فرنسا ومصر، رسالة دكتوراه، جامعة القاهرة، 1977، ص25وص26، د. صلاح الدين فـوزي، المصـدر السابق، ص18 وما بعدها.

ذلك على أساس افتراض انه في تصرفه انما يعبر عن إرادة للمشرع لم يفصح عنها في نصوص تشريعية صريحة ومعنى ذلك ان القضاء في هذا المجال انما يحل محل المشرع ـ برضائه الضمني ـ في المواطن التي لم يسبق له التدخل فيها وتنظيمها. وبتعبير آخر فان القضاء الإداري، وهو يقوم بوضع المبادئ العامة، انما يفعل ما كان يجب على المشرع فعله، إذا ما اراد الاعراب عن ارادته بإصدار تشريع ينظم نفس الموضوع الذي تصدى له القضاء وقرر بشأنه مبدأ عاما[1].

وقد يحدث خلط بين المبادئ العامة للقانون والحل القضائي، فذلك مرده إلى ان الأخير يستخلصه القاضي في قضية معينة ولا يطبقه إلا فيها، ولذلك تكون له فيه حرية كبيرة. إلا ان هذا الحل ليس بقاعدة تتمتع بصفة العموم والتجريد، أما في استخلاص المبادئ العامة للقانون فللقاضي حرية اقل، ذلك لان المبدأ موجود في الحياة الاجتماعية وليس للقاضي إلا ان يبرزه ثم يجعله قاعدة عامة يطبقها في جميع الحالات، فالفارق واضح بين الحل القضائي الذي يستنبطه القاضي من ظروف الدعوى المعروضة، أما القاعدة العامة فهي توجد فعلا في الجماعة قبل ان يبرزها القاضي ويطبقها.

الفرع الثاني

المرتبة الالزامية للمبادئ العامة للقانون

تختلف مرتبة المبادىء العامة للقانون في سلم تدرج المشروعية باختلاف الواقع القانوني لكل دولة. لذا سنعرض آراء الفقه والقضاء في كل من فرنسا ومصر والعراق وعلى الوجه الآتي:

---

(1) د. مجدي دسوقي محمود، المصدر السابق، ص99.

أولاً : موقف المشرع والفقه والقضاء الفرنسي من المرتبة الالزامية للمبادئ العامة للقانون

أ - موقف المشرع الفرنسي :

على الرغم من أن المادة الخامسة من القانون المدني الفرنسي[2] تنص على أنه " يحظر على القضاء (المحاكم) اصدار أحكام عامة لها صفة لائحية تطبق في القضايا المماثلة مستقبلاً[1] " الا أن المشرع عاد وأشار في أكثر من موضع للمبادئ العامة للقانون وعلى سبيل المثال قانون 1983/7/13 بشأن المركز العام للوظيفة العامة ففي المادة 31 منه أشار الى أن القضاء الاداري عندما ينظر في منازعات الموظفين البرلمانيين يطبق بالدرجة الاساس المبادئ العامة للقانون، وكذلك أشار القانون الخاص بتنظيم الرياضة الصادر في 1984/7/16 في المادة 16 منه على ان " الاعتمادات الرياضية تمارس سلطتها الانضباطية باحترام المبادئ العامة للقانون[2] " .

ونخلص من هذه النصوص أن المشرع الفرنسي قد منح المبادئ العامة للقانون مرتبة أعلى من النصوص التشريعية.

ب- موقف الفقه الفرنسي :

سيطر على الفقه الفرنسي بعد صدور دستور 1958 رأي واحد مفاده[3] : ان للمبادئ العامة للقانون قوة قانونية اعلى من التشريع، أي قوة دستورية، تأسيسا

---

(1) القانون المدني الفرنسي المعدل الصادر 1804 والمنشور (code civil, (d) 1996. 1997)

(2) د محمد كامل ليله، مبادىء القانون الاداري، ج1، مقدمة القانون الاداري، بلا دار نشر، 1968 – 1969، ص436.

(3) د. مجدي دسوقي محمود، المصدر السابق، ص199.

(4) Chapus, D.: La Soumission au dreit des reglement autonomes, Dalloz 1960. p. 119 ets.

على ان هذه المبادئ يستخلصها القاضي عادة اما مـن مقدمات الدساتير او مـن العـرف الدستوري، والاثنان لهما ذات المرتبة الدستورية – كما يعتقد اصحاب الرأي – الامر الـذي يستتبع اعتبار المبادئ القانونية العامة الاساس الـذي تقـوم عليـه التشريعـات المختلفـة، وتتقيد السلطة التشريعية بها، ولا يجوز لها ان تصدر تشريعا مقيدا او مخالفا لها. وسند هذا الرأي يتلخص في ان المادة 34 من الدستور الفرنسي الصادر عام 1958 قد حـددت على سبيل الحصر الموضوعات الخاصة بالبرلمان والتي ينظمها بقوانين، وماعدا ذلك يكون من اختصاص السلطة اللائحية. ان هـذا الدستور قـد غيـر الوضع التقليـدي لكل مـن القانون واللائحة والعلاقة بينهما، وعمل علـى تقويـة السلطة التنفيذيـة علـى حسـاب السلطة التشريعية. فبعد أن كان البرلمان مختصاً وحده بالعملية التشريعية فاذا به يصبح صاحب اختصاص محدد على سبيل الحصر، وصارت الحكومـة صاحبة اختصاص عـام في التشريع واصبحت اللائحة الاصل، والقانون هـو الاستثناء[1]. وقـد ترتـب علـى ذلك ان اصبحت الادارة في ظل الدستور الفرنسي الحالي تصدر لوائح مستقلة طبقا للمادة 37 مـن الدستور لمعالجة المسائل التي تخرج عن اختصاص المشرع المحددة طبقا للمادة 34 منـه، فاذا قيل بان تلك اللوائح لا تخضع للقوانين الصادرة عـن البرلمان، فمعنـى ذلك انهـا لاتحترم كذلك المبادئ القانونيـة العامـة التـي تتسـاوى في القوة والقيمـة مـع التشريـع البرلماني، ورغبة في خضوع تلك اللوائح للمبادئ القانونيـة العامـة، فقـد اعترف الفقـه الاداري ومجلس الدولة والمجلس الدستوري – كما سنرى – بهذه الاخيرة بقيمـة مسـاوية للدستور، مما يتعين على الادارة احترام المبادئ القانونية العامة وتطبيقها وعـدم الخـروج عليها طالما ان الدستور يعلو القانون في سـلم التـدرج التشريعـي، وتخضـع رجـال الادارة فيما يصدرونه من لوائح مستقلة او تفويضية لاحكـام الدسـتور والمبـادئ القانونيـة علـى السواء[2].

---

(1) Waline M. : Driot administratife, p 128.
(2) Chapus,D.: op.cit.. p.24.

ج - موقف القضاء الفرنسي :

لقد كان نص المادة الخامسة من القانون المدني ـ سبقت الاشارة اليه ـ سببا في احجام القضاء في بادئ الامر عن الاعلان عن الدور الذي تلعبه في نطاق القانون الاداري، ووضع قواعده، وذلك لما يمثله الافصاح عن هذا الدور من تصادم مع السلطة التشريعية، الا ان الوضع مختلف عما يبدو عليه، اذ لم يكتفِ مجلس الدولة بالاعتراف بالمبادئ العامة للقانون فقط بـل وجعلها في مرتبـة مساوية للدستور إذ يقضي " ان هناك مبادئ عامة للقانون تخرج على وجه الخصوص من ديباجة للدستور يتعين على كافة السلطات الادارية احترامها حتما في غياب النصوص التشريعية[1] " وبالتقييم نفسه اخذ المجلس الدستوري الفرنسي عندما قرر ان مشروع القانون الذي يوافق عليه البرلمان ويكون متضمنا مخالفة لمبدأ المساواة بين المواطنين الذي يعد احد المبادئ العامة للقانون، يكون غير دستوريا[2] .

ثانياً : موقف المشرع والفقه والقضاء المصري من المرتبة الالزامية للمبادئ العامة للقانون:

سنعرض تباعاً موقف المشرع والفقه والقضاء وعلى النحو الآتي :

أ - موقف المشرع :

حدد القانون المرقم 165 لسنة 1955 اختصاصات المحكمة الادارية العليا وجعل قضاءها المصدر الرسمي والمرجع النهائي لقواعد القانون الاداري،

---

(1) أشار اليه د. صالح ابراهيم المتيوتي، رقابة القضاء على مخالفة القانون في القرار الاداري، رسالة دكتوراه مقدمة الى كلية القانون جامعة الموصل، 2000، ص 57   و ص58.
(2) د. مجدي دسوقي محمود، المصدر السابق، ص55 وص56.

واكدت المذكرة الايضاحية هذا الامر[1]. ونصت المادة 23 من قانون مجلس الدولة الحالي رقم 47 لسنة 1972 على أن " الاحكام الصادرة من محكمة القضاء الاداري في الطعون المقدمة أمامها في احكام المحاكم الادارية لا يجوز الطعن فيها امام المحكمة الادارية العليا الا من رئيس هيئة مفوضي الدولة. .. وذلك اذا صدر الحكم على خلاف ما جرى عليه قضاء المحكمة الادارية العليا"، ونصت المادة 28 من القانون نفسه على أن لمفوضي الدولة ان يعرض على الطرفين تسوية النزاع على اساس المبادئ العامة للقانون التي ثبت عليها قضاء المحكمة الادارية العليا.

وعلى ذلك يلزم المشرع والقضاء بالمبادئ العامة للقانون كما يلتزم تماماً بالنصوص التشريعية.

ب - موقف الفقه: يمكن التمييز في هذا الصدد بين آراء عدة :

الرأي الاول[2] :

يذهب اصحاب هذا الرأي الى انه للمبادئ العامة للقانون مرتبة الزامية ادنى من النصوص التشريعية، ونتيجة لذلك انه ليس للمحاكم وهي بصدد الفصل في نزاع ما ان تطرح نصا تشريعيا يقرر قاعدة معينة تنطبق على النزاع المطروح، وتستند الى حكم معين يقرر قاعدة ما بدلا منه.

---

(1) المصدر السابق، ص57.

(2) من انصار هذا الرأي كل من : د. محمد رفعت عبد الوهاب، ود. عاصم احمد عجيلة، مصدر سابق، ص 20، وكذلك د. محمود حافظ ، القضاء الاداري، دار النهضة العربية، القاهرة، 1979، ص 40، د. محمد كامل ليله، مبادئ القانون الاداري، ج 1، 1969، ص 478 وص 479، د. كمال ابو العيد، مصادر الشرعية، مجلة المحاماة، السنة 1979،59، عدد 1، ص 70.

الرأي الثاني[1]:

يقرر اصحاب هذا الرأي للمبادئ العامة للقانون قوة قانونية اعلى من التشريع. ان منحها القيمة الدستورية يعني ان تتقيد السلطة التشريعية بها ولا يجوز لها ان تصدر تشريعا مقيدا او مخالفا لها.

الرأي الثالث [2]:

ينكر صاحب هذا الرأي كل قيمة قانونية للمبادئ القانونية العامة.

الرأي الرابع[3]:

ان المبادئ العامة للقانون ليست كلها على درجة واحدة من حيث القوة ووضعها في البنيان القانوني للدولة وانما تختلف بحسب اختلاف المصدر الذي استقى منه القضاء تلك المبادئ القانونية العامة وذلك على النحو الأتي :

(1) ويؤيد القيمة الدستورية للمبادئ القانونية العامة كل من : أ د. فؤاد العطار،القانون الاداري، جـ 1، بلا دار نشر، 1976، ص 63، و د. سعيد عبد المنعم الحكيم، الرقابق على اعمال الادارة في الشريعة الاسلامية والنظم الوضعية، ط2، دار الفكر العربي، القاهرة، 1987، ص 36، و د. محسن خليل و د. سعد عصفور، القضاء الاداري، بلا دار نشر، 1977، ص 46 وما بعدها، د. عبد الحميد متولي، مبدأ المشروعية، مشكلة المبادئ العليا غير المدونة في الدستور، مجلة الحقوق، السنة 18، عدد 3 و 4، ص 54 وص 57، ود. سعاد الشرقاوي،الوجيز في القضاء الاداري، الجزء الاول، 1981، ص 83، ود. احمد مدحت،المصدر السابق، ص 30، ود. محمد عبد الحميد رضوان،الطابع القضائي للقانون الاداري، بلا دار نشر، بلا سنة طبع، ص 317.

(2) د. علي السيد الباز، الرقابة على دستورية القوانين في جمهورية مصر العربية، رسالة دكتوراه مقدمه لكلية الحقوق، جامعة الاسكندرية، 1978، ص 401 وص 402.

(3) د. محمد عبد العال السناري،مجلس الدولة، والرقابة القضائية على اعمال الادارة، جمهورية مصر العربية، دراسة مقارنة، مطبعة الاسراء، القاهرة، 2002،2003، ص71.

1 ـ ان كانت المبادئ قد استخلصت من نصوص الدستور فان تلك المبادئ تأخذ مرتبـة النصوص الدستورية نفسها، وعلى المشرع ان لا يصـدر تشريعات تخالف المبـادئ والا اصبحت غير دستورية.

2 ـ ان كانت قد استخلصت من نصوص التشريع فان تلك المبادئ تأخذ مرتبة التصوص التشريعية نفسها، ويجوز للمشرع ان يخالف تلك المبـادئ، ولا توصـف عندئـذ بالباطلة لأنها من الدرجة نفسها.

3 ـ ان كانت قد استخلصت من مبادئ العدالة والقانون الطبيعـي فـان هـذه المبـادئ تكون في مركز وسط بين التشريعات العادية وبين اعمال السلطة التنفيذية وعـلى ذلك لا يجوز للسلطة التنفيذية ان تخالف المبادئ القانونية العامة.

الرأي الخامس [1] :

يذهب اصحابه الى الاعتراف للمبادئ القانونية العامة بمرتبة تعلو القانون دون ان تصل الى مرتبة الدستور للاسباب الآتية :

1 ـ لأنه اذا جاز للدستور مخالفة تلك المبادئ لعدم موافقتها لظروف المجتمع، فانـه لايجوز ان يكون للمبادئ العامة هذا الامر حتى لاتعرض النصـوص الدسـتورية للاهدار من قبل المبادئ العامة بحجة مخالفة الاخيرة للاولى باعتبارها مـن قوتها نفسها عملا بقاعدة ان اللاحق ينسخ السابق مادام يتعارض معه.

2 ـ ان هذه المبادئ تعلو في قوتها على القوانين لاسيما المستمدة من احكام الدستور او مقدمته.

---

(1) د. سامي جمال الدين، تدرج القواعـد القانونيـة ومبـادئ الشريعـة الإسلامية، منشـأة المعـارف بالاسكندرية، بلا سنة طبع، ص 103 وما بعدها.

3 ـ يجب ان تتمتع المبادئ المستمدة من احكام القوانين ايضا بالاحترام نفسه خصوصا من السلطة التشريعية، لأن اقرار القضاء لهذه المبادئ يعد اقرارا منها انها اصبحت من الاسس التي تنظم حياة الجماعة، ومن ثم لا يجوز مخالفتها من اية سلطة مؤسسة حتى لو كانت هذه المبادئ من صنعها ضمنيا.

4 ـ لأن تطبيق هذه المبادئ حينا، ومخالفتها حينا آخر، ينفي عنها صفة المبدأ[1]. نتيجة لهذا الرأي يجب على السلطة التشريعية فضلا عن الزامها بنصوص الدستور ان تلتزم ايضا بالمبادئ العامة للقانون.

ويدلل صاحب الرأي على رأيه بان المجلس الدستوري الفرنسي قد اعترف بهذه المبادئ وفرض على المشرع الفرنسي احترامها، هذا من جانب[2]، وان مجلس الدولة الفرنسي قد أخضع الاوامر التفويضية التي تتمتع بقوة القانون لتلك المبادئ من جانب آخر[3]. وخلاصة هذا الرأي ان مجلس الدولة الفرنسي يعترف للمبادئ العامة، بمرتبة تعلو القوانين العادية، دون الاقرار بذلك صراحة، خاصة وانه لا يتعرض في قضائه الى بحث مشروعية القوانين او دستوريتها، لأن عمله هو فحص مشروعية الاعمال الادارية.

---

(1) المصدر السابق، والصفحة نفسها.

(2) Rivero : Droit administrstif, 7th ed., op. cit., p. 77.

(3) C.E: 24 nov 1961, Federation 424 nationale de syndicat de police, p. 1962
اشار اليه د. سامي جمال الدين، تدرج القواعد القانونية ومبادئ الشريعة الإسلامية، مصدر سابق، ص 105. ولا نذهب الى ما ذهب اليه صاحب الراي في استناده على ما يقضي به مجلس الدولة الفرنسي في ظل احكام المادتين 34 و 37 من الدستور الفرنسي النافذ كحجج لتدعيم رايه فيما يخص مرتبة المبادئ العامة للقانون في النظام القانوني المصري.

الرأي السادس[1] :

يرى اصحابه ان هذه المبادئ في مركز متعادل مع التشريع، فهي من الناحية الموضوعية قواعد عامة مجردة كالتشريع، وهي من الناحية الشكلية صادرة من احدى سلطات الدولة المؤسسة.

ولكن كيف يمكن تفسير عدم تطبيق هذه المبادئ الا في حالة غياب النص او عدم وضوحه، والذي يعني ان هذه المبادئ ادنى من التشريع ولايمكن ان تخالفه، وايضا القول بتعادل المبادئ العامة مع التشريع في القوة يصطدم بقاعدة ان القاعدة اللاحقة تنسخ القاعدة السابقة عليها والمساوية لها او الادنى منها في المرتبة اذا كانت تخالفها، وبمعنى آخر لماذا لا تستطيع المبادئ العامة مخالفة التشريع ما دامت في درجتها الالزامية نفسها يجيب اصحاب هذا الرأي ان هذه المبادئ تعتبر اكثر عمومية من التشريع بحيث يعد النص التشريعي خاصا بالنسبة لها، واتباعا لقاعدة ان الخاص يقيد العام، فان التشريع العادي يكون مقيدا لهذه المبادئ العامة، وبالتالي اذا كان التشريع مخالفا لمبدأ من المبادئ العامة للقانون، عد هذا النص استثناءا من القاعدة العامة ويفسر تفسيرا ضيقا يتفق مع المبادئ العامة.

بعد ان استعرضنا هذه الآراء، وجدنا ان خلاصتها في ان المبادئ العامة للقانون، اما انها ليست لها أية قيمة قانونية على الاطلاق، او انها ادنى من التشريع وأعلى من اللائحة، او انها اعلى من التشريع وادنى من الدستور، او انها تساوي النصوص الدستورية في القيمة، او انها ليست كلها على درجة واحدة من حيث القوة ووظيفتها في البنيان القانوني للدولة يختلف بحسب اختلاف المصدر الذى استقى منه القضاء هذا المبدأ او ذاك، والرأي السادس والاخير يساوي بين المبادئ العامة في القوة من ناحية والنصوص التشريعية من ناحية اخرى، وهذا

---

(1) د. صلاح الدين فوزي، المصدر السابق، ص 391.. و د. محمد فؤاد مهنا -مبادئ واحكام القانون الاداري -مصدر سابق، ص 98.

الرأي هو ما نذهب اليه لعدة اسباب في مجملها وضوحه ومنطقيته وقدرته على تفسير القول بتعادل التشريع مع المبادئ العامة رغم ان الاخير لايعمل الا في غياب الاول، الامر الذي يؤدي منطقيا الى القول بان المبدأ العام حتما هو ادنى من التشريع، ولكن اصحاب هذا الرأي الراجح ـ في اعتقادنا ـ يلجئون الى قاعدة ان الخاص يقيد العام بمعنى ان المبادئ العامة هي اكثر عمومية من النص التشريعي، لذا فان الاخير يقيد الاول وانه يفسر تفسيرا ضيقا يتفق معه.

ج - موقف القضاء المصري :

في الحقيقة انه بموجب القانون المرقم 165 لسنة 1955 ومذكرته الايضاحية وكذلك نصوص المادتين 3 و 28 من قانون مجلس الدولة رقم 47 لسنة 1972 المعدل يكون القضاء الاداري ملتزماً بتطبيق المبادئ العامة للقانون كالتزامه بالنصوص التشريعية وفي درجة مساوية لها، اذ جعل القانون المشار اليه من اسباب الطعن في الاحكام النهائية الصادرة من محكمة القضاء الاداري أو من المحاكم الادارية مخالفة احدهما لحكم سابق حائز على حجية الشيء المقضي به. وعلى الرعم من وضوح النصوص التشريعية السابقة الا ان بعض الفقهاء[1] يذهب الى ان استقرار قضاء المحكمة الادارية العليا لا يلزم جهات القضاء الاداري وهيئة المفوضين اكثر من الالتزام الادبي خشية التعرض للنقد من قبل المحكمة الادارية العليا، أي ان القضاء المستقر ليست له أية صفة ملزمة كقواعد قانونية.

الا اننا مع الراي[2] الذي يرى في النصوص التي أشرنا اليها ما يكفي لالزام القضاء بالمبادئ العامة للقانون كما تلزمه النصوص التشريعية وذلك ما درجت عليه المحاكم كما سنرى.

---

(1) د. طعيمة الجرف، القانون الاداري، مكتبة القاهرة الحديثة، ص 58 وص 59.

(2) د محمد فؤاد مهنا، مبادئ واحكام القانون الاداري، مصدر سابق، ص 99 وص 100.

ثالثاً : موقف المشرع والفقه والقضاء العراقي من المرتبة الالزامية للمبادئ العامة للقانون:

سنعرض لموقف كل من المشرع والفقه والقضاء وعلى النحو الاتي :

أ - موقف المشرع :

من أسباب قبول الطعن التمييزي في الحكم المطعون فيه امام الهيئة العامة لمجلس شورى الدولة بصفتها التمييزية حالة صدور حكم يناقض حكما سابقا في الدعوة ذاتها[1]، وكذلك تبسط الهيئة العامة رقابتها في حالة وقوع تناقض بين حكم صادر من محكمة مدنية واكتسب درجة البتات وحكم صادر من محكمة القضاء الاداري [2].

وبذلك حرص المشرع بموجب احكام القانون رقم 106 لسنة 1983[3] على ان تقوم الهيئة العامة لمجلس شورى الدولة بدور اساسي بوصفها مصدرا رسميا ومرجعا نهائيا لقواعد القانون الاداري، وعلى هذا يكون المشرع العراقي قد أقر بالمبادئ العامة للقانون الا انه لم يحدد قيمتها الالزامية بين مصادر المشروعية.

الا ان المشرع ولسبب غير معلوم عهد اختصاص النظر في الطعون المقدمة على الاحكام الصادرة من محكمة القضاء الاداري الى المحكمة الاتحادية العليا[2]. على الرغم من ان هذا الاختصاص ليس من ضمن الاختصاصات

---

(1) الفقرة 4 من المادة 203 من قانون المرافعات المدنية المعدل رقم 83 لسنة 1969.

(2) د. قيس عبد الستار عثمان، رقابة مجلس شورى الدولة على الاحكام الصادرة من مجلس الانضباط العام ومحكمة القضاء الاداري، بحث - غير منشور - مقدم الى المؤتمر القانوني للقضاء الاداري الذي أقامته وزارة العدل لسنة 1999، ص99.

(3) الفقرة أ من البند (أولا) والفقرة ط من البند (ثانياً) من المادة 7 من القانون رقم 106 لسنة 1989 بشأن تعديل قانون مجلس شورى الدولة رقم 65 لسنة 1979.

(4) انظر المادة رابعاً / ثالثاً والمادة العاشرة من قانون المحكمة الادارية العليا الصادر بالامر رقم 30 لسنة 2005 والمنشور في جريدة الوقائع العراقية رقم 3996 في 17 آذار 2005.

التقليدية لهذا النوع من المحاكم. وحسناً فعل المشرع الدستوري اذ حدد اختصاصات المحكمة الاتحادية العليا بموجب المادة 90 من مسودة دستور جمهورية العراق ولم يكن من بينها هذا الاختصاص.

ب - موقف الفقه :

لم نجد من بين الفقهاء من بين رايه صراحة في ماهية مركز المبادئ العامة للقانون بين مصادر المشروعية، ولكن سنحاول استخلاص ارائهم بهذا الصدد.

فيما يخص رأي الأستاذ الدكتور ماهر صالح علاوي فانه يذهب إلى ان القاضي الإداري يتمتع بحرية كبيرة لإيجاد حل للنزاع المعروض عندما لا يجد نصا واجب التطبيق على الإدارة[1]. هنا تكون منزلة المبادئ العامة للقانون في منزلة التشريع عند غياب النص ،وعليه لا يجوز لمبدأ من المبادئ العامة للقانون ان يخالف نصا تشريعيا.

وفي تقديرنا ان قوة المبادئ العامة للقانون لا تتمثل في حالة غياب النص التشريعي فقط أو في حالة غموضه بدعوى انه في مرتبة التشريع نفسها. بل تتمثل أيضا في وجود نص تشريعي واضح، حيث يمكن للقاضي ان يؤوله وفقا لهيمنته على عملية التفسير.

ويرى الدكتور صالح المتيوتي ان القضاء عندما يقوم بابتداع المبادئ العامة للقانون إنما يقوم بعملية إنشائية تقف على قدم المساواة مع ما يقوم به المشرع[2].

ج - موقف القضاء :

يمكن ان نستخلص موقف القضاء العراقي من المرتبة القانونية للمبادئ العامة للقانون من ما تيسر لنا من أحكام قضائية صادرة من مجلس الانضباط العام. فقد جاء بقرار مجلس الانضباط العام " ...... انه ليس لجهة الإدارة ان

---

(1) د. ماهر صالح علاوي، مبادئ القانون الاداري 1996، مصدر سابق، ص18.

(2) د. صالح ابراهيم المتيوتي، المصدر السابق، ص60.

تفرض عقوبة الفصل بدلا من عزل الموظف عندما تكون قضيته معروضة على القضاء لانه يتنافى مع ضمانات التقاضي"[1].

وجاء في قرار آخر للمجلس انه " لا يجوز حرمان الموظف من الدفاع عن نفسه فيما نسب إليه من ذنب وظيفي "[2].

لقد سار القضاء العراقي على نهج المشرع والفقه في إقرارهما للمبادئ العامة للقانون وأنزلها منزلة التشريع في حالة عدم وجود نص، حيث يقوم القاضي بتطبيقها على النزاع المثار أمامه.

الفرع الثالث

مبدأ قابلية قواعد المرافق العامة للتغيير والتطوير

باعتباره من المبادئ العامة للقانون

انتهينا للتو من دراسة ماهية المبادئ العامة للقانون، وعلمنا انها احد المصادر غير المكتوبة للقانون الاداري، والتي مصدرها القضاء، ولا تستند الى نص دستوري او تشريعي صريح تكون له بطبيعته صفة الالزام، وانما انشأها القضاء باعتباره انشائيا يبتدع الحلول المناسبة للروابط القانونية التي تنشأ بين الادارة والافراد، ويبتكر النظريات والقواعد المتفقة مع المبادئ الدستورية العامة ومع الاسس التي يقوم عليها نظام الحكم في الدولة.

في الحقيقة ان القضاء قد استخلص مبدأ قابلية قواعد المرافق العامة للتغيير والتطوير وطبقه كقاعدة عامة استجابة لاعتبارات المصلحة العامة التي يقوم من اجل اشباعها المرفق العام وتفرضه ضرورة الموائمة المستمرة بين تنظيمات المرفق

(1) قرار مجلس الانضباط العام المرقم 1997/47 في 1997/2/23، غير منشور.

(2) قرار مجلس الانضباط العام المرقم 211 في 1995/9/20، في الاضبارة المرقمة 1995/19، غير منشور.

العام وبين الظروف المتغيرة، ولان المبدأ يتصف بالصحة والمنطقية فقد اعترف به الفقه بعد ان أقره القضاء[1] في كثير من احكامه[2].

---

(1) وضع د. مجدي دسوقي محمود حسين في رسالته ،السابق ذكرها ص 275، معيارا للتمييز بين القاعدة القضائية البسيطة (الحل القضائي) من جانب والمبدأ العام للقانون من جانب آخر، ويتمثل هذا المعيار في انه لو الغينا التشريع الذي وضعت القاعدة القضائية لسد ثغرة فيه، فاذا ماغابت القاعدة القضائية بغياب هذا التشريع كنا امام قاعدة قضائية بسيطة، اما اذا ظلت تلك القاعدة شامخة تفرض نفسها على المشرع بحيث لا يستطيع اغفالها كنا امام احد المبادئ العامة القضائية (المبادئ العامة للقانون). وفي تقديرنا ان الحل القضائي (القاعدة القضائية البسيطة) لا تصلح بطبيعتها ان تطبق على كافة المنازعات القضائية، اما المبادئ العامة للقانون (القاعدة القضائية المبدأ) فتكون بطبيعتها قابلة للتطبيق في كافة المنازعات المشابهة، اما التمييز بين العرف القضائي والمبدأ القانوني العام.

(2) قضى مجلس الدولة الفرنسي انه يصرح للمدن بتجاوز شروط العقود التي ابرمتها مع الشركات العامة للانارة لاجل امكان استبدال الكهرباء بالغاز C.E. 10 jan vier 1902. Caz de vile lez. 1902.3.17 cancl Romieu.

اشار اليه د. فوزي حنا، المصدر السابق، ص275وص276، وكذلك اقر المجلس لسلطات منح الالتزام سلطة تعديل قواعد تنظيم المرافق العامة من جانب واحد لاجل تحسين الخدمات للمنتفعين. وفي حكم آخر لمجلس الدولة بخصوص قضية (sieur vannier) الصادر في 27 يناير (كانون الثاني)1961 قضى المجلس بان من حق الادارة تخفيض او الغاء مرفق الراديو والتلفزيون C.E. 27 janv 1961, Rec. p. 60, concl. Kahn، وكذلك حكم مجلس الدولة في قضية (tramways de marseille) إذ قضى المجلس بالتزام المنتفع بقبول جميع الاجراءات التي تقوم بها السلطة الادارية لتغيير المرفق وعليه تطبق على المنتفع في الحال الزيادة في الرسوم ايا كانت شروط العقد

C.E. 11 mars 1910. tramways de marceille S. 1911, 3.1 concl. Blum, note M. Hauriou

اشار الى الاحكام السابقة د. مجدي دسوقي محمود حسين -المصدر السابق، ص 275. وفي حكم اخر لمجلس الدولة في دعوى (chamber de la Rohcelle et outres)=

= الصادر في 8 مارس 1977 والحكم فيها خاص بمرفق صناعي وتجاري حيث اغلقت الدولة ثلاثة خطوط للطيران تستغلها شركة (**Air Snters**)، وقد نازعت الغرف التجارية صاحبة المصلحة في صحة ذلك، لكن القضاء الاداري قرر انه بالنظر الى الاساس الدقيق لحركة المسافرين وتفاقم العجز في موازنة الاستغلال فان وزير النقل رخص بوقف هذا النشاط وللادارة ان تلغي بموجبه خطوط المواصلات العامة كالسكك الحديدية او تغيير مسارها وطريقة عملها دون ان يكون للمنتفعين من خدمات المرفق الاحتجاج عليها بحقوق مكتسبة في استمرار خدمات المرفق كما كانت **C.E. 19 Mars 1977. Rec. p. 153, concl. Massot** د. محمد ميرغني خيري - الوجيز في القانون الاداري المغربي، 1978، ص 225.

وفيما يتعلق بالقضاء الاداري المصري، فقد استقرت احكامه على ان حق جهة الادارة وضع القواعد التنظيمية لسير المرفق الذي تقوم على شؤونه، وان لها في أي وقت تعديل هذه القواعد والغائها وفقا لما تراه الاحسن لضمان حسن سير المرفق، وقرارها في هذا الشأن من الاطلاقات التي تستقل بها دون معقب عليها مادام قد خلا من اساءة استعمال السلطة محكمة القضاء الاداري، الدعوى رقم 1618 لجنة 5 القضائية، جلسة 15 فبراير (شباط) 1954، مجموعة السنة الثانية، ص 678. وتطبيقا لهذا المبدأ قضت محكمة القضاء الاداري "بان انشاء المرافق العامة يقتضي ان يترك للسلطة التنفيذية تنظيم المرفق ووضع القواعد التي يسير عليها بعد انشائه بحسب مايتوافر لديها من الخبرة الفنية وحاجة العمل فهي التي تقرر ماذا كانت ادارة المرفق الجديد تتولاها الدولة بنفسها او بواسطة غيرها من الهيئات العامة او الخاصة، او ما اذا كان اسلوب ادارة المرفق العام هو الاستغلال المباشر عن طريق السلطة الادارية، اوان يعهد به الى الافراد، يديرونه في شكل التزام، او ما اذا كان هذا المرفق سيكون محتكرا، او تتنافس فيه المشروعات الخاصة، او تحديد الشروط الواجب توافرها لدى الافراد لإمكان انتفاعهم بهذا المرفق، ومن ثم يجب تمكين السلطة من تعديل القواعد التي يسير عليها المرفق بسهولة، لتستجيب بسرعة لمقتضيات الظروف، ولكي تتمكن من وزن مختلف السبل التي يصح ان تسلكها لتتخير سنها افضلها، واقومها فيما تقرره من اشتراطات". حكم محكمة القضاء الاداري في القضية رقم 1525 للسنة السادسة، القضائية جلسة 1957/3/3، المجموعة ل، السنة 11، ص 638. انظر كذلك الاحكام الصادرة في طعن رقم 520، السنة 2ق، جلسة 1957/4/20 في الموسوعة=

= الاداريـة الحديثـة، ط 1، 1986،01687 ص 834، وكـذلك طعـن رقـم 882 لسـنة 10، جلسـة 68/3/2 المشـار اليـه في المصـدر السـابق، ص 835، طعـن رقـم 354 لسـنة 12 ق، جلسـة 1970/4/11، المصدر السـابق، ص 836، وطعـن رقـم 439 لسـنة 11 ق، جلسـة 1968/5/11، المصدر السابق، ص 836.

والعراق وان لم يكن فيه قضاء إداري مستقل قبـل صـدور القانـون 106 لسـنة 1989، قانون التعديل الثاني لقانون مجلس شورى الدولة رقـم 65 لسـنة 1979، إلا ان القضـاء العـادي قـد مارس مهمة القضاء الإداري. وقد اقر هذا القضاء مبدأ قابلية قواعـد المرافـق العامـة للتغيـير والتطويـر في العديد مـن أحكامه ومنها حكم محكمة التمييز الذي جاء فيه " ان الميعاد الـذي أيدته جهة الإدارة لاعتباره تاريخا لاستلام العمل يعتبر تعديلا لشروط المقاولـة 000" الـدعوى رقـم 1046 ح/1965 الصادرة بتاريخ 1966/6/29، أشارت إليه مجلة ديوان التدويـن القانونـي، العدد الثاني، السنة الخامسة، كانون أول، 1966، ص215. وكذلك في حكم آخر له والـذي نـص فيه " يكون رب العمل مسؤولا عن كل تغيير يجريه على المخطط الذي نظمـه المقـاول وقـت التعاقد ولا يسأل المقاول عن التأخير بسبب الأعمال الإضافية التي استحدثها المخطط الجديـد إذا كانت تلك الأعمال تستدعي ذلك حسب رأي الخـبراء ". القرار رقم 942 / مدنيـة اولى / 977 في 1978/10/8، المنشور في مجلة مجموعة الأحكام العدليـة الصـادرة عـن قسـم الإعلام القانوني في وزارة العدل، العدد الرابع، السنة التاسعة، 1978، ص32. القرار رقم 942 / مدنية اولى / 977 في 1978/10/8، المنشور في مجلة مجموعة الأحكـام العدليـة الصـادرة عـن قسـم الإعلام القانوني في وزارة العدل، العدد الرابع، السنة التاسعة، 1978، ص32. وكذلك صـدر مـن المحكمة نفسها ما يأتي " تكون الإدارة مسؤولة عن كل تغيير تجريه على المخطط الذي نظمته للمقاول وقت التعاقد ولا يسأل المقاول عن التأخير بسبب ذلك التغيير إذا مـا كـان التغيـير يستدعي ذلك حسب رأي الخبراء " قرار محكمـة التمييـز المرقم 206 / مدنيـة اولى / 1978، والصادر في 1978/12/25 والمنشور في مجلة مجموعة الأحكام العدليـة، العـدد الرابـع، السـنة التاسعة، 1978، ص32. وكذلك " وعلى جهة الإدارة تعويض المقاول عن الإضافات الزائدة عـن العمل المتفق عليه " قرار محكمة سسالتمييز المرقم 1963/919 في 1963/4/3، والمنشـور في مجلة ديوان التدوين القانوني، العدد الثالث، السنة الثانية، 1963، ص275.

ولقد احتل هذا المبدأ – حسب تقديرنا مع اغلب الفقه - مرتبـة التشريـع نفسـها في سلم المشروعية. ولا يقدح في قولنا هذا ان القضـاء قـد استخلص هـذا المصـدر مـن خارج النصوص، إذ وجـده في الحيـاة الاجتماعيـة واستخلصـه مـن الحقـائق الطبيعيـة والحقائق الفعلية والحقائق المثالية، وعليه تكون هـذه الحقـائق هـي المصـدر الاصلي للمبدأ، بينما المصدر الرسمي هو القضاء الاداري.

المبحث الثاني

عوامل تغيير قواعد المرافق العامة الاقتصادية

وتطويرها والقيود العامة عليه

من المعلوم قيام المرافق العامة كافة على أركان أساسية ومنها تحقيق النفع العام، والذي يتمثل بالتنمية الاقتصادية بالنسبة للمرافق العامة الاقتصادية فهي الغـرض مـن انشائه. وهذا يعني ان السلطة العامة في مجال تنظيم قواعد المرافق العامة الاقتصادية أو تغييرها تعمل تحت تأثير عوامل اقتصادية إلى جانب تأثرهـا بعوامـل أخـرى منهـا السياسية والفكرية والاجتماعية ولكن بـدرجات اقـل أهميـة، لـذا سنكتفي بدراسـة العوامل الاقتصادية هذا من جانب وان كان تحقيق النفع العام هو هدف كل المرافق العامة ومن ضمنها المرافق الاقتصادية فانه أيضا بمثابة قيـد عـام عـلى السلطة العامـة حين تغير قواعد المرافق العامة الاقتصادية أو تطورها من جانب آخر. وعلى ضـوء هـذا التمهيد سنقسم هذا المبحث إلى مطلبين نبحث فيهما الموضوعين الاتيين :

◈ المطلب الأول   : العوامـل الاقتصاديـة المـؤثرة في تغيـير قواعـد المرافـق العامـة الاقتصادية وتطويرها.

◈ المطلب الثاني   : القيد العـام عـلى تغيـير قواعد المرافـق العامة الاقتصادية، قيـد المصلحة العامة.

المطلب الأول

العوامل الاقتصادية المؤثرة في

تغيير قواعد المرافق العامة الاقتصادية وتطويرها

تعد العوامل الاقتصادية من أهم العوامل التي تؤثر على تغيير القواعد القانونية عموما والمرافق الاقتصادية وتطورها على وجه الخصوص، ومرد ذلك طبيعة نشاط المرافق العامة الاقتصادية. في الحقيقة تقوم الدولة بدورين مختلفين، أحدهما تقليدي يتمثل في حمايتها للمصلحة العامة، والثاني تنموي يتمثل في قيام الدولة بتحقيق التنمية الاقتصادية وهو هدف المرافق العامة الاقتصادية[1].

ونتيجة لذلك الدور التنموي الذي تقوم به الدولة سواء في فرنسا أو مصر أو العراق فقد اضطلعت حكوماتها بالمسؤولية الرئيسة لعملية البناء والإسراع بمعدلات النمو الاقتصادي من خلال القطاع العام، وتأميم كثير من الأنشطة الاقتصادية، وبالتالي نشأت الحاجة إلى وضع خطط للتنمية ومن هنا كان تدخل الدولة في النشاط الاقتصادي لتحقيق التنمية الاقتصادية.

لا جدال في وجود رابطة وثيقة بين المرفق العام الاقتصادي من ناحية وتحقيق التنمية الاقتصادية من ناحية أخرى، ولكن أليس من الممكن تحقيق هذه

---

(1) لمزيد من التفصيل حول هذا الموضوع يراجع : ص (27) من الاطروحة، وكذلك د. علي خليفة الكواري، دور المشروعات العامة في التنمية الاقتصادية، بحث مقدم إلى ندوة التنمية في اقطار الجزيرة العربية المنتجة للنفط، ط2، مؤسسة بيروت للطباعة والتجليد، حزيران (يونيو) 1983، ص44 وما بعدها. وعبد الحميد عبد المهدي، اثر تغير الوقائع في مشروعية القرار الإداري، رسالة ماجستير مقدمة إلى كلية القانون، جامعة الموصل، 1997، ص38 وما بعدها. و د. ناجي البصام، اثر المتغيرات الاقتصادية والاجتماعية والسياسية على إدارة القطاعات الاقتصادية في العراق، مجلة العلوم الإدارية، العدد الثاني، ديسمبر 1988، ص83 وما بعدها.

التنمية دون تدخل الدولة ؟ يثير هذا التساؤل تساؤلات أخرى منها، ما الـذي يـدعو الدولة إلى التدخل في مجال التنمية الاقتصادية؟ وما العوامـل التـي تحـدد دور الدولـة وحجمه عندما تتدخل؟ وما صور هذا التدخل؟ وسنجيب عن هذه التساؤلات في ثلاثة فروع وعلى الوجه الآتي :

◈ **الفرع الأول** : أسباب التدخل الحكومي في التنمية الاقتصادية.

◈ **الفرع الثاني** : العوامـل التـي تحـدد الـدور الـذي تلعبـه الدولـة في التنميـة الاقتصادية.

◈ **الفرع الثالث** : صور تدخل الدولة في التنمية الاقتصادية.

الفرع الأول

أسباب التدخل الحكومي في التنمية الاقتصادية

لقد حصر بعض الفقهاء[1] أهم هذه الأسباب في ما يأتي :

1- عجز القطاع الخاص عن توفير موارد كافية للاستثمار في منشآت كبيرة ذات كفاءة رأسمالية عالية.

2- السيطرة على الصناعات الاستراتيجية في الاقتصاد مثل النفط، والحديـد والصلـب، والبتروكيماويات، والصناعات الثقيلة عموما.

3- الحكومة هي الجهة الوحيدة القادرة على اقامة البنية الاساسية ومشروعـات راس المال الاجتماعي.

4- الاسراع بمعـدلات التنميـة عـن طريـق التـأميم، وقيـام القطـاع العـام وتوسـيعه، والتدخل المباشر في النشاط الاقتصادي.

---

(1) Eckstein, O. "individualism and the role of stste in economic growth" economic development and cultural change, Vol.71, No.20 (Jan.1985).

أشار إليه د. محمود عبد السميع علي، نطاق التدخل الحكومي في النشاط الاقتصادي، مجلة مصر المعاصرة، العدد 444، اكتوبر، 1996، ص479.

5- تحقيق الاستقلال المتحرر من سيطرة الدول الأجنبية.

6- تحقيق العدالة الاجتماعية والتنمية الإقليمية، وتوفير السلع العامة وصيانة السلام الاجتماعي والأمن القومي.

الفرع الثاني

العوامل التي تحدد الدور الذي تلعبه الدولة في التنمية الاقتصادية[1]

يتوقف الدور الذي تلعبه الدولة في التنمية الاقتصادية في دولة ما وحجم هذا الدور على اعتبارات عدة، وتتوزع هذه العوامل بين سياسية واقتصادية واجتماعية ...الخ. ويمكن اجمالها بما يأتي :

1 ـ اهداف التنمية الاقتصادية التي تسعى الدولة الى تحقيقها.

2 ـ زمن تحقيق هذه الاهداف، وتحديد معدل النمو الذي من الممكن ان يكون الهدف الرئيسي للتنمية.

3 ـ التوجه السياسي والمعتقدات الفكرية التي يعتنقها المجتمع.

4 ـ الوسائل المتاحة لتحقيق اهداف التنمية الاقتصادية بالمعدل المطلوب بما في ذلك الموارد المتاحة ومستوى الفن الانتاجي السائد.

5 ـ مدى التخلف النسبي للاقتصاد.

ويتحدد دور الدولة وحجمه النسبي في التنمية الاقتصادية من نتاج تفاعل العوامل مجتمعة مع بعضها البعض ونتج عن ذلك في فترة الخمسينات والستينات من نهائيات القرن الماضي تدخلا مباشرا ومتزايدا في مختلف الانشطة الاقتصادية من انتاج وتوزيع واستثمار وغيره، الامر الذي أدى الى

(1) د. محمود عبد السميع علي، المصدر السابق، ص408.

تولد قطاع عام كبير في مختلف الانشطة الاقتصادية في كثير من الدول النامية[1].

الفرع الثالث

صور تدخل الدولة في التنمية الاقتصادية

ان ظاهرة تدخل الدولة في الاقتصاد ليست قاصرة على الدول الاشتراكية، بل انها تحققت ايضا في الدول الرأسمالية[2]. فلقد اظهر الواقع الاجتماعي ان الدولة لاتستطيع ان تقتنع بوظائفها التقليدية، في حفظ الامن والدفاع والصحة وغيرها، بل وجدت الدولة الحديثة ازاء الازمات الناتجة عن المنافسة الحرة انه من اللازم تدخلها في الحياة الاقتصادية لتحقيق اسمى اهدافها وهو تحقيق التنمية الاقتصادية، ويمكن تصور اشكال هذا التدخل بما يأتي[3] :

1- توفير رأس المال الاجتماعي بما في ذلك الحفاظ على النظام والقانون، وتحديد الالتزامات القانونية والتعاقدية وتنفيذها، واقامة الخدمات الصحية والتعليمية والاجتماعية بالاضافة الى القيام بوظيفة الدفاع الوطني.

2- توفير البنية الاساسية المادية، مثل الكهرباء والصرف الصحي وشبكات الطرق والسكك الحديد والجسور والسدود وغيرها.

---

(1) على الرغم مما يوجد في هذه البلاد من امكانيات، الا انها تعاني من كثير من المشاكل التي تقف عقبة في طريق التنمية وتعيق حركة تقدمها، بحيث يبدو من المستحيل الاعتماد على المشروع الخاص، او النظام الحر للقضاء على حالة التخلف، وتحقيق التنمية وهذه المشاكل الخطيرة تتطلب قدرا كبيرا من العمل الحكومي. د. احمد عباس عبد البديع -تدخل الدولة ومدى اتساع مجالات السلطة العامة، دار النهضة العربية 1971، ص 179.

(2) د. احمد شرف الدين - التحولات الاقتصادية للقانون، مجلة العلوم القانونية والاقتصادية، العدد الاول والثاني، يناير ويولية 1986، ص 12.

(3) د. محمود عبد السميع، المصدر السابق، ص408، د احمد عباس عبد البديع -المصدر السابق، ص 183 وما بعدها.

3- تطبيق الرقابة المباشرة او غير المباشرة من خلال اجـراءات معينـة مثل الضرائـب والتعريفة الجمركية والدعم والائتمان والرقابة على الاسعار.

4- اقامة مشروعات حكومية ومن بينها مـن يضـطلع بـادارة مرافـق عامـة اقتصادية وادارتها بنفسها، أو يعهد بها الى المؤسسات او الهيئات التي تنشئها لهذا الغرض، او يفوض القطاع الخاص في ادارتها، او ان يجيز مساهمة الاخـير في ادارتهـا، او ان يلجأ الى الملكية العامة لبعض او كل وسائل الانتاج بمعنى الاخذ بنظام التاميم[1].

5- التخطيط المركزي الذي قد يشتمل على تركيز كامل او جزئي في عمليـة صـنع القرار الاقتصادي.

مــن الواضـح ان الاسـلوبين الاول والثـاني يمـثلان الحـد الادنى والضروري لقيـام الحكومة بوظائفها، في حين ان اسلوب التخطيط المركزي والشامل المصحوب بالتشغيل الحكومي الكامل للاقتصاد يمثل الحد الاقصى للتدخل الحكومي[2].

المطلب الثاني

القيد العام على تغيير قواعد المرافق العامة الاقتصادية وتطورها قيد المصلحة العامة

يرتبط كل من القانون والدولة بفكرة المجتمع ذاتها، ولـذلك كانـت غايـة كل من القانون والدولة هي الغاية من الجماعة ذاتها، وهـدف الجماعـة هـو هدف المصلحة العامة[3] وعلى ذلك يجب على السـلطة العامـة أن تتحـرى في

---

(1) د. توفيق شـحاتة، مظهـر مـن مظـاهر تـدخل الدولة في النشـاط الاقتصادي، المرافق العامـة الاقتصادية، مصدر سابق، ص 445 وما بعدها.

(2) د. محمود عبد السميع، المصدر السابق، ص 480وص481.

(3) د. نعيم عطية، القانون العام والصالح المشترك، مجلـة العلـوم الإداريـة، العـدد الثـاني، 1978، ص29.

أعمالها كافة تحقيق المصلحة العامة، فهي حين تمارس سلطتها في تغيير قواعد المرافق العامة الاقتصادية وتطويرها يجب عليها أن تراعي تحقيق المصلحة العامة، وهي في ذلك مراقبة من قبل القضاء. ولتوضيح هذه الافكار يلزم أن نبين مدلول فكرة المصلحة العامة وكذلك خصائصها، فضلا عن بيان مدى رقابة القضاء على تحقيقها من عدمه وذلك في ثلاثة فروع وعلى النحو الاتي :

الفرع الأول

مدلول فكرة المصلحة العامة [*]

ان مصطلح المصلحة العامة مثله مثل العديد من المصطلحات العامة التي تتسع لكثير من الشروحات والتخريجات التي تتسم بالمرونة والتي تخولها استيعاب أنماط مختلفة من المذاهب والأفكار، وتكون عرضة مدى التاريخ للمحاولات المستمرة من كل صوب لتلوينها بالأصباغ الفلسفية المتعددة. وتكون قدرة المصطلح على الاحتواء سبيلا إلى تطويره واثرائه، كما تكون ثغرة تلوذ بها بعض المبادئ الدخيلة والمذاهب المنبوذة[1].

وقد اتفق الفقهاء قديمهم وحديثهم على ان أساس وجود الدولة[2] هو تحقيق المصلحة العامة، وان هذا الهدف يحكم جميع تصرفات سلطاتها العامة

(*) ان مصطلحات الصالح العام والصالح المشترك والنفع العام والخير العام وخير الجماعة كلها مرادفات لمصطلح المصلحة العامة فهو اكثرهم تداولا في اوساط الفقه والقضاء.

(1) عبدالفتاح العدوي، الديمقراطية وفكرة الدولة، بلا دار نشر، 1964، ص150.

(2) د. احمد عشوش و د. سعيد الصادق، المصدر السابق، ص16 وما بعدها. د. ربيع انور فتح الباب، العلاقة بين السياسة والادارة، دراسة تحليلية في النظم الوظعية والاسلام، دار النهضة العربية، 2000، ص40. د. محمد مصطفى حسن، المصلحة العامة في القانون والتشريع الإسلامي، مجلة العلوم الإدارية، السنة الخامسة والعشرون، العدد الأول، يوليو 1977، ص7 وما بعدها.

المختلفة[1]. فارسطو يرى هدف كل دولة ليس في حماية أفرادها من العدوان الخارجي أو تبادل السلع والخدمات مع غيرها، وإلا أصبحت كل الدول دولة واحدة بعد ان تبرم معاهدات عدم اعتداء ومعاهدات تبادل منافع، ولكن الهدف هو تحقيق الخير العام (المصلحة العامة) الذي يراه الفقيه في ان يعيش كل فرد حياة افضل، وان كل المؤسسات في الدولة ليست سوى وسائل لإدراك هذا الهدف. وان هذه الحياة لا تتحقق إلا بوجود العدل سيد الفضائل وأساس كل دولة لتحقيق الغاية من وجودها[2].

ولم يذهب الفقهاء المحدثون بعيدا عن ذلك حيث يذهب بعض منهم إلى انه من الحقائق المجردة ان تسيطر على كل جماعة انسانية فكرة غالبة عن الخير العام (المصلحة العامة) تتجه كل سلطات الدولة إلى تحقيقها[3] وعليه يجب ان تكون المصلحة العامة هي الأساس الذي تستند إليه السلطة في المجتمع. وان هذا الأساس هو الذي تكتسب الحكومة شرعيتها من خلاله. ومن هنا جاءت أهمية الرقابة على السلطة حتى لا يمارس اصحابها المصلحة العامة بشكل منحرف سواء بسوء نية أو عن طريق الخطأ.

ولفكرة المصلحة العامة مدلولان أحدهما سياسي والآخر قانوني[4]، فالمصلحة العامة وفقاً للمدلول السياسي لا تختلف في صياغتها عن المصالح الفردية أو مصالح الجماعات، فهي مجرد تحكيم بين مصالح مختلفة، وهذا التحكيم يجري في ضوء توجهين هما :

---

(1) د. محمد ماهر أبو العينين، الانحراف التشريعي والرقابة على دستوريته، دراسة تطبيقية في مصر، دار النهضة العربية، القاهرة، 1987، ص303.

(2) د. سمير تناغو، مبادئ القانون، بلا دار نشر، 1980، ص132.

(3) بيلاو، المطول في العلوم السياسية، ج2، ص62 حتى ص83، اشار إليه د. محمد ماهر أبو العينين، المصدر السابق، ص304.

(4) د. مصطفى محمد حسن، المصلحة العامة في القانون والتشريع الإسلامي، مجلة العلوم الإدارية، العدد الأول، يونيو 1983، ص9ـ10.

1- ان المصلحة العامة هي مصلحة الجماعة الأكثر عددا، فمصالح الفـرد يضحى بها من اجل خير الجماعة، وبين الجماعات يراعى خير أكثرها عددا.

2- ان المصلحة العامة لا تقدر كما وانما كيفا، وان مضمون الفكرة يتغير تبعا لتغير الزمان والمكان والظروف التي تحكم مجتمع معين.

أما المدلول القانوني : فان اهتمامه الأول هو تحديد السلطة التي تملك إجراء التحكيم بين المصالح ثم تعين المصلحة العامة، فالسلطة التأسيسية تتدخل لتحقيق بعض اوجه الغايات العامة فقد نص دستور مصر النافذ عام 1971 المعدل على الدين، والأخلاق، والآداب العامة، والتامين الاجتماعي والصحي وكفالة العمل وضرورة التعليم كأهداف عامة[1]. واشار دستور فرنسا عام 1958 في ديباجته إلى بعض الغايات العامة ومنها الصحة وضمانات العمال وحماية الاسرة والاطفال[2]. وكذلك كفلت مواد مسودة دستور العراق حرية الانتقال للأشخاص والأموال، واصلاح الاقتصاد العراقي، وتشجيع الاستثمارات في القطاعات المختلفة، وحماية الامومة والطفولة والشيخوخة والضمان الاجتماعي والصحي والتعليم وهذه كلها غايات عامة[3].

إلا ان السلطة التاسيسية في تحديدها المصلحة العامة ليست بلا حدود فتقيدها دساتير اعلى مرتبة (كالدساتير الاتحادية) أو مواثيق وعهود مثل (ميثاق العمل الوطني المصري) أو اعلانات الحقوق العالمية[4].

(1) أنظر : المادة السابعة من الدستور المصري 1971 المعدل.

(2) انظر : ديباجة الدستور الفرنسي 1958

(3) انظر : المواد 24 و 25 و 26 و 29 / أ و 30 و 34 من مسودة دستور العراق.

(4) وليست اعلانات الحقوق التي ظهرت في التاريخ الدستوري اكثر من مرة، وفي اكثر من مكان وعلى اكثر من صورة، إلا تعبيرا لمجتمع أو لطبقة أو الفئة المفكرة في المجتمع=

تختلـف حريـة المشرع في تحديـد عنـاصر المصـلحة العامـة في الـديمقراطيات التقليديـة عنهـا في البلاد التـي تعتنـق فكـرا اساسيا أو مبـادئ اقتصادية واجتماعيـة محددة. ففي البلاد ذات الديمقراطيات التقليدية مثل انكلترا تتغير اتجاهـات التشريع تبعا للحزب الغالب واغلبيته في مجلس العموم. أما في مصر فان ما ارتضاه الشعب من مبادئ معينة اقرتها (ميثاق العمل الوطني) يلزم المشرع بالعمـل عـلى تحقيـق غاياتها والامر كذلك يحدث في البلاد العقائدية حيـث يلتـزم المشرع بتحقيـق أهـداف النظـام القائم.

وليست السلطة التأسيسية وحدها من تحدد غايات الجماعة بل يشاركها المشرع الذي يحدد فضلا عن الغايات وسائل تحقيقها وكذلك السـلطة المختصـة، كـما تشـارك الإدارة في تحديد بعض عناصر المصـلحة العامـة ولكـن مـن المجـالات غـير المحجـوزة للمشرع[1]. ان فكرة الصالح العام مثلها مثل سائر الأفكـار غـير المعرفـة لا يمكن وضـع تحديد منضبط لها ولكن ـ كما سنرى لاحقا ـ يمكن اكتشاف حـالات انتهاكهـا أو عـلى الأقل تحديد خصائصها.

الفرع الثاني

خصائص فكرة المصلحة العامة

يمكن ايجاز خصائص فكرة المصلحة العامة في الخصائص آلاتية :-

أولا: فكرة الصالح العام فكرة غير ثابتة (مرنـة)، بمعنـى ان لكـل مجتمـع صـالحه العام الذي يرجى تحقيقـه، بـل ان المجتمـع الواحـد تتغـير نظرتـه إلى هـذا الصالح العام في كـل حقبـة مـن حقـب تقدمـه وتطـوره فتـارة يـرى في

= بلسان المجتمع كله عن الصورة التي يتصورها المجتمع للصالح العام، د. نعيم عطية، القانون العام والصالح المشترك، مصدر سابق، ص69،70.

(1) د. محمد مصطفى حسن، المصدر السابق، ص10وص11.

النظام الرأسمالي تحقيقا للمصلحة العامة، وتارة يجعل من النظام الاشتراكي سبيلا إلى هذا الصالح العام [1].

ثانيا: فكرة الصالح العام هي فكرة مسيطرة على كثير من النظم السياسية والاجتماعية.

ثالثا: فكرة المصلحة العامة فكرة توفيقية أو تمثل حلا وسطا بين المصالح المتعارضة للأفراد. أو هو الصالح المسيطر لمجموعة من الأفراد داخل المجتمع يختلف نطاقها ضيقا واتساعا من نظام سياسي إلى آخر، فالفرد بحاجة الى الاجتماع ببني جنسه، وبالآتي فهناك مصلحة خاصة تدفعه إلى ذلك لكي يحافظ على نفسه وجنسه ويشبع رغباته الحسية والمعنوية. ولكن باجتماعه مع بني جنسه يشعر بتعارض رغباته مع رغبات الآخرين، مما تنتهي بهم إلى حلول وسط وهذا ما دفع بعض الفقهاء وبحق إلى القول ان الصالح العام ليس إلا مجموعة المصالح الخاصة التي اجتمعت فيما بينها لتحقيق رغباتها في ظل الظروف المتاحة [2] وقد تحقق هذه المصالح المجتمعة تطلعاتها عن طريق القوة أو عن طريق الأغلبية في النظم

---

(1) د. ربيع أنور فتح الباب، المصدر السابق، ص41. كذلك د. محمد ماهر أبو العينين، المصدر السابق، ص304. وفي نفس الاتجاه د. ثروت بدوي، القانون الإداري، دار النهضة العربية، القاهرة، 2002، ص425.

(2) انظر : في هذا الرأي د. ربيع أنور فتح الباب، المصدر السابق، ص43 وص 44. في الحقيقة انه من الدول النامية يتمثل الصالح العام في الصالح الغالب أو المسيطر والذي يتكون عن طريق اجتماع أو تجمع ما يمكن ان نسميه الفئة النشطة سياسيا أو الفئة المستفيدة، وهي غالبا ما تصل إلى أهدافها الخاصة (إشباع نزعات شخصية نفسية أو مالية أو اجتماعية) عن طريق حركاتها السياسية بأساليب تختلف من شخص إلى آخر ومن دولة إلى أخرى. وتختلف الدول المتقدمة أو الديمقراطية عن الدول النامية في انها استطاعت ان توسع نطاق الفئة المستفيدة وجعلتها الفئة الغالبة أو الأغلبية، وذلك عن طريق تقنين وتطبيق عدة ضمانات تمارس في الانتخابات واثناء العمل السياسي.

الديمقراطية وليس ادل على ذلك مـن مـا يحـدث مـن تغيـرات عنـد تغيـر الحـزب الحاكم في الدول الديمقراطية أو عند تغير رئيس الدولة في الدول النامية.

رابعا: ان فكرة المصلحة العامة فكرة لا كيان لها، ولا تجري فيها دمـاء الحيـاة، لدرجـة ان بعض الفقهاء رأى ان المصلحة العامة هي المصالح الفردية، توضع بالتناوب في حالة غير مؤذية أو ضارة[1]. إلا ان هذا الـرأي فضـلا عـن غموضـه لا يمكن قبوله، حتى لو كان الدافع إلى اعتناقه، هو ان فكرة المصلحة العامة غير قابلـة للانضباط والتحديد. أمـا السبب الـرئيس لنقـد هـذا الـرأي هـو ان لكـل مـن المصلحة العامة، والمصلحة الخاصة، طبيعة تختلف كل الاختـلاف عـن الأخـرى في أمور كثيرة[2].

خامسا: ان فكرة المصلحة العامة مثل سـائر الأفكـار غيـر المعرفـة لا يمكن وضع تحديد منضبط لها، ولكن يمكن بسهولة اكتشـاف حـالات انتهاكها إذ ان المشرع عـادة لا يظهر من الأغراض إلا تلك التي تتفق مـع الصالح العـام بمعناه الواسع مستغلا بذلك سلطته في اختيار أي هدف يتفق والصالح العام[3]. ومـن هنا كانت أهمية كشف عيب الانحراف البالغة في انه يؤدي إلى بيان الغرض الحقيقي من التشريـع، وبظهور الغرض الحقيقي تتحدد دستورية أو عدم دستورية التشريع، لـيس فقط لان هذا الغرض الحقيقي لا يتفق والصالح العام، ولكن لان الغرض نظرا لصلته الوثيقـة بموضـوع أو محـل القـانون ينطبـع عليـه ويضـحى القـانون غـير

---

(1) د. محمد عصفور، محاضرة عن المصلحة العامة، غير منشورة، أشار إليهـا د. محمـد مـاهر أبـو العينين، المصدر السابق، ص306.

(2) للمزيد من التفصيل حول هذا الموضوع انظر : د. نعيم عطية، القانون العام والصالح المشترك، المصدر السابق، ص70 ومـا بعـدها. وأ. د. ربيـع انـور فتح البـاب، المصدر السابق، ص 43 وهوامشها. ود. محمد ماهر ابو العينين، المصدر السابق، ص304.

(3) د. محمد ماهر أبو العينين، المصدر السابق، ص308.

دستوري بعد ان كان من ظاهره صحيحا لان القانون اصبح يخالف نصوص الدستور، ولكن هذه المخالفة لم نتمكن من اكتشافها إلا بعد التوصل إلى الغرض الحقيقي من التشريع [1].

سادسا: تتميز فكرة المصلحة العامة بأخلاقيتها أو طابعها الأخلاقي فالصالح العام لا يقف عند كونه مجموعة من الفوائد أو المنافع بل ينطوي على فكرة ارساء أسس الحياة السليمة لمجموع الأفراد، وعليه فالفضيلة من الأمور الضرورية بالنسبة للمصلحة العامة، ومن اجل هذا تطلب الصالح العام إنماء الفضيلة وحسن الآداب في مجموع المواطنين، ومن ناحية أخرى كان التصرف السياسي غير الفاضل يمس أيضا بالمصلحة العامة، ولما كان التصرف السياسي غير الفاضل ماسا بالمصلحة العامة في اغلب الأحيان ولما كانت المصلحة العامة هي الأساس الذي تقوم عليه السلطة، فان إخلال السلطة بالأخلاق الفاضلة يعتبر إخلالا بشرعيتها وبالأساس الذي قامت عليه [2].

الفرع الثالث
الرقابة على قيد المصلحة العامة(*)

يقول أحد الفقهاء " ان كل سلطة اجتماعية انما تجد وجودها الشرعي فيما تسعى إليه من تحقيق المصلحة العامة"[3].

---

(1) المصدر السابق، ص304.
(2) د. نعيم عطية، القانون العام والصالح المشترك، مصدر سابق، ص70.
(*) سنعرض هنا للرقابة على قيد المصلحة العامة في كل من قرارات الادارة التنظيمية والقواعد التشريعية المتعلقة بالمرافق العامة الاقتصادية بشكل عام، على أن نتناول في المبحث التالي الرقابة على قيد المصلحة العامة في قرارات الادارة التنظيمية والقواعد التشريعية المتعلقة لتعديل العقود الادارية للمرافق العامة الاقتصادية وانهاؤها بالارادة المنفردة.
(3) Waline : le pouvoir discritionnaire R.D.P. 1930 p 197.

ان الإدارة والمشرع تسعيان إلى تحقيق المصلحة العامة فان كـان العمـل القانوني الصادر عن الإدارة سواءاً القرار الفردي أم التنظيمي، أو كان الـنص التشريعـي الصـادر عن البرلمان قد صدرا لتحقيق غاية غير المصلحة العامة فإننا نكون أمـام حالـة انحـراف أمـا فـي استعمـال السـلطة (بالنسبة لـلإدارة) أو انحـراف تشريعـي (بالنسبة للبرلمـان) وسوف نعرض لكلتا الحالتين وعلى النحو الآتي :

أولا : عيب الانحراف في استعمال السلطة.

عرف الفقيه الفرنسي فيدل (Vedel) عيب الانحراف في استعمال السلطة بأنه " استعمال الإدارة سلطاتها لتحقيق غاية غير التي من اجلها منحت تلك السلطة "[1].

وعرفه د. سليمان الطماوي بانه " استعمال رجل الإدارة سلطته التقديرية لتحقيق غرض غير معترف له به "[2].

ويعرفه د. عصام البرزنجي انه " العيب الذي يصيب مقاصد رجل الإدارة الـذي يصدر القرار، عندما تكون مقاصده هذه مخالفة للغرض الذي حدده القـانون أو الـذي يتفق مع القانون "[3].

ان لعيب الانحراف في استعمـال السـلطة أهميـة خاصة مـن النـاحيتين القانونيـة والعملية فمن الناحية القانونية يبين لنا مدى اتساع نطاق الرقابة القضائية وامتـدادها لتشمل الكشف عن النوايا الداخليـة التـي تـدفع رجل الإدارة لإصدار القـرار الإداري، وبضمنه القرار التنظيمي المتعلق بتغيير قواعد المرافق العامة الاقتصادية.

---

(1) George Vedel : droit administratif, themis deuxiem edition, paris 1961, p341.

(2) د. سليمان الطماوي، نظرية التعسف في استعمال السلطة (الانحراف بالسلطة)، دراسة مقارنـة، ط2، مطبعة جامعة عين شمس، القاهرة، 1978، ص69.

(3) د. عصام عبدالوهاب البرزنجـي، السـلطة التقديريـة لـلإدارة والرقابة القضائية، دار النهضـة العربية، القاهرة، 1971، ص482.

وتفيد من الناحية العملية في إلغاء قرارات الإدارة التنظيمية المغيرة للقرارات التنظيمية التي تخضع لها المرافق العامة الاقتصادية اذا تبين ان نتيجة البحث في حقيقة هدف رجل الادارة المصدر لهذه القرارات هي الكشف عن صورة من صور الانحراف في استعمال السلطة.

ان المشرع يحدد صراحة أو ضمنا الغاية التي من اجلها خلق هذا الاختصاص فرجل الإدارة مكلف أولا واخيرا بتحقيق المصلحة العامة وهذا الغرض يخضع لقاعدتين الأولى، يخضع رجل الإدارة لقاعدة إلا يهدف في جميع أعماله إلا إلى تحقيق المصلحة العامة. فإذا خرج عن هذا المبدأ وسعى إلى تحقيق نفع شخصي فانه يفقد صفته كفرد من أفراد الإدارة ويصبح عمله اعتداءا ماديا[1] والثانية : ان قيد المصلحة العامة واسع وليس من مصلحة حسن الإدارة ترك العضو حرا تمام الحرية في داخل نطاق المصلحة العامة بل يجب ان تحدد له الأغراض العامة التي يجب عليه ان يحققها دون غيرها وهذا ما يفعله مشرع عادةً فهو لا يكتفي بهذا القيد العام المستمد من فكرة المصلحة العامة بل انه يحدد الغرض المخصص الذي يجب على رجل الإدارة ان يسعى لتحقيقه دون غيره[2].

وعلى ذلك تنقسم حالات عيب الانحراف[3] إلى مخالفة القرار لغرض المصلحة العامة بمعناه الواسع ومخالفة القرار لقاعدة تخصيص الأهداف. وسنعرض لموقف القضاء من هذا العيب في كل من فرنسا ومصر والعراق وعلى النحو الآتي :

---

(1) د. محمد ماهر ابو العينين، المصدر السايق، ص111 وما بعدها.
(2) د. سليمان الطماوي، نظرية التعسف في استعمال السلطة، مصدر سابق، ص 62وص 63.
(3) د. نعم احمد محمد الدوري، القرارات التنظيمية في مجال الضبط الاداري ورقابة القضاء عليها، اطروحة دكتوراه مقدمة لكلية القانون جامعة الموصل، 2003، ص127 وما بعدها.

أ - مجلس الدولة الفرنسي وعيب الانحراف :

قضى مجلس الدولة بإلغاء القرارات الصادرة عن الإدارة العامة والتي تتضمن مخالفة الخطة العامة للإسكان والمطبقة في نطاق المنطقة حتى ولو كان القرار يحقق منفعة عامة أخرى مثل إنشاء البلدية صالة اجتماعية للمناسبات في المبنى المزمع إنشاؤه[1].

وفي القضية المشهورة باسم قضية Storch اصدر مدير مقاطعة السين قرارا إداريا يخول شركة امتياز النقل بالتزام حق استبدال العربات التي تسير تحت الارض بعربات هوائية تسير فوق الارض في منطقة باريس، وطعن السيد Storch في هذا القرار وهو رئيس نقابة الملاك المقيمين في منطقة عمل الترام، بحجة مخالفته لعقد الامتياز إلا ان المجلس قرر رفض الدعوى لانه رأى ان القرار المذكور لم يخالف عقد الامتياز.[2] وكذلك قضى مجلس الدولة الفرنسي في 1924/7/4 في قضية Beauge بإلغاء القرار التنظيمي الذي أصدره عمدة بلده المتعلقة بمنع المستحمين من خلع ملابسهم إلا في غرف مخصصة للبلدية مقابل أجرة. بعد ان تبين للمجلس ان غرض العمدة ليس المحافظة على الآداب العامة بل كان لغرض تحقيق مصلحة مالية[3].

ومن خلال الأحكام التي عرضنا لها اتضح ان مجلس الدولة استقر قضائه على ان للأفراد الحق ازاء المرافق العامة بكافة انواعها في رقابة سير المرافق العامة وان يطعنوا أمام قاضي الإلغاء في القرارات الإدارية التي تصدرها

(1) قضية وزير النقل واصلاح الطرق 1975/1/13 مجموعة سيرى باريس سنة 1975، ص20 أشار إليه د. محمد ماهر أبو العينين، المصدر السابق، ص122.

(2) أشار إليه د. محمد فؤاد مهنا، حقوق الأفراد ازاء المرافق العامة، مجلة مجلس الدولة، السنة الثانية، يناير 1951، ص207.

(3) د. زين العابدين بركات، مبادئ القانون الإداري السوري والمقارن، دار الفكر العربي، القاهرة، 1972، ص428.

السلطات الإدارية المختصة المتضمنة تعديلات أو إجراءات متعلقة بسير المرافق العامة أو نظامها إذا صدرت مشوبة بعيب الانحراف في استعمال السلطة.

ب ـ مجلس الدولة المصري وعيب الانحراف :

استقر القضاء المصري على ان سوء استعمال السلطة نوع من سوء استعمال الحق، والموظف يسيء استعمال سلطته كلما استعمل نصوص القانون ونفذها بقصد الخروج على أغراض القانون فهو استعمال للقانون بقصد الخروج عليه[1].

فقد قضت محكمة القضاء الإداري بان الانحراف لا يكون حين يصدر القرار لغايات شخصية فقط ترمي إلى الانتقام أو تحقيق نفع شخص أو نحو ذلك بل يتحقق هذا العيب أيضا إذا صدر مخالفا لروح القانون، فالقانون في كثير من اعمال الإدارة لا يكتفي بتحقيق المصلحة العامة في نطاقها الواسع بل يخصص هدفا معينا يجعله نطاقا لعمل إداري معين وفي هذه الحالة يجب إلا يستهدف القرار الإداري المصلحة العامة فحسب بل أيضا الهدف الخاص الذي عينه القانون لهذا القرار عملا بقاعدة تخصيص الأهداف[2]، ان عيب الانحراف واساءة استعمال السلطة المبرر لالغاء القرار الإداري والتعويض عنه يجب ان يشوب الغاية منه اذ تكون جهة الإدارة قد أصدرته لباعث لا يتعلق بالمصلحة العامة[3].

واخذت المحكمة الإدارية العليا بما ذهبت إليه محكمة القضاء الإداري من ان إساءة استعمال السلطة هو من العيوب القصدية في السلوك الإداري قوامه ان يكون لدى الإدارة قصد إساءة استعمال السلطة والانحراف بها[4]. وقضت

---

(1) د. محمد ماهر أبو العينين، المصدر السابق، ص 123.

(2) محكمة القضاء الإداري، الدعوى 8386 جلسة 1956/4/22، مجموعة السنة العاشرة، قاعدة 229.

(3) محكمة القضاء الإداري، الدعوى 968 جلسة 1960/1/12، للسنة الثانية عشر، مجموعة أحكام السنة 14، ص192.

(4) الإدارية العليا في جلسة 1957/11/9 الطعن 904، أشار اليها د. محمد أبو العينين، المصدر السابق، ص123.

المحكمة بإلغاء القرارات التي تبتغي أغراضا أخرى غير المصلحة العامة كأغراض حزبية[1]، أو ان تقصد الإدارة ان تتحايل على حكم قضائي[2].

والخلاصة ان قانون مجلس الدولة الحالي رقم 47 لسنة 1972 قد خول الافراد حق مراقبة سير المرافق العامة ـ ومنها الاقتصادية ـ فلهم أن يطعنوا أمام محكمة القضاء الاداري في كل القرارات الصادرة من السلطة الادارية في شؤون هذه المرافق، وان كان قانون المجلس لم يشر صراحة الى القرارات المتعلقة بسير المرافق العامة وتنظيمها، الا انه قد منح محكمة القضاء الاداري بالنسبة للأفراد ولاية الغاء كافة القرارات الادارية بدون استثناء، وهذا الحكم بالتأكيد يشمل القرارات المتعلقة بسير المرافق العامة وتنظيمها[3]. وعليه يجوز لكل من يتوافر فيه شرط المصلحة من أفراد الجمهور أن يطعن فيها أمام محكمة القضاء الاداري، وللمحكمة أن تقضي بإلغائها اذا تبين انها مشوبة بعيب من العيوب المنصوص عليها في قانون مجلس الدولة والتي من بينها عيب إساءة استعمال السلطة[4].

ج ـ القضاء الإداري في العراق وعيب الانحراف :

مر القضاء في العراق بمرحلتين أولهما القضاء الموحد وقد رأى البعض عدم أحقية القضاء في إلغاء الأمر أو القرار الإداري الذي يتبين لها عدم مشروعيته[5]،

---

(1) حكم الإدارية العليا في جلسة 1960/4/26 قضية 3/ 4 سوريا.، أشار اليها د. محمد أبو العينين، المصدر السابق والصفحة نفسها.

(2) حكم الإدارية العليا في جلسة 1960/5/20 الطعن رقم 29 لسنة 2 سوريا. أشار اليها د. محمد أبو العينين، المصدر السابق، ص124.

(3) د محمد فؤاد مهنا، حقوق الافراد ازاء المرافق العامة، مصدر سابق، ص220.

(4) نصت المادة الثالثة الفقرة السابعة من قانون مجلس الدولة رقم 47 لسنة 1972 على العيوب التي يمكن أن تصيب القرار الاداري وهي عدم الاختصاص، وجود عيب في الشكل، مخالفة القوانين أو اللوائح أو الخطأ في تطبيقها وتأويلها، أو إساءة استعمال السلطة.

(5) د. عبد الرحمن نورجان، القضاء الإداري في العراق حاضره ومستقبله، دار مطابع الشعب، بغداد، 1965، ص224.

والبعض الآخر وهم غالبية الفقهاء[1] لم يجدوا مانعا يحول دون إلغاء القرارات الإدارية غير المشروعة في غير الحالات التي لم ينص عليها المشرع.

وبالرغم من صدور بعض القرارات القضائية من محكمة التمييز بإلغاء القرارات الفردية غير المشروعة[2]، إلا انها لم تستخدم حقها في إلغاء الأنظمة والقرارات غير المشروعة. اللهم بعض الحالات التي تصدت فيها محكمة التمييز لفحص مشروعية الأنظمة من حيث كيفية إصدارها[3].

وفي المرحلة الثانية التي بدأت بصدور القانون رقم 106 لسنة 1989، قانون التعديل الثاني لقانون مجلس شورى الدولة رقم 65 لسنة 1979، حددت المادة 7/ البند ثانيا / من القانون المذكور اختصاص محكمة القضاء الإداري بالنظر في صحة الأوامر والقرارات الإدارية الصادرة عن الموظفين والهيئات في دوائر الدولة والقطاع الاشتراكي، وعلى الرغم من ان عبارة الأوامر والقرارات الإدارية وردت مطلقة والمطلق يجري على إطلاقه ما لم يقم دليل التقييد، إلا ان محكمة القضاء الإداري قضت في العديد من أحكامها بأنها غير مختصة في إلغاء

(1) د. عصام البرزنجي، الرقابة القضائية على اعمال الإدارة في العراق وآفاق تطورها، مجلة العلوم القانونية والسياسية، العدد الأول والثاني، جامعة بغداد، 1985، ص168. و د. ماهر صالح علاوي، النظام في القانون العراقي، مجلة العلوم القانونية، بغداد، 1932، ص50.ود. فاروق احمد خماس، الرقابة على اعمال الإدارة، جامعة الموصل، بلا سنة طبع، ص89. و خضر عكري يوسف، موقف القضاء العراقي من الرقابة على القرار الإداري، رسالة ماجستير، كلية القانون، جامعة بغداد، مطبعة الحوادث، بغداد، 1976،ص50 وما بعدها.

(2) قرار محكمة التمييز في الدعوى رقم 37 / استئنافية /1969 في 1969/10/11 قضاء محكمة التمييز، المجلد السادس، 1972، ص 176،175.

(3) قرار محكمة التمييز في الدعوى 9/ح/1954 بتاريخ 1954/4/5 أشار إليه د. وسام صبار عبدالرحمن، الاختصاص التشريعي للإدارة في الظروف العادية "دراسة مقارنة" رسالة دكتوراه، جامعة بغداد، 1954، ص277،276.

التعليمات (الأنظمة، القرارات التنظيمية، اللـوائح)[1] علـى الـرغم مـن كونهـا قرارات ادارية.

ويرجع هذا التوجه القضائي ـ في رأي بعض الفقه ونتفق معـه[2] ـ إلى ان الجهتـين اللتين تملكان سلطة إصدار الأنظمة في العراق ـ كقاعدة عامة ـ هما رئيس الجمهوريـة ومجلس الوزراء، وحيث ان القرارات الصادرة من رئيس الجمهورية مسـتثناة بموجب المادة 7 من البند خامسا من القانون 106 لسنة 1989 مـن الطعن فيهـا مـن ناحيـة، وحيث ان القضاء قد درج على إضفاء صفة السـيادة علـى أعمـال الإدارة العليـا ومنهـا مجلس الوزراء من ناحية أخرى.

وبذلك نستطيع القـول بـان الطعـون المتعلقـة بأغلب الأنظمة ومنهـا القرارات التنظيمية الخاصة بالمرافق العامة الاقتصادية تخرج عن ولاية محكمة القضـاء الإداري، ولا شك في عدم دستورية هذه النصوص التي تحصن قرارات الإدارة من الطعن فيهـا[3]، إلى أذ هذه المسالة حسمة لصالح ولاية القضـاء بصـدور القـانون رقـم 17 لسـنة 2005 بالغاء الصوص القانونية التي تمنع المحاكم من سماع الدعوى[4] وكذلك تضمين مسـودة دسـتور العراق في المادة 97 نصا يحظر تحصين أي عمل أو قـرار أداري مـن الـتعن فيـه امام المحاكم.

---

(1) فقد قضت في حكم لها بأنه " ولما كانت اختصاصات هذا المحكمة هي النظر في صحة القرارات والأوامر ولا علاقة لها بالتعليمات التي تصـدر عـن دوائـر الدولـة والقطاع الاشـتراكي "، حكـم محكمة القضاء الإداري المـرقم 66 / قضـاء إداري / 1990 في 1991/7/10 (غـير منشـور) وفي نفس الاتجاه قضت الهيئة العامة في مجلـس شـورى الدولـة المـرقم 18/إداري/تمييز 1955 في 1995/1/25 (غير منشور)
(2) د. وسام صبار عبدالرحمن، الصدر السابق، ص281 وص 282.
(3) انظر : في هذا الموضوع رسالتنا للماجستير، تحصين بعض القرارات الإداريـة مـن رقابـة القضـاء، دراسة مقارنة، والمقدمة إلى كلية القانون، جامعة الموصل، 2001، ص74 وما بعدها.
(4) الوقائع العراقية العدد 4011 في 2005/12/22.

ثانيا : عيب الانحراف التشريعي.

ان فكرة الانحراف التشريعي لا تختلف كثيرا عن فكرة الانحراف بالسلطة، فالانحراف فكرة ملازمة للطبيعة البشرية في أي عمل تقوم به سواء كان من قبل الفرد أو من قبل موظف أو سلطة إدارية أو من قبل القاضي أو المشرع أو حتى من قبل السلطة التأسيسية المنشأة، ويقوم هذا العيب على أساس انه يصيب غاية صاحب السلطة ويجعله ينحرف عن المصلحة العامة إذا كان هيئة إدارية أو تشريعية.

والعامل المشترك في عيب الانحراف، ان صاحب السلطة إدارية أو تشريعية أو قضائية يبغي الخروج عن تلك الأغراض التي يبتغيها المشرع العادي أو الدستوري من إعطائه هذه السلطة أو الحق[1].

ان المشرع له الحق في تحديد المصلحة العامة من بين المصالح الخاصة العديدة المتصارعة والمتناقضة وهو بهذا يملك تحديد المصلحة العامة المفروضة على الجماعة في وقت معين. ولكن ما هو الضمان إلا يفسر المشرعون المصلحة العامة على النحو الذي يحقق مصالحهم الخاصة[2].

في هذا الموضع يقول أحد الفقهاء[3]: " ان من يملك وضع القانون يملك تحديد المصلحة المرعية التي تحظى وحدها بحماية القانون، ومن الإغراق في الوهم ان تتصور غير ذلك مهما بلغت بعض النظم إلى درجة كبيرة من الشعبية أو الجماهيرية وتجردت من محاباة بعض مراكز القوة أو السلطة في المجتمع فان المشرع في الحقيقة يملك ان يحدد بطريقة تحكمية ما الذي تعنيه المصلحة العامة في المجتمع بحيث يقصد في الحقيقة حماية مصالح خاصة ".

---

(1) د. محمد ماهر ابو العينين، المصدر السابق، ص293.

(2) المصدر السابق، والصفحة نفسها.

(3) د. محمد عصفور،محاضرة غير منشورة عن المصلحة العامة، ص4،أشار إليها د.محمد ماهر أبو العينين

وعليه يرتب الفقيه نفسه على ذلك نتيجة منطقية انه لا مجال لضمان ذلك سوى تقييد المشرع بقيود ذاتية تجعله يرعى قدرا من مصالح الطوائف الأخرى في المجتمع، ولا تفيد الرقابة الدستورية على القوانين شيئا مادامت لا تمتد إلى نطاق الانحراف التشريعي.

ولكن يتسائل فقيه آخر[1] كيف يمكن للقاضي ان يتحقق عن طريق رقابة الانحراف من اتجاه القانون للصالح العام ؟ ومجيبا على سؤاله بأنه يرى ان القاضي الإداري أو الدستوري لا يصدر حكما على صلاحية الهدف من التشريع لتحقيق المصلحة العامة وذلك عن طريق رقابة الانحراف. أي انه بمعنى آخر لا يتخذ أو يجب عليه ان لا يتخذ من هذه الرقابة وسيلة لإصدار حكم تقويمي على غايات القانون بحيث ينتهي به الأمر إلى ان يصبح موجها للمشرع في هذا الخصوص وإلا أضحى دوره ذو قيمة فوق دستورية، وانما هو يلجأ إلى رقابة الانحراف لا ليتثبت موضوعيا من اتجاه المشرع إلى الصالح العام، وانما ليتأكد من ان أغراض المشرع الحقيقية لا تتنافى والصالح العام، وذلك لان فكرة المصلحة العامة غير معرفة ولا يمكن وضع تحديد منضبط لها ولكن يمكن بسهولة اكتشاف حالات انتهاكها، اذ ان المشرع عادةً يظهر الأغراض التي تتفق مع المصلحة العامة بمعناها الواسع مستغلا سلطته في اختيار الهدف الذي يتفق مع المصلحة العامة. ومن هنا كانت أهمية اكتشاف عيب الانحراف لانه يؤدي إلى كشف الغرض الحقيقي، وباكتشافه تتحدد دستورية أو عدم دستورية التشريع ليس فقط لان هذا الغرض لا يتفق مع المصلحة العامة ولكن لان الغرض له صلة وثيقة بمحل القانون وينطبع عليه ويجعل القانون غير دستوري. بعد ان كان في ظاهره صحيحا لان القانون اصبح يخالف نصوص الدستور ولكن هذه المخالفة لم يتسن اكتشافها إلا بعد ان توصل القاضي إلى الغرض الحقيقي من التشريع.

---

(1) د. محمد ماهر أبو العينين، المصدر السابق، ص307 وما بعدها.

وقد اثار الفقيه هارولد لاسكي تساؤلا مهما وهو ان اغلب التشريعات التي تصدر عن البرلمان تخدم بالقطع مصالح فئة أو طبقة أو هيئة ما، كما انه في ذات الوقت يضر بمصلحة فئات أو هيئات أخرى. فكيف يمكن وضع حد فاصل بين المصلحة العامة والمصلحة الخاصة لهذه الطوائف أو الهيئات[1].

ان الواقع العملي يوضح ان البرلمان فيما يصدر من قوانين لا يمكن في اغلب الأحيان إلا ان تكون هذه القوانين معبرة عن القوة المسيطرة في البرلمان فما نراه من تعاطف التشريعات مع مستأجري الدور السكنية في النظام الاشتراكي نرى غيره في النظام الرأسمالي في تعاطف التشريعات مع مالكي هذه الدور. ويتساءل الفقيه نفسه : ولكن هل من المستحيل ان يتحقق الصالح العام في مثل هذه الظروف ؟ ويرى الإجابة في وجوب التزام مبدئي الحرية والمساواة، فالحرية تهيئ الفرصة لإفصاح المواطنين عن مطالبهم. كما ان المساواة تقدم الضمان على ان هذه المطالب سوف ينظر إليها نظرة عادلة. وكذلك في التزام المشرعون الحياد إلى درجة كبيرة حتى يتجنبون الثورة عليهم[2].
هذا من الناحية السياسية، ومن الناحية القانونية وجوب مراعاة تحقيق مبدأ المساواة القانونية (المساواة بين أصحاب المراكز الموضوعية المتماثلة) فإهدار هذا المبدأ يعد قرينة قوية على وقوع الانحراف التشريعي، ويعطي تصورا ان البرلمان إنما حقق مصالح خاصة لبعض الطوائف دون الطوائف الأخرى.

في الحقيقة انه لا يمكن تصور رقابة القضاء على الانحراف التشريعي في فرنسا لعدم وجود نظام للرقابة القضائية على دستورية القوانين، اذ ان المعمول به هو الرقابة السياسية التي يضطلع بها المجلس الدستوري الفرنسي.

اما في العراق فقد عهدت المادة (4/ثانياً) من قانون المحكمة الاتحادية العليا الى هذه المحكمة مهمة الفصل في المنازعات المتعلقة بشرعية القوانين

---

(1) هارولد لاسكي، مدخل إلى علم السياسة، ترجمة عز الدين محمد حسن، مؤسسة سجل العرب، 1968، ص19.
(2) هارولد لاسكي، المصدر السابق، ص104.

والقرارات والانظمة والتعليمات والاوامر الصادرة من أية جهة تملك حق اصدارها، والغاء التي تتعارض منها مع احكام قانون الدولة العراقية للمرحلة الانتقالية. وحسنا فعل المشرع الدستوري العراقي اذ جعل اختصاص الرقابة على دستورية القوانين والانظمة النافذة من اولى اختصاصات المحكمة الاتحادية العليا وذلك بموجب المادة (90/أولا) من مسودة دستور جمهورية العراق.

وفي مصر على الرغم من وجود نظام للرقابة القضائية على دستورية القوانين ليس من أمد قريب الا ان المحكمة العليا قد اضطردت أحكامها على ان ولايتها لا تمتد إلى مناقشة ملائمة التشريع أو البواعث التي حملت السلطة التشريعية على إقراره[1] وانتهجت المحكمة الدستورية العليا المنهج نفسه بعد إنشائها بمقتضى القانون 48 لسنة 1979 فمنذ بدايات أحكامها ذهبت إلى عدم امتداد ولاية رقابتها إلى ملائمة التشريع والبواعث على إصداره[2].

وللدكتور أبو العنين[3] رأي له وجاهته اذ يذهب إلى ان هناك اختلاف بين عنصر الملائمة في القانون وعنصر الغاية منه فالملائمة هي منطقة السلطة التقديرية الحقيقية وان موقعها هي ركن السبب لا الغاية، وان البحث في صحة الغاية هو بحث في ركن من أهم أركان القانون. ويجد صاحب الرأي في قضاء المحكمتين أحد تفسيرين، الأول هو انها تساوي بين ملائمة التشريع والغاية منه وذلك في عدم جواز بحثهما. وهذا يؤدي إلى خلط يتنافى واركان القانون أما التفسير الثاني فان المحكمتين لا تبحثا في ركن السبب في القانون بحثا مباشرا

---

(1) المحكمة العليا جلسة 1972/4/1 القضية رقم 11 لسنة 1 ق دستورية، مجموعة أحكام المحكمة العليا، ص78. والدعوى رقم 2 لسنة 3 ق عليا جلسة 1975/6/7 مجموعة أحكام وقرارات المحكمة العليا القسم الأول، ص314، وحكمها في 1978/4/1 في الدعوى رقم 5 لسنة 1957.

(2) المحكمة الدستورية العليا، مجموعة احكامها الجزء الأول، ص151 دعوى رقم 13 لسنة 1ق جلسة 1980/2/16، ص151.

(3) د. محمد ماهر أبو العينين، المصدر السابق، ص921.

لان ركن السبب يتضمن ثلاثة أنواع من الرقابة - الرقابة على وجود السبب وصحته، الرقابة على تكييف السبب، وأخيرا الرقابة على التناسب بين المحل وبين السبب وهي رقابة الملاءمة فقصد المحكمتين انهما لا يبحثان مطلقا في أي من صور الرقابة على السبب في القانون أي انهما لا يبحثان في وقائع القانون.

وبذلك وضع القضاء الدستوري لنفسه أحد القيود الذاتية بعدم النظر في الملاءمات السياسية أو بمعنى آخر عدم بحث ركن الوقائع في القانون فهو يقصر اختصاص المحكمة الدستورية عن البحث في هذا الركن(1).

إلا ان هذا لا يقع عائقا أبديا أمام تطور قضاء المحكمة الدستورية لتنظر مستقبلا في ركن الوقائع في القانون قياسا على ما حدث في القضاء الإداري(2).

---

(1) وقد قضت المحكمة الدستورية العليا بأنه لا يمكن القول بان إصدار القانون المطعون فيه هو من الملاءمات المتروكة للمشرع توصلا للقول بعدم اختصاص المحكمة بالنظر في مدى دستوريته لانه وان كانت المحكمة لا تختص وهي بصدد مزاولة الرقابة القضائية على دستورية القوانين بالنظر في ملاءمة إصدار التشريع من عدمه إلا انها تختص ببيان مدى مطابقة أحكامه للدستور دون تعرض لملاءمة إصداره وانتهت إلى رفض الدفع بعدم اختصاصها إلى المحكمة الدستورية العليا، جلسة 1978/4/1، الدعوى رقم 5 لسنة 1957 عليا دستورية، مجموعة أحكام المحكمة العليا، ج2 ،ص159. وفي نفس الاتجاه حكم الدستورية العليا، جلسة 1981/5/6، القضية رقم 5 لسنة 6ق دستورية، مجموعة أحكام المحكمة العليا، ص195.

(2) ولعل أول تقرير ناقش فكرة الانحراف هو التقرير المقدم من هيئة المفوضية لدى المحكمة العليا في الدعوى الدستورية رقم 2 لسنة 3ق وذلك في الطعن المقدم في القانون 632 لسنة 1955، وقد أخذت به المحكمة العليا، وكذلك انظر حكمها في جلسة 7 يوليو 1973 في الدعوى رقم 20 لسنة 3ق عليا دستورية، مجموع أحكام المحكمة العليا، ج1، ص326. والذي ورد فيه " ان المحكمة في هذا الحكم لم تبحث ابتداء في وقائع إصدار القانون ولكن عنيت في صحة الغاية من القانون وقامت بتمحيص ما قدمه الطاعن من أدلة وقرائن عن انحراف غاية مصدر التشريع وكان القاضي فيها متبعا منهج البحث في الانحراف بالسلطة الإدارية ". أشار إلى الحكمين د. محمد ماهر أبو العينين، المصدر السابق، ص931 وص932.

ثبت لنا من العرض السابق ان عيب الانحراف التشريعي هو عيب له وجود في بعض التشريعات الصادرة عن البرلمان، وهذا الوجود ليس بالأمر الغريب ذلك لان الانحراف يتعلق بالجانب الشخصي من عمل البرلمان وهو جانب أساسي في تكوينه فطبيعة القوى التي تتفاعل داخل البرلمان لابد وان تقرر أحيانا قوانين معيبة بالانحراف تحقيقا لأهداف هذه القوى والتي قد تكون على حساب المصلحة العامة. للدرجة التي يمكن معها ان يحول المشرع مشروعاً عاماً يفيد كل الشعب الى مشروع خاص، أو أن يقوم بتأميم مشروعات خاصة، أو أن يفوض إدارة مشروعات حكومية الى القطاع الخاص دون أن يتحرى المصلحة العامة، ولكن لصالح فئة محدودة وقادرة وذات نفوذ اجتماعي وسياسي. وهو ما يعرض النظام الديمقراطي إلى الانهيار تحت ضغط الجماعات الأخرى التي قد لا تجد وسيلة للتعبير عن مصالحها إلا الثورة على النظام ذاته.

ان الرقابة القضائية على عيب الانحراف ـ في حالة تحقيقها ـ تنبع من سلطة مستقلة عن سلطة المشرع، مما يجعل البحث جديا عن وجود عيب الانحراف. وكذلك فهي رقابة ذات فعالية في كشف البرلمان أمام سنده وهو الرأي العام، وكذلك فان هذه الرقابة تبقي القضاء في نطاق عمله فهو يوازن بين ادلة وجود أو عدم وجود الانحراف.

على الرغم من كل هذه الميزات في الرقابة القضائية إلا ان هناك سبل سياسية تكمن في تطبيق المبادئ الديمقراطية الصحيحة من ضمان الحريات الأساسية للمواطنين من حرية إنشاء والانضمام إلى الأحزاب، إلى حرية التعبير وحرية التصويت واحترام أصوات الناخبين سيؤدي ذلك كله إلى برلمان يعبر بصورة صحيحة عن سائر القوى المتفاعلة في المجتمع مما يجعل تمرير قانون معيب بالانحراف أمرا عسيرا.

وحسناً فعل المشرع الدستوري العراقي ـ كما سبق القول ـ اذ جعل مهمة الرقابة على دستورية القوانين والانظمة النافذة من اختصاصات المحكمة

الاتحادية العليا وهي الخطوة الأولى التي تتبعها خطوات أخرى حثيثة في سبيل إرساء نظام قانوني يخضع لرقابة القضاء الدستوري في مجال الانحراف التشريعي وما أحوجنا إليه الآن.

المبحث الثالث

مظاهر مبدأ قابلية قواعد المرافق العامة الاقتصادية
للتغيير والتطوير

من تعريف المرفق العام الاقتصادي والربط بينه وبين النفع العام (المصلحة العامة) يتبين أن فكرة المرفق العام فكرة متغيرة ومتطورة، فلا يصح أن يجمد نظام المرفق العام عند وضع معين، ولا يجوز أن تبقى أساليبه دون تغيير، بل يجب أن يكون بالامكان دائماً وفي كل وقت تطوير نظام المرفق العام ومواءمة أساليبه، وتعديل أنماط خدماته، حتى تكون باستمرار متجاوبة مع تطورات المصلحة العامة وحاجات الجماهير.

وعلى ذلك يتمثل هذا المبدأ في مظهرين الأول : سلطة الادارة في تعديل عقود المرافق العامة الاقتصادية وإنهاؤها بإرادتها المنفردة، والثاني : سلطتها في تطوير طرائق ادارة المرافق العامة الاقتصادية. وعلى الرغم من ان المظهر الأول قد تناولته العديد من الحوث والرسائل العلمية بالشرح والتحليل من حيث أساس هذه السلطة ومداها[1]. الا انها لم تول اثار استعمال الادارة لهذه السلطة الاهتمام

---

(1) راجع : فيما يخص سلطة التعديل د. ثورية لعيوني، معيار العقد الاداري، دراسة مقارنة، رسالة دكتوراه مقدمة لكلية الحقوق جامعة عين شمس، 1987، ص 376 وما بعدها. و د. أحمد عثمان عياد، مظاهر السلطة العامة في العقود الادارية، رسالة دكتوراه، دار النهضة العربية، القاهرة، 1973، ص 169 ومابعدها. و د. علي الفحام، سلطة الادارة في تعديل العقد الاداري، دراسة مقارنة، رسالة دكتوراه، دار الفكر العربي، القاهرة، 1976. و أ د. محمد كامل ليله، نظرية التنفيذ المباشر، رسالة دكتوراه مقدمة الى=

الكافي هذا من ناحية، وان كانت سلطة الادارة في تعديل عقودهـا الاداريـة أو انهاؤهـا بارادتها المنفردة هي وجه لعملة فأن الوجـه الآخـر لهـا هـو حـق المتعاقـد مـع الادارة والمتضرر من سوء استعمالها لهذه السلطة، وبذلك تكـون أثـار هـذه السـلطة تجسـيدا لمظهر من مظاهر المبدأ محل الدراسة من ناحية اخـرى. وعـلى ذلـك ارتأينـا أن نـقصر دراستنا في هذا المبحث على هذه الاثار. أما المظهـر الثـاني المتمثـل في سـلطة الادارة في تطوير طرائق ادارة المرافق العامة الاقتصادية فهو أوسع نطاقاً واجـل أثـراً مـن المظهـر الاول وهو عنوان بحثنا ومحوره. لذا سنخصص له بابا مستقلا.

وعلى ضوء هذا التمهيد والتحديد سيكون هـذا المبحـث في مطلبـين وعـلى النحـو الآتي :

- **المطلب الأول** : اثار استعمال الإدارة لسلطتها في تعديل غقود المرافـق العامـة الاقتصادية بارادتها المنفردة.
- **المطلب الثاني** : أثار استعمال الادارة لسـلطتها في انهـاء عقـود المرافـق العامـة الاقتصادية بارادتها المنفردة.

= كلية الحقـوق، جامعـة القـاهرة، 1959. و السـيد خالـد مرمـوس الحمـداني، سـلطة الادارة في تعديل عقودها الاداريـة، رسـالة ماجسـتير مقدمـة الى معهـد البحـوث والدراسـات العربيـة، 1987. و د. مصطفى كمال وصـفي، سـلطة الادارة في تعـديل العقـد بارادتهـا المنفـردة، جلـة العلوم الادارية العدد الأول، 1979. وفيما يخـص سـلطة الانهـاء الانفـرادي راجـع : د. محمـد صلاح عبد البديع، سلطة الادارة في انهاء العقد الاداري، دراسة مقارنة، رسالة دكتوراه، جامعة الزقازيق، 1993. والسيد سلال سعيد جمعة الهويـدي، سـلطة الادارة في انهـاء العقـد الإداري بـالإرادة المنفـردة، دراسـة نظريـة وتطبيقيـة مقارنـة في الامـارات العربيـة المتحـدة والـدول الاجنبية، رسالة ماجستير مقدمة الى كلية الحقوق، جامعة طنطة، 1994. والسيد محمـد عبـد اللـه الدليمي، سلطة الادارة في انهاء عقودها الادارية، رسالو ماجستير مقدمة لكلية القـانون السياسة، جامعة بغداد، 1993.

المطلب الأول

اثار استعمال الإدارة لسلطتها

في تعديل عقود المرافق العامة الاقتصادية بإرادتها المنفردة(*)

علمنا فيما سبق ان سلطة الإدارة في تعديل عقودها الإدارية مناطه باحتياجات المرافق العامة، فهذه السلطة ليست مجرد مظهر للسلطة الإدارية التي تتمتع بها الإدارة ولكنها نتيجة ملازمة لفكرة المرفق العام[1].

إلا انه في مقابل هذه السلطة يحق للمتعاقد مع الإدارة المتضرر من استعمال الإدارة لها الحصول على تعويض الأضرار الناجمة عن ذلك، مع احتفاظه بحقه في طلب فسخ العقد[2]، هذا ما لم ينص العقد على خلاف ذلك.

وقد تكون ممارسة الإدارة لسلطتها في التعديل مشروعة، وقد تكون غير ذلك مما يستوجب بحث الحالتين كل على حدى وفي فرعين وعلى النحو الآتي :

◈ **الفرع الأول** : التعديل المشروع لدواعي المصلحة العامة.

◈ **الفرع الثاني** : الاستخدام غير المشروع لسلطة التعديل.

(*) على الرغم من أن سلطة الادارة في انهاء عقودها الادارية بارادتها المنفردة حسب رأي أغلبية الفقهاء ـ كما سنرى - هي صورة من صور سلطة التعديل الانفرادي وبالتحديد عنصر الزمن (التعديل في فترة تنفيذ العقد) الا أننا ارتأينا أن نخصص لها مطلباً مستقلاً لهميتها من الناحية العملية.

(1) ولا تقيد سلطة الإدارة في تعديل هذه العقود سوى ان يكون هدفها من التعديل مصلحة المرفق العام التي هي مصلحة عامة تغلب المصلحة الخاصة. انظر حكم المحكمة الإدارية العليا بتاريخ 1992/4/28 طعن رقم 156 لسنة 35ق، الموسوعة الإدارية الحديثة، حـ 35/ص363.

(2) المحكمة الإدارية العليا، طعن رقم 439 لسنة 11 ق، جلسة 1968/5/11. أشار إليه د. عبد العزيز عبد المنعم خليفة، الاسس العامة للعقود الادارية، دار النهضة العربية، القاهرة، 2004، ص254.

الفرع الأول

التعديل المشروع لدواعي المصلحة العامة

يعد حق الإدارة في تعديل العقد عملا مشروعا، لا ينطوي على خطأ من جانبها وبالتالي يحق لها حتى خارج نصوص العقد ودفاتر الشروط ان تجري تعديلا من جانب واحد لمعطيات العقد الإداري، لكي يتفق مع احتياجات المرافق العامة.

ويرى جانب من الفقه الفرنسي ان الإدارة تستطيع إجراء التعديل المشروع لمعطيات العقد في حالتين، الأولى عندما تنص بنود العقد أو دفاتر الشروط صراحة على إجراء هذا التعديل، والثانية يجرى في خارج بنود العقد ودفاتر الشروط عندما تدعو حاجة المرفق العام إلى إجراء هذا التعديل أي ان يكون التعديل لدواعي المصلحة العامة[1].

ويذهب أصحاب الرأي السابق ـ وبحق ـ انه إذا كان قيام الإدارة بإجراء الممارسة المشروعة لسلطة التعديل المنصوص عليها في العقد يقابله حق المتعاقد مع الإدارة في التعويض وفقا للطرائق المنصوص عليها في العقد ذاته، فانه لا يمكن إثارة المسؤولية التعاقدية للإدارة لعدم تحقق اعتداء أو أضرار بالقوة الملزمة للعقد، حيث ينص في العقد على التعديل والتعويض[2]، فحرية أطراف العقد كاملة في مجال تحديد التعويض المستحق للمتعاقد نتيجة للممارسة المشروعة لسلطة التعديل من جانب الإدارة لدواعي المصلحة العامة، حيث يستطيع طرفا العقد ـ الإدارة والمتعاقد معها ـ ان يحددا عناصر حساب التعويض الممنوح للمتعاقد في هذه الحالة أيا كانت طبيعة اتفاقهما في هذا الشأن، حيث يمكنهما الاتفاق على استبعاد منح أي تعويض للمتعاقد عن التعديل المشروع

---

(1) TERNEYRE : La responsabilite contractuelle des personnes publiques en droit administratif these, pau, 1983,p.143.

(2) د. حمدي علي عمر، المصدر السابق، ص261.

أو تحديد مبلغ جزافي كتعويض أو قصر التعويض على الأضرار التي لحقت بالمتعاقد أو غير ذلك[1]، هذا عن الحالة الاولى.

أما في الحالة الثانية وهي الممارسة المشروعة من جانب الإدارة لسلطة التعديل في خارج نصوص العقد ودفاتر الشروط، فمن المحتمل قانونا ان تحرك مسؤوليتها التعاقدية دون خطأ، لانه يوجد في هذه الحالة اعتداء أو أضرار بالقوة الملزمة للعقد.

وتلتـزم الإدارة بتعـويض المتعاقـد عـن الأضرار التـي تصيـبه نتيجة استخدامها لسلطتها المشروعة في تعديل العقد نزولا علـى مقتضيات الصالح العـام[2]. ولا يستند التعويض على خطأ ترتكبه جهة الإدارة وانما يكون الهدف من التعويض إعادة التـوازن المالي للعقد الإداري لحالتـه الطبيعيـة بعد اختلاله نتيجة استخدام الإدارة لسلطتها المشروعة في تعديل التزامات المتعاقد معها[3].

والواقع انه إذا كنا قد أيدنا وجهة نظر أصحاب الاتجاه السابق فيما ذهبوا إليه من تحليل في الفرضية (الحالة) الأولى، إلا أننا نختلـف معهـم في الحالة الثانية ـ وذلك ـ على الرغم من اتفاقنا معهم بالنتيجة ـ لاستبعادهم تطبيق هذه الصورة من تطبيقات صور عمل الأمير على غير مـا تفق عليه اغلب الفقه في فرنسا ومصر والعراق، اذ يرى أصحاب هـذا الاتجاه من الفقه الفرنسي ومن شايعه من الفقه المصري ان نظرية عمل الأمير، تقتصر علـى ممارسـة الادارة المتعاقدة لاختصاصاتها الخارجة عن نطاق التزاماتها التعاقدية، بحيث لا تشمل سلطة الإدارة في تعديل العقد بإرادتها المنفردة، فالعنصر الأساسي لنظرية الأمير يكمن في انه يصدر عن السلطة المتعاقدة بصيغة أخرى غير التي تعاقدت على

---

(1) L.RICHER : Droit des contrats administratif, L.G.D.J. 1995, P.195.
وهذا يرجع أيضا ـ في تقديرنا ـ إلى انه من شروط تطبيق نظرية عمل الأمير هـو ان يكون الإجراء الصادر من الإدارة غير متوقع وهذا بالتأكيد يتعارض مع فرضيتنا التي تم فيها الاتفاق على حدود التعديل واسس التعويض، فكيف يتحقق شرط عدم التوقع ؟
(2) L.RICHER: op.cit.p.196.
(3) P.T: TERNEYRE، op.cit,p.143.

أساسها، أما سـلطة الإدارة المنفـردة في تعـديل التزامـات المتعاقـد فليسـت إلا ممارسـة لسلطة عادية مستمدة من العقد بذات الصفة التي تعاقدت الإدارة بها، وبالتالي نخرج من مفهوم نظرية عمل الأمير باعتبارها فكرة مختلفة تماما عن المجال المحـدد لتطبيـق تلك النظرية[1].

ويضيف أنصار هذا الاتجاه إلى ان مجـال تطبيـق نظريـة عمـل الأمير يجـب ان يقتصر فقط على ممارسة الإدارة المتعاقدة لاختصاصاتها الخارجة عن النطاق التعاقدي، مثل إجراءات الشرطة، وإجراءات تنظيم المرفـق العـام التي مـن شـأنها ان تـؤثر عـلى شروط وظروف تنفيذ العقود المبرمة بمعرفتها[2].

بينما الاتجاه الغالب في الفقه سواء الفرنسي أو المصري أو العراقي والـذي نؤيده ان سلطة التعديل الانفرادي للعقد مـا هـي إلا أحـد الصـور النموذجيـة لنظرية عمـل الأمير، وان الإدارة المتعاقـدة يمكنها ان تتـدخل مبـاشرة لتعـديل شروط تنفيذ العقـد، ويمكنها من ناحية أخرى ان تتخذ إجراءات لا تنصب على موضوع العقد ذاتـه ولكنها تؤثر فقط على تنفيذ العقد، ولذلك فان التمييز بين الصورتين يعتبر مصطنعا في شق منه لا يمثل أية أهمية فيما يتعلق بالتعويض أو إصلاح الضرر الناجم عن الإجراءات المنفـذة بمعرفة الإدارة، كما انه من الناحية العملية يصعب التمييـز بين الإجراءات التـي تنصـب على تعديل شروط العقد وتلك التي لا تنصب على هذا الغرض ولكن مع ذلك يكون لهـا هذا التأثير[3]. كما انه لا داعي للتضييق من مجال تطبيق النظريـة ففـي جميـع الحـالات فان الإجراءات التي تتخذها الإدارة ـ المتعاقدة ـ فيما يتعلق بـالحق في التعـويض تقـوم على النظام القانوني نفسه وتؤسس بناء على سلطتها التي لا يمكن للعقد ان يحجبها، هذا مـن ناحيـة، ومـن ناحيـة أخـرى فـان الإجـراء الصـادر مـن الإدارة المتعاقـدة قـد يمـس

---

(1) TERNEYr : op.cit,p.115.

(2) DeLAUBADERE: FMODERNE, P.DeLOVOLVE ,Traite des Contrats
   adminisratif, L.G.D.J. 2ed, T.I.1983 et. T.2,1984,P.128.

(3) د. علي محمد عبد المولى، الظروف التي تطرأ أثناء تنفيذ العقد، رسالة دكتوراه مقدمة الى كلية
   الحقوق، جامعة عين شمس، 1991، ص176 و ص 177.

موضوعا مختلفا، وهنا للمتعاقد إذا ما استوفى شروط التعويض الحق في تعويض كامل للضرر الذي أصابه فالشروط واحدة في الحالتين وأيضا النتائج المترتبة على تدخل الإدارة دون تمييز بين ما إذا كان الإجراء يمس أو لا يمس ذات موضوع العقد، وبصفة عامة يمكن القول ان جميع الإجراءات التي تتخذها السلطة المتعاقدة والتي يكون من شأنها التأثير على شروط تنفيذ العقد تعتبر كعمل من أعمال الأمير [1].

نخلص من ذلك كله إلى ان هذه النظرية تطبق إذا ترتب ضرر على المتعاقد من جراء الممارسة المشروعة لسلطة التعديل مع اكتمال بقية الشروط المطلوبة لتطبيق هذه النظرية وتترتب حينئذ مسؤولية الإدارة العقدية، إلا أنها مسؤولية عقدية بلا خطأ.

الفرع الثاني

الاستخدام غير المشروع لسلطة التعديل

إذا كان التزام الإدارة بتعويض المتعاقد معها عن الأضرار التي تقع على عاتقه بناء على تدخلاتها المشروعة أثناء تنفيذ العقد الإداري تقوم على أساس مسؤوليتها العقدية بلا خطأ "Responsabilite contractue lles sans faute" فان الاستخدام غير المشروع لسلطة التعديل يستوجب التعويض على الإدارة أيضا، ولكن على أساس مسؤوليتها العقدية على أساس الخطأ تجاه المتعاقد الذي اصابه الضرر من جراء تجاوز حدود سلطة التعديل [2].

---

(1) للمزيد من التفاصيل عن شروط تطبيق نظرية عمل الأمير يراجع : د. عبد العظيم عبد السلام عبد الحميد، اثر فعل الأمير على تنفيذ العقد الإداري، مصدر سابق، ص41 – 74. وكذلك د. علي محمد علي عبدالمولى، المصدر السابق، ص324 – 405.

(2) د. علي محمد علي عبد المولى، المصدر السابق، ص195. د. سليمان الطماوي، النظرية العامة للعقود الادارية، مصدر سابق، ص 574، المستشار عبد العزيز السيد الخوري، المصدر السابق، ص47.

وتطبيقا لذلك قضى مجلس الدولة الفرنسي بأنه " عندما فرضت الإدارة تخفيضا في كمية التوريد أو الحمولة المنصوص عليها في العقد فإنها تكون قد خالفت بذلك التعديل نصوص العقد، فضلا عن إخلالها بالتزاماتها مما يرتب مسؤوليتها، ولاجل ذلك تسأل الإدارة عن مخالفتها لنصوص العقد بإجراء تعديل غير مشروع على عقد النقل، حيث لم تسلم المتعاقد سوى 1600 طن لنقلها في حين أنها كانت ملتزمة في العقد بتسليم 2000طن "[1].

كما قضى أيضا في إطار عقد الالتزام الذي قد تم إبرامه بين الدولة ومدينة S.malo لانشاء واستغلال ميناء للنزهة حيث قام المحافظ بإجراء تعديل في حدود الالتزام وذلك بتخفيض مجال الالتزام، وعلى اثر ذلك طالبت المدينة بالتعويض واراد المحافظ ان يطبق شرط الالتزام المتعلق بالإلغاء الجزئي أو الكلي للإنشاءات، بينما طالبت المدينة بتطبيق شرط آخر اكثر ملاءمة وهو استرداد الالتزام ورفع النزاع أمام مجلس الدولة الذي رأى ان " تعديل حدود الالتزام لا يرجع إلى تطبيق الشرط المقرر من قبل المحافظ ولا إلى تطبيق الشرط المقرر من قبل المدينة، ولكن بعد تفسير نصوص العقد تبين ان قرار التعديل الانفرادي من جانب المحافظ كان خارج نطاق الحدود المعترف بها في نصوص العقد، وبأنه قد رتب تبعات جسيمة للمدينة تتمثل في النفقات الأولية للإنشاءات، وتخفيض نفقات الاستغلال، وبناءا عليه فان الضرر الذي أصاب مدينة S.malo والناتج من قرار التعديل يجب ان تعوضه الدولة[2].

وكذلك أقرت أحكام محكمة القضاء الإداري المصرية حق المتعاقد مع الإدارة في المطالبة بتعويض على اثر تعديل نصوص العقد أو زيادة الالتزامات الملقاة على عاتقه والتي لم ينص عليها العقد ان كان لهذا التعويض وجه[3].

---

(1) C.e : 4avr 1930, Mayer et lage Rec,p.392.

أشار إليه د. حمدي علي عمر، المصدر السابق، ص231.

(2) C.E : 27oct 1978, ville de saint. Malo, D.1979, j.p.366, note, D.joly.

أشار إليه د. حمدي علي عمر، المصدر السابق، ص231.

(3) محكمة القضاء الإداري في 2 ديسمبر (كانون أول) 1952، المجموعة س7، ص76.

كما أنها أقرت أيضا بأنه إذا تجاوزت الالتزامات الجديدة الملقاة على عاتق المتعاقد مع الإدارة الحد المعقول في نوعها وفي أهميتها، جاز له الامتناع عن تنفيذها أو المطالبة بفسخ العقد، كل ذلك تحت رقابة القضاء الذي له ان يقدر إذا كان الامتناع عن التنفيذ أو طلب الفسخ له ما يبرره[1].

وأكدت المحكمة الإدارية العليا على ان للإدارة سلطة تعديل العقد الإداري، بحيث لا يصل التعديل إلى الحد الذي يخل بتوازنه المالي وإلا عوض المتعاقد عن ذلك[2].

المطلب الثاني

اثر استعمال الإدارة لسلطتها في الإنهاء الانفرادي

لعقود المرافق العامة الاقتصادية

ان سلطة الإدارة في الإنهاء الانفرادي للعقد الإداري لدواعي المصلحة العامة دون حدوث أي خطأ من جانب المتعاقد معها صورة من صور التعديل الانفرادي[3]، فضلا عن كونها ليست سلطة مطلقة تمارسها كيفما شاءت،

---

(1) محكمة القضاء الإداري في 15 فبراير (شباط) 1954، المجموعة س8، ص683.

(2) حكم المحكمة الإدارية العليا بتاريخ 1970/4/11 المجموعة سبق الإشارة إليها. س15، ص264. وفي الاتجاه ذاته حكم المحكمة الإدارية العليا الطعن رقم 439 – 11ق (1968/5/11) 897/120/13، وكذلك حكمها في الطعن رقم 954 – 12 (1970/4/11) 266/43/15 أشار إلى الحكمين السابقين المستشار حمدي ياسين عكاشة في موسوعة العقود الإدارية والدولية، العقود الإدارية في التطبيق العملي، بلا سنة طبع، ص220.

(3) ذهب الى ذلك معظم الفقهاء الفرنسيون منهم أ. بينوا (Benoit) حيث يرى أن سلطة الادارة في فسخ العقد تستند الى مصلحة المرفق العام التي تستوجب انهاء العقود التي لم تعد متلائمة مع احتياجاته، او التي تمثل عباء ثقيلا عليه.

Benoit (F. B) : le droit administratif francais paris 1968 , p 335 p336. =

ولكنها في الواقع تعد سلطة تقديرية خاضعة لرقابة القضاء الإداري، حيث يراقب القاضي الإداري المختص مدى مشروعية ممارسة الإدارة لهذه السلطة ويتأكد من مدى توافر الشروط الواجب الالتزام بها من جانب الإدارة لممارسة هذه السلطة، وسلطة الانهاء في ممارستها لا تخرج عن احد فرضين أما ان تكون ممارسة الإدارة لسلطتها في الإنهاء الانفرادي دون خطأ من المتعاقد معها ممارسة مشروعة، أو ان تكون ممارستها لهذه السلطة غير مشروعة وعليه سوف نقسم هذا المطلب إلى فرعين وعلى النحو الآتي :

◈ **الفرع الأول** : اثر استعمال الإدارة المشروع لسلطتها في الإنهاء الانفرادي.

◈ **الفرع الثاني** : اثر استعمال الإدارة غير المشروع لسلطتها في الإنهاء الانفرادي.

الفرع الأول

اثر استعمال الإدارة المشروع لسلطتها في الإنهاء الانفرادي

ان كان مجلس الدولة الفرنسي قد استقر على حرمان المتعاقد من أي تعويض عن الفسخ الجزائي لعقده نظرا لانه قد ارتكب خطأ جسيما في تنفيذ العقد[1]، فانه قد استقر أيضا على استحقاق المتعاقد تعويضا كاملا عن إنهاء

= وكذلك من الفقه المصري من يرى وبحق انه طالما ان سلطة الادارة في انهاء عقودها الادارية بارادتها المنفردة هي صورة من صور التعديل الانفرادي، فان النتيجة المترتبة على ذلك وحدة الاساس القانوني التي تقوم عليه كل من هاتين السلطتين، د. احمد ثروت عياد، المصدر السابق، ص226. ونفس الاتجاه د. علي الفحام، المصدر السابق، ص229 وما بعدها. وأ. د. سليمان الطماوي، الاسس العامة للعقود الادارية، مصدر سابق، ص710 وص711 والذي يؤكد ان اساس حق الادارة في انهاء العقد قبل الاوان هو ذات الاساس فيحق الادارة في تغيير بعض شروط العقد باعتبار ان الانهاء ينصب على الشرط الخاص بمدة العقد وان سلطة التعديل تستند الى مقتضيات سير المرافق العامة والتي من اهمها قابلية المرفق العام للتغيير والتعديل.

(1) د. محمد عبد العال السناري، مبادئ واحكام العقود الادارية، مصدر سابق، ص247.

عقده لدواعي المصلحة العامة، نظرا لانه لم يرتكب أي خطأ في تنفيذ العقد لكن دواعي المصلحة العامة ومصلحة المرفق العام هي التي اقتضت إنهاء العقد قبل نهاية مدته[1]. ويسوغ لنا ان نتساءل في حالة قيام الإدارة بإنهاء العقد من جانبها لدواعي المصلحة العامة، عن اساس حق المتعاقد في الحصول على التعويض عن الضرر الذي أصابه من جراء الاستخدام المشروع من جانب الإدارة لسلطتها في إنهاء العقد.

يرى بعض الفقهاء ان القضاء الإداري في كل من فرنسا ومصر اقر بان قرار إنهاء العقد الإداري من جانب الإدارة دون وقوع خطأ من جانب المتعاقد، يمكن ان ينشئ الفعل المولد لمسئوليتها التعاقدية دون خطأ من جانبها وتسويغ ذلك ان إنهاء العقد من جانب الإدارة نتيجة لاستخدام سلطتها القانونية من شأنه ان يحرم المتعاقد معها من المزايا المالية التي يجلبها له التنفيذ الكامل للعقد، كما يمكن ان يضع هذا الإنهاء المتعاقد في موقف صعب، إذا كان لم يستطع ان يستهلك رؤوس الأموال التي استثمرها في تنفيذ العقد، ولهذا السبب يجب تعويض المتعاقد عن الضرر الذي أصابه نتيجة الاستخدام القانوني من جانب الإدارة لسلطتها في إنهاء العقد[2].

ولم يتخلف القضاء العراقي عن زميليه الفرنسي والمصري فقد قررت محكمة تمييز العراق في قرار لها بأنه إذا نظم العقد مدى استحقاق التعويض ونوعه في حالة إنهاء العقد عن طريق الإدارة يجب التقيد بذلك[3].

ويقدر قاضي العقد التعويض المستحق للمتعاقد في حالة عدم وجود نص في العقد أو القوانين المنظمة لاوضاع منح التعويض عند إنهاء العقد من جانب الإدارة

---

(1) السيد السلال سعيد جمعة الهويدي، المصدر السابق، ص270 وص271.

(2) د. محمد صلاح عبدالبديع، المصدر السابق، ص537.

(3) حكم محكمة تمييز العراق بقرارها المرقم 508 - حقوقية - 59 في 1959/4/14. أشار إليه السيد محمد عبدالله الدليمي، المصدر السابق، ص83.

لدواعي المصلحة العامة، وتطبيقا لذلك اقر مجلس الدولة الفرنسي بعـدم قيـام مـانع عقبة أمام المتعاقد الذي أنهت الإدارة عقـده قبـل الأوان لـدواعي المصـلحة العامة في المطالبة بالتعويض الكامل للضرر الذي أصابه، ويشمل هذا التعويض ما لحق المتعاقد من خسارة وما فاته من كسب[1].

ويتفق الفقهاء على ان عناصر تعويض المتعاقد عما لحقه من خسارة نتيجة إنهاء عقده لا مجال للجدل فيه ولا ترد عليه استثناءات أو قيود، مادام ان المتعاقد المطالـب بالتعويض قد استطاع إثبات رابطة السببية المباشرة بـين إنهـاء العقـد والخسـارة التـي لحقت به، ويشمل هذا العنصر كافة النفقات والتبعات الضارة التي تكون قـد لحقـت المتعاقد فعلا[2].

فقد يصعب على المتعاقد تصريف المواد والتجهيزات التـي قـررت الإدارة التنـازل عـن اسـتخدامها في المشروع محـل التعاقد ففـي هـذه الحالـة تلتـزم الإدارة بتعـويض المتعاقد عما يتحمله مـن خسـارة نتيجة استخدام سـلطتها في خفـض حجـم الاداءات التعاقدية[3]، ولا بد من مراعاة طبيعة الضرر عنـد تقـدير التعـويض فيمكن ان يكون الضرر ماديا، كتلف المواد المخزونة التي يصعب اسـتعمالها في غـرض آخـر، ويمكن ان يكون الضرر معنويا كالمساس بسمعة المتعاقد التجارية نتيجة لانتهاء العقد[4].

---

(1) C.E : 24. Jany 1955, clerc ,lenaud, Rec, p.55.
(2) G. pequigot : contribution a la theorie jenerale , du contrat administratif these , montpellier , 1945 , p37. L. Richere : Droit des Contrats Administratif, L.G.D.L.1955.p.188.
ود. سليمان الطماوي، الاسس العامة للعقود الادارية، مصدر سابق، ص714. ود. علي الفحـام، المصدر السابق، ص391. ود. محمد صلاح عبدالبديع، المصدر السابق، ص540. والسيد محمد عبدالله الدليمي، المصدر السابق، ص84. ود. فاروق احمد خماس والسيد محمد عبداللـه الدليمي، المصدر السابق، ص195.
(3) C.E. 8Fb 1922, carrarei, Rec, p.119.
(4) C.E. 26 jany 1930, stechantiers maritimes, Rec, p.616
أشار إليه د. حمدي علي عمر، المصدر السابق، ص271

أما العنصر الثاني من عناصر التعويض، فهو ما فات المتعاقد من كسب فهو يشمل المبالغ المعقولة التي كان المتعاقد يسعى إليها باعتبارها ربحا مشروعا لـه قبـل تـدخل الإدارة وإنهاء العقد من جانبها[1].

على ان مجلس الدولة الفرنسي يستبعد من التعويض عنصر الأرباح التـي تفـوت المتعاقد من جراء الفسخ في حـالتين، الأولى إذا ثبـت ان إنهاء العقد كـان مرجعـه إلى ظروف خارجية لا دخل للإدارة فيها، وتجعل الفسخ نتيجة لا يمكن تجنبها علـى الأقـل من حيث الواقع ومن أوضح الأمثلة على ذلك قيام الحرب أو انتهاؤها[2] والحالة الثانية تتمثل في حالة ما إذا كان الإنهاء الانفرادي للعقد مـن جانـب الإدارة راجعـا إلى طلـب المتعاقد نفسه أو راجعا إلى تخلي المتعاقد عن تنفيذ العقد بموافقة الإدارة[3].

وفي ضوء ما سبق يتضح لنا ان القاضي الإداري عد قرار الإدارة بفسخ العقـد الإداري لدواعي المصلحة العامة دون قيام أي خطأ لا من جانب المتعاقد ولا من جانـب الإدارة ناشئاً علـى عـاتق الإدارة المتعاقدة التـي فسخت العقـد بمفردهـا التزاما بالتعويض لصالح المتعاقد، وتكمن فرادة هـذه المسـؤولية التعاقديـة دون

---

(1) د. حمدي علي عمر، المصدر السابق، ص273.

(2) د. محمد عبدالعال السناري، مبادئ واحكام العقود الادارية، مصـدر سابق، ص248. وراجـع : الأحكام التي أصدرها مجلس الدولة الفرنسي بهذا الصـدد في هامش الصـفحة نفسـها، ولقـد اختلف الفقه في تسويغ هذا الاستثناء فالبعض يذهب إلى وجود حالة القوة القاهرة والبعض الآخر يرى المسوغ في العدالة المجردة إذ انه من العدل متى فرض على الإدارة إنهاء العقد ان يقتصر التعويض على ما يتحمله المتعاقد من خسائر فعلية دون حساب الأرباح المحتملة. انظر : الخلاف حـول الموضوع د. حمدي عـلي عمر، المصدر السـابق، ص273. ود. سـليمان الطماوي، الاسس العامة للعقود الادارية، مصدر سابق، ص714. ونحـن بـدورنا لا نجد فارقـا كبيرا بين الرأيين إذ ان النتيجة واحدة وهو حرمان المتعاقد من تعويضه عن الأرباح المحتملة

(3) د.حمدي علي عمر، المصدر السابق، ص273.

خطأ من الإدارة، في ان الفعل المولد للالتزام بالتعويض يجد مصدره في التصرف المشروع للإدارة المتعاقدة وهو تجسيد واضح لصورة من صور عمل الأمير، لذا كان التعويض للأضرار الناجمة عنه هو التعويض الكامل وفقا للقواعد المقررة في القانون الإداري⁽¹⁾.

الفرع الثاني

أثر استعمال الإدارة غير المشروع لسلطتها في الإنهاء الانفرادي

ان الممارسة غير المشروعة لسلطة الإنهاء تعني ممارسة الإدارة لسلطة الإنهاء بالمخالفة للشروط المنصوص عليها في العقد أو في خارج العقد، ودون ان يتصل الإنهاء بدواعي المصلحة العامة. ففي هذه الحالة تتفاوت سلطة القاضي الإداري إزاء القرار غير المشروع الصادر من جانب الإدارة بإنهاء العقد الإداري تبعا لاختلاف نوع العقد وطبيعته بحيث تشمل هذه السلطات أحيانا كل من سلطتي الإلغاء ومنح التعويض وتقتصر أحيانا أخرى على منح التعويض فقط⁽²⁾، ولقد استقر قضاء مجلس الدولة الفرنسي ـ كقاعدة عامة ـ في أحكامه المتواترة، وفي صيغة تكاد تكون متطابقة مؤداها " انه لا يحق لقاضي العقد ان يقضي بإلغاء القرار الصادر من الإدارة في مواجهة المتعاقد معها، وان عدم المشروعية المنسوبة إلى هذا القرار لا يمكن في أية حال ان تنشئ لصاحب الشأن إلا الحق في التعويض عن الضرر الذي أحدثه هذا القرار"⁽³⁾.

---

(1) للمزيد عن هذه القواعد راجع :، حكم محكمة القضاء الإداري الصادر في 1957/6/30 الذي اشار إليه د. عبد العظيم عبد السلام عبد الحميد، المصدر السابق، ص103وص104.

(2) السيد السلال سعيد جمعة الهويدي، المصدر السابق، ص272.

(3) A. delabadere et autres : contrats, op.cit. T.2.p.1004.

ومع ذلك فان هذه القاعدة ترد عليها عدة استثناءات يملك فيها القاضي سلطة الإلغاء والتعويض معا في مواجهة القرار الإداري المنفرد الصادر من جهة الإدارة المتعاقدة بإنهاء العقد الإداري [1].

وعلى ذلك سوف نعرض في هذا الفرع القاعدة المتعلقة بعدم قابلية قرارات الإدارة بالإنهاء الانفرادي للعقود الإدارية المختلفة لدواعي المصلحة العامة للإلغاء من جانب قاضي العقد. هذا من ناحية وتتناول من ناحية أخرى الاستثناءات الخاصة بجواز الإلغاء وعلى النحو الآتي :

أولاً : القاعدة العامة واجبة التطبيق بشأن الإنهاء غير المشروع لدواعي المصلحة العامة تتمثل تلك القاعدة العامة المستمدة من أحكام القضاء الإداري في التسليم بعدم قدرة قاضي العقد على إلغاء قرار إنهاء العقد غير المشروع، إذ انه لا يقبل ـ أصلا ـ من المتعاقد مع الإدارة ان يطلب من القاضي إلغاء القرار الإداري الصادر بإنهاء العقد وذلك لان هذا القرار لا يعد منفصلا عن العقد بالنسبة لذلك المتعاقد وبالتالي لا تكون دعوى الإلغاء متاحة أمام المتعاقدين في مواجهة هذا القرار. هذا من ناحية ومن ناحية أخرى فان المبدأ المطبق في نطاق القضاء التعاقدي مؤداه ان كل المنازعات المتعلقة بالعقد إنما تحل عادة في صورة تعويضات وبالتالي فانه يحق لقاضي العقد ان يقدر التعويض المستحق للمتعاقد عن قرار إنهاء عقده بدون ان يستطيع هذا القاضي ـ على العكس ـ ان يلغي هذا القرار [2].

أرسى مجلس الدولة الفرنسي في حكمه الصادر في 17 مارس (آذار) سنة 1976 دعائم هذه القاعدة بقوله " ان قاضي المنازعات المتعلقة بالعقود الإدارية لا يملك سلطة إلغاء قرار إنهاء العقد الإداري الصادر من الإدارة في مواجهة

---

(1) السيد السلال سعيد جمعة الهويدي، المصدر السابق، ص273، يجب التاكيد على ان هذه القاعدة مع استثناءاتها خاصة بالقضاء الفرنسي أما القضاء المصري والعراقي فلديهما سلطة إلغاء قرار الإدارة غير المشروع.

(2) B.stirn : Conclusions sur C.E.23 jvin 1686, R.E.D.A.1987,P.19.

متعاقدها، ولكنه يملك فقط تقدير التعويض المستحق للمتعاقد عن هذا الإنهاء[1]".

وتأكدت هذه القاعدة في أحكام عديدة لمجلس الدولة الفرنسي[2]، والتي جاءت تطبيقا للقاعدة التقليدية للقانون الإداري الفرنسي والتي تحظر على المحاكم التدخل في أعمال الإدارة العامة ورقابة مدى ملاءمة أعمالها ومن هنا وجب على القاضي ان ينأى بنفسه في مجال القضاء الكامل عن كل ما يمكن ان يتخذ صورة أمـر يوجهـه إلى الإدارة وان يرفض في الغالب ان يلغي قراراتها الصادرة بإنهاء العقد[3].

ولقد تبنى جانب من الفقه الفرنسي هذا التوجه من قبل مجلس الدولة الفرنسي وذهب إلى تعميمه على جميع العقود الإدارية معتمدين على ان الأحكام الصادرة مـن المجلس لم توضح تدابير الإدارة المقصودة ولا العقود الإدارية المقصودة بهذا المبدأ[4] ووفقا لقضاء مجلس الدولة الفرنسي فان قاعدة عـدم قابلية قـرارات الإدارة بالإنهاء الانفرادي للعقود الإدارية للإلغاء من جانب قاضي العقد في حالة عـدم مشروعيتهـا تنطبق على العقود الإدارية الآتية.

1- عقود الأشغال العامة :

فقد استقر قضاء مجلس الدولة الفرنسي على القاعدة العامـة التي مؤداها " ان قاضي المنازعات المتعلقة بعقود الأشغال العامة لا يملك سلطة الحكم بإلغاء

---

(1) C.E.17mars 1976 leclen, D. 1937,j.p.11.

(2) راجع : على سبيل المثال

C.E. 3 mars 1978 Hopital intercommunal des Fre jas ste Raphael, D.D.P.178, p.1429.

C.E. 6Nov. 1970 S.A.THO.V.A.L Rec,p.654

أشار إليهما السيد السلال سعيد جمعة الهويدي، المصدر السابق، ص275 في الهامش.

(3) S.Badaoui. op.cit.p.120.

(4) من أنصار هذا التوجه كل من (P.H.TERNEYRE & F.SERVOIN) أشـار إليهما السلال سعيد جمعة الهويدي، المصدر السابق، ص275 وص176.

التدابير الصادرة من الإدارة صاحبة الأشغال ضد مقاوليها حتى لو كانت هذه التدابير قد صدرت في ظروف من شأنها ان تنشئ للمقاول الحق في التعويض"[1]. ويعزي البعض[2] توجه مجلس الدولة إلى ان الإدارة هي صاحبة الأشغال وان لها مطلق حرية التصرف بخصوصها وبالتالي فان حق مقاول الأشغال العام يتحول إلى تعويض غير ان هذا المسلك القضائي منتقد ـ وبحق ـ لانه ليس له أي مسوغ قانوني أو عملي صحيح كما ان هذا المسلك القضائي يضر بالإدارة لان المقاول المفسوخ عقده لدواعي المصلحة العامة يمكن ان يحصل على تعويض كبير في حالة ثبوت عدم مشروعية قرار الإدارة بالإنهاء، ويمكن ان يكون هذا التعويض اكثر بكثير من الأعباء التي يمكن ان تتحملها الإدارة فيما لو استمر المقاول في تنفيذ العقد[3].

أما في مصر فان القضاء الإداري قد أكد اختصاصه بإلغاء قرار الفسخ لعقد الأشغال العامة المخالف للقانون[4]، إذ لم نجد حتى الآن أحكاما للقضاء الإداري المصري تتبع فيه نهج القضاء الفرنسي ولقد سلك القضاء العراقي مسلك القضاء المصري نفسه.

---

(1) C.E.26 Nov. 1971 S.I.M.A.Rec.p.723, C.E. 17 Fev. 1978, Set compagnie Francaise d' entreprise, Rec.p.88.

(2) د. خميس السيد اسماعيل، الأصول العامة والتطبيقات العملية للعقود الإدارية والتعويضات مع القواعد القانونية واحكام المحكمة الإدارية العليا، الطبعة الاولى، 1994، ص295.

(3) د. محمد عبدالعال السناري، مبادئ واحكام العقود الادارية، مصدر سابق، ص250. ود.احمد ثروت عياد، المصدر السابق، ص273. السلال سعيد جمعة الهويدي، المصدر السابق، ص279. ومن الفقه العراقي محمد عبدالله الدليمي، المصدر السابق، ص152. ولمزيد من التفصيل عن هذا الموضوع انظر : د. عبدالجبار ناجي صالح، انقضاء عقد المقاولة، رسالة دكتوراه مقدمة إلى جامعة بغداد، 1979، ص11.

(4) حكم محكمة القضاء الإداري الصادر في 1957/6/30 المجموعة، السنة 111 رقم 377 ص 607. اشار اليه د. محمد عبدالعال السناري، مبادئ واحكام العقود الادارية، مصدر سابق، ص250.

2- عقود التوريد :

استقرت أحكام مجلس الدولة الفرنسي على ان قاضي العقد لا يمتلك سلطة إلغاء التدابير الصادرة من الإدارة في مواجهة مورديها ومن بينها قرارات الإدارة بالإنهاء الانفرادي لعقود التوريد حتى ولو كانت هذه القرارات غير مشروعة وانما تقتصر سلطته على البحث عما إذا كانت هذه القرارات تنشئ للمورد الحق في التعويض[1].

3- العقود المبرمة بين شخصين عامين :

إذ لا يمكن لاي من طرفي هذه العقود ان يحصل من القاضي على حكم بإلغاء قرار إنهاء العقد في حالة عدم مشروعيته باستثناء عقد الالتزام.

4- العقود الإدارية ذات الطابع الاقتصادي[2].

ثانيا : الاستثناءات الواردة على قاعدة عدم جواز إلغاء قرارات الإدارة بالإنهاء الانفرادي غير المشروع.

على خلاف ما سبق عرضه في الفقرة أولا من هذا الفرع فان قاضي العقد يملك استثناء وفقا لقضاء مجلس الدولة الفرنسي سلطة الحكم بإلغاء قرار الإدارة غير المشروع بالإنهاء الانفرادي للعقد لدواعي المصلحة العامة وذلك بالنسبة للعقود الآتية:

---

(1) C.E.11jvil 1986, ste missenard, Quint Gazette du Paris, 1987, p.238.

C.E. 24 Nov. 1972, ste Ateliers du nettoyage de Fontaineb leau, Rec p.753.

C.E. 15 jvil 1959, MinisTre des hances, Rec p.452.

اشار الى هذه الاحكام السلال سعيد جمعة الهويدي، المصدر السابق، ص280.

(2) السلال سعيد جمعة الهويدي، المصدر السابق، ص 379 وما بعدها.

1- عقود التزام المرافق العامة:

يأخذ الإنهاء الانفرادي لهذه العقود لدواعي المصلحة العامة صورة استرداد الالتزام فقد استقر مجلس الدولة الفرنسي على ان قاضي العقد يملك سلطة إلغاء قرار الإدارة باسترداد التزام المرفق العام في حالة عدم مشروعية هذا القرار. فقد ذهبت المحكمة الإدارية "لجرونوبل" إلى الاعتراف لقاضي العقد بسلطة الحكم بإلغاء قرار استرداد المرفق العام الصادر من السلطة مانحة الالتزام[1].

ويرجع السبب في الاعتراف للقاضي الإداري بسلطة إلغاء قرارات الإدارة بإنهاء عقود الالتزام إلى فكرة مؤداها ان الملتزم الذي قام ابتداء بتنفيذ

---

(1) T.A.De GRENNOBLE, 9 Avril 1981, J.P.581.

وكذلك حكم مجلس الدولة بإلغاء المرسوم الصادر من الحكومة الفرنسية بإنهاء عقد الالتزام الذي يسري على القناة السادسة بالتلفزيون، والذي يعتبر في حقيقة الأمر استرداد غير تعاقدي للالتزام - لصدور المرسوم استنادا إلى مشروع قانون لم يتم اقراره والتصديق عليه. **C.E.2Fev 1987, ste T.V6, Rec.p.29** أشار الى الحكمين السلال سعيد جمعة الهويدي، المصدر السابق ص381. هذا عن فرنسا. أما في مصر فقد ثار خلاف فقهي حول طبيعة إنهاء عقد الالتزام قبل اوانه خارج نصوص العقد أو ما يسمى (الاسترداد غير التعاقدي)، ففريق ينكر فكرة الاسترداد غير التعاقدي ترتيبا على انكاره لفكرة الفسخ خارج نصوص عقد الالتزام، وفريق آخر يرى ان هذا الحق ثابت للإدارة استنادا إلى سلطتها في تعديل أركان تنظيم المرفق العام متى اقتضى ذلك الصالح العام وهو الراي الغالب، وفريق ثالث يرى ان استرداد المرفق العام لا يوجد إلا إذا نص عليه في العقد وفي خارج هذا النطاق فان حق الإدارة في إنهاء عقودها الإدارية بإرادتها المنفردة يبقى قائما في أي وقت وفقا للقواعد العامة. وفي تقديرنا انه لا فارق بين الاسترداد غير التعاقدي والانهاء الانفرادي فالتسمية مختلفة إلا ان النتيجة واحدة، وفي كل الأحوال نميل للفريق الثالث لاتفاقه مع الحلول التي قررها القضاء الإداري المصري واتفاقه مع القواعد العامة لنظرية العقود الإدارية. للمزيد من التفاصيل عن هذه الاراء وموقف القضاء المصري راجع :، د. عثمان احمد عياد، المصدر السابق، ص279 وما بعدها.

استثمارات مالية كبيرة يتم استلامها خلال مدة طويلة يجب ان يملك حقوقـا اكثر ثباتـا وافضل أمنا وضمانا من المقاول العادي[1].

2- عقود إيجار المرافق العامة

يرى الفقيه كاليه (C.GALLAY) ان التشابه الموجود بين عقود الالتزام وعقـود إيجار المرافق العامة يجب ان يقود إلى التسـليم لقـاضي العقـد بسـلطة إلغـاء التـدابير المتعلقة بهذه العقود ومن بينها قرارات الإنهـاء الانفـرادي في حالـة عـدم مشروعيتهـا، وكذلك هناك عامل إضافي وهو التشـابه الموجـود بـين النظام القـانوني لعقـد الالتـزام والنظام القانوني لعقد الإيجار ولا يجوز بالتالي إقامة التفرقة في مجال سـلطات القـاضي بالنسبة للعقود التي تكشف عـن وحـدة مؤكـدة بينهـا. إلا انه يشـترط للعمل بهـذه القاعدة هو ان يتضمن عقد الإيجار استثمارات مالية كبيرة من جانب المستأجر بحيـث كان يجب استهلاكها خلال فترة طويلة مما يوجب منح هذا المستأجر ضمانات مماثلـة للملتزم[2].

3- عقود التزام المناجم

ويرجع السبب في تقدير ذلك الاستثناء إلى طول مدة هذه العقود والاستثمارات المالية الكبيرة التي تكبدها المتعاقد والتي يجب ان يتم استهلاكها طول المدة.

4- عقود مقولات الأشغال العامة ذات المدد الطويلة.

والتي يكون الغرض منها تنفيـذ واستغلال أعمال تحتـاج إلى استثمارات ماليـة كبيرة من جانب المتعاقد ويجب استهلاكها أثناء كامل مدة الاستغلال وتستوجب مـنح متعاقد الإدارة ضمانات مشابهة للضمانات الممنوحة لملتزمي المرافق العامة أو ملتزمـي الأشغال العامة[3].

---

(1) السلال سعيد جمعة الهويدي، المصدر السابق، ص284.

(2) السلال سعيد جمعة الهويدي، المصدر السابق، ص286.

(3) C.E, 30 Sept, 1993, Comexp Rec p.393.

5- عقود التزام شغل الدومين العام

ان مسوغات تقرير استثناء هذه العقود من القاعدة العامة هي الرغبة في عـدم وضع الشخص الذي يشغل الدومين العام بمقتضى قرار فردي صـادر مـن جانـب الإدارة في مركز قانوني أدنى من ذلك الشخص الذي يشغل ذلك الدومين العام بمقتضى تـرخيص فردي صادر مـن الإدارة. فمـن غـير المنطقـي ان يكـون الشخص الثاني افضل واجدر بالحماية من الشخص الأول، حيث يستطيع الشخص الثاني ان يحصل على حكم قضائي بإلغاء قرار الإدارة بسحب ترخيصه بواسطة إقامته دعوى الإلغـاء أمـام قـاضي الإلغـاء، وبذلك فقد اعترف مجلس الدولة لقاضي العقد بسلطة إلغـاء قـرار الإدارة بإنهاء عقـد شغل الدومين العام للتسوية بين الحالتين[1].

---

(1) C.E, 26 Nov, 1971, S.IMA Rec p.723

أشار إليه السلال سعيد جمعة الهويدي، المصدر السابق، ص289.

الفصل الثاني
النظام القانوني للمرافق العامة الاقتصادية

يقصد بالنظام القانوني للمرافق العامة مجموعـة الأحكـام، أو القواعـد أوالمبـادئ القانونية التي تخضع لها المرافق العامة الاقتصادية.

لذا سنقسم هذا الفصل إلى ثلاثة مباحث :

◈ **المبحث الأول** : إنشاء وتنظيم وإلغاء المرافق العامة الاقتصادية.

◈ **المبحث الثاني** : أنواع المرافق العامة الاقتصادية.

◈ **المبحث الثالث** : المبادئ الحاكمة لسير المرافق العامة الاقتصادية.

المبحث الأول

إنشاء وتنظيم وإلغاء المرافق العامة الاقتصادية

سنعرض في هذا المبحث لمراحل الحياة القانونية التي تعيشها المرافق العامة الاقتصادية من انشاء وتنظيم والغاء، وسنخصص مطلباً مستقلاً لكل مرحلة وعلى الوجه الآتي :

◈ المطلب الأول : إنشاء المرافق العامة الاقتصادية.

◈ المطلب الثاني : تنظيم المرافق العامة الاقتصادية.

◈ المطلب الثالث : إلغاء المرافق العامة الاقتصادية.

المطلب الأول

إنشاء المرافق العامة الاقتصادية [1]

تختلف السلطة المختصة لأنشاء المرفق العام الاقتصادي وكذلك أداة هذا الأنشاء من دولة الى اخرى وسنعرض لذلك في فرنسا ومصر والعراق في ثلاثة فروع وعلى النحو الآتي:

---

[1] إن المقصود بانشاء المرفق العام، ان جهة الإدارة رأت ان هناك حاجة جماعية ملحة، قد بلغت من الاهمية مبلغا يقتضي تدخلها لكي توفر للأفراد باستخدام وسائل القانون العام التي تنطوي على قدر كبير من المساس بحقوق الأفراد وحرياتهم، مما يستتبع احاطة هذا الانشاء بشيء من الضمانات للتأكد ان هذا المساس له في الواقع ما يبرره. أ. د سليمان الطماوي، الوجيز في القانون الإداري، دار الفكر العربي، القاهرة، 1981، ص323. ويعرفه د. انور احمد رسلان بانه " استحداث مشروع أو تنظيم جديد لم يكن قائما من قبل كانشاء وزارة أو مؤسسة جديدة، لتقدم خدماتها اشباعا للحاجات العامة للأفراد، ويضيف الفقيه بان هذا هو الأمر الغالب إلا ان إنشاء المرفق العام قد ياخذ صورة أخرى في الحياة العملية فيكون بتحويل مشروع خاص معين قائم بالفعل، ليصبح مرفقا عاما مثال ذلك تأميم أحد المشروعات الخاصة، واضفاء صفة النفع العام عليها=

الفرع الأول

إنشاء المرافق العامة الاقتصادية في فرنسا

مر إنشاء المرافق العامة الاقتصادية في فرنسا بمرحلتين وعلى النحو الآتي :

المرحلة الأولى :

كان المبدأ السائد قبل دستور عام 1958 ان إنشاء المرافق العامة يتم عـن طريـق القانون، لأنه قد يتضمن تحديد وتقييد حريات الأفراد، سواء كان إنشـاء المرفق يـؤدي إلى احتكار السلطة العامة للنشاط مما يحول بين الأفراد وبين ممارسة حـريتهم في هـذا المجال[1]، أو حتى إذا لم يكن من شأن المرفق العام إقامة احتكار، فـان تطبيـق القانـون الإداري على المرفق العام يؤدي إلى فرض قيود على الأفراد، ويحول بينهم وبين ممارسـة حرياتهم، وتخصيص أمـوال مـن ميزانيـة الدولـة لتمويل المرفـق، والحـد مـن منافسـة الأفراد[2].

ولذلك يكاد الفقهاء في فرنسا يجمعون على ان إنشاء المرافق العامة إنما يكون من اختصاص السلطة التشريعية، لانه من المبادئ الأساسية المسلم بهـا في القانون العام، والذي يؤكد ان الحريات العامـة التـي يكفلهـا الدسـتور لا يمكـن تقييـدها إلا بقـانون، ووكـل خلـق لمرفـق عـام، إنمـا يـؤدي في الواقـع إلى

= واخضاعه بالتالي للنظام القانوني للمرافق العامة ". د. انور احمد رسلان، القانون الإداري، دار النهضة العربية، القاهرة، 1994، ص256. وعرفه د. محمد مرغني خـيري بانـه " يعنـي اقـرار الهيئات الحاكمة بان هناك حاجة جماعية قد بلغت من الاهمية مبلغـا يقـتضي تـدخلها لكـي توفرها للأفراد ". د. محمـد مرغنـي خـيري، القانون الإداري المغربي، الطبعـة الثالثـة، مكتبـة الطالب، 1982، ص204.

(1) د. محمد المتـولي، الاتجاهـات الحديثـة في خصخصـة المرافـق العامـة بـين النظريـة والتطبيـق، الطبعة الأولى، دار النهضة العربية، القاهرة، 2004، ص17.

(2) د. سعاد الشرقاوي، القانون الإداري، النشاط الإداري، أعمال الإدارة، وسـائل الإدارة، دار النهضـة العربية، القاهرة، 1983، ص115.

الحد من هذه الحريات، والمساس بها، ولذلك يجب ان يكون إنشاء المرفق العام بقانون أو مستندا إلى قانون[1].

المرحلة الثانية :

بصدور دستور 1958 تغير الوضع تماما حيث صدرت المادة 34 والتي حددت اختصاصات السلطة التشريعية على سبيل الحصر ولم يرد فيها الاختصاص بإنشاء المرافق العامة، ومن ثم اصبح إنشاء المرافق العامة من اختصاص السلطة التنفيذية، وقد استثنت المادة 14 حالات محددة على سبيل الحصر يكون الاختصاص فيها للبرلمان. وهذه الاستثناءات هي حالة ما إذا مس إنشاء المرفق العام الحريات العامة الأساسية للأفراد كإنشاء مشروع احتكار يقيد حرية التجارة والصناعة، أو متضمنا إنشاء نوعية جديدة من المؤسسات العامة، أو متضمنا تأميما أو نقل لملكية خاصة وتحويلها إلى ملكية عامة، في هذه الحالات الثلاث يتعين إنشاء المرفق العام بمقتضى قانون[2].

وقد استخلص العميد فيدل (Vedel)[3]، والفقيه ريفيرو (RIVRO)[4]، والفقيه فالين (Waline)[5]، ان إنشاء المرافق العامة لم يعد يستلزم صدرور قانون، وانما يدخل إنشاء المرافق العامة في اختصاص الحكومة، ويستثنى من ذلك الحالات التي ذكرناها.

بينما يرى دولو بادير (Delaubadere)[6]، انه لا يمكن تبني حل مطلق على

(1) د. مصطفى ابو زيد فهمي، الوجيز في القانون الإداري، نظرية المرافق العامة، الطبعة الأولى، 1957، ص98.

(2) د. سليمان الطماوي، الوجيز في القانون الإداري، مصدر سابق، ص324. د. عزت فوزي حنا، المصدر السابق، ص97.

(3) اشارت أليه د. سعاد الشرقاوي، القانون الإداري، مصدر سابق، ص116.

(4) **Jean Rivero: droit administratif, 3 em ed , 1986 , p 384.**

(5) **Waline : precise de droit administratif, 1969, p 473.**

(6) **Andre Delaubadere: traite elementaire de droit administratif 5eme ed T.1,1970, p.556p557.**

هذا النحو، ذلك لانه ورد في نص المادة 34 ان الضمانات الأساسية الممنوحة للأفراد من اجل ممارسة الحريات العامة تدخل في اختصاص البرلمان، وان بعض المرافق العامة وليس كلها يؤدي إنشاؤها إلى المساس بالحريات، وهو ما كان يبرره ضرورة إنشاء المرافق العامة بقوانين، ولذلك فهو ينتهي إلى انه حيث يؤدي المساس بالحريات العامة فانه يتعين ان يتم إنشاؤه بقانون.

ونخلص من ذلك ان إنشاء المرافق العامة يكون من اختصاص السلطة الإدارية كمبدأ عاماً، إلا إذا كان إنشاء المرفق العام يتضمن مساسا بحريات الأفراد، أو يتعلق بالتأميم والتحويل، أو تضمن في ثنايا إنشائه مؤسسات عامة جديدة. فهنا وفقا لنص المادة 34 من دستور 1958 تكون هذه الموضوعات من اختصاص البرلمان وبالرجوع إلى آراء الفريقين من الفقه نجد ان الفارق بينهما ليس جوهريا، لان النتيجة واحدة، حتى لو قصد الرأي الأول ان يكون الإنشاء من قبل السلطة الإدارية هو القاعدة والإنشاء من البرلمان هو الاستثناء، وهو عكس ما يراه الفقيه دولوبادير (Delaubadere) صاحب الرأي الثاني.

الفرع الثاني

إنشاء المرافق العامة الاقتصادية في مصر

اختلف الفقه في مصر حول السلطة المخولة بإنشاء المرفق العام وذلك في ظل دستور 1923، والدساتير المتعاقبة عليه، دستور سنة 1956، ودستور سنة 1964 إلى ان صدر دستور 1971 وحل خلاف الفقهاء [1].

---

(1) د. صلاح يوسف عبد العليم، المصدر السابق، ص148، ان سبب هذا الخلاف يرجع إلى ان المادة 44 من دستور 1923، قد نصت على ان الملك يرتب المصالح العامة، ويولي، ويعزل الموظفين على الوجه المبين بالقوانين، فقد ذهب الفقهاء في تفسير هذا النص مذهبين مختلفين، فقد ذهبت الاغلبية ان ترتيب المصالح العامة (المرافق العامة) يشمل الإنشاء والتنظيم وان الدستور بهذا إنما يعين الهيئة التنفيذية ممثلة في شخص الملك. وعلى ذلك يجوز إنشاء المرفق العام بمرسوم دون الاستناد إلى قانون برلماني عادي. =

لقد قنن دستور 1971 ما جرى عليه العمل قبل إصداره، والمدعوم بآراء بعض الفقهاه. فقد نص في المادة 146 على ان " يصدر رئيس الجمهورية القرارات اللازمة لإنشاء وتنظيم المرافق العامة " وبذلك اصبح إنشاء وتنظيم المرافق العامة حقا لرئيس الجمهورية بنص الدستور يتم بمقتضى قرارات منه، إلا ان الدستور لم يخوله حق تفويض هذا الاختصاص، كما فعل بخصوص اللوائح التنفيذية المنصوص عليها في المادة 124 من الدستور[1].

وعلى الرغم من وضوح نص المادة 146 من الدستور المصري في جعل اختصاص إنشاء وتنظيم المرافق العامة من اختصاص رئيس الجمهورية، إلا ان

= د. محمد المتولي، المصدر السابق، ص18. ود. سليمان الطماوي، مبادئ القانون الإداري، الكتاب الثاني - نظرية المرافق العامة وعمال الإدارة العامة. المصدر السابق، ص30. بينما ذهبت الاقلية ونحن معها إلى ان نص المادة 44 لا تخول السلطة التنفيذية إنشاء مرافق عامة جديدة دون الاستناد إلى نص تشرعي لان القول بضد ذلك تحميل للنص فوق ما يحتمل ولقد ذهب إلى هذا الرأي د. انور مصطفى الاهواني، رئيس الدولة في النظام الديمقراطي، رسالة دكتوراه مقدمة إلى كلية الحقوق جامعة القاهرة 1945، ص318 وما بعدها، ود. صلاح يوسف عبدالعليم، المصدر السابق، ص149، ود. عثمان خليل، الوجيز في القانون الإداري، نظرية المرافق العامة، الطبعة الأولى، بلا دار نشر، 1957، ص235. إلا ان التطبيق العملي لم يساند هذا الرأي فمنذ دستور 1956 استقر اصطلاح الترتيب على انه يشمل الإنشاء والتنظيم معا، والتزمت التشريعات التي صدرت في ظل هذه الدساتير المختلفة ذات التفسير ومنها القوانين المتعاقبة التي نظمت المؤسسات والهيئات العامة رقم 32 لسنة 1957 ورقم 60 لسنة 1963 ورقم 61 لسنة 1963 ورقم 32 لسنة 1966 ورقم 60 لسنة 1971، وهذه التشريعات جعلت إنشاء وإلغاء وتنظيم المؤسسات العامة والهيئات بمجرد قرار من رئيس الجمهورية. د.سليمان الطماوي، مبادئ القانون الإداري، الكتاب الثاني، نظرية المرافق العامة، المصدر السابق، ص30و ص31.

(1) راجع : فتوى الجمعية العمومية للقسم الاستشاري، جلسة 79/2/7 ملف 1965/232 في الموسوعة الإدارية الحديثة، الجزء 22 حيث تقول " ان رئيس الجمهورية هو المختص وفقا لاحكام الدستور والقانون بإنشاء المرافق والمصالح العامة "

المشرع الدستوري لم يمنع السلطة التشريعية من إنشاء وتنظيم وإلغاء المرافق العامة، باعتبارها صاحبة الاختصاص الأصيل في ميدان التشريع، فيجوز لها التدخل في مجال إنشاء وتنظيم وإلغاء المرافق العامة، وقد نصت المادة 35 من الدستور المصري 1971 على انه " لا يجوز التأميم إلا لاعتبارات الصالح العام وبقانون ومقابل تعويض " فإنشاء المرفق العام عن طريق التأميم محجوز للمشرع.

ونصت المادة الثانية من قانون نظام الإدارة المحلية رقم 43 لسنة 1979 المعدل بالقانونين رقم 50 لسنة 1981 و 145 لسنة 1988 على ان " تتولى وحدات الحكم المحلي في حدود السياسة العامة والخطة العامة للدولة إنشاء أو إدارة جميع المرافق العامة الواقعة في دائرتها، كما تتولى هذه الوحدات كل في نطاق اختصاصها جميع الاختصاصات التي تتولاها الوزارات القوانين واللوائح والمعمول بها عدا المرافق القومية أو ذات الطبيعة الخاصة التي يصدر بها قرار من رئيس الجمهورية، وتحدد اللائحة التنفيذية المرافق التي تتولى المحافظات إنشائها وادارتها، والمرافق التي تتولى إنشائها وادارتها الوحدات الأخرى للحكم المحلي "[1].

الفرع الثالث

إنشاء المرافق العامة الاقتصادية في العراق

ان نصوص الدستور الملغي (دستور 1968) لم تخول السلطة التنفيذية إنشاء المرافق العامة، وكذلك لا تتضمن نصا يقرر ان إنشاء المرافق العامة يجب ان تتم بقانون.

ونرى انه في حالة سكوت النص فان الأصل هو ان إنشاء المرافق العامة هو عمل تشريعي من صنع البرلمان، أو للسلطة التنفيذية بناء على ترخيص منها[2].

---

(1) د. محمد المتولي السيد، مبدأ المساواة أمام المرافق العامة بالتطبيق على توزيع الخدمات الصحية في مصر، رسالة دكتوراه مقدمة لحقوق عين شمس، 1997، ص87 وص88.

(2) انظر الراي نفسه في رسالة الماجستير المقدمة من فواز خالد عبد العزيز المختار المصدر السابق، ص31.

ولم يعالج دستور 1970 الملغي هذا الموضوع، اذ نصت الفقرة (ح) من المادة 57 التي جاء فيها، يمارس رئيس الجمهورية الصلاحيات الآتية " الإشراف على جميع المرافق العامة والمؤسسات الرسمية وشبه الرسمية ومؤسسات القطاع العام" وعدل هذا النص بموجب قرار مجلس قيادة الثورة المنحل المرقم 567 في 1973/7/14 والذي اصبح بموجبه الإشراف على المرافق العامة يمارس من قبل مجلس الوزراء[1].

ولا يمكن ان نعتبر الإشراف هو الإنشاء، ومن ثم فان الإنشاء يستلزم ان يكون بقانون أو بالاستناد إلى نص القانون. وهذا ما جرى عليه العمل في العراق[2]. وسيستمر العمل بذلك في ضوء مسودة الدستور الجديد إذ سكتت أحكامها عن انشاء المرافق العامة، ولا يغير من ذلك نص الفقرة أولاً من المادة 77 التي تنص على منح مجلس الوزراء صلاحية الأشراف على الوزارات والجهات الغير مرتبطة بوزارة اذ ان الاشراف لا يعني الانشاء. وبعد عرضنا لإنشاء المرافق العامة الاقتصادية سواء في فرنسا ام مصر ام العراق، نجد انه من اللازم لاستكمال جوانب الموضوع ان نبحث في مدى حرية السلطة العامة في إنشاء المرافق العامة الاقتصادية.

يرى الدكتور محمد فؤاد مهنا انه من المسلم به ان الحكومات في العصر الحديث ملزمة بإنشاء المرافق العامة وتنظيمها لصيانة النظام العام في الدولة، وتوفير الحاجات العامة لأفراد الجمهور، إلا ان التزام الدولة بأداء هذا الواجب ليس سوى التزام عام تستوجبه وظائف الحكومات[3].

---

(1) جريدة الوقائع العراقية ذي العدد 262 والصادرة في 1973/7/22.

(2) ان مصلحة السينما والمسرح أنشئت بالقانون رقم 190 لسنة 1959، وكذلك تم إنشاء المؤسسة الاقتصادية بالقانون رقم 98 لسنة 1964، وكذلك قانون المؤسسات العامة رقم 166 لسنة 1965 والقانون رقم 90 لسنة 1970. انظر الوقائع العراقية العدد 1200 في 1965/12/1 وكذلك الوقائع العراقية، العدد 1875 في 1970/5/6.

(3) د. محمد فؤاد مهنا، حقوق الأفراد إزاء المرافق العامة، مجلة مجلس الدولة، السنة الثانية، يناير 1951، ص199.

كما ان من المسلم به في فرنسا ومصر والعراق ان إنشاء وإلغاء المرافق العامة هو اختصاص الإدارة التقديري[1]، كما انه ليس للأفراد مطالبة القضاء بإجبار السلطة العامة على إنشاء مرفق ما، وكذلك ليس لهم المطالبة بإلزام السلطة العامة بوضع اللوائح اللازمة لتنظيم مرفق عام تقرر إنشاءه فعلا، أو بتخصيص الاعتماد اللازم لتنفيذه[2].

إلا انه بعد إنشاء المرافق العامة وتنظيمها فان القوانين واللوائح وغيرها من القواعد التنظيمية الخاصة بهذه المرافق تفرض على السلطات واجبات تلزم بالقيام بها لصالح المجموع كما تنشئ للأفراد حقوقا إزاء المرافق العامة، وهو ما سنتحدث عنه عند البحث في تنظيم المرافق العامة الاقتصادية.

المطلب الثاني

تنظيم المرافق العامة الاقتصادية

يقصد بتنظيم المرافق العامة ومنها الاقتصادية وضع القواعد التي تسير عليها بعد إنشائها فيبين ما إذا كان المرفق الجديد سيلحق بشخص إداري أم ستكون له شخصيته المستقلة، وطريقة استغلاله هل ستكون احتكارا للسلطة الإدارية بحيث لا يباح لغيرها مباشرة النشاط ومزاولته من النوع نفسه أم لا؟ كما تحدد القواعد التي تتبع في تعيين عمال المرفق العام الجديد وتأديبهم وعزلهم[3]...الخ.

(1) د. على محمد بدير ود. عصام عبد والوهاب البرزنجي ود. مهدي ياسين السلامي، مبادئ وأحكام القانون الاداري، جامعة بغداد كلية القانون، 1993، ص251.

(2) د. سليمان الطماوي، مبادئ القانون الإداري، الكتاب الثاني، نظرية المرفق العام، مصدر سابق، ص32.

(3) د. سليمان الطماوي، مبادئ القانون الإداري، الكتاب الثاني، نظرية المرفق العام والإدارة العامة، مصدر سابق، ص32.

لا يوجد خلاف سواء في فرنسا أم في مصر أم في العراق في ان السلطة المختصة بتنظيم المرافق العامة ومنها الاقتصادية هي السلطة التنفيذية الا ان الخلاف في فرنسا كان حول أساس سلطة تنظيم المرافق العامة. فذهب الفقه الغالب في فرنسا إلى ان الأساس هو نص المادة الثالثة من دستور 1875 الذي يمنح الحكومة وظيفة ضمان تنفيذ القوانين باعتبار ان هذه الوظيفة تستوعب بذاتها مهمة ترتيب وتنظيم المصالح العامة (المرافق العامة)، فالترتيب والتنظيم نتيجة حتمية لوظيفة السلطة التنفيذية الرئيسية المتمثلة بتنفيذ القوانين[1].

وذهب البعض الآخر في تبرير هذا الحق ان دور السلطة التنفيذية ليس قاصرا على مهمة التنفيذ الحرفي للقوانين بل ان وظيفتها أوسع نطاقا، وابعد مدى بحيث تشمل حاجات الأفراد، وتحقيق رفاهيتهم، ومن ثم وجب الاعتراف للسلطة التنفيذية بإصدار اللوائح المستقلة[2] ووجد فريق ثالث[3] في العرف الدستوري أساسا قانونيا لإصدار تلك اللوائح.

وبصدور دستور 1958 حسم الأمر بجلاء حيث قضت المادة 37 منه بان المواد التي لا تدخل في نطاق القانون تكون لها صفة لائحية، وبمراجعة المادة 34 من الدستور والتي حددت الموضوعات التي تدخل في نطاق القانون على سبيل الحصر، لم تجد من بينها تنظيم المرافق العامة[4].

وفي مصر النصوص حاسمة فقد خولت المادة 146 الدستور 1971 رئيس الجمهورية تنظيم المرافق العامة بقرارات منه.

---

(1) د. وسام صبار عبد الرحمن، مصدر سابق، ص12.

(2) أشار إلى هذا الرأي د. محمد محمود حافظ، نظرية المرفق العام، المصدر السابق، ص123.

(3) المصدر السابق، والصفحة نفسه.

(4) الموسوعة العربية للدساتير العالمية، إدارة الفتوى والتشريع بمجلس الأمة، القاهرة، 1966، ص192،ص193. وراجع: أيضد. وسام صبار عبد الرحمن، مصدر سابق، ص83.

وفي العراق قضت الفقرة 4/ح من المادة 57 من الدستور العراقي 1971 الملغي انه من بين الصلاحيات التي يمارسها رئيس الجمهورية " الإشراف على جميع المرافق العامة والمؤسسات الرسمية وشبه الرسمية ومؤسسات القطاع العام" وبموجب تعديل دستوري أصبحت الفقرة 4/ح بصياغتها نفسها ضمن المادة 62 وأصبح الإشراف على المرافق العامة بموجب هذا التعديل من صلاحيات مجلس الوزراء، ونعتقد بان من يملك سلطة الإشراف على المرافق العامة يملك سلطة التنظيم[1].

وتكرر ذات المعنى في الفقرة أولا من المادة 77 من مسودة الدستور الجديد اذ منحت مجلس الوزراء صلاحية الاشراف على الوزارات والجهات غير المرتبطة بوزارة، وتأكد اختصاص المجلس بالتنظيم بموجب أحكام الفقرة الثالثة لنفس المادة في المسودة اذ خولت مجلس الوزراء اصدار الانظمة والتعليمات والقرارات.

ونؤيد ما ذهب إليه الأستاذ الدكتور محمد محمود حافظ[2] في ان اختصاص جهة الإدارة بإصدار لوائح تنظيم المرافق العامة لا تحتاج في تقريره إلى نص دستوري صريح، لانه من طبيعة الوظيفة الإدارية ذاتها، فجوهر عمل الإدارة هو إشباع الحاجات العامة عن طريق المرافق العامة، فمن المنطقي ان يعترف للجهة القائمة بتلك الوظيفة بسلطة تنظيم المرافق المذكورة، بما يكفل حسن سيرها وتحقيقها لأغراضها.

في الحقيقة ان اختصاص السلطة التنفيذية بإصدار لوائح تنظيم المرافق العامة، ولو كان بناء على نصوص دستورية صريحة لا يمنع السلطة التشريعية من التدخل بوضع قواعد تنظيم المرافق العامة، اما في قوانين إنشائها أو في قوانين لاحقة ذلك لان السلطة التشريعية هي صاحبة الاختصاص الأصيل بالتشريع وما أعترف به للسلطة التنفيذية الا على سبيل الاستثناء.

---

(1) د. ماهر صالح علاوي، القانون الإداري، جامعة الموصل، 1989، ص255، د. علي محمد بدير وآخرون، المصدر السابق، ص 132.

(2) د. محمد محمود حافظ، نظرية المرفق العام، مصدر سابق، ص124.

قد يتساءل البعض حول ما إذا كان هناك التزاما على الإدارة بتنظيم المرافق العامة بمعني آخر هل في إمكانية الأفراد إجبار الإدارة على تنظيم المرفق العام ؟ كما انه ليس للأفراد ان يطالبوا أمام القضاء بإجبار السلطة العامة على إنشاء مرفق ما. فانه ليس لهم ان يطالبوا بإلزام السلطة العامة بوضع اللوائح اللازمة لتنظيم مرفق تقرر إنشاءه فعلا أو بتخصيص الاعتماد المالي اللازم لتنفيذه ذلك لان الحكومات تتمتع عادة بسلطة تقديرية واسعة في كل ما يتعلق بإنشاء وتنظيم المرافق العامة[1].

إلا ان للفقيه دولوبادير رأي آخر حيث يرى انه بالاعتماد على المبادئ العامة للقانون حيث يفصح المشرع أحيانا عن نيته بتقييد سلطة الإدارة وإلزامها بتنظيم المرافق العامة، وفي حالة امتناع الإدارة عن تنظيم المرفق يحق للأفراد أصحاب الشان طلب التعويض عن الأضرار الناتجة عن هذا الامتناع بل وللأفراد الحق في رفع دعوى تجاوز السلطة لابطال القرار السلبي الذي يستشف من امتناع الإدارة عن تنظيم المرافق العامة[2].

ان تنظيم المرافق العامة الاقتصادية يمكن ان يتم في صورتين وكما ياتي:-

الصورة الأولى : إلحاق المرفق العام الاقتصادي بشخص معنوي.

كان من آثار الحرب العالمية الأولى والازمة الاقتصادية والمالية العالمية التي تلتها، ان دفعت الدول نحو مذهب التدخل وزادت حاجة الدولة والبلديات إلى

---

(1) **jeze :Eassi d' une theorie sur le fonctioment des services publics R.D.P.1912 p.26 et suiv.**

أشار إليه د. محمد مهنا، حقوق الأفراد ازاء المرافق العامة، مصدر سابق، ص200.

(2) د. سعاد الشرقاوي، القانون الإداري، 1984، مصدر سابق، ص117. انظر الأحكام الصادرة من مجلس الدولة الفرنسي في هذا الشان والتي اوردها، د. حاتم علي لبيب جبر، في نظرية الخطأ المرفقي، دراسة مقارنة، رسالة دكتوراه مقدمة لكلية الحقوق، جامعة القاهرة ، 1968، ص157 وما بعدها.

القيام بأعمال صناعية وتجارية سعيا وراء الربح لمواجهة نفقاتها المتزايدة، ولسد عجز الميزانية، أو خوفا من حرب جديدة وضرورة إعداد الاقتصاد الوطني لتحمل ذلك. فمعظم الدول تدير مباشرة علاوة على المرافق العامة المعروفة عددا آخر من المرافق العامة ذات الصبغة التجارية والصناعية كالبريد، والتلغراف، والتلفون، والسكة الحديد، والنقل بالسيارات، واستغلال المناجم، واستخراج الكهرباء من مساقط المياه واحتكار الدخان والكبريت[1].

وكذلك فان الأشخاص الإدارية الأخرى ولا سيما المجالس البلدية، قد توسعت في إدارة الكثير من المرافق الاقتصادية مباشرة، مستهدفة في ذلك اما الحصول على ربح تواجه به نفقاتها المتزايدة، أوالعمل على خفض الأثمان عن طريقة منافسة المشروعات الخاصة، وقد انتشرت هذه النزعة التي أطلق عليها اصطلاح الاشتراكية البلدية (socialism munticipal) وعلى وجه الخصوص في إنكلترا وفرنسا[2].

ان معظم هذه المرافق العامة ليست لها شخصية مستقلة عن الدولة أو المديرية (المحافظة) أو البلدة، وعندما يتقرر إنشاء مرفق عام فانه يلحق عادة بأحد الأشخاص الإدارية ليشرف على إدارته، ويكون مسؤولا عنه فإذا كان المرفق قوميا كمرفق السكك الحديدية الحق بالدولة مباشرة وإذا كان مرفقا إقليميا أو بلديا الحق بالمحافظة أو المدينة. ومعنى ذلك أن المرفق في هذه الحالة لا تكون له شخصية قانونية متميزة عن الشخص الاعتباري الذي يتبعه، كما ان

(1) د. وحيد رافت، مذكرات في القانون الإداري، بلا دار نشر، سنة 1938، ص190.

(2) د. سليمان الطماوي، مبادئ القانون الاداري، الكتاب الثاني، نظرية المرفق العام، مصدر سابق، ص61. وللمزيد من التفاصيل عن الاشتراكية البلدية وموقف مجلس الدولة الفرنسي منها راجع : د. سعد العلوش، المصدر السابق ص24، هامش 3. وكذلك د. توفيق شحاته، مظهر من مظاهر تدخل الدولة في الميدان الاقتصادي، مصدر سابق، ص99 وص100.

المرافق القومية موزعة بين الوزارات المختلفة فيلحق كـل مرفـق بـالوزارة التـي يكون نشاطها من جنس نشاطه[1].

وقد رأينا انه في مصر في مرحلة ما قبل الثورة وجود بعض المرافق الاقتصادية التي أديرت في شكل مصالح حكومية تابعة لـبعض الـوزارات، ثـم تحولـت بعـد الثـورة إلى هيئات مستقلة.

وفي العراق استعملت هذه الطريقة في ادارة المرافق العامة الاقتصادية التي كانت تضطلع به مديريات عامة تابعة لوزارات هذا من جهة، ونصت المادة 51 فقرة ب مـن قانون ادارة البلديات المرقم 165 لسنة 1964 المعدل على أنه " للبلدية القيام بخدمات ذات طبيعة تجارية وانتاجية تعود على المواطنين بالراحة وعلى أموالهـا بـالربح واعـلاء شأن الصناعات المحلية من جهة أخرى[2] ".

واجمالاً يمكن القول بان تطور المرافـق العامـة الاقتصادية أدى إلى انكمـاش هـذا الأسلوب، وهو ما عرف بأسلوب الاستغلال المباشر بحيث اصبح نادر التطبيق في الوقت الحاضر ـ كما سيأتي في موضعه ـ

الصورة الثانية : منح المرفق العام الشخصية المعنوية.

ويذهب الفقيـه فيـدل (Vedel) الى ان اللجـوء إلى الأسـلوب اللامركزي في الإدارة يعنـي الاعتـراف بوجـود مراكـز للمصلحة مستقلة، لا تخضـع في إدارتهـا للمعايير التي يقوم عليها السلطة المركزية[3]. ويذهب الاستاذ الـدكتور سـعد

---

(1) د. عزت يوسف حنا، المصدر السابق، ص108.

(2) د. علي محمد بدير واخرون، المصدر السابق، ص 146.

(3) G. vedel : travaux pratiques , 2eme ,annee , course de droit administratif ,Faculte de droit ,paris ,1964 ,p.640.

أشار إليه د. سعد العلوش ، المصدر السابق. ويرى بعض الفقهاء ان الظاهرة العامة للنظـام المركزي تتميز بان المرافق الإدارية تتبع شخصـا إداريا واحـدا هـو الدولـة، بمعنى ان كـل المرافق تعود للدولة، وتغذى من ميزانية واحدة هي ميزانية الدولة. وكـل الأمـوال التي تخصص لعمل هـذه المرافـق تشكل دومين الدولـة، والأشخاص العاملين عـلى إدارتهـا=

العلوش الى القول ان جوهر اللامركزية يقوم على وجوب توافر عنصرين رئيسين:-

1- وجود قواعد قانونية تحدد قدرا معينا مـن الاستقلال، الـذي يضـمن التخصص للشخص اللامركزي ـ وهذه القواعد تختلف من واحد لاخر ومن مجموعة لاخرى

-

2- وجود قواعد قانونية تضمن الرابطة العضوية بين كل من المركز من ناحية والشخص اللامركزي من ناحية أخرى.

ان هذين العنصرين متعلقان بالفكرة المجردة للامركزية، فيمكن ان نجدهما في جميع أنـواع اللامركزيـة سـواء كانـت هـذه اللامركزية سياسـية، أم لامركزيـة إداريـة إقليمية، أم لامركزية إدارية مصلحية[1].

اذن اللامركزية الإقليمية ليست هي التطبيق الوحيد لنظام اللامركزية الإدارية، فقد ظهر تطبيق جديد لها هو اللامركزية المصلحية يتغير فيه أساس توزيع العمل بين الأشخاص الإدارية بحيث لا يجرى هذا التوزيع اعتباراً لعنصر الإقليم بل اعتبار لطبيعة النشاط، ونوع المرافق والمشاريع التي يمكن ان يمتد اليها هذا النشاط[2].

لقد ظهرت مشـاريع عامـة لم يعـد يلائمهـا بسـبب طبيعتهـا الخاصـة إدارة الأشخاص الإداريـة التقليديـة الداخلة في الجهاز الإداري المركزي أو المحلي. ولكنها تتطلب ان تشرف عليهـا أجهـزة إداريـة خاصـة مسـتقلة، تكـون متحـررة مـن

= يعتبرون من موظفي الدولة. د. عزت يوسف حنا، المصدر السـابق ،ص180. ويتشكل النظام المركزي على أساس نظام السلم الإداري لموظفي الدولة حيـث صورة التـدرج الهرمـي الـذي يتدرج موظفي الدولة فيه ويكون رئيس السـلطة التنفيذيـة في قمـة الهـرم، وتملك السلطة المركزية سلطة توجيه جميع الشـؤون الإداريـة في كافة صـورها. د. سـعد العلـوش، المصدر السابق، ص60.

(1) د. سعد العلوش، المصدر السابق، ص60 وما بعدها.

(2) د. طعيمة الجرف، القانون الإداري، مكتبة القاهرة الحديثة، 1963، ص111.

قواعد الروتين الإداري المعمول به في مصالح الحكومة ويكون ذلك بمنح هـذه المشاريع الخاصة الشخصية المعنوية المستقلة ذات الميزانيـات المستقلة، وإجراءات العمـل المستقلة، وكذلك عن أحكام الروتين الإداري.

لذلك فقد ارتبط نظام اللامركزية المصلحية في ظهوره وتطوره بنظريـة المؤسسـات العامة، اذ استقر فقه القانون الإداري على ان المؤسسة العامة ليست سوى مرفق عـام أسندت إدارته إلى هيئة عامة ذات شخصية معنوية مستقلة[1].

اذن اللامركزية المصلحية (المرفقية) هي أسلوب من أساليب إدارة المرافق العامـة ويمكن تحديد هذا الأسلوب ـ كما سبق القول ـ بانه منح الشخصية المعنوية لمرفق عام أو لعدد من المرافق العامة، وبقصد تمكين هـذا المرفق أو تلـك المرافق مـن ان تـدير شؤونها بنفسها مستقلة عن السلطة الإدارية[2]، ان المرافق العامة الاقتصادية تعد اكثر المرافق العامة قبولا بنظام اللامركزية المصلحية، فهي تحتاج في إدارتها لأسلوب يتفق وحاجات الإقليم الذي تنشا فيه[3].

ان مقتضى منح الشخصية المعنوية للمرفق العام الاقتصادي أن ينال استقلالا كبيرا في مباشرة شؤونه وعلى النحو آلاتي:-

1- فتكون لـه ذمـة ماليـة مستقلة عـن ماليـة الدولـة بحيـث يستقل بايراداتـه ومصروفاته فيكون له الفائض وعليه الديون.

---

(1) المصدر السابق، والصفحة نفسها، ود. سليمان الطماوي، المبادئ العامة للقانون الاداري، الكتاب الثاني، نظرية المرافق العامة، مصدر سابق، ص64.

(2) يرى الفقيه كونوا (connois) ـ وبحق ـ ان منح المشروعات الاقتصادية هذه الشخصية امـر لازم وضروري لتحقيق الأغراض التي أنشأت من اجلها، وان وجود أشخاص معنوية عامة غـير الدولـة هـو امـر وان لم يكـن مـن الضرورات القانونيـة، فانـه مـن الضرورات السياسـية والاقتصادية والعملية. أشار الى هذا الرأي د. اكثم امين الخولي ك دراسـات في قانون النشـاط التجاري الحديث للدولة، مصدر سابق، ص19 وما بعدها. ولمزيد مـن التفاصيل راجـع : د. حسني المصري النظام القانوني للمشروعات العامة ذات المساهمة الدولية، الطبعة الثانية ،بلا دار نشر، 1985، ص127 وما بعدها.

(3) د. فؤاد العطار، القانون الإداري، دار النهضة العربية، القاهرة، 1972، ص193.

2- الحق في قبول الهبات والوصايا ويوقف عليه.

3- له حق التقاضي والتعاقد، وترفع عليه الدعاوى.

4- ان يتحمل المسؤولية بمفرده عن أفعاله الضارة.

5- موظفوه موظفون عموميون، ولكن مستقلين عـن مـوظفي الدولـة ولهـم أنظمـة خاصة بهم [1].

إلا ان هذا الاستقلال مقيد بقيدين أولهما قيد التخصـيص، فالمؤسسـة لا تسـتطيع قبول هدية أو وصية مخصصة لتحقيق غايات غير التي منحت لها الشخصية المعنويـة لتحقيقها. والقيد الثاني هو الخضوع للوصاية الإدارية، فالإدارة لهـا الحـق في ان تمـارس عليها رقابة كالتي تمارسها على الهيئات المحلية [2].

وتثبت الشخصية المعنويـة للمرافـق العامـة في فرنسـا بمجرد إصدار المرسـوم أو القرار الصادر بإنشائها وكذلك الحال في مصر حيث اخذ مشرعها بالاتجاه نفسه فيمـا يتعلق بالمؤسسات العامة [3].

اما في العراق فلقد نظم مشرعها فكـرة الشخصية المعنويـة في القـانون المدني رقم 40 لسنة 1951 في المواد من 47-49، ونصت الفقرة ح مـن المـادة 47 على عدّ الأشخاص المعنوية (كل مجموعة من الأشخاص أو الأموال يمنحها القانون شخصية معنوية) وقد يعترف المشرع بالشخص المعنوي اعترافا عامـا

---

(1) أ. د. سليمان الطماوي، مبادئ القانون الاداري، دراسـة مقارنـة، الكتـاب الثـاني، نظريـة المرافـق العامة، مصدر سابق، انظر في نتائج منح الشخصية المعنوية للأشخاص الخاصة والعامة والتي حددتها المادة 48 من القانون المدني العراقي.

(2) د. سليمان الطماوي، ، مبادئ القانون الاداري، دراسـة مقارنـة، الكتـاب الثـاني، نظريـة المرافـق العامة، مصدر سابق، ص64 و ص65.

(3) اذ قضت المادة 6 من القانون 32 لسنة 1966 بان المؤسسة تعتبر منشئة بمجرد صـدور قـرار رئيس الجمهورية دون حاجة إلى إصدار القانون كمـا تثبـت لهـا الشخصية المعنوية بمجرد إنشائها فالاعتراف بالشخصية القانونية لجهة ما سيكون بقانون أو استنادا إلى قانون. د. عزت فوزي حنا، المصدر السابق، ص111.

أو اعترافا خاصا فقد حدد المشرع في المادة 47 عدد من الأشخاص المعنوية العامة والخاصة وقد يعترف المشرع بالشخصية المعنوية بموجب قانون خاص. مثل الجامعات التي تنص قوانينها على كونها أشخاصاً معنوية[1].

المطلب الثالث

إلغاء المرافق العامة الاقتصادية

إلغاء المرفق العام هو وضع حد لنشاطه لاعتراف الهيئات الحاكمة بانه لم يعد هناك حاجة لاستمراره، فإذا قدرت الدولة في وقت من الأوقات ان إشباع حاجة عامة معينة يمكن ان يتم بغير وسيلة المرفق العام، فتترك هذه المهمة لمجال النشاط الفردي، أو إذا قدرت بدافع من رغبة توفير الجهد والمال.

ان الخدمة التي يؤديها المرفق العام المزمع إلغاءه يمكن ان يعهد بها إلى مرفق عام آخر قائم، أو في حالة ما إذا كانت الضرورة التي اقتضت إنشاءه لم تعد قائمة[2]، وكما ان إنشاء المرفق العام يعتبر أمرا تقديريا للسلطة العامة فكذلك تتمتع بصدد إلغائه بسلطة تقديرية[3]، فتترخص بتقدير الحاجة أو عدم الحاجة للمرفق والموازنة بين فوائده ومضاره واختيار الوقت المناسب لإلغائه، ووزن ظروفه وملابساته واسبابه ومبرراته[4].

---

(1) أ. د. ماهر صالح علاوي، القانون الاداري، مصدر سابق، ص69 و ص70.

(2) د. فؤاد العطار، القانون الاداري، طبعة 1972، مصدر سابق، ص369 و د. محمد محمود حافظ، نظرية المرفق العام، مصدر سابق ،ص128 ود. حسني درويش، نهاية القرار عن غير طريق القضاء، رسالة دكتوراه، مقدمة لكلية الحقوق ،جامعة عين شمس، 1981، ص569.

(3) د. سليمان الطماوي، الوجيز في القانون الإداري، دار الفكر العربي، القاهرة، 1978،ص330.

(4) د. محمد محمود حافظ، نظرية المرفق العام، مصدر سابق ،ص128.

وطريقة الإلغاء هي بعينها طريقة الإنشاء، على ان المرفق الذي أنشئ بقانون لا يمكن إلغاءه الا بقانون، والمرافق التي أنشئت بناء على قانون تستطيع الهيئات التي أنشأتها ان تلغيها بذات طريقة إنشائها[1]، وذلك دون ان يكون لاحد سواء من العاملين في المرفق أو الأفراد الاحتجاج بوجود حق مكتسب له في استمرار المرفق[2].

اما إذا كان إنشاء المرفق الاقتصادي بأداة أدنى مرتبة من القانون وبناء على تفويض تشريعي، فان كان بقرار صادر من رئيس الجمهورية أو أحد الوزراء أو أحد المجالس المحلية فانه لتعيين أداة إلغائه ينبغي التمييز بين حالتين وعلى النحو آلاتي:-

1- إذا كان من المرافق الاختيارية جاز للسلطة التي أنشأته ان تلغيه بقرار منها بدون حاجة إلى تفويض تشريعي جديد لانها كانت تملك ان لا تنشئه فيكون لها ان تلغيه إذا قدرت ملاءمة ذلك[3].

2- اما إذا كان من المرافق الاجبارية فلا تمتلك السلطة المفوضة في إنشائه، الملزمة بهذا الإنشاء ان تلغيه من تلقاء نفسها، بل يجب ان يكون إلغاؤه بقانون أو بناء على تفويض جديد من القانون.

فحيث يكون الإنشاء اختياريا وبالتالي تقديريا يكون كذلك الإلغاء تقديريا أما حيث يكون الإنشاء إجباريا فلا يكون الإلغاء تقديريا، وانما تكون سلطة الإدارة مقيدة فلا تملك الإلغاء الا بناء على تفويض تشريعي جديد[4].

---

(1) د. سليمان الطماوي، الوجيز في القانون الاداري، 1978، مصدر سابق، ص328.

(2) د. فؤاد العطار، القانون الإداري، 1972، مصدر سابق، ص240. و د. سليمان الطماوي، مبادئ القانون الإداري، الكتاب الثاني، نظرية المرفق العام، مصدر سابق، ص33.

(3) د. محمد المتولي السيد، المصدر السابق، ص22 و د. محمد محمود الحافظ، نظرية المرفق العام، مصدر سابق، ص128وص129.

(4) د. عبد العظيم محفوظ، القانون الإداري، الكتاب الثاني، النشاط الإداري، الطبعة الأولى، بلا دار نشر، بلا سنة طبع، ص107. و د. رمزي الشاعر د. عبد العظيم عبد السلام، الوجيز في القانون الإداري تنظيم النشاط الإداري، بلا دار نشر، 1993، ص342.

في فرنسا حيث ان إنشاء المرافق العامة كان قبل دستور 1958 بقانون فقد استلزم ان يكون إلغاؤه بقانون أو بناء على قانون، وأساس ذلك قاعدة توازي الأشكال والإجراءات، إلا انه بعد صدور دستور 1958، فقد اصبح المبدأ هو اختصاص الحكومة بإلغاء المرافق العامة[1].

وفي مصر أناط الدستور برئيس الجمهورية حق إنشاء المرفق العام وتنظيمه، فله الحق في إنشاء المرفق العام مع الأخذ بالاعتبار ـ كما ذكرنا سابقا ـ بالتمييز بين المرافق العامة الاختيارية والمرافق العامة الإجبارية.

اما إلغاء المرافق العامة في العراق فان طريقة إلغائها، هي طريقة إنشائها فالمرفق الذي أنشئ بقانون لا يمكن إلغاؤه إلا بقانون والمرافق التي أنشئت بناء على قانون تستطيع الإدارة التي أنشأتها ان تلغيها بطريقة إنشائها نفسها. فقد صدر قانون المؤسسات العامة المرقم 166 لسنة 1965 والذي ألغى بصدوره قانون المؤسسة الاقتصادية رقم 98 لسنة 1964 [2] وصدر قرارا مجلس قيادة الثورة المرقمان 117و118 لسنة 1987 اللذان تم بصدورهما إلغاء جميع المؤسسات العامة التابعة لوزارتي الصناعة والمعادن ووزارة الصناعات الخفيفة[3].

المبحث الثاني

أنواع المرافق العامة الاقتصادية

تتنوع وتتعدد المرافق العامة الاقتصادية بتنوع الخدمات والحاجات العامة التي تقوم على إشباعها، فمنها المرافق التجارية ومنها الصناعية والمالية والزراعية، وكذلك يمكن تقسيم المرافق الاقتصادية من حيث امتداد النطاق الإقليمي للنشاط إلى مرافق قومية وأخرى محلية، وأيضا تتنوع من حيث تمتعها

---

(1) د. محمد محمود حافظ، نظرية المرفق العام، مصدر سابق، ص129.

(2) منشور في جريدة الوقائع العراقية العدد 1200 في 1965/12/1.

(3) منشور في جريدة الوقائع العراقية العدد 3140 في 1987/3/9.

بالشخصية المعنوية من عدمه، ويمكن النظر أيضا من زاوية إنشاء السلطة العامة لها فهناك المرافق العامة الاختيارية والمرافق العامة الإجبارية[1]. ولعدم إمكان الإلمام بكافة أنواع المرافق الاقتصادية سوف نتناول أنواع المرافق العامة الاقتصادية من زاويتين فقط لأهميتهما وفي مطلبين وعلى النحو الآتي:

- **المطلب الأول** : المرافق العامة الاقتصادية القومية والمرافق العامة الاقتصادية المحلية.
- **المطلب الثاني** : المرافق العامة الاقتصادية الإجبارية والمرافق العامة الاقتصادية الاختيارية.

المطلب الأول

المرافق العامة الاقتصادية القومية
والمرافق العامة الاقتصادية المحلية

تنقسم المرافق العامة الاقتصادية من حيث النطاق الإقليمي الذي يمتد إليه نشاطها إلى مرافق قومية وأخرى محلية وسنخصص لكل منها فرع مستقل.

(1) للمزيد عن هذه التقسيمات راجع : د. محمد المتولي السيد، مبدأ المساواة أمام المرافق العامة، مصدر سابق، ص93 وما بعدها ود. صلاح يوسف عبد العليم، مصدر سابق، ص155 وما بعدها ود. ماهر جبر نصر، المصدر السابق، ص401 وما بعدها ود. عبد العظيم عبد السلام عبد الحميد ،د.عيد احمد الغفلول، القانون الإداري، النشاط الإداري، دار النهضة العربية، 2003/2002، ص110 وما بعدها ود. محمد محمود حافظ، نظرية المرفق العام، مصدر سابق، ص130 وما بعدها ود. انور احمد رسلان، المصدر السابق، ص260 وما بعدها ود. سليمان الطماوي، مبادئ القانون الإداري، الكتاب الثاني، نظرية المرفق العام، مصدر سابق، ص37 وما بعدها.

الفرع الأول

المرافق العامة الاقتصادية القومية

وتعرف المرافق العامة الاقتصادية القومية بأنها هي التي تؤدي خدمات تمتد لتشمل إقليم الدولة بأكمله. وتشرف عليها الأجهزة المركزية في الدولة[1]. وثمة اعتبارات عديدة لإنشاء المرافق العامة الاقتصادية القومية ومن تلك الاعتبارات في فرنسا ما ياتي :

1- اعتبارات الفنون ومنها المسارح الوطنية، والمتاحف القومية، وكذلك يوجد صناعات فنية مثل مصانع البورسلين في منطقة السيفر، ومصانع السجاد / ومصانع المنسوجات.

2- اعتبارات مالية، مثل احتكارات الملح والبارود والدخان.

3- اعتبارات الوفاء بحاجات الدولة، أنشئت العديد من المصانع مثل مصانع سك العملة، والأوسمة، وترسانة بناء السفن[2].

وفي مصر توجد أمثلة عديدة للمرافق الاقتصادية القومية، مثل مرفق الكهرباء، وكذلك الحمامات العامة القومية[3]، مثل حمامات حلوان فهي لا تقتصر في نفعها على سكان القاهرة وحدها بل على مصر كلها[4]. وكذلك المتاحف التي تتمثل فيها نشاط الحكومة المركزية وسياستها العامة القومية[5].

---

(1) د. طعيمة الجرف، القانون الاداري، 1963، مصدر سابق، ص233.

(2) وللمزيد من التفصيل عن هذه المرافق راجع : د. عزت فوزي حنا، المصدر السابق، ص 13.

(3) فتوى الادارة رقم 385 في 1950/2/13 مجموعة الفتاوى س4ـ5 ص848. اشار إليه د. سليمان الطماوي، مبادئ القانون الاداري، الكتاب الثاني، نظرية المرافق العامة، مصدر سابق، ص56.

(4) فتوى الادارة رقم 1701 في 1951/9/19، مجموعة الفتاوى س4ـ5 ص996. اشار إليه د. سليمان الطماوي، مبادئ القانون الاداري، الكتاب الثاني، نظرية المرافق العامة مصدر سابق، ص56.

(5) المصدر السابق، ص 56وص57.

وفي العراق توجد الكثير مـن المرافـق الاقتصـادية القوميـة مثـل مرفـق الكهربـاء، ومرفق الماء، ومرفق النقل بالسكك الحديدية، ومرفق الهاتف والبريد، ومرفق الأسواق المركزية، والمتاحف العامة، وكل المؤسسات العامة الاقتصادية وما يتبع لها التي تغطي خدماتها أنحاء البلاد ولا تقتصر على إقليم معين. نخلص إلى انه مـن الضروري والمفيـد ان تخضع الدولة كافة المرافق العامة القومية، والتي تشمل كـل البـلاد بخـدماتها دون إقليم معين، حتى تضمن أداء أغراضها على اكمـل وجـه واسـتفادة الجميـع علـى قـدم المساواة.

الفرع الثاني

المرافق العامة الاقتصادية المحلية

عرف بعض الفقهاء [1] المرافق العامة الاقتصادية المحليـة بأنهـا " مشـروعـات ذات نفع عام محلي بصفة خاصة تتولاها الإدارة المحلية، وحيـث ان كـل وحـدة محليـة لهـا احتياجاتها التـي تختلـف عـن احتياجـات الوحـدات الأخـرى تبعـا لاخـتلاف الظـروف الجغرافية والسكانية والطبيعية والاقتصادية باختلاف المناطق المختلفة فهي اقدر علـى الإشراف على المرافق المحلية وإدارتها وتطويرها ".

---

(1) د. محمد علي محمد ابو عمارة، المصدر السابق، ص95، والمرفق العـام الاقتصـادي المحلـي كـما عرفه د. منير شلبي بانه " مشروع يقوم على تقديم خدمة ذات مضمون مهم لسكان جزء من إقليم الدولة بصفة خاصة، ولا تهم بـاقي أجـزاء إقلـيم الدولة بهـذه الصـفة، وتقـوم بادائهـا السلطة المحلية تحت رقابة السلطة المركزية. يراجع : رسالته للدكتوراه، المرفق المحلي، دراسـة مقارنة مقدمة لكلية الحقوق بجامعة عـين شمس، 1977، ص68. " وعرفـه البـعض الاخـر مـن الفقه بانه "مشروع تقوم على ادارته الهيئات المحلية تحت اشراف السـلطات المركزية، وذلك بقصد تقديم خدمة ذات اطار ومضمون محلي"، د. محمـود ابـو السـعود حبيـب، التنظيم الإداري، دراسة نظرية وتطبيقية، دار الثقافة الجامعية، 1992، ص277.

إذا كان من الضروري والمفيد ان تخضع المرافق العامة القومية للدولة، فانه من المفيد والضروري أيضا ان يترك أمر المرافق الإقليمية والبلدية للإقليم أو للبلدة التي يعنيها الأمر، لأنها أدرى بحاجتها، ولهذا فان البلاد التي تأخذ بنظام اللامركزية الإدارية تجد ان الذي ينشئ ويدير المرافق الإقليمية والبلدية هي مجالس المحافظات، ومجالس المدن، والمجالس القروية[1].

في الحقيقة ان المرافق العامة الاقتصادية من اكثر المرافق العامة مثولا للنظام اللامركزي، لأنها تحتاج في إدارتها إلى أسلوب يتفق وحاجات الإقليم التي تنشأ فيه مثل مرفق النقل المحلي في المحافظة.

في فرنسا وبتأثير من مبدأ الاشتراكية البلدية صدرت عدة قوانين لإنشاء مرافق اقتصادية محلية، منها قانون إنشاء السلخانات في يناير (كانون الثاني) 1905، وقانون إنشاء خطوط السكك الحديدية ذات المنفعة المحلية، إلا انه في الفترة ما بين الحربين العالميتين زادت الحركة التدخلية للدولة في النشاط الاقتصادي بشكل اكبر وبتأثير متزايد من مبدأ الاشتراكية ـ كما ذكرنا سابقا ـ أنشئت الدولة أعدادا متزايدة من المرافق الاقتصادية[2]. إلا ان هذه الظاهرة لاقت مقاومة شديدة من التجار، والصناع واصحاب المهن الحرة، حيث وجدوا في المشروعات التي تنشئها البلديات منافسة غير مشروعة تمس حريتهم في التجارة التي اقرها القانون الصادر في 2 ـ 17 مارس (آذار) 1791 الذي أصدرته الجمعية التأسيسية في عهد الثورة وأعلنت فيه حرية التجارة[3].

---

(1) د. سليمان الطماوي، مبادئ القانون الإداري، الكتاب الثاني، نظرية المرفق العام، مصدر سابق، ص54 وص55. د. طعيمة الجرف، القانون الاداري، 1963، مصدر سابق، ص233.

(2) د. سعد العلوش، المصدر السابق، ص24.

(3) د. عزت يوسف حنا، المصدر السابق، ص13.

وقد شجع المشرع الفرنسي هـذا الاتجاه ـ الاشـتراكية البلدية ـ فاصدر مرسـوم بقانون بتاريخ سنة 1926 تلته مراسيم تطبيقية بتاريخ 17 فبراير (شباط) سنة 1930، و 9 يناير (كانون الثاني) سنة 1933 بتنظيم اختصاصات المجـالس البلديـة في اسـتغلال المرافق الاقتصادية استغلالا مباشرا[1]. وقبل تدخل المشرع بهذا الصـدد كانت سياسـة مجلس الدولة تتجه إلى تضييق اختصاصات المجالس البلدية، لا تسـتثني مـن ذلـك إلا الحالات التي يرخص فيها المشرع صراحة بالاستغلال، أو في بعض الظروف الخاصة، أو في حالة مـا إذا كانـت المشروعـات الاقتصادية التـي تسـتغلها البلديات تعتـبر تكملـة ضرورية للمرافق التي تتولاها[2].

وعلى الرغم من صدور عـدة قوانيـن سـنة 1926 توسـع مـن نشـاط المـدن والقرى، إلا ان مجلس الدولة أبى ان يغير من هذا النـهج حتـى انتهت الحـرب، والتي كان لها تأثير عميق في كافة النواحي لاسيما الاقتصادية والاجتماعية منها، وكان من نتائجها اعتراف مجلس الدولة للهيئات المحلية بان تتدخل وتنشئ من المرافق العامة الاقتصادية ما يخفـف مـن حـدة الغـلاء وإشباع حاجـات عامـة

---

(1) إلا ان هذا الاتجاه لم يكن مقتصرا على فرنسا، ففي ايطاليا صدر قانون بتاريخ 22 مـارس (آذار) 1903 يرخص للبلديات بان تستغل مباشرة طائفـة مـن المرافـق الاقتصادية. وفي انكلـترا بلـغ استغلال البلديات للمشروعات الاقتصادية من الاتساع ما لم تبلغه أية دولة فحتى قبل الحرب العظمى الاولى كانت البلديات تتولى توزيع المياه وتوريد الكهربـاء والغـاز، وتستغل مرافق النقل والتليفون، وتقوم باعمال التأمينات واستغلال المناجم، بل تدير حمامـات عامـة وتـؤجر منازل وتفتح حوانيت وتزرع اراضي وتتجر في الازهـار...الخ. د. توفيـق شحاتة، مظهر مـن مظاهـر تدخل الدولة في الميدان الاقتصادي، المرافق العامـة الاقتصادية، مصدر سابق، ص530.

(2) د. توفيـق شحاتة، مظهر مـن مظاهـر تـدخل الدولـة في الميـدان الاقتصادي، المرافق العامـة الاقتصادية مصدر سابق، ص530، فيما يتعلق بسياسة مجلس الدولة. راجع : د. وحيد رأفت، المصدر السابق، ص285، و د. سعد العلوش، مصدر سابق، ص24، هامش (3)، ص 24 وص 25.

لا يستطيع النشاط الفردي ان يشبعها لهم بالكفاية نفسها، واضعا لذلك مبادئ وشروط لابد من توافرها[1]، وأصبحت تلك المبادئ هي الأساس لإنشاء مشروعات عامة محلية في فرنسا. ويمكن تلخيص هذه المبادئ فيما يأتي :

1- ان المرافق الاقتصادية لا تنشأ في المدن والقرى ليكون غرضها الأساس الربح.

2- يشترط لاقامة مرفق عام محلي وجود نقص في النشاط الفردي.

3- إذا كان النشاط الفردي موجودا، فلا يجوز تدخل المجلس البلدي، إلا إذا كان هدفه خفض الأسعار وردها للحد الطبيعي.

4- إذا نزلت أسعار النشاط الفردي إلى الحد المعقول، يجب على المجلس البلدي ان يصفي المشروع، وهذه التصفية يمكن إلا تتم فورا، فقد يستمر فيها حتى يغطي النفقات التي تكبدها[2].

وفي مصر نص القانون رقم 43 لسنة 1979 بشأن نظام الإدارة المحلية المعدل بالقانونين رقم 50 لسنة 1981 و 145 لسنة 1988 في المادة الثانية على ان تتولى وحدات الحكم المحلي في حدود السياسة العامة والخطة العامة للدولة إنشاء وادارة جميع المرافق العامة الواقعة في دائرتها[3]. كما تتولى هذه الوحدات في نطاق اختصاصها جميع الاختصاصات التي تتولاها الوزارات بمقتضى القوانين واللوائح المعمول بها فيما عدا المرافق القومية أو ذات الطبيعة الخاصة التي يصدر بها قرار من رئيس الجمهورية[4].

---

(1) د. مصطفى ابو زيد فهمي، الإدارة المحلية في القانون المقارن ـ مجلة العلوم الإدارية، العدد الأول، السنة الثالثة، 1961، ص160.

(2) Bernard chenoT ،Orgnisation Economique de l'etat , Dalloz Paris, 1951, p 70،74.

(3) د. محمد متولي السيد، المصدر السابق، ص94.

(4) المصدر السابق، ص 94.

وقد تبدو التفرقة بين المرافق القومية والبلدية سهلة لاول وهلة، إلا أنها تدق في بعض الحالات لان طبيعة المرفق قد تتغير بحسب موضعه ولمجلس الدولة فتاوى عديدة بهذا الصدد، منها ما قرره بان الحمامات العامة البلدية، والمغاسل العامة البلدية بمدينة القاهرة تتبع مجلس بلدي مدينة القاهرة، أما الحمامات العامة القومية فلا تتبع المجلس البلدي ومن ثم لا تعتبر حمامات حلوان من المرافق البلدية[1].

وقد أفتى مجلس الدولة ان "... المتاحف التي يتمثل فيها نشاط الحكومة المركزية وسياستها العامة القومية، من المصالح القومية التي يترك أمر إدارتها للدولة ذاتها، أما المتاحف العادية الخاصة بمدينة أو إقليم، والتي لا يظهر فيها المعنى السالف الذكر، فإنها تعتبر من المتاحف الإقليمية والتي يترك أمر إدارتها إلى الهيئات المحلية للإقليم أو المدينة "[2] وان الأسواق العامة البلدية تتبع المجالس البلدية والقروية. أما الأسواق العامة القومية، فإنها تتبع وزارة التجارة والصناعة تطبيقا للقانون رقم 68 لسنة 1949[3].

وفي العراق كانت لمجالس الوحدات الإدارية بموجب المواد 86 ،87 ،88 من قانون المحافظات لسنة 1969 المعدل اختصاصات ووظائف تتعلق بالمرافق العامة الاقتصادية المحلية مثل إنشاء وادارة مصالح نقل الركاب، تأسيس وصيانة الغابات وإنشاء وادارة قاعات التمثيل والسينما و 000 الخ.

(1) فتوى الإدارة رقم 1701 في 1951/9/19 مجموعة الفتاوى السنة 5/4 ص848 سبقت الاشارة اليها.

(2) فتوى الإدارة رقم 385 في 1950/2/13 مجموعة الفتاوى، س4ـ5، ص996 سبقت الاشارة إليها.

(3) فتوى القسم الاستشاري رقم 486 في 4 سبتمبر سنة 1957 س11، ص30، اشار إليهد. سليمان الطماوي، مبادئ القانون الإداري، الكتاب الأول، نظرية المرفق العام، مصدر سابق، ص57.

إلا انه بصدور قانون مجالس الشعب المحلية رقم 25 لسنة 1995 ألغيت مجالس الوحدات الإدارية وعهد إلى مجالس الشعب المحلية باختصاصات وصلاحيات ضعيفة في مجال إنشاء وتنظيم وتسيير المرافق العامة المحلية، هذه الصلاحيات منحت لهذه المجالس في إطار المساهمة في رفع مستوى الخدمات في الوحدة الإدارية[1].

وبموجب أمر سلطة الائتلاف المؤقتة رقم 71 الصادر في 6 نيسان 2004[2]، الفقرة 2 من القسم 2 أصبحت للسلطات الحكومية المحلية صلاحيات واسعة منها تحديد أولويات المحافظة وتعديل أي مشروع محلي يدرج في خطة الموازنة السنوية للوزارة، ومراقبة وتقديم التوصية بتحسين أداء الخدمات العامة والمبادرة بمشروعات على مستوى المحافظة انفراديا أو عن طريق الشراكة مع منظمات دولية وغير حكومية وتنفيذها والقيام بأنشطة أخر طالما تتمشي مع القوانين السارية.

وفي النهاية يجب القول انه لتحديد المرفق وكونه قوميا، أو محليا اهمية كبيرة فيما يتعلق بتحديد المسؤول عن سير المرافق وفي تحديد الشخص الذي ترفع عليه دعوى الإلغاء أو التعويض، إذا ثار نزاع مع المرفق، فإذا كان قوميا ترفع الدعوى على مجلس الوزراء أو على الوزارة التي يتبعها المرفق، بينما ترفع الدعوى على الوحدات المحلية في حالة المرفق المحلي[3].

(1) المادة 46 من قانون مجالس الشعب المحلية رقم 25 لسنة 1995.

(2) **C.P.A / ORD / 6APR 2004 / 71**

(3) د. سليمان الطماوي، مبادئ القانون الاداري، الكتاب الثاني، نظرية المرافق العامة، مصدر سابق، ص55 ود. محمد محمود حافظ، نظرية المرفق العام، مصدر سابق، ص137.

المطلب الثاني

المرافق العامة الاقتصادية الإجبارية

والمرافق العامة الاقتصادية الاختيارية

تنقسم المرافق العامة بالنظر إلى مدى حرية السلطة التي تنشئها إلى مرافق اختيارية وأخرى إجبارية. والأصل ان الدولة هي التي تنشئ المرفق، بمعنى ان القانون هو الذي يقرر ما إذا كان نشاطا معينا يعتبر مرفقا عاما أم لا، العبرة في ذلك بالإرادة الحقيقية للمشرع سواء الصريحة أو الضمنية من النصوص، والمشرع يتمتع في هذا الشأن بسلطة تقديرية[1].

وعليه فان المرافق الاختيارية تنطبق على معظم المرافق العامة، فهي النوع الغالب، فللسلطة التنفيذية الحق في إنشاء المرفق العام من عدمه، وكذلك اختيار المكان والوقت لإنشائه ونوعه وشكله وكيفية إدارته واستغلاله وتعديل أسلوب الإدارة، وكذلك لها إلغاء المرفق متى كان ذلك من مقتضيات المصلحة العامة، ولذلك فان الأفراد لا يملكون حمل الإدارة على إنشاء مرفق عام، كما لا يحق لهم إقامة دعوى تعويض عن الأضرار الناتجة عن امتناع الإدارة[2]. إلا ان

---

(1) د. طعيمة الجرف، القانون الاداري، مصدر سابق، ص238. ود. صلاح يوسف عبد الحليم، المصدر السابق، ص158.

(2) د. منير شلبي، المصدر السابق، ص60، ود. محمد علي ابو عمارة، مصدر سابق، ص87، ود. صلاح يوسف عبدالعليم، مصدر سابق، ص158، ود. محمد المتولي السيد، مصدر سابق، ص96. وقد أكدت محكمة القضاء الإداري هذا المبدأ بقولها " ان القيام بالمشروعات العامة وتوزيعها على المدن والمناطق المختلفة لا يزال متروكا لتقدير السلطة التنفيذية تتصرف فيه بمطلق حريتها واختيارها حسبما يتراءى لها وفقا لقدرتها المالية والإمكانيات التي لديها، ومن ثم فلا إلزام على الحكومة في القيام بالمشروعات العامة في غير النطاق الذي تراه ..." حكم محكمة القضاء الإداري الصادر في 23 مارس (آذار) سنة 1955، المجموعة س9 ص388.

الوضع يتبدل في حالة صدور قانون يلزم الإدارة بالإنشاء، واغفلت الإدارة ذلك، أو أجلت التنفيذ، حينها يملك الأفراد حق رفع دعوى إلغاء أمام القضاء لإلغاء القرار الصادر بالتأجيل لانه مخالف للقانون، وهذا يعني ان إنشاء المرافق العامة، في الأصل سلطة تقديرية لجهة الإدارة. ولكن استثناء من هذا الأصل تصبح السلطة مقيدة في حالة ما إذا كنا بصدد مرفق من المرافق الإجبارية[1].

والمرافق الإجبارية هي المرافق التي تلتزم السلطة العامة بإنشائها، اما لانها من المرافق التي تدخل بطبيعتها في نطاق وظيفة الدولة كمرفق القضاء والدفاع، فهذه مرافق إجبارية بطبيعتها[2] وتسمى مرافق تقليدية للدولة، وتجبر الدولة على إنشائها من اجل حماية الأمن الداخلي والخارجي، واقامة العدل بين الأفراد، فهي تنشأ من اجل حماية الدولة ذاتها[3].

وقد تلتزم السلطة التنفيذية بإنشاء المرفق العام بناء على نصوص تشريعية صريحة أو نصوص دستورية، فالنصوص الواردة في قوانين الجهات التي يقع على عاتقها القيام بإنشاء وادارة تلك المرافق يجعل للسلطة المركزية الحق في ممارسة اختصاصات الوصاية الإدارية على تلك الجهات، وكذلك حق الأفراد في

---

(1) د. محمد محمود حافظ، نظرية المرفق العام، مصدر سابق، ص139.

(2) ويرى بعض الفقه بان هذه الانواع من النشاط تعتبر بذاتها مرافق عامة نظرا لطبيعتها، ومن غير حاجة إلى اعلان من المشرع، وذلك في مجال النشاط الذاتي الذي تمارسه الدولة كجزء من وظيفتها الطبيعية كدولة. ويرفض البعض الآخر من الفقهاء هذا الرأي وبحق، ذلك لان نطاق المرافق العامة يتغير بتغير الظروف، كما ان الرأي محل النقد يصطدم بالاتجاه التدخلي الذي يحكم سياسة الدول المعاصرة الذي نتج عنه توسع كبير في وظائف الدولة الطبيعية، فما لم يكن من وظائف الدولة الطبيعية في ظل المذهب الفردي ،اصبح كذلك في ظل الدولة الخادمة. انظر في هذا الرأي

De laubader: droit administratif, 1963,p556.

ود. صلاح يوسف عبد العليم، المصدر السابق، ص158.

(3) د. محمد محمود حافظ، نظرية المرفق العام، مصدر سابق، ص139. ود. محمد المتولي السيد، المصدر السابق، ص97.

الالتجاء إلى القضاء إذا رفضت الإدارة إنشاء المرفق والمطالبة بالتعويض عما يلحق بهم من أضرار[1].

المبحث الثالث

المبادئ الحاكمة للمرافق العامة الاقتصادية

لما كانت المرافق العامة متعددة، فمن الطبيعي أن تتعدد أنظمتها الحاكمة، وعلى الرغم من ذلك فان هذه المرافق جميعاً تشترك في سماتها الأساسية، والمرافق العامة الاقتصادية هي في الواقع مرافق عامة حقيقية، ولهذه السمة فإنها تخضع لمبادئ الحامكة لسير عموم المرافق، فبالإضافة للمبدأ موضوع البحث الذي تخضع له المرافق يوجد مبدأين الأول : استمرار المرافق العامة الاقتصادية، والثاني : مبدأ المساواة أمام المرافق العامة الاقتصادية. وسنخصص مطلباً لكل مبدأ من هذين المبدأين وعلى النحو الآتي :

- **المطلب الأول** : مبدأ استمرار المرافق العامة الاقتصادية.
- **المطلب الثاني** : مبدأ المساواة أمام المرافق العامة الاقتصادية.

المطلب الأول

مبدأ استمرار المرافق العامة الاقتصادية

تؤدي المرافق العامة الاقتصادية خدمات أساسية للأفراد يبنون عليها حياتهم على أساس توفير المرافق لهذه الخدمات الضرورية والتي لا يمكن الاستغناء عنها، ومن ثم يؤدي توقف سير المرفق العام، أو عدم سيره سيرا منتظما إلى توقفه عن تقديم الخدمات الضرورية أو قصوره عن إشباع حاجات الأفراد وبالتالي تقع الأضرار ويختل نظام المجتمع، فمثلا إذا توقف مرفق الكهرباء أو الغاز عن تقديم الخدمات إلى المنتفعين لأدى ذلك إلى الإضرار بالاقتصاد القومي

---

(1) أ. د محمد محمود حافظ، نظرية المرفق العام، مصدر سابق، ص142 وص143.

ووقوع الكوارث والفوضى الاجتماعية، لـذا فقد اجمـع الفقهـاء عـلى ان أهـم القواعـد الحاكمة لسير المرفق العام انتظامها واستمرارها بلا توقف أو انقطاع، وانها لا تحتاج إلى أن ينص عليها في دستور أو تشريع أو لائحة، وإذا وردت هذه المبادئ في نـص فـان هذا النص لا يعتبر منشئا لمبدأ جديد وانما مجرد تأكيد لمبدأ ثابت وقائم. وسنتناول نتائج الالتزام بمبدأ استمرار المرافق العامة الاقتصادية في أربعة فروع وعلى النحو الآتي:

◈ **الفرع الأول**   : تنظيم إضراب العاملين بالمرافق العامة الاقتصادية.

◈ **الفرع الثاني**   : تنظيم استقالة العاملين بالمرافق العامة الاقتصادية.

◈ **الفرع الثالث** : تطبيـق نظريـة الموظـف الفعـلي عـلى العـاملين بالمرافق العامـة الاقتصادية.

◈ **الفرع الرابع** : صلـة مبـدأ اسـتمرار المرافـق العامـة بالعقـود الإداريـة للمرافق العامة الاقتصادية.

الفرع الأول

تنظيم إضراب العاملين بالمرافق العامة الاقتصادية

يعد الإضراب إجراءً خطيراً يشل حركة المرافـق العامـة واخطر ما يهدد مبـدأ سـيرها بانتظام واضطراد، ويقصد به اتفاق بعض العمال عـلى الامتنـاع عـن العمل مـدة مـن الزمن دون ان تنصرف نيتهم إلى التخلي عن أعمالهم نهائيا، وهـذا يـتم غالبـا بطريقـة جماعية تديرها وتنظمها نقابات العمال، وذلك بقصد إظهار اسـتيائهم مـن أمـر مـن الأمور، أو الوصول إلى تحقيق بعض المطالب لاسيما المتعلقة برفع الأجور أو إلغاء قـرار معين [1]. وسنعرض بعجالة لاحكام الاضراب في كل من فرنسا ومصر والعراق.

---

(1) د. ثروت بدوي، المصدر السابق، ص404، وللمزيد من التفصيل عن الإضراب في المرافـق العامـة يراجع : د. محمد عبدالحميد ابو زيد، المطول في القانون الإداري ـ دراسة مقارنة =ـ

أولاً : أحكام الإضراب في فرنسا :

ظل الإضراب في فرنسا عملا غير مشروع حتى صدور دستور 1946، فقد كان قضاء مجلس الدولة يجري على اعتبار الإضراب خطأ شخصيا وخروجا على القوانين واللوائح ويستوي في ذلك ان يكون المضرب عاملا في مرفق إداري أو مرفق تجاري أو صناعي، مرفق يدار بالريجي أو بأسلوب التزام المرافق العامة. ويكون على جهة الإدارة بالتالي ان تتخذ فورا الإجراءات المناسبة التي تكفل استمرار سير المرفق العام وان تحل غيره محله في عمله الذي تخلى عن أدائه[1]. ثم جاء دستور 1946 ونص في ديباجته على ان " حق الإضراب يباشر في حدود القوانين التي تنظمه " واحال دستور الجمهورية الخامسة 1958 إلى إعلان حقوق

= مصدر سابق، ص375 وما بعدها، ولنفس الفقيه، مبدأ دوام سير المرافق العامة، رسالة دكتوراه مقدمة لكلية حقوق عين شمس، 1975، ص5 وما بعدها، ود. ناصف أمام هلال، إضراب العاملين بالدولة بين الاجازة والتحريم، رسالة دكتوراه مقدمة لحقوق عين شمس، بدون سنة، ود. عبدالحميد حشيش، دراسات في الوظيفة العامة في النظام الفرنسي، بلا دار نشر، 1967، ص108.

(1) Winkell ,C.E. 7 oct 1909, SIREG 1909, 3. 145.

وهو حكم بصدد إضراب بعض موظفي البريد إذ قرر المجلس " ومن حيث ان الإضراب يعد عملا غير مشروع على الرغم من انه لا عقاب عليه طبقا لاحكام قانون العقوبات ومن حيث ان الموظف بقبوله للوظيفة التي عرضت عليه قد اخضع نفسه لكل الالتزامات الناتجة عن ضرورات المرفق وتنازل عن كل رخصة تتعارض مع الاستمرار الأساسي للحياة الوطنية " أشار إليه د. صلاح يوسف عبدالعليم، المصدر السابق، ص181، ولقد استمر مجلس الدولة في تطبيق المبادئ التي قررها في الدعوى سالفة الذكر (Winkell) على جميع المرافق العامة فقد اعترف المجلس للحكومة بسلطة استدعاء المضربين للخدمة العسكرية أو إصدار اوامر بتكليفهم، راجع : الأحكام

C.E. 6 oct 1910, Amalric et autres, R.P.270 et C.E.18 juillet, 1913, Syndicat national des chemins de fer, R.P 875 et C.E. 5 decembre 1941, Sellier, R.P.208.

اشار إليهد. ثروت بدوي، المصدر السابق، ص406.

الإنسان والمواطن الصادر 1789، ومقدمة دستور سنة 1958، والذي صدر بموجبه قانون 31 يوليو(آب) 1963[1] المنظم لحق الأضراب والذي حظر الإضراب الشامل والزم النقابات التي ترغب في القيام بإضراب في غير هذه الحالة بمجموعة من الضوابط وهي :

أ - إبلاغ السلطات العامة قبل القيام بالإضراب بخمسة أيام على الأقل حتى تستطيع استخدام التدابير اللازمة نحوه.

ب - احتواء الأخطار بالإضراب على أسباب الالتجاء إليه.

ج - تحديد مكان وزمن الإضراب وساعة البدء فيه حتى تكون السلطات المختصة على علم بالإضراب، فتؤمن نفسها ضد خطر المضربين، أو الحد من شرورهم، ورتب المشرع جزاءات تأديبية على المخالفين لقواعده وأحكامه، وصدر أيضا قانون 13 يوليو (آب) عام 1983 بشأن حقوق وواجبات الموظفين، وأكد على ان " يمارس الموظفون حق الإضراب في إطار القوانين التي تنظمه "[2].

أما عن الحلول العملية التي ظلت تنطلق من التحريم التام والبسيط إلى تنظيم جزئي عبر الالتزام بالحد الأدنى من الخدمة فهي :

أولا : انها الصيغة التي اختيرت في عدد معين من المرافق حيث تشغيلها المتواصل يفرض نفسه بلا جدال، وهكذا مراقبو الملاحة الجوية قد حرموا على الدوام من حق الإضراب، وبناء على ذلك فانهم يعرضون لتوقيع الجزاءات اللائحية إذا خالفو المنع.

ثانيا : طريقة أخرى اقل إلزاما بالرغم من انها تحمل في طبيعتها إشباعا للمنتفعين تتمثل في تحديد (خدمة بسيطة) يلزم بها وبممارستها للضرورة

(1) د. صلاح يوسف عبدالعليم، مصدر سابق، ص181، ود. محمد عبد الحميد ابو زيد، المطول في القانون الإداري، مصدر سابق، ص289، ود. ثروت بدوي، المصدر السابق، ص407.

(2) د. عزت فوزي حنا، المصدر السابق، ص 272.

في المستشفيات في حالة الإضراب كما اختيرت أيضا في الراديو والتلفزيون حيث لم تفِ مع ذلك بالحاجة اللازمة أو الضرورية.

ولكن استطاع مجلس الدولة ان يضع لها الحدود في حكمه بشأن النقابة العامة للراديو والتلفزيون " C.E.D.T. " الصادر في 12 نوفمبر (تشرين الثاني) 1976. حيث اعتبر ان ما قرره وزير الإعلام من إلزام الشركة القومية T.F بنوع من الخدمة البسيطة ببث نشرتين من الأخبار بالتلفزيون أيام السبت والأحد والعطلات في الفترة المسائية يخالف القانون[1].

ثانياً : أحكام الإضراب في مصر :

لم يكن الاضراب معاقبا عليه حتى سنة 1923، اكتفاء بالعقوبات التأديبية التي يمكن توقيعها بسبب الامتناع عن أداء العمل أيا كانت طبيعة هذا الامتناع ولما ظهرت مخاطر حركات العمال العنيفة، وجد المشرع ان الجزاءات التأديبية غير رادعة، وانه لابد من وضع عقوبات جنائية تضمن استمرار المرفق في أداء خدماته للجمهور، ولهذا ادخل تعديلات على قانون العقوبات بمقتضى القانون رقم 37 لسنة 1923 لمواجهة تلك الحالة، ونقل التعديل الجديد لقانون العقوبات الصادر سنة 1937 وظل ساريا حتى سنة 1946، ثم تدخل المشرع بتشديد العقوبات القديمة بمقتضى المرسوم بقانون 116 لسنة 1946 ثم بالقانون رقم 24 لسنة 1951 ثم بالقانون رقم 29 لسنة 1982 [2]، بحيث أصبح الإضراب محرما على جميع عمال المرافق العامة كما يأتي :

أ - بالنسبة للموظفين العموميين (عمال المرافق التي تدار بواسطة الربحي) فانه يستفاد من المادة 124 عقوبات ما يأتي :

---

(1) المصدر السابق، والصفحة نفسها.

(2) الجريدة الرسمية في 22 ابريل (نيسان) 1982 العدد 16، ولقد كانت للإضرابات التي وقعت من المدرسين والمهندسين وموظفي مصلحة التليفونات ابان الحرب العالمية الثانية اكبر الاثر في دفع المشرع إلى تشديد عقوبة الإضراب. د. محمد حسنين عبد العال، الحريات السياسية للموظف العام، ط 1981، ص 89،123.

1- شددت العقوبات على الإضراب سواء صدر من ثلاثة فاكثر أو من موظف بمفرده.

2- أهتم المشرع في سنة 1946 وكذلك الحال في قانون سنة 1951 وقانون سنة 1982 بالمحرضين فوضعهم في مركز خاص نظرا لخطورتهم البالغة، فنص على معاقبتهم بضعف العقوبات المقررة للمضربين.

3- سوى المشرع بالموظفين العموميين في العقوبات السابقة أشخاصا ليسوا بموظفين وذلك بقوله في المادة 134ج فيما يتعلق بتطبيق المواد الثلاث السابقة (123، 123أ ،124ب) " يعتبر كالموظفين العموميين جميع الأجراء الذين يشتغلون بأية صفة كانت في خدمة الحكومة وفي خدمة سلطة من السلطات الإقليمية أو البلدية أو الفردية والأشخاص الذين ينتدبون لتأدية عمل من أعمال الحكومة أو السلطات المذكورة " .

ب -بالنسبة لغيرهم من عمال المرافق العامة تنص المادة 374 عقوبات على انه يحظر على المستخدمين والأجراء الذين يقومون بخدمة عامة أو بالخدمة في المرافق العامة أو بعمل يسد حاجة عامة ولو لم يكن موضوعا لها نظام خاص ان يتركوا عملهم أو يمتنعوا عنه عمدا. وتجري في شأن ذلك جميع الأحكام المبينة بالمادتين 124، 124 أ، وتطبيق العقوبات المنصوص عليها فيهما على هؤلاء المستخدمين والأجراء على المحرضين والمشجعين والمجندين والمذيعين على حسب الأحوال.

وبذلك لم يقتصر المشرع وهو يتحدث عن عمال المرافق العامة التي تدار بطريق آخر غير الإدارة المباشرة على طريقة الامتياز كما كان الحال في التشريع السابق، بل استعمل صيغة عامة تشمل جميع طرائق الإدارة الأخرى[1].

---

(1) د. عزت فوزي حنا، المصدر السابق، ص274.

وفي عام 1981 انضمت مصر إلى الاتفاقية الدولية لحماية الحقوق الاقتصادية والاجتماعية والثقافية المبرمة عام 1966 والتي نصت في مادتها الثانية على الاعتراف بحق الإضراب وممارسته وطبقا لقوانين كل بلد، ومنح كل دولة الحق في فرض القيود القانونية على ممارسة هذا الحق بواسطة سلطاتها المختلفة. وهذه الاتفاقية لا تسري بذاتها مقررة حق إصدار كل دولة تشريعا ينظم حق الإضراب، ونرى انه ينبغي ان يتضمن هذا التنظيم التأكيد على ممارسة هذا الحق بحيث لا ينال من الصالح العام، وهذا الاتجاه بدأت بوادره في مصر بمشروع قانون العمل الجديد 137 لسنة 1981 في المادة 192 إذ تنص على " الإضراب إجراء سلمي وحق للعمال تمارسه منظماتهم النقابية للدفاع عن مصالحهم المهنية والاقتصادية والاجتماعية "[1] وهذا أول نص يعطي للعمال الحق في الإضراب من خلال منظماتهم النقابية وليته يشمل باقي طوائف العاملين في الدولة والمرافق العامة بكافة أنواعها، لان الإضراب يؤدي إلى التوفيق بين اعتبارات المصلحة العامة ومصالح الأفراد الذين من حقهم التعبير عن مطالبهم التي قد تكون أحيانا حقوقا مشروعة لهم. وقد نكون قد خالفنا بعض الفقهاء في تأييدهم لتحريم الإضراب بحجة تحقيق استقرار العمل بالمرافق العامة وخاصة المرافق الاقتصادية لما في ذلك من تأثير على الاقتصاد القومي[2]. إلا أننا نرى مع كثير من الفقهاء[3]، بان تنظيم ممارسة حق الإضراب خير من تحريمه مسايرة للدول الأخرى والتزاما بالاتفاقات الدولية في إقرارها لهذا الحق.

---

(1) د. محمد المتولي السيد، المصدر السابق، ص116، ود. ناصف أمام هلال، المصدر السابق، ص551.

(2) د.عزت فوزي حنا، المصدر السابق، ص274.

(3) من الفقه الذي يؤيد تنظيم حق الإضراب وليس تحريمه د. سعاد الشرقاوي، القانون الإداري لسنة 1983، المصدر السابق، ص134 وص135، ود. محمد المتولي السيد، المصدر السابق، ص116، ود. صلاح يوسف عبدالعليم، المصدر السابق، ص186.

ثالثاً : أحكام الإضراب في العراق :

نصت المادة (364) من قانون العقوبات لسنة 1969 على ما يلي " يعاقب بالحبس مدة لا تزيد على سنتين وبغرامة لا تزيد على مائتي دينار أو بإحدى هاتين العقوبتين كل موظف أو مكلف بخدمة عامة ترك عمله ولو بصورة الاستقالة أو امتنع عمدا عن واجب من واجبات وظيفته أو عمله متى كان من شأن الترك أو الامتناع ان يجعل حياة الناس أو صحتهم أو أمنهم في خطر أو كان من شأن ذلك ان يحدث اضطرابا أو فتنة بين الناس أو إذا عطل مرفقا عاما " يعد ظرفا مشددا إذا وقع الفعل من ثلاثة أشخاص أو اكثر وكانوا متفقين على ذلك أو متيقنين فيه تحقيق غرض مشترك. ونلاحظ على المادة المذكورة ما يلي :

1- ان المشرع سوى بين العاملين في الدولة في العقوبة وبين العاملين في المرافق العامة ايا كان نوعها.

2- كذلك تعد جريمة ترك العمل أو الامتناع عن واجبات الوظيفة من جرائم الخطر وليست من جرائم الضرر وهذا من قبيل التشدد.

3- ونظرا لأهمية المرافق العامة الاقتصادية وضرورة سيرها بانتظام واستمرار كان حريا بالمشرع إلا يكتفي بالعقاب المقرر للموظفين والمكلفين بخدمة عامة بل كان عليه أفراد نص خاص لعقاب المتعهدين وكل شخص يدير مرفقا من المرافق العامة الاقتصادية أو مشروعا من المشروعات الخاصة ذات النفع العام. إذا أوقفوا العمل بطريقة يتعطل معها أداء الخدمة العامة وانتظامها لان المصلحة العامة تضار بذلك كما لو كان الوقف حاصلا من المستخدمين والأجراء الذين يعملون في هذه المرافق.

وعلى الرغم من تشددنا في المطالبة بتوقيع العقوبات على كل من يتسبب في تعطيل مرفق من المرافق العامة الاقتصادية أيا كانت صفته الا أننا في الوقت نفسه نطالب المشرع العراقي بالإقرار بحق الإضراب، ولكن وفقاً لنظام قانوني اذا كان يحفظ للمرفق الاقتصادي ديمومته وفاعلية نشاطه، الا أنه في الوقت نفسه يمنح العمال فرصة للدفاع عن مصالحهم المهنية والاقتصادية والاجتماعية.

الفرع الثاني

تنظيم استقالة العاملين بالمرافق العامة الاقتصادية

يرتبط هذا الموضوع بعلاقة العمال بالمرافق الاقتصادية. لذا بادئ ذي بـدء يجب الإقرار بان المبدأ الذي تقرر بظهور المرفق العـام الاقتصادي هـو خضوع علاقاتـه مـع عماله لاحكام القانون الخاص. إلا ان ذلك المبدأ لا يمكـن ان نقـر بـه عـلى إطلاقه، بـل تختلف علاقة العاملين بالمرفق الاقتصادي تبعا لطريقة إدارته[*].

والمقصود بالاستقالة هو الإعلان عن رغبة العامل في ترك عمله نهائيا، وقد تكـون الرغبة كتابة بان يتقدم العامل بكتاب يفصح عن رغبتـه في الاسـتقالة مـن عملـه، كـما تظهر الرغبة في الاستقالة من واقعة انقطاع العامل عن الـذهاب إلى عملـه أو امتناعـه عن القيام بما عهد إليه به من أعمال. والنوع الأول يعرف بالاستقالة الصريحـة والنـوع الثاني يطلق عليه الاستقالة الضمنية[1]. والاستقالة قد تكـون فرديـة تصـدر عـن عامـل بمفرده وقد تكون جماعية إذا صدرت عن عدد مـن العـاملين في وقـت واحـد وبـإجراء واحد وتختلف عن الإضراب الذي يعني التوقف عن العمل مؤقتا[2].

ولم يترك المشرع سواء الفرنسي أو المصري أو العراقي حق الاستقالة مطلقا بل أورد عليـه بعـض القيـود التـي تضـمن سـير المرافـق العامـة الاقتصادية بانتظـام واضطراد وعدم الأضرار بالمصلحة العامة. اذ لا يجوز للموظف ترك وظيفته بمجرد تقديم الاستقالة بل ينبغي عليه الاستمرار في عمله حتى تعلـن جهة الإدارة رأيهـا في هذه الاستقالة صراحـة أو ضـمنا وذلك بمضي مـدة معينة مـن تـاريخ تقـديم

(*) وسنتناول هذا الموضوع تفصيليا عند دراسة مركز العاملين في المرافق العامة الاقتصادية.
(1) د. ثروت بدوي، المصدر السـابق، ص409، ود. رمـزي الشـاعر، ود. عبـد العظيـم عبدالسلام، المصدر السابق، ص36 وما بعدها.
(2) د. محمد المتولي السيد، المصدر السابق، ص117.

الاستقالة يحددها المشرع، ويجب ان تصدر الاستقالة من الموظف برغبة صادقة ورضاء صحيح ولا يكون مكرها عليها والاستقالة بأنواعها المختلفة رخصة مشروعة للموظف له ان يستعملها بحرية ما لم تنطو على عمل آخر يحرمه القانون[1].

ولا تختلف الأنظمة القانونية كثيرا في تنظيمها لموضوع الاستقالة، وسنتولى دراسة تنظيم الاستقالة في فرنسا ومصر والعراق على النحو الآتي :

أولا : تنظيم الاستقالة في فرنسا :

حرص المشرع الفرنسي في المادة 131 من قانون نظام الموظفين الصادر في 19 أكتوبر (تشرين أول)1946 على ان الاستقالة لا اثر لها إلا إذا قبلتها السلطة المختصة بالتعيين ولا يترتب عليها أي آثار أو نتائج قانونية إلا من التاريخ الذي تحدده تلك السلطة في قرار قبول الاستقالة، وأوجب النص على السلطة المختصة إصدار قرارها في ظرف شهر من تاريخ تقديم الطلب وإلزام الموظف مقدم الاستقالة بالاستمرار في عمله لحين إبلاغه بالرأي في استقالته وإلا تعرض للجزاء التأديبي[2]، وأكد المشرع الفرنسي على ذلك في قانون الموظفين الصادر في 13 يوليو (آب) 1983[3].

ثانيا : تنظيم الاستقالة في مصر :

نظم المشرع المصري استقالة الموظف الصريحة في المادة 97 من قانون العاملين بالدولة رقم 47 لسنة 1978، واشترط لصحتها ان تكون مكتوبة وخالية من أي قيد أو شرط يضعه الموظف يقيد به جهة الإدارة وإلا اعتبرت كأن لم تكن، إلا إذا تضمن قرار قبول الاستقالة إجابة الموظف لطلبه، وان تكون

---

(1) د. صلاح يوسف عبدالعليم، المصدر السابق، ص188.

(2) د. محمد عبد الحميد ابو زيد، المطول في القانون الإداري، مصدر سابق، ص417.

(3) د. محمد المتولي السيد، المصدر السابق، ص117، د. صلاح يوسف عبدالعليم، مصدر سابق، ص188.

صادرة من الموظف عن إرادة صريحة لا إكراه فيها وإلا تكون الإدارة قد اتخذت إجراءات تأديبية ضد الموظف ولم تنته منها بعد، ويستمر الموظف مقدم الاستقالة في عمله لحين إصدار جهة الإدارة قرارها بقبولها صراحة أو ضمنا بمضي ثلاثين يوما من تاريخ تقديمها، أما الاستقالة الضمنية فقد نصت عليها المادة 98 من قانون العاملين المدنيين المذكور سلفاً، وقد حددت الحالات التي يعتبر العامل مقدما استقالته وهي :

أ - إذا انقطع العامل عن عمله بغير إذن اكثر من خمسة عشر يوما متتالية ما لم يقدم خلال الخمسة عشر يوما التالية عذرا تقبله الإدارة.

ب - إذا انقطع العامل عن عمله بغير اذن تقبله جهة الإدارة اكثر من ثلاثين يوما غير متصلة في السنة وتعتبر خدمته منتهية في هذه الحالة من اليوم التالي لاكتمال هذه المدة، وينبغي في هاتين الحالتين إنذار العامل كتابة بعد انقطاعه لمدة خمسة ايام في الحالة الأولى وعشرة ايام في الحالة الثانية.

ج - إذا التحق العامل بخدمة أية جهة أجنبية بغير ترخيص من حكومة جمهورية مصر العربية[1].

---

(1) د. صلاح يوسف عبدالعليم، المصدر السابق، ص 117 وص118. وللمزيد من التفصيل عن الاستقالة الصريحة والضمنية يراجع : د. محمد عبد الحميد ابو زيد في المطول في القانون الإداري، مصدر سابق، ص431 ـ 452. وقد انتهت المحكمة الإدارية العليا في حكم لها بان "تقوم الاستقالتان الصريحة والضمنية على إرادة العامل فالأولى تعتمد على طلب كتابي يقدم فيه، والثانية تقوم على اتخاذه موقفا ينبئ عن انصراف نيته إلى الاستقالة بحيث لا تدع ظروف الحال أي شك في دلالته على حقيقة المقصود، ويتمثل ذلك في الإصرار على الانقطاع عن العمل، هذه الإرادة من جانب العامل بالنسبة إلى نوعي الاستقالة هي التي تمثل ركن السبب في القرار الإداري وهو قرار انتهاء الخدمة " وقضت في حكم آخر بان عبارة " يعتبر العامل مقدما استقالته ..." الواردة في المادة 98 تفيد بان المشرع أراد ان يرتب على الاستقالة الضمنية ذات الأثر المترتب على الاستقالة الصريحة وهي انتهاء خدمة العامل. يراجع : حكم المحكمة الإدارية العليا في الطعن=

ثالثا : تنظيم الاستقالة في العراق :

نظمت المادة 35 من قانون الخدمة المدنية رقم 24 لسنة 1960 المعدل موضوع استقالة الموظف كما يأتي :

1-للموظف ان يستقيل من وظيفته بطلب تحريري يقدمه إلى مرجعه المختص.

2-على المرجع ان يبت في الاستقالة خلال مدة لا تتجاوز ثلاثين يوما، ويكون الموظف منفكا بانتهائها إلا إذا صدر أمر القبول قبل ذلك.

وقد نظم المشرع العراقي الاستقالة الصريحة وكذلك الاستقالة الضمنية، بموجب المادة 37 من قانون الخدمة المدنية المذكور والعديد من القرارات الصادرة من مجلس قيادة الثورة المنحل[1].

الفرع الثالث

تطبيق نظرية الموظف الفعلي على العاملين

بالمرافق العامة الاقتصادية

من تطبيقات مبدأ دوام سير المرافق العامة نظرية الموظف الفعلي[2]. ويعرف الموظف الفعلي بأنه هو ذلك العامل الذي يتولى وظيفة معينة دون سند شرعي بان

=   رقم 1722 لسنة 32ق جلسة 1988/1/26 س33 قاعدة 117، الطعن رقم 2458 لسنة 32ق جلسة 1986/4/12 س31 قاعدة 158 ولمزيد من التفصيل يراجع : د.مجدي المتولي فتاوى واحكام مجلس الدولة بشأن نظام العاملين بالدولة والكادرات الخاصة وقطاع الأعمال، ط 1، دار النهضة العربية، القاهرة، 1996، ص348 وما بعدها.

(1) راجع : قرارات مجلس قيادة الثورة المنحل المرقم 700 في 13 / 5/ 1980، والمرقم 521 في 7/ 5/ 1983، والمرقم 200 لسنة 1986.

(2) لمزيد من التفصيل عن نظرية الموظف الفعلي يراجع : د. مجدي عزالدين يوسف، الأساس القانوني لنظرية الموظف الفعلي، رسالة دكتوراه مقدمة لحقوق عين شمس، 1987.   د. عاطف نصر مسلمي، نظرية الأوضاع الظاهرة في القانون الإداري، رسالة دكتوراه مقدمة لحقوق عين شمس، دون سنة.

يصدر قرار بتعيينه، أو ترشحه الإدارة لوظيفة معينة وتعهد إليه بعمل ليمارسه قبل صدور قرار تعيينه خضوعا لمقتضيات المرافق العامة، أو الذي تم تعيينه بشكل معيب استنادا إلى سند غير مشروع تقرر إلغاؤه بعد فترة من توليه منصبه وتعد أعماله باطلة وفقا لقواعد تنظيم الوظائف العامة.[1] وقد يستحيل على الموظفين في حالة الحرب أو الثورات القيام بأعمالهم فيتطوع فرد لا صلة له بالمرفق بأداء عمل الموظف، ولما كان الأصل وفقا للمادتين 155، 156 من قانون العقوبات المصري المرقمة لسنة[2] ان من ينتحل صفة الموظف العمومي يعتبر مرتكبا لجريمة معاقبا عليها إلا انه في الحالات السابقة ووفقا لمبدأ دوام سير المرفق بانتظام واضطراد فقد اخذ القضاء المصري بنظرية الموظف الفعلي [3].

---

(1) لذا قد ابتدع القضاء الفرنسي نظرية الموظف الفعلي التي يمكن تطبيقها في الظروف العادية وكذلك الظروف الاستثنائية ومن أهم التطبيقات العملية في الظروف العادية هي حالتي إلغاء الصفة الوظيفية والتفويض غير المشروع أما في حالة الظروف الاستثنائية نجد في فرنسا أول تطبيق لها ابان غزو الحلفاء لفرنسا ومغادرة أعضاء المجلس البلدي بحيث خلت المدينة من جميع الموظفين بإدارة المرافق العامة وإزاء هذه الظروف قام بعض الأفراد ـ بدافع الحرص على سير المرافق العامة ـ بتأليف مجلس فعلي وقيام هذا الاخير بالاستيلاء على البضائع والأغذية وتوريدها للسكان وقضى مجلس الدولة بصحة تصرفات هؤلاء الأفراد، ومن الحالات الأخرى للنظرية في ظل الظروف الاستثنائية حالات التفويض الضمني. د. محمد محمود ابو زيد، المطول في القانون الإداري، المصدر السابق، ص 461، 462.

(2) والتي تقابلها المادة 260 من قانون العقوبات العراقي المرقم 111 لسنة 1966م.

(3) اخذ مجلس الدولة المصري بنظرية الموظف الفعلي استنادا إلى مبدأ دوام سير المرافق العامة بانتظام واضطراد حيث قضت المحكمة الإدارية العليا في جلستها المنعقدة بتاريخ 29 نوفمبر (تشرين ثاني) 1964 بان "نظرية الموظف الفعلي لا تقوم الا في الأحوال الاستثنائية البحتة تحت إلحاح الحاجة إلى الاستعانة بمن ينهضون بتسيير دولاب العمل في بعض الوظائف ضمانا لانتظام المرافق العامة وحرصا على تأدية خدماتها للمنتفعين بها باضطراد ودون توقف، وتحتم الظروف غير العادية بان تعهد جهة الإدارة إلى هؤلاء الموظفين بالخدمة العامة، اذ لا يتسع أمامها الوقت لاتباع شروط شغل الوظيفة العامة=

وتعد تصرفات الموظف الفعلي تصرفات مشروعة استنادا إلى دوام سير المرفق العام وأيد الفقه والقضاء صحة أفعال الموظف الفعلي استثناء من القواعد العامة التي تنظم الوظائف العامة في الظروف العادية والظروف الاستثنائية ولا ينقلب الموظف الفعلي إلى موظف قانوني إلا إذا عين في الوظيفة بواسطة السلطة المختصة وباتباع الإجراءات والأشكال المقررة قانونا[1].

ولذلك يكون للموظف الفعلي الحق في استرداد كل ما تكبده من نفقات في إدارة المرفق العام. كما ان الإجراءات والأعمال التي يباشرها بوصفه موظفا فعليا تكتسب الصفة الإدارية ويمكن الطعن فيها أمام القضاء الإداري بدعوى الإلغاء لتجاوز السلطة. وتطبق عليها أحكام الأعمال الإدارية كما لو كانت قد صدرت من موظف عام تقلد الوظيفة العامة بطريقة مشروعة وسليمة[2].

وفي العراق يمكن تلمس موقف مشرعها من فكرة الموظف الفعلي، اذ نصت المادة 62 من قانون الخدمة المدنية رقم 24 لسنة 1960 المعدل " اذا ثبت أن شروط التوظف المنصوص عليها في المادتين السابعة والثامنة من القانون لم تكن متوفرة كلها أو قسم منها في الموظف عند تعينه أول مرة يجب اقصائه بأمر من سلطة التعيين، أما اذا زال المانع القانوني للموظف ولا يوجد سبب أخر لاقصائه يجوز ابقاؤه في الخدمة لغرض هذا القانون ".

يتبين من هذا النص أن المشرع أقر فكرة الموظف الفعلي بصورة ضمنية اذ لا يوجد في النص ما يشير الى إبطال التصرفات الصادرة من ذلك الشخص

= كما لا يحق لهم الإفادة من مزاياها لانهم لم يخضعوا لاحكامها ولم يعينوا وفقا لاصول التعيين فيها " يراجع : حكم المحكمة الإدارية العليا، جلسة 29 نوفمبر (تشرين ثاني) سنة 1964 رقم 1390 لسنة 7 ق المجموعة السنة العاشرة ص 88.

(1) د. ثروت بدوي، القانون الإداري، 2002، مصدر سابق، ص416.

(2) المصدر السابق، ص 416 وص 417.

والسابقة على استكمال شروط التعيين، الامر الذي يعنـي اقـرار المشرع العراقي لهـذه الفكرة.

ولم يتعرض القضاء العراقي ـ في مرحلتيه سواء الموحد أو المزدوج ـ لفكرة الموظف الفعلي على الرغم من توفر البيئة اللازمة لنشـوء هـذه الفكرة بسبب الظروف التـي مرت بها البلاد.

ولم ينكر فقهـاء القـانون في العـراق فكـرة الموظـف الفعلـي، فقـد عرفـه بعضـهم الموظف الفعلي بانه " شخص يمارس مهام الوظيفـة العامـة دون ان يكـون لـه في ذلـك سند قانوني صحيح وقد اعترف القضاء الإداري بصحة اعماله بسبب الظروف التي تمـلي الاعتراف بصحة تلك التصرفات ضماناً لتسيير المرفق العام بشكل منتظم" [1].

ان من الطبيعي في مثل هذه الأحوال التي قد تهدد سير المرفق العـام الاقتصـادي وتحول بينه وبين تقديم الخدمات الأساسية للمواطنين ان يكون مشروعـا تـدخل أفراد عاديين للحؤول دون توقف سير المرفق العـام وتصـديهم لمباشـرة أعـمال أو وظـائف لم يكلفوا بها ولا صـفة لهـم في مباشرتهـا، ولا يكـون لهـم مـن هـدف فيهـا سـوى ضمان استمرار خدمات المرافق العامة وسيرها بانتظام واطراد ودون توقف.

---

(1) د. ماهر صالح علاوي، مبادئ القانون الاداري مصدر سابق، ص96. وللمزيد عن موقف الفقـه العراقي من هذه الفكرة راجـع : أ د ابراهيم طـه الفيـاض، القـانون الاداري، مكتبـة الفـلاح، الكويت، 1981، ود. عصام عبد الوهـاب البرزنجـي، العـنصر الشخصي في الاختصـاص، مجلـة العلوم القانونية، المجلد العاشر، العدد الاول، 1994، ص 90 وما بعدها.

الفرع الرابع

صلة مبدأ استمرار المرافق العامة

بالعقود الإدارية للمرافق العامة الاقتصادية

لقد تأثرت نظرية العقد الإداري بمبدأ دوام سـير المرافق العامـة، فالعقـد الإداري هو ذلك العقد الذي تبرمه جهة إدارية مع شخص مـن الأشخاص العامـة أو الخاصـة، بقصد إدارة مرفق عام أو توفير ما تحتاجه من خدمات أو سـلع أو منشـآت في تسـيير المرافق العامة وفي إشباع الحاجات العامة التي تضطلع بها. كـل ذلك مـع استخدامها لمظاهر السلطة العامة في شروط العقد أو في قواعـد تنفيـذه. وقد ترتب عـلى اتصـال العقد الإداري بنشاط مرفق عام الكثير من الآثار ومن بينها تلك الآثار المترتبـة عـلى تقرير مبدأ دوام سير المرافق العامة[1].

ولضمان مصلحة المرافق العامة في السير بانتظام واضطراد تقررت سلطات للإدارة المتعاقدة في مواجهة المتعاقد ومـن أهمهـا، سلطة الرقابـة عـلى تنفيـذ العقـد، سـلطة تعديل شروط العقد بالإرادة المنفردة، سلطة توقيـع الجزاءات الإدارية التعاقدية في حالة الخطأ في التنفيذ، حق الإدارة في إنهاء التعاقد[2].

كما انه حرصا على التوازن المالي للمتعاقد مـع الإدارة تقررت لـه بعـض الوسائل حفاظا على التوازن المالي المتطلب ويمكن إجمال حقوق المتعاقد مع الإدارة فيما يأتي[3]:

1- المزايا المالية المختلفة ومنها الـثمن في عقـود التوريـد، والرسـوم التـي يتقاضـاها الملتزم والمقابل المالي في عقد أداء الخدمات.

(1) د. ثروت بدوي، القانون الإداري، 2002،المصدر السابق، ص404.

(2) د. صلاح الدين فوزي، المصدر السابق، ص235 وما بعدها.

(3) المصدر السابق، والصفحة نفسها.

2- الحق في التعويض في حالة حدوث خطأ من الإدارة، وأيضا في حالة تعديل شروط العقد إذا ترتب على هذه التعديلات إصابة المتعاقد بضرر.

3- الحفاظ على التوازن المالي للعقد.

ان المقرر في مواد العقود الإدارية هو ضرورة المحافظة على التوازن المالي حتى لا يصاب المتعاقد مع الإدارة بخسائر فادحة وإلا أحجم المتعاقدون عن المتعاقد معها والذي يؤدي إلى الإخلال بالتوازن المالي هو أما تدخل الإدارة بامتيازاتها المقررة سابق الإشارة إليها. أو حدوث متغيرات اقتصادية بعيدة المدى أثناء تنفيذ العقد تؤثر على التوازن المالي. ومن هنا فقد تقررت وسائل معينة من شأنها الحفاظ على التوازن المالي، وهي : نظرية فعل الامير ونظرية الظروف الطارئة، ونظرية الصعوبات المادية غير المتوقعة[1]. وسنعرض لكل منها على حدى على النحو الآتي :

أولاً ـ نظرية فعل الأمير[2] :

تعد نظرية فعل الأمير من اقدم النظريات التي ابتدعها مجلس الدولة الفرنسي في مجال العقود الإدارية لتعويض المتعاقد مع الإدارة تعويضا كاملا عن الأضرار التي أصابته من جراء إصدارها لبعض الإجراءات الإدارية وفقا لشروط محددة، وذلك نتيجة لفهمه الصحيح لطبيعة العلاقة بين الإدارة وبين المتعاقد معها في تسيير المرافق العامة مستنيرا في ذلك بهدف تحقيق المصلحة العامة وعدم التضحية بالمصلحة الخاصة للمتعاقد معها والتي تقضي بضرورة تعويضه عن

---

(1) ا د ماهر صالح علاوي، القانون الاداري 1996، مصدر سابق، ص 241 وما بعدها.

(2) للمزيد من التفاصيل عن هذه النظرية راجع : د. عبد العظيم عبد السلام، أثر فعل الامير على تنفيذ العقد الاداري، مكتبة الولاء للطباعة والنشر، شبين الكوم، 1989، ص75 وما بعدها، و د. خضر علي جبالي، المسؤولية عن القوانين، دراسة مقارنة، رسالة دكتوراه مقدمة لكلية حقوق عين شمس، 1987، ص565 وما بعدها، ود. علي محمد عبد المولى، المصدر السابق، ص6 وما بعدها.

الأضرار التي تصيبه بسبب إصدار جهة الإدارة المتعاقدة معه لبعض القرارات الإدارية المشروعة باعتباره معاون لها في اداء وظيفتها التي تهدف أساسا إلى كفالة حسن سير المرافق العامة بانتظام واضطراد وحسن أداء الأعمال والخدمات تحقيقا للمصلحة العامة[1].

وفيما يتعلق بموضوع بحثنا فقد يثار سؤال ذي شقين أولهما هل يقتصر تطبيق هذه النظرية على تدخلات الإدارة المتعاقدة فقط ؟ أم يمتد نطاق تطبيقها ليشمل أي تدخلات من قبل السلطات العامة الأخرى غير المتعاقدة ؟ وثانيهما إذا كان نطاق تطبيق هذه النظرية قاصراً على تدخل الجهة الإدارية المتعاقدة فقط فهل يمتد نطاق تطبيق النظرية ليشمل ليس فقط تدخلات الجهة المتعاقدة المنصبة على العقد بل أي من تدخلاتها البعيدة عن العقد ولكنها تؤثر في العقد.

للتصدي للإجابة عن هذه التساؤلات نؤكد ان المقطوع فيه ان تدخلات جهة الإدارة المتعاقدة والتي تنصب على العقد وترتب إخلالا بالتوازن المالي هو المجال الحقيقي لانطباق نظرية فعل الأمير[2]. كما يمكن ان يمتد نطاق تطبيق هذه

(1) د. صلاح الدين فوزي، المصدر السابق، ص229. د. عبد العظيم عبد السلام عبد الحميد، المصدر السابق، ص75 وما بعدها ،. د. خضر علي جبالي، المصدر السابق، ص556 وما بعدها، د. علي محمد عبد المولى، المصدر السابق، ص6 وما بعدها.

(2) د. علي محمد علي عبد المولى، المصدر السابق، ص6. و د. صلاح الدين فوزي، المصدر السابق، ص239. ود. علي عبد العزيز الفحام، المصدر السابق، ص323 وص324. ود. سليمان الطماوي، الأسس العامة للعقود الإدارية، دراسة مقارنة، دار الفكر العربي، السنة الرابعة، 1984، ص570. ومن الفقه العراقي، أ. د ماهر صالح علاوي، القانون الاداري، 1996، مصدر سابق، ص241، وأ.دابراهيم طه الفياض، العقود الادارية، النظرية العامة وتطبيقاتها في القانون الكويتي، ط1، مكتبة الفلاح، الكويت، 1981، ص53، ود. منير محمود الوتري الذي يحبذ تسمية النظرية محل البحث نظرية فعل السلطة المتعاقدة ذلك لان تسمية فعل الامير تسمية كلاسيكية قديمة استخدمت عندما كانت سلطات الدولة متمركزة بيد السلطات أو الملك أو الامير وهي تنم عن الجبروت والسلطة والغطرسة. د. منير محمود الوتري، العقود الادارية وانماطها التطبيقية=

النظرية ليشمل تدخلات الجهة الإدارية المتعاقدة الفردية والتي لا تنصب على العقد الإداري بشرط ان تسبب ضررا ماليا للمتعاقد.

ان الرأي مستقر فقها وقضاء على ان هذه النظرية لا دور لها في حالة ما إذا كانت التدخلات التي أثرت على التوازن المالي للعقد صادرة من قبل جهة عامة أخرى خلاف الجهة المتعاقدة مثل التشريعات التي تصدر عن السلطة التشريعية ويترتب عليها تأثير على التوازن المالي للعقد[1].

ان الامر الذي يتعين علينا إبرازه هو ان احدى صور فعل الأمير هو عندما تعدل السلطة الإدارية المتعاقدة أحد عقود المرفق العام الاقتصادي بمقتضى مالها من سلطة التعديل بإرادتها المباشرة تأسيسا على مبدأ قابلية قواعد المرفق العام الاقتصادي للتغيير والتطوير، وبالطبع ليس مجرد التغيير بل التغيير الذي يؤدي إلى الخلل بالتوازن المالي للعقد.

ثانياً ـ نظرية الظروف الطارئة :

ان هذه النظرية من النظريات القضائية إذ ابتدعها مجلس الدولة الفرنسي بمناسبة صدور الحكم في قضية غاز بوردو، حيث كانت شركة غاز بوردو قد تعاقدت مع الإدارة لإنارة المدينة ولكنه بسبب الحرب العالمية الأولى ارتفعت أسعار المواد الأولية (الفحم) ارتفاعا باهظا مما أدى إلى قلب التوازن المالي للعقد، وتقدمت الشركة إلى الإدارة طالبة منها تقرير زيادة مالية لها لكن الإدارة رفضت، تمسكا بان العقد شريعة المتعاقدين خاصة وان تنفيذ العقد غير

= ضمن اطار التحولات الاشتراكية، ج1، العقود الادارية، مطبعة جامعة بغداد، 1979، ص222. والحقيقة ان نظرية عمل الامير تسمية درج الفقه عليها وهي لا تنم عن الغطرسة ولا الجبروت وانما تنم عن السلطة التي لا جدال في وجودها وواقعيتها.

(1) راجع : حكم مجلس الدولة الفرنسي **C.E 15 juiliet 1949 viije d'elberl Rec.1950,p61**. وفي نفس الاتجاه راجع : حكم المحكمة العليا بمجلس الدولة المصري، مجموعة مبادئ المحكمة العليا في خمسة عشر عام، الجزء الثاني، 1983، ص1975. أشار إليهمد. صلاح الدين فوزي، المصدر السابق، ص240.

مستحيل بسبب ان الفحم بالفعل موجود لكنه مرتفع التكلفة، لكن لما طرح الأمر على مجلس الدولة الفرنسي انتهى إلى انه في حالة وجود ظروف غير متوقعة تقود إلى زيادة الأعباء المالية على المتعاقد مع جهة الإدارة إلى الحد الذي يخل بالتوازن المالي للعقد فمن حق المتعاقد ان يطلب من الجهة الإدارية المتعاقدة تحمل نصيب من هذه الخسارة طيلة فترة قيام الظروف الطارئة[1].

وشهدت نظرية الظروف الطارئة تطورا ملحوظا في الوقت الحاضر في فرنسا حيث لم يقتصر مجال تطبيقها على عقود الالتزام بل امتد لكافة العقود الإدارية وخاصة تلك التي يستغرق تنفيذها مدة زمنية طويلة وقد نقل مجلس الدولة المصري هذه النظرية نقلا عن مجلس الدولة الفرنسي ليطبقها على كافة العقود الإدارية، واقر المشرع بها في المادة السادسة من قانون التزام المرافق العامة رقم 129لسنة1947 وأيضا المادة 47 من القانون المدني الحالي 138لسنة1948.

ويشترط لتطبيق نظرية الظروف الطارئة توافر شروط متعددة قضت بها المحكمة الإدارية العليا[2] وجعلتها في أربعة شروط هي :-

1- وقوع ظرف طارئ خلال تنفيذ العقد.

2- ان يكون الظرف الطارئ خارجا عن إرادة المتعاقدين.

3- ان يكون الظرف الطارئ غير متوقع للمتعاقدين.

4- ان يؤدي الظرف الطارئ إلى قلب اقتصاديات العقد.

---

(1) د. صلاح الدين فوزي، المصدر السابق، ص241 ولمزيد من التفاصيل راجع : د. علي محمد علي المولى، المصدر السابق، ص512 وما بعدها ود. عبد العظيم عبد السلام، اثر الظروف الطارئة، الصعوبات المادية التي تطرأ على تنفيذ العقد، بلا دار نشر، 1999،ص7 وما بعدها. و المستشار عبد العزيز السيد الخوري، المصدر السابق، ص60 و ص61.

(2) حكم المحكمة العليا القضية رقم 3562 لسنة 29ق جلسة 1987/5/19 والمنشور بمجموعة المبادئ القانونية التي أقرتها المحكمة في 1986/10/1 حتى 1987/9/30، ص65.

أما في العراق فقد اخذ بها القانون المدني العراقي في المادة 146 فقره 2 التي تنص على ما يأتي " على انه إذا طرأت حوادث استثنائية عامة لم يكن في الوسع توقعها وترتب على حدوثها ان تنفيذ الالتزام التعاقدي وان لم يصبح مستحيلا، صار مرهقا للمدين بحيث يهدده بخسارة فادحة جاز للمحكمة بعد الموازنة بين مصلحة الطرفين ان تنقص الالتزام المرهق إلى الحد المعقول ان اقتضت العدالة ذلك ويقع باطلا كل اتفاق على خلاف ذلك "

وعملا بأحكام هذه المادة فان نظرية الظروف الطارئة أصبحت مقررة في العراق بالنسبة للعقود الإدارية والعقود المدنية[1].

نخلص من ذلك ان عدم أعمال نظرية الظروف الطارئة يؤدي إلى توقف سير المرافق العامة وعدم الانتفاع بخدماتها، فالعمل بها يؤدي إلى ضمان سير المرافق العامة بانتظام واضطراد واستمرار انتفاع المواطنين بخدمات المرافق العامة وعدم تعويقها أو تعطيلها.

ثالثاً ـ الصعوبات المادية غير المتوقعة :

أثناء تنفيذ العقد الإداري قد يصادف المتعاقد صعوبات مادية ذات طبيعة استثنائية، لم تكن متوقعة أو لم يكن في الوسع توقعها عند إبرام العقد وتؤدي إلى جعل تنفيذ العقد اكثر إرهاقا مما يتيح للمتعاقد ان يطالب بتعويضه تعويضا عادلاً عن الأضرار التي أصابته. ولكي يمكن للمتعاقد ان يطالب بالتعويض في نطاق نظرية الصعوبات المادية غير المتوقعة يجب ان تكون تلك الصعوبات من طبيعة مادية وغير عادية أو استثنائية. وغالبا ما تكون الصعوبات المادية ناتجة

---

(1) د. ماهر صالح علاوي، مبادئ القانون الإداري، مصدر سابق، ص242. ود. منير محمد الوتري، المصدر السابق. وإبراهيم الفياض، المصدر السابق، ص276. واختلف الفقه في تحديد الاساس القانوني في هذه الوسيلة وانقسم الى عدة أراء منها، من يراه في النية المشتركة في الطرفين، أو فكرة المسؤولية، أو فكرة التعاون بين الادارة والمتعاون معها، أو اعتبارات العدالة، أو الطبيعة الذاتية للعقود الادارية، وللمزيد من التفاصيل عن هذا الموضوع يراجع : د. علي محمد عبد المولى، المصدر السابق، ص 521 وما بعدها.

عن الظواهر الطبيعية، إلا إنها قد ترجع أيضا إلى فعل الغير، وفي الحالتين فهي مستقلة عن إرادة طرفي العقد [1].

في الحقيقة ان تطبيق هـذه النظريـة يجـد مجـالا لـه في عقـود الأشـغال العامـة (المقاولات) وعلى المتعاقد في هذه الحالة الاستمرار في تنفيذ التزاماته مقابل تحمل الإدارة النفقـات الإضـافية الناجمـة عـن الصعوبات المادية غير المتوقعـة عند إبرام العقد [2].

المطلب الثاني

مبدأ المساواة أمام المرافق العامة الاقتصادية

ان مبدأ المساواة ينطبق تماما في القانون الإداري الاقتصادي وبالقدر المطبق نفسه في مجموع القانون الإداري العام، ويتعلق بتسيير المرافـق العامـة الاقتصادية والـتي لا يجوز فيها التمييز أو التفرقة بين منتفعيها فهو مبدأ عـام ينطبـق عـلى المرافـق العامـة الإدارية وعلى المرافق العامة الاقتصادية [3].

وتعني المساواة أمام المرافق العامة الاقتصادية عـدم التمييـز بـين الأفراد بسبب الوضع الاجتماعـي أو السـياسي أو العقائـدي أو أي وضـع آخـر في الانتفـاع بخـدمات المرافـق الاقتصادية والالتزام بأعبائها عنـد تماثـل مراكـزهم القانونيـة ايـا كانـت طبيعـة نشاطها وطرائق إدارتها، والأفـراد المقصود بهـم هنـا المتقدمون للانتفاع. والمنتفعون الفعليون وكذلك العاملين داخل المرفق في الانتفاع بحقوق الوظيفـة داخلـه والالتـزام بأداء واجباته التي قررها القانون دون تمييز [4].

---

(1) د.أنور احمد رسلان، نظرية الصعوبات المادية غير المتوقعة، مجلة القانون والاقتصاد، العـددان الثالث والرابع من السنة الثامنة والأربعون، ص824، وأيضا مذكرات لطلبة الدراسات العليا بكلية الحقوق في جامعة عين شمس بعنوان نظرية الصعوبات المادية غـير المتوقعـة، بـدون تاريخ، 57. ود. علي محمد علي عبد المولى، المصدر السابق، ص17.

(2) د. ماهر صالح علاوي، مبادئ القانون الاداري، مصدر سابق، ص243.

(3) د. عزت فوزي حنا، المصدر السابق، ص276.

(4) د. محمد المتولي السيد، المصدر السابق، ص205.

مبدأ المساواة يعني تماما مفهوم المرفق العام المنفتح أمام اكبر عدد ممكن من المتعاملين معه، هذا التقليد الفرنسي يسعى على الأقل لامتداد فكرة المساواة القانونية البسيطة لتصل إلى مساواة حقيقية بين كل مستحقي الانتفاع من اجل ذلك يقع على عاتق الجمعيات تمويل بعض المرافق العامة المعروفة باهميتها لمجموع الشعب مثل مرفق الطرق، وبهذا الشكل تتحقق المساواة التامة، ومن هنا كان منح التعريفة المخفضة لبعض فئات من المنتفعين التي تريد السلطات السياسية ان تسهل لها الحصول على الخدمة مثل الأسر كثيرة الأفراد، والطلبة، وصغار التلاميذ الذين يستفيدون بالشروط الميسرة للسفر بالسكة الحديد، ويقصد بها اذن مساواة نوعية[1].

ومن المنطلق نفسه تحدد الدولة تعريفة معتدلة لعدد معين من المشروعات القومية، المكلفة بتزويد الجمهور بخدمات يحتاج إليها يوميا مثل الغاز والكهرباء والنقل وهذه الممارسة العملية أصبحت مألوفة واعتبرت إعانة خاصة، لا تمنح إلا لاعتبارات اقتصادية لمواجهة التضخم في شكل وسيلة غير مباشرة لتحقيق المساواة التامة، ولتخفيض التناقضات الاقتصادية بين المنتفعين[2].

وفي مصر تستند قاعدة المساواة أمام المرافق العامة على مبدأ من المبادئ الدستورية العامة في شأن الحقوق والحريات والذي أكدته الدساتير المصرية المتعاقبة، فقد نصت المادة الأربعون من دستور سنة 1971 على انه " المواطنون لدى القانون سواء، وهم متساوون في الحقوق والواجبات العامة، ولا تمييز بينهم

---

(1) **Benoit Jeanneau droit services publics 1984 ,p.134**

وللمزيد من التفصيل عن مبدأ المساواة وانواعه راجع : د. مصطفى سالم النجفي، المساواة ودورها في تولي الوظائف العامة، دراسة مقارنة، اطروحة دكتوراه مقدمة إلى كلية القانون في جامعة الموصل، 2005، من ص25 إلى ص48.

(2) ان حالة شبكة الطرق السريعة (**R.A.T.P**) معبرة في هذا الخصوص، حيث ان تذكرة المترو المخفضة أو البطاقة البرتقالية لا تغطي إلا ثلث تكلفة النقل **op , cit, p 135. Benoit Jeanneau:**

في ذلك بسبب الجنس أو الأصل أو اللغة أو الدين أو العقيدة، بيد ان مساواة الأفراد أمام المرافق العامة ليست مطلقة فلا تعني انه يجوز لكل فرد بدون قيد أو شرط ان يطلب انتفاعه بالخدمات التي تؤديها المرافق، وانما هذه المساواة ككل المراكز القانونية لا تصبح حقا للمنتفع إلا بتوافر شروطها، وفي هذا المعنى تقول المحكمة العليا في حكمها الصادر في 1972/9/1[1] بشأن المادة 76 من قانون المؤسسات العامة الصادر بالقانون رقم 60 لسنة 1971" ان نص المادة 76 من قانون المؤسسات العامة وشركات القطاع العام الصادر بالقانون رقم 60 لسنة 1971، لا ينطوي على مخالفة لمبدأ المساواة ولا لمبدأ تكافؤ الفرص، فكلا المبدأين يتحققان في التشريع بتوافر شرطي العمومية والتجريد.

فهما لا يعنيان المساواة الحسابية ذلك لان المشرع يملك سلطته التقديرية لمقتضيات الصالح العام وضع شروط تحدد المراكز القانونية التي تتساوى بها الأفراد أمام القانون بحيث إذا توافرت هذه الشروط في طائفة من الأفراد

---

(1) حكم المحكمة العليا بجلسة 1972/7/1 الدعوى رقم 4 لسنة 2 قضائية عليا دستورية، مجموعة أحكام وقرارات المحكمة العليا، مجموعة الأحكام الصادرة في الدعاوى الدستورية ،ج1، الفترة من إنشاء المحكمة سنة 1970 حتى نوفمبر سنة 1976، ص108. وقد أكدت المحكمة العليا هذا المبدأ من جديد في حكمها الصادر في جلسة 1974/6/29 في الدعوى رقم 1 لسنة 5 قضائية من سنة 1970 حتى نوفمبر 1976، ص163. ولا يتعارض مع مبدأ المساواة استبعاد بعض الحالات وحرمانها من تقديم عطاءاتها بشأن العقود التي تبرمها المرافق العامة الاقتصادية. إذ قد يحدث ان يكون مقدمي العطاءات ممن يخضعون لإجراءات التصفية أو ممن حكم عليهم بالإفلاس أو الذين حكم عليهم بعقوبات جنائية في المسائل الضريبية والذين لم يؤدوا الاشتراكات والتأمينات الاجتماعية والمشروعات التي قضى بأدائه مديرها في اتفاقات غير مشروعة صراحة أو ضمنا مع الموظفين العموميين، فاستبعاد هذه الحالات لا يخل بمبدأ المساواة، للمزيد عن هذا الموضوع راجع : د. عبدالفتاح صبري ابو الليل، أساليب التعاقد الإداري بين النظرية والتطبيق، دراسة مقارنة، رسالة دكتوراه مقدمة لكلية الحقوق، جامعة طنطا، 1993، ص416.

بموجب أعمال المساواة بينهم لتماثل ظروفهم ومراكزهم القانونية، فإذا اختلفت هـذه الظروف بان تـوافرت الشـروط المـذكورة في البعض دون البعض الآخـر، انـقضى منـاط التسوية بـين الفـريقين والتجـاء المشرع إلى هـذا الأسـلوب لا يخـل بشرطي العموميـة والتجريد الواجب توافرهما في القاعدة القانونية لانه إنمـا تخاطب الكافـة مـن خـلال هذه الشروط.

وفي العراق : نـص دسـتور 1971 الملغى عـلى مبـدأ المسـاواة إذ جاء فيـه " ان المواطنين سواسية أمام القانون دون تفرقة بسبب الجنس أو العرق أو اللغـة أو المنشـأ الاجتماعي أو الدين، وان تكافؤ الفرص لجميع المواطنين مضمون في حدود القانون"[1].

ونصت المادة 14 من مسودة دسـتور العـراق عـلى ان العراقيين متسـاوون أمـام القانون وكذلك نصت المادة 16 على ان تكافؤ الفرص حـق مكفـول لجميـع العـراقيين وعلى الدولة اتخاذ الإجراءات اللازمة لتحقيق ذلك.

---

(1) المادة 19/أ من دستور 1970 الملغى.

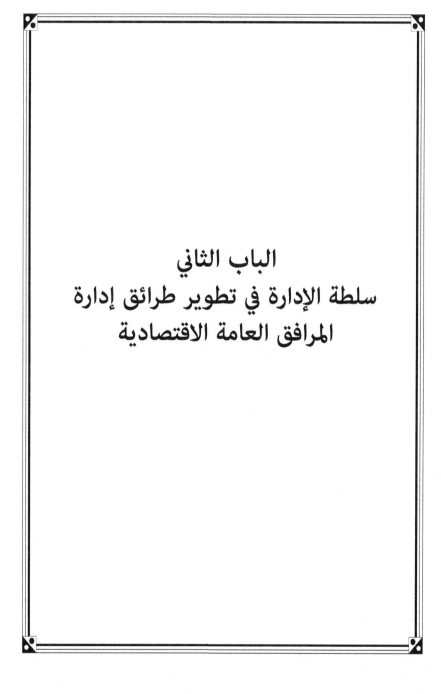

الباب الثاني
سلطة الإدارة في تطوير طرائق إدارة
المرافق العامة الاقتصادية

الباب الثاني

سلطة الإدارة في تطوير طرائق إدارة المرافق العامة الاقتصادية

اذ كان المظهر الأول من المظهرين اللذين يجسدان مبدأ قابلية قواعد المرافق العامة للتغيير والتطوير والمتمثل في سلطة الإدارة في تعديل عقودها الإدارية وإنهاؤها بارادتها المنفردة يعد في تقديرنا مظهرا ضيقا للمبدأ، بينما يشكل المظهر الثاني المتمثل في سلطة الإدارة في اختيار طريقة أو التحول عنها لأخرى لغرض إدارة المرفق العام الاقتصادي المظهر الأوسع إذ يتجلى فيه بوضوح المبدأ محل البحث.

ان اختيار وسيلة ما لإدارة مرفق عام اقتصادي، أو التحول عنها لأخرى يرتبط بظروف عديدة، منها داخلي يرتبط بأحوال المرفق نفسه والمنتفعين منه، ومنها خارجي يرتبط بالظروف الاقتصادية والاجتماعية والسياسية.

ولقد مرت الدول عموما بظروف إبان الحرب العالمية الثانية، دفعتها للتدخل بشكل واسع في المجال الاقتصادي، واتخذ هذا التدخل بشكل خاص تأميم المشروعات الاقتصادية الخاصة، أما الآن فقد انقلبت الصورة فالدول تتجه إلى تحرير الاقتصاد والاستعانة مرة أخرى بالقطاع الخاص لإدارة المرافق العامة الاقتصادية.

وفي تقديرنا ان التطور الحادث في إدارة المرافق العامة الاقتصادية يتمثل في التوجه نحو الإدارة الخاصة لهذه المرافق، والتوسع الملحوظ تبعا لذلك في تطبيق القانون الخاص في إدارتها.

وعليه سوف نقسم هذا الباب إلى فصلين وعلى النحو الأتي :

- **الفصل الأول** : الإدارة الخاصة للمرافق العامة الاقتصادية.
- **الفصل الثاني** : اتساع تطبيق القانون الخاص في إدارة المرافق العامة الاقتصادية.

الفصل الأول

الإدارة الخاصة للمرافق العامة الاقتصادية

ان التطور في دور الدولة توازى معه بالمقابل تطور في المرفق العام، فالمرفق العـام خرج من رحم الدولة، فهـي التي أنشأته، وحيـث تغيـر دورهـا ووظيفتهـا تـأثر مبـاشرة المرفق العام، فدور الدولة حينما اتسع، تنوعت وتعـددت المرافق العامة مـن خـلال إنشاء وتنظيم الدولة لها، حيث كان الدور الجديد للدولة يقوم على استراتيجية محددة أحد أهم ركائزهـا بعـث الحيويـة في المرافـق العامـة، فهـي تـرتبط بالدولـة فإصـلاحها وزيادة كفاءتها المؤسسية هو زيادة في قدرة الدولة المؤسسية، ولتحقيـق هـذا الهـدف كان التوجه نحو تشجيع القطاع الخاص على المشاركة في المرافق العامة لتمكين هـذه المرافق من الاستمرار في عالم المنافسة وحرية الأسواق.

وفي هذا الإطار يمكن ان نرصد اتجاهين يتضافران لتحقيـق هـذا الهـدف، الاتجاه الأول : استعانة الدولة بالقطاع الخاص لإدارة المرافق العامة الاقتصادية، فالمرفق يبقى تابعا للدولة، لكن القطاع الخاص هو الذي يتولى غالبا إدارتـه عـلى مسـئوليته ونفقتـه، أما الاتجاه الثاني فهو تخلي الدولة عن إدارة المرافق العامة الاقتصادية سواء بنفسـها أو بوساطة الهيئات والمؤسسات العامة، وتحويل الشكل القانوني للمرفق إلى شركة اقتصاد مختلط تشترك الدولة والقطاع الخاص في ملكية رأس مالها وإدارتها.

وبناء على ذلك فان خطة هذا الفصل تكون على النحو الآتي :

◈ **المبحث الأول** : الاتجاهات الحديثة في طرائق إدارة المرافـق العامـة الاقتصادية بوساطة التعاقد أو الترخيص للقطاع الخاص.

◈ **المبحث الثاني** : إحلال شركات الاقتصاد المختلط محل الإدارة المباشرة والهيئات والمؤسسات العامة لإدارة المرافق العامة الاقتصادية.

المبحث الأول

الاتجاهات الحديثة في طرائق إدارة المرافق العامة الاقتصادية بوساطة التعاقد أو الترخيص للقطاع الخاص

لا جدال في وجود علاقة طردية بين اتباع سياسة الاقتصاد الحر واتجاه الدولة للقطاع الخاص لإدارة المرافق العامة الاقتصادية.

وإدارة المرافق العامة الاقتصادية بوساطة القطاع الخاص تتم عادة بوساطة عقود مع الدولة، ومن أهم هذه العقود هو عقد التزام المرافق العامة، ومع ذلك فليس من المستبعد ان تعهد الدولة للقطاع الخاص بإدارة مرفق اقتصادي بوساطة الترخيص، أي بقرار إداري.

وقبل ان نفصل هذا الاتجاه المتزايد إلى القطاع الخاص لإدارة المرافق العامة الاقتصادية بوساطة التعاقد أو الترخيص للقطاع الخاص، نجد انه من الضروري ان نميز بين " إدارة المرافق العامة بوساطة القطاع الخاص " وبين اصطلاح آخر كثيرا ما يتردد الآن، هو " الخصخصة "

وبناء على ذلك ينقسم هذا المبحث إلى مطالب ثلاثة كما يأتي :

◈ **المطلب الأول** : التمييز بين الخصخصة والإدارة الخاصة للمرافق العامة الاقتصادية.

◈ **المطلب الثاني** : الاتجاه لأسلوب التعاقد لإدارة المرافق العامة الاقتصادية.

◈ **المطلب الثالث** : الاتجاه لأسلوب الترخيص للقطاع الخاص لإدارة المرافق العامة الاقتصادية.

المطلب الأول

التمييز بين الخصخصة والإدارة الخاصة

للمرافق العامة الاقتصادية

ان التمييز بين الخصخصة والإدارة الخاصة للمرافق العامة الاقتصادية يتطلب أولا بيان المقصود بخصخصة المرافق العامة واسباب اللجوء إليها وأهدافها من جهة، وبحث المجالات الممكنة لخصخصة المرافق العامة الاقتصادية وأساليبها من جهة اخرى، فضلا عن عرض لأهمية التمييز بين الخصخصة والإدارة الخاصة للمرافق العامة الاقتصادية. ومن اجل ذلك ارتأينا ان تكون دراسة هذا المطلب في ثلاثة فروع وعلى النحو الآتي:

◈ **الفرع الأول** : تعريف خصخصة المرافق العامة واسباب اللجوء إليها.

◈ **الفرع الثاني** : مجالات خصخصة المرافق العامة وأساليبها.

◈ **الفرع الثالث** : أهمية التمييز بين الخصخصة والإدارة الخاصة للمرافق العامة الاقتصادية.

الفرع الأول

تعريف خصخصة المرافق العامة واسباب اللجوء إليها

سنعرض في هذا الفرع لتعريف الخصخصة، وأسباب اللجوء اليها وأهدافها وعلى النحو الأتي:

أولا : تعريف خصخصة المرافق العامة:

يستخدم الباحثون عدة مصطلحات للدلالة على عملية التحول إلى القطاع الخاص " Privatization " كالتخصيص والتخاصية والاستخصاص والخوصصة[1]، والخصخصة، والأخير هو الأكثر شيوعا في الاستخدام[2].

وعرفت الخصخصة بأنها " السياسة أو الاداة التي يمكن بمقتضاها نقل ملكية بعض المنشات الاقتصادية والإنتاجية من نطاق الملكية العامة إلى الملكية الخاصة متضمنة، العمليات التنموية من إنشاء وتشغيل وادارة الإنتاج ونقل وتوزيع السلع والخدمات للقطاع الخاص بغرض تحسين وزيادة الإنتاج والأرباح "[3].

---

(1) د. مهند ابراهيم علي فندي الجبوري، النظام القانوني للتحول إلى القطاع الخاص، أطروحة دكتوراه مقدمة إلى كلية القانون، جامعة الموصل، 2002، ص6.

(2) اقر مجمع اللغة العربية في مصر استعمال كلمة " خصخصة " دون غيرها من الكلمات، راجع : محمد محمود الإمام، محددات الد.اء الاقتصد.ي لكل من القطاعين العام والخاص في الوطن العربي، مركز دراسات الوحدة العربية والصندوق العربي للاتحد. الاقتصد.ي والاجتماعي، بيروت، 1990، ص103. كما ان ذيوع اصطلاح الخصخصة وانتشاره في المحافل والدراسات الاجتماعية والاقتصد.ية والقانونية جعلنا نفضل استخدامه.

(3) **Ibrahim El ‹Wan, Ibrahim ‹Privatization, Deregulation and macroecomic polices ‹The case of pakistan and marcoeconomic policy issues, imf, 1992, p.86.**

وعرفت أيضا بأنها " عملية بيع للأصول العامة تكون نتيجتها تحويل ملكية اصل عام بشكل كامل أو جزئي إلى القطاع الخاص "[1].

ويكاد ان يجمع رجال الفقه[2] -ولا سيما الاقتصادي منه- على ان تعبير الخصخصة ينطوي على مضمونين أحدهما ضيق والآخر واسع. أما المضمون الضيق للخصخصة فينصرف إلى نقل أصول المنشآت العامة كليا أو جزئيا إلى القطاع الخاص، فهو في الأغلب إلغاء لتأميم سابق " Denationalization "[3] أو تصرف بالتصفية " Divestiture " في الملكية العامة للمنشآت الإنتاجية المكونة للقطاع العام. على حين يغطي المضمون الأوسع لتعبير الخصخصة مجموع السياسات الهادفة إلى تغيير التوازن بين القطاعين العام والخاص لصالح القطاع الأخير. وعلى ذلك يمكن ان نميز بين ثلاثة مداخل معتادة للخصخصة.

---

(1) Dieter Bos ،Privatization ،Atheoretical treatment oxford, claren don press, 1991, p.2.

(2) انظر : مثلا د. محسن احمد الخضيري، الخصاخصة، مكتبة الانجلو المصرية، القاهرة، 1993، ص74، و محمد صبري بن ارنج، الخصخصة، تحويل الملكية العامة إلى القطاع الخاص في ضوء الشريعة الإسلامية، دار النفائس، الاردن، ط2000، ص24، وعلي حسين علي، الخصخصة في الدول المتقدمة والنامية، دروس مستفد.ة، مجلة التجارة والصناعة، العدد الثالث والثلاثون، 1997، ص34.

(3) وقد اتضح ان معظم المشروعات التي دخلت برنامج الخصخصة سواء في مصر أو في فرنسا هي ذات المشروعات التي سبق تأميمها. فيما يتعلق بمصر انظر : دليل الإجراءات والإرشد.ات العامة لبرنامج الحكومة لتوسيع قاعدة الملكية واعد.ة الهيكلة وحوافز العاملين والد.ارة، المكتب الفني لوزير قطاع الأعمال العام، 14 فبراير (شباط) 1993، ملحق رقم 1 للشركات والأصول المطروحة للبيع، وفيما يتعلق بفرنسا انظر : قائمة المشروعات الفرنسية المنصوص عليها في المد.ة. الرابعة من قانون 2 يوليو 1986، وهو القانون الذي خول الحكومة الفرنسية القيام بعمليات الخصخصة، انظر : د.احمد محرز، النظام القانوني للخصخصة، منشأة المعارف بالإسكندرية، 2003، ص 156 وما بعدها.

المدخل الأول :

الخصخصة بالمعنى الضيق المشار إليه أنفاً، أي نقل ملكية المنشآت كليـا أو جزئيا من القطاع العام إلى القطاع الخاص[1].

المدخل الثاني :

وهو تحرير بعض الأنشطة الاقتصادية التي كانت فيما سبق وقفا على القطاع العام والقطاع الحكومي بحيث يتم التخلص من القيـود والعوائـق القانونيـة والإداريـة التي تحد من المبادرات الخاصة في نطاق هذه الأنشطة، الأمـر الـذي يعلـي مـن شـأن المنافسة الحرة ويقضي على المظاهر الاحتكارية[2].

ويطلق فقهاء الإدارة العامة على هـذه الإجـراءات إدخـال آليـات القطـاع الخـاص وقوى السوق في إدارة الأجهزة الحكومية[3].

---

(1) ويطلق بعض رجال الفقه على هـذه الصورة مـن الخصخصـة " الخصخصـة الصريحـة Prope Privatization " وتشمل بالإضافة إلى ما ورد في المـتن حالـة تخفيـض مسـاهمة الدولـة في رأسمال المشروعات العامة عن طريق زيد.ة رأسمال هذه المشروعات باموال يقدمها القطاع الخاص، أو د.ماج هذه المشروعات بالشركات الخاصة. د. مهند ابراهيم عـلي فنـدي الجبوري، المصدر السابق، ص21. ويعد المدخل الأول للخصخصة هو الأكثر انتشارا نظريا وتطبيقيا وهو يمثل المفهوم القانوني للخصخصة. د. احمد جمال الدين عبدالفتاح مـوسى، قضية الخصخصة دراسة تحليـأتية، مجلة البحوث القانونية والاقتصد.ية الصـد.رة عـن كليـة الحقـوق، جامعـة المنصورة، ابريل، العدد 13، 1993، ص216.

(2) ويطلق على هذه الصورة من الخصخصة بالخصخصة الضـمنية " Plicate Privatization " د. مهند الجبوري، المصدر السابق، ص21. ويتم التركيز في الولايات المتحدة الامريكية عـلى هـذه الصورة ـ حيث لا تكد. توجد مشروعات عامة انتاجية ـ وهذه الصورة تـدخل ضـمن المفهـوم الواسع للخصخصة بمعنى العمل على تخليص المنشآت الخاصة من الرقابة الحكومية، وتقليص المجال اللائحي المقيد لحرية النشاط الاقتصد.ي الخاص، د. احمـد جـمال الـدين عبد الفتاح موسى، قضية الخصخصة، مصدر سابق، ص216.

(3) منهم د.. احمد رشيد، خصخصة الخدمات الحكوميـة، بحـث مقـدم إلى نـدوة د.خـال آليـات القطاع الخـاص وقـوى السـوق في د.ارة الأجهـزة الحكوميـة، المعقـود في المنظمـة العربيـة=

المدخل الثالث :

وهو تشجيع الإدارة الخاصة للمرافق العامة مع الاحتفاظ بملكيتها للقطاع الحكومي لاسيما عن طريق عقود الامتياز والتأجير والإدارة المحددة المدة[1]. وسيكون المطلب الثاني من هذا المبحث مخصصا لبحث هذا الموضوع.

وعلى ذلك تكون الخصخصة بمعناها الوارد في المدخل الأول فقط وهو المعنى الضيق أو المعنى القانوني للخصخصة، إذ يمكن لنا ان نقول ان أية عملية لا تتضمن نقل الملكية بالمعنى المتقدم في المدخل الأول لا تعتبر من قبيل الخصخصة، ويحدث ذلك في بعض الحالات منها :

أ ـ تحول الشكل القانوني للمرفق العام الاقتصادي :

ان تحول مرفق عام من شكل مؤسسة أو هيئة عامة إلى شكل شركة مساهمة، على سبيل المثال، لا تعتبر من قبيل الخصخصة، وطالما ان الحقوق والالتزامات الخاصة بالاولى انتقلت إلى الثانية، وان أغلبية رأس مال الأخيرة ما زال مملوكا للدولة أو لمؤسسة عامة تابعة للدولة أو لهيئة عامة[2].

وقد أعطى المجلس الدستوري في فرنسا تكريسا تشريعياً لفكرة التمييز بين " الخصخصة " وتغيير " الشكل القانوني للمشروع " فقد أقرّ المجلس انه لا يعتبر من قبيل الخصخصة، ما تضمنه القانون رقم 660 لسنة 1996 من تحويل

= للتنمية الد.ارية، القاهرة، من 3،5 اكتوبر (تشرين اول) في القاهرة، المنظمة العربية للتنمية الد.ارية، القاهرة، 1998، ص63 وما بعدها.

(1) وتدخل هذه الصورة أيضا ضمن المفهوم الواسع للخصخصة ويسميها بعض الفقه التحول الجزئي " Partial Privatization " د. مهند ابراهيم علي فندي الجبوري، المصدر السابق، ص22، وتأخذ بها أيضا الولايات المتحدة الامريكية. د. احمد جمال الدين عبدالفتاح موسى، المصدر السابق، ص216.

(2) د.محمد محمد عبداللطيف، النظام الدستوري للخصخصة، دار النهضة العربية، القاهرة، 2000، ص8.

مشروع فرنسا للاتصالات " France Telecom " من شخص معنوي عام إلى شركة مساهمة، تملك الدولة فيها مباشرة اكثر من نصف راس المال، وذلك رغبة في الاستجابة لمقتضيات المنافسة في قطاع الاتصالات[1].

ومن التطبيقات في مصر ما تضمنه القانون رقم 19 لسنة 1998 من تحويل الهيئة القومية للاتصالات السلكية واللاسلكية إلى شركة مساهمة، تؤول إليها جميع الحقوق العينية والشخصية للهيئة السابعة، كما تتحمل بالتزاماتها[2]. وقد أجاز القانون ان تطرح للبيع اسهم بقيمة جزء من رأس مال الشركة للاكتتاب العام، على ان تظل الأغلبية في رأس المال للدولة[3].

وفي العراق أجازت المادة 35 من قانون الشركات العامة رقم 22 لسنة 1997 المعدل تحويل الشركات العامة الى شركات مساهمة، وحددت المادة 38 أن تكون مساهمة الدولة في الشركة الجديدة وفقا لاحكام القوانين النافذة ولاشك ان من بين هذه الشركات العامة التي ستحول من تضطلع بادارة مرافق عامة اقتصادية.

ب ـ مشاركة المرفق العام في رأس مال الشركات الخاصة:

ان المشاركة المالية لمؤسسة عامة، أو أي شخص عام، في شركة خاصة لا يعتبر من قبيل الخصخصة، إذا كانت هذه المساهمة لا تقترن بنقل الأصول التي يمكن ان تشكل بذاتها مشروعا[4].

وبالمقابل أيضا ان مساهمة القطاع الخاص في رأس مال المرفق العام لا يعتبر من قبيل الخصخصة مادامت الدولة أو أي شخص عام لا يزال مالكا لأغلبية رأس المال ـ وبناء على ذلك ـ فان تنازل مشروع عام هو مشروع الأبحاث

---

(1) C.C,23 juille, 1996. N380 D.C.A.J.D.A 1996 Doct, p.696.

(2) المدة الأولى من القانون رقم 19 لسنة 1998.

(3) المدة الثالثة من القانون اعلاه.

(4) د.محمد محمد عبداللطيف، النظام الدستوري للخصخصة، مصدر سابق، ص9.

والأنشطة البترولية E.R.A.P إلى القطاع الخاص عن مساهمته في رأس مال مشروع عام آخر، هو الشركة القومية Elf.Aquitaine لا يمثل خصخصة لهذا الأخير طالما انه لا يؤثر على الأغلبية[1].

ج ـ تصفية المرفق العام الاقتصادي وتمييزها عن الخصخصة:

هل يعتبر تصفية المرفق العام وسيلة من وسائل الخصخصة ؟. يرى بعض الفقهاء ان الخصخصة والتصفية يشتركان فقط في نقطة التقاء واحدة، وهي ان كلا منهما أسلوب لإنهاء ملكية الدولة للمشروع العام، أما فيما عدا ذلك فانهما يختلفان اختلافا كبيرا، فالتصفية لا تعني إعادة التأهيل أو إعادة التنظيم للمشروع، وانما تعني خروج المشروع من مجال الأعمال، وانه بتصفية أصول المشروع يمكن إعادة النظر في إمكانية استخدامها مرة أخرى، ولجوء الدولة للتصفية يعني عدم وجود مشترين[2]. أما انتقال المشروع من القطاع العام إلى القطاع الخاص إنما يعني استمرار هذا المشروع 00 وإلا كان الأمر يعني توقف المشروع أو إلغائه، والتصفية هي وسيلة لإلغاء المشروع[3].

د ـ الخصخصة وبيع أصول غير صالحة لاستغلال مستقل:

ان بيع أصول غير صالحة لاستغلال مستقل لا يعتبر من قبيل الخصخصة، ويخضع للقواعد العامة في بيع أموال الدولة.

ثانياً : أسباب اللجوء إلى خصخصة المرافق العامة الاقتصادية:

ان الاتجاه إلى خصخصة المرافق العامة سواء بالمعنى الضيق أو الواسع يعود الى وجود العديد من المشاكل والمعوقات التي واجهت إدارات الدول في ادارتها للمرافق العامة الاقتصادية واصبح لزاماً عليها القيام بالاصلاح وعلاج المشاكل

---

(1) F.Luchaire : la protection constitutionelle des droits et des libertes, Economica, 1987, p.297.

(2) د. احمد ماهر، الخصخصة، بدون تاريخ، ص107.

(3) د.محمد محمد عبداللطيف، النظام الدستوري للخصخصة، مصدر سابق، ص11.

والمعوقات والعمل على مشاركة القطاع الخاص للقيام بذلك. وعلى قدر المعوقات التي تتسم بها المرافق العامة الاقتصادية يتسم القطاع الخاص بسمات عديدة وعلى التفصيل الآتي :

أ- معوقات المرافق العامة الاقتصادية فيمكن إجمالها فيما يأتي :

1- عدم كفاءة التشغيل والافتقار إلى الكفاءة، إذ واجهت العديد من الدول عدم كفاءة الاداء في هذه المرافق بسبب الفاقد الكبير من المخرجات وعدم الاستخدام الامثل للعمالة، وهو أمر شائع في مرافق المياه والكهرباء والاتصالات.

2- الصيانة غير الكافية، إذ ترتبط الصيانة بعدم كفاءة التشغيل وقد يرجع هذا إلى خلل في التصميم الأصلي للمرفق وتشييده مما يترتب عليه تزايد الاحتياج إلى المهارات التي تعاني نقصا في المعروض منها.

3- عدم الكفاءة المالية والاستنزاف المالي، وهذا نتيجة طبيعة لعدم الكفاءة في الأداء، والذي ينتج عنه امتصاص الموارد المالية[1] الشحيحة، ويؤثر في الاستقرار على صعيد الاقتصاد الكلي.

4- الافتقار إلى الاستجابة لاحتياجات المنتفعين، وهي النتيجة المتوقعة لعدم كفاءة الأداء، ورداءة الصيانة، وانخفاض نوعية الخدمة فتكثر شكاوى المنتفعين[2].

5- إهمال المرافق العامة الاقتصادية للاشتراطات البيئية، وهذا ينتج عنه ضرر كبير يتمثل في التقصير في السيطرة على الانبعاثات التي تخرج من بعض المرافق الاقتصادية مثل مرفق الكهرباء والطاقة.

---

(1) د. احمد جمال الدين موسى، قضية الخصخصة، مصدر سابق، ص243 ود.احمد احمد عبدالخالق، التحول من القطاع العام إلى القطاع الخاص، بين التنظير والواقع مع رؤية مستقبلية، مجلة روح القوانين، كلية الحقوق، جامعة طنطا، العدد التاسع، يناير 1993، ص15.

(2) د. محمد المتولي، الاتجاهات الحديثة في خصخصة المرافق العامة الاقتصد.ية، دار النهضة العربية، القاهرة، 2004، ص 33 وص 34.

6- تعدد التبعية الإدارية للمرافق العامة[1]، ونقص الخبرة الفنية وتدني مستويات الأجور والافتقار إلى الاستقلال وعدم الخضوع للمسائلة، وعدم وجود آليات لمكافحة الفساد.

ب- سمات القطاع الخاص:

يتسم القطاع الخاص بالعديد من السمات مما جعله يقوم بدور مساند وفعال في عملية التنمية، ومن أهمها ما يأتي :

1- المهارة الإدارية : وفي مقدمتها سرعة ومرونة اتخاذ القرارات.

2- الكفاءة الإنتاجية : حيث يكون الربح هو الدافع الرئيس في القطاع الخاص، فان محاولة تخفيف تكاليف الإنتاج وتوصيل الخدمة للمنتفعين تعد مسألة أساسية ويساعد على تحقيق ذلك كون القطاع الخاص اقل عرضة للقيود البيروقراطية والسياسية.

3- الكفاءة الديناميكية وامكانية المسائلة أمام المنتفعين : حيث يوجد لدى القطاع الخاص الدوافع والمرونة اللازمة لتحقيق جودة افضل للخدمة والاعتماد على التكنولوجيا والاستجابة الدائمة والقوية لاحتياجات المنتفعين والشعور بالمسؤولية أمامهم.

4- الاستقلالية المالية وجذب موارد جديدة : فانتقال الخدمة من الإدارة الحكومية إلى القطاع الخاص يؤدي إلى الفصل عن موازنة الدولة والاستقلال المالي وتخفيف العبء المالي عن الحكومة[2].

---

(1) على سبيل المثال في مصر فمرفق مياه الشرب والصرف الصحي يقوم على شأنه وزارة الإسكان والمرافق والمجتمعات العمرانية ووزارة التنمية المحلية وعدد من الهيئات الحكومية مثل الهيئة القومية لمياه الشرب والصرف الصحي، والهيئة العامة لمرفق مياه القاهرة الكبرى، والهيئة العامة لمرفق مياه الإسكندرية.

(2) د. نجلاء الاهوني، المصدر السابق، ص12.

ثالثاً ـ أهداف خصخصة المرافق العامة الاقتصادية.

في الحقيقة ان اتجاه الدول النامية ومنها مصر نحو خصخصة المرافق العامة وقطاعها العام لم يكن وليد فكر اقتصادي داخلي أو ضرورات موضوعية داخلية بقدر ما كان وليد الشروط التي وضعها صندوق النقد الدولي، والبنك الدولي في سياق التمهيد لاعادة جدولة ديون هذه الدول، وبدأت سياسة الخصخصة التي تحتاج إلى برنامج ذي آليات خاصة تبدأ بمسح كامل للمشروعات العامة وتصنيفها وتحديد المشروعات المراد خصخصتها[1]. ويمكن إجمال الأهداف الرئيسة للخصخصة فيما يأتي[2] :

أ - تبني اعتبارات الكفاءة الاقتصادية في الأداء والتقييم والمحاسبة عن النتائج.

ب - تخفيف الأعباء المالية والإدارية التي تتحملها وإيقاف أو الحد من أو تخفيف نزيف الموارد المالية الذي يسبب العجز المالي في بعض المرافق العامة من خلال تخفيض الدعم المالي إلى هذه المرافق والسماح للقطاع الخاص بالمشاركة في إدارته.

ج - إتاحة موارد مالية جديدة تسهم في خلق طاقة إنتاجية وتحديث القائم منها.

د - إتاحة خدمات ومشروعات كان من الصعب إيجادها دون مشاركة القطاع الخاص.

---

(1) د. رمزي زكي، الخصخصة والإصلاح الاقتصد.ي بمصر، المجلة المصرية للتنمية والتخطيط، معهد التخطيط القومي، المجلد الثاني، العدد الأول، 1994، ص195. يراجع : في هذا الموضوع د.رفعت عبدالحليم الفاعوري، تجارب في الخصخصة، صد.ر عن المنظمة العربية للتنمية الد.ارية، القاهرة، 2004، ص9، ود. محمد بدران، نحو أفاق جديدة للخصخصة، بحث غير منشور، 1998، ص13.

(2) د. محمد المتولي ،الاتجاهات الحديثة في خصخصة المرافق العامة الاقتصد.ية، المصدر السابق، ص 36 وص 37.

هـ - أهـداف عـلى مسـتوى المشـروع تشـمل إصـلاح الهيـاكـل الفنيـة واصلاح الهياكـل الاقتصادية واصلاح الهياكل المالية والإدارية وخلق جهاز إداري كفء وفعال[1].

و - توسيع قاعدة الملكية وتنشيط أسواق المـال وخلـق طبقـة جديـدة مـن المنظمـين الصغار.

ز - انتشار الابتكـار والأداء الجيـد والاسـتفادة مـن المهـارات الفنيـة والإداريـة للقطـاع الخاص في إدارة المرافق العامة الاقتصادية.

ح - نقل وتوزيع المخاطر المالية والاقتصادية بين القطاعين العام والخاص.

ط - زيادة إيرادات الدولة عن عملية الخصخصة[2].

ي - تقليل ومكافحة الفقر والبطالة.

---

(1) د. محمـد ماجـد خشـبة، قضايا مفاهيميـة وعمليـة تـأجير الاصـول، ضـمن سياسـة الاصلاح الاقتصـد.ي مـع التطبيـق عـلى مصر، المجلـة المصريـة للتنميـة والتخطيط، معهـد التخطيط القومي، المجلد السد.س (العدد الثاني) ديسمبر 1998، ص62 وما بعدها.

(2) زد.ت إيرد.ات الارجنتين بنحو 19 مليار دولار نتيجة عمليـة الخصخصة وتـم تخفيض ديونها بنسبة 40% عندما استخدمت 11 مليار دولار من حصيلة الخصخصة في خفض هذه الـديون، وبلغت إيرد.ات المكسيك من الخصخصة نحو 22 مليار دولار. لمزيد من التفصيل يراجع :

Molano, Waltes: The logic of Privatization , the case of telecommunication in the southern of latin America, Green wood press westport 1997, p.27.

وفيما يتعلق بالدول العربية فان مصر والمغرب والكويت وتونس والاردن مـن الـدول الرائـدة في مجال الخصخصة حيث بلغت ايرد.اتهـا حـوالي 93% مـن مجمـل إيـرد.ات الخصخصـة في الدول العربية، وفي مصر وحدها تمت خصخصة 185 شركة بشكل جزئي أو كلي بقيمة اجمالية بلغت نحـو 5,2 مليار دولار حتى نهايـة عـام 2001. لمزيد مـن التفصيل يراجـع: التقريـر الاقتصـد.ي العربي الموحد، سبتمبر 2002، ص 160 - 163، المشار إليه في د. محمـد المتـولي، الاتجاهات الحديثة في خصخصة المرافق العامة الاقتصد.ية، المصدر السابق، ص37.

الفرع الثاني

مجالات خصخصة المرافق العامة

تتنوع وتتعدد المرافق العامة بتنوع الخدمات والحاجات العامة التي تقوم على إشباعها، وليست كل المرافق محلا للخصخصة فمنها ما لا يصلح خصخصته. وتكمن نقطة الاختلاف في طبيعة ووظيفة ونشاط المرفق العام، ووفقا لذلك يمكن تقسيم المرافق العامة إلى المرافق العامة الإدارية والمرافق العامة الاقتصادية.

وفيما يتعلق بالمرافق العامة الإدارية فيمكن تقسيمها إلى مرافق عامة قومية وأخرى محلية والأولى تؤدي خدماتها لتشمل إقليم الدولة بأكمله وتشرف عليها الأجهزة المركزية في الدولة وهي تنقسم بدورها إلى مرافق عامة قومية ترتبط بسيادة واستقلال الدولة، ومرافق عامة لا ترتبط بسيادة واستقلال الدولة، وقد اتجهت الدول على اختلاف توجهاتها على ضرورة قيام الدول بالنوع الأول من المرافق مثل القضاء والشرطة والدفاع والعلاقات الدولية إنشاء وتنظيم. وهذه المرافق تستمد أهميتها من المبادئ والقواعد الدستورية الحاكمة وقد سميت بالمرافق الدستورية[1] نظرا لطبيعتها المرتبطة بنصوص الدستور وعلى ذلك لا يجوز خصخصة هذه المرافق أيا كانت الأيديولوجية السياسية والاقتصادية والاجتماعية الحاكمة في الدولة. والنوع الثاني : مرافق عامة قومية لا ترتبط بسيادة الدولة واستقلالها ولكنها مكفولة دستوريا مثل التعليم والصحة ويطلق عليها مرافق دستورية غير سيادية، هذه المرافق يجوز مشاركة القطاع الخاص فيها ولذلك تم إنشاء الجامعات الخاصة إلى جانب الجامعات الحكومية.

---

(1) د.محمد محمد عبداللطيف، الاتجاهات المعاصرة في د.ارة المرافق العامة الاقتصد.ية، مصدر سابق، ص51 وما بعدها.

وفيما يتعلق بالمرافق المحلية تنطبق عليها ذات الضوابط الخاصة بالمرافق العامة القومية[1]. وفي تقديري انه من الصعب ان نجد مرفق محلي متعلق بسيادة الدولة واستقلالها أو ان يكفل الدستور الخدمات التي يؤديها.

أما المرافق العامة الاقتصادية فيمكن التمييز بشأنها بين نوعين من الأنشطة الاقتصادية[2]، الأول الأنشطة التي تمثل احتكارا للدولة، أي انفراد الدولة وحدها بإنتاج سلعة أو تقديم خدمة مع الاستئثار بعناصر السوق وانتفاء المنافسة فهذه لا يجوز خصخصتها. الثاني، فيما عدا الأنشطة والمشروعات التي تمثل احتكارا للدولة ولا يجوز خصخصتها فان تحديد المرافق والمشروعات والأنشطة التي يجوز خصخصتها متروك للسلطة التقديرية للإدارة التي تملك سلطة واسعة في تقدير ملاءمة قيام القطاع الخاص بها مثل مرافق الكهرباء والمياه والنقل والطرق والاتصالات السلكية واللاسلكية والموانئ، طالما كان ذلك في اطار دستوري وقانوني واضح.

نخلص من ذلك كله ان خصخصة المرافق العامة الاقتصادية على التفصيل السابق بيانه لا يتحقق إلا وفقا للمفهوم الضيق للخصخصة والمتمثل فقط في نقل ملكية المرفق العام من القطاع العام إلى القطاع الخاص. أما الإدارة الخاصة للمرافق العامة فهي ليست من صور الخصخصة، والحكم نفسه ينطبق أيضا على زيادة كفاءة إدارة وتشغيل المشروعات العامة من خلال الاعتماد على آليات السوق والتخلص من الترتيبات البيروقراطية وهذا التمييز بين الخصخصة في مفهومها الضيق والإدارة الخاصة للمرافق العامة الاقتصادية له أهمية كبيرة كما سنبين حالا.

---

(1) د. محمد المتولي، الاتجاهات الحديثة في خصخصة المرافق العامة الاقتصد.ية، مصدر سابق، ص 38 وص 39.

(2) د. محمد عبدالمحسن المقاطع، الاسس الدستورية لخصخصة المشروعات العامة ورقابة الدولة عليها، مجلة المحامي تصدرها جمعية المحامين الكويتيين، السنة 22، ابريل ومايو ويونيه، 1988، ص 34 وما بعدها.

الفرع الثالث

أهمية التمييز بين الخصخصة والإدارة للمرافق العامة الاقتصادية

تبدو أهمية التمييز بين الخصخصة والإدارة الخاصة للمرافق الاقتصادية في ناحيتين : النظام القانوني لكل منهما، والمرافق التي تكون محلا للخصخصة أو للإدارة الخاصة.

أولاً: النظام الدستوري والقانوني للخصخصة وللإدارة الخاصة للمرافق العامة الاقتصادية:

يبدو اختلاف النظام القانوني لكل من الخصخصة والإدارة الخاصة للمرافق العامة الاقتصادية في الأحوال الآتية :

فيما يتعلق بالنظام القانوني للخصخصة[1]: أهتم المشرع في العديد من دول العالم بمعالجة هذا الموضوع سواء بالنص عليه في الدستور أو بتنظيمه بقانون، واختلف مسلك الدول في هذا التنظيم إلى اتجاهين أولهما دول تجيز خصخصة المرافق العامة بصفة عامة وإصدار المشرع فيها قانون ينظمها[2] ومن هذه الدول فرنسا الذي اصدر مشرعها قانوني 2 يوليو و 6 أغسطس عام 1986 وذلك امتثالا لنص م 34 من الدستور الفرنسي الصادر عام 1958 الذي جاء فيه " ان القواعد المتعلقة بتأميم المشروعات وتحول ملكيتها من القطاع العام إلى القطاع الخاص ينظمها القانون ". ولقد اشترط المشرع الفرنسي شروطا قانونية ثلاثة لاجراء عملية الخصخصة أولها ألا يكون المشروع المزمع خصخصته مرفق عام

---

(1) للمزيد من التفصيل يراجع : د. مهدي اسماعيل الجزاف، الجوانب القانونية للخصخصة، مجلة الحقوق، جامعة الكويت، السنة التاسعة عشرة، العدد الرابع، ديسمبر 1995. ود. محمد عبدالمحسن المقاطع، المصدر السابق، ص35.

(2) من الدول التي أخذت بهذا الاتجاه الارجنتين والفلبين والبرازيل وفرنسا والمانيا، د. مهدي اسماعيل الجزاف، المصدر السابق، ص295.

وطنـي وهـي التـي يتـوفر فيهـا المـدلول العضـوي والموضـوعي، أمـا المرافـق العامـة الاقتصادية فلا يتوفر فيها سوى المدلول الموضوعي فقط، وثانيها ألا ينطوي المرفق عـلى احتكار فعلي. أما الثالث فهو وجوب ان تعوض الدولة في حالة نقل ملكية المشروع تعويضا عادلا[1].

أمـا في مصر فلا يوجد إطار دستوري حاكم لبرنامج الخصخصة، فالدسـتور النافـذ يقوم على النظام الاشتراكي كما يتبين من نصـوص المـواد 23 و24 و30 و33 وعليـه فان تحول الاقتصاد المصري من النظام الاقتصادي القائم عـلى التخطيط المركـزي والملكيـة العامة وملكية الشعب لأدوات ووسائل الإنتاج إلى اقتصاد السوق والتحـرر الاقتصادي هو قول مخالف لنصوص الدستور[2].

أما التنظيم القانوني الحاكم للخصخصة فلا يوجد قانون موحـد للخصخصة عـلى غرار ما هو معمول به في العديد من دول العالم، ولقـد اصـدر المشرع المصري القـانون رقم 203 لسنة 1991 لتنظيم عمليـة تحـول الملكيـة العامـة إلى القطـاع الخـاص فيما يتعلق بشركات قطاع الأعمال، أما المرافق العامة فـلا يوجـد قانون ينظم خصخصتها، ومن هنا كانت الحاجة لوجود مثل هكذا تشريع يبين مجالات الخصخصة وأساليبها[3].

أما في العراق فان الدستور العراقي الصادر 1970 الملغي قد قرر صراحـة ان نظام الدولة هو النظام الاشتراكي، كما قرر أيضا ملكية الشعب من خـلال الدولـة لوسائل الإنتاج الأساسية والثروات الطبيعية، ومن ثم تضع هذه النصوص قيودا عـلى حريـة الدولـة في تبنـي سياسـة التحـول إلى القطـاع الخـاص، لـذلك

(1) د.محمد المتولي، الاتجاهات الحديثة في خصخصة المرافق العامة الاقتصد.ية، مصدر سابق، ص39.
(2) د.محمد محمد عبداللطيف، الاتجاهات المعاصرة في د.ارة المرافق العامة الاقتصد.ية مصدر سابق، ص24 وما بعدها.
(3) المصدر السابق، والصفحة نفسها.

نلاحظ انه من الناحية العملية، ان عمليات الخصخصة في العراق لم تتناول وسائل الإنتاج الأساسية والثروات الطبيعية لأنها ملك للشعب، وانما شملت بعض المعامل الصغيرة نسبيا والتي لا تعد من قبيل وسائل الإنتاج الأساسية(1).

الا ان مسودة الدستور الجديد جاءت خالية من هذه النصوص المقيدة اذ نصت المادة 25 منها على ما يأتي "تكفل الدولة اصلاح الاقتصاد العراقي وفق اسس اقتصادية حديثة وبما يضمن استثمار كامل موارده وتنويع مصادره، وتشجيع القطاع الخاص وتنميته"، "وكذلك نصت المادة 26 تكفل الدولة تشجيع الاستثمارات في القطاعات المختلفة، وينظم ذلك بقانون". أما عن التنظيم

(1) واجمالاً يمكن القول ان : التوجه نحو الخصخصة صار على محورين : الأول : رفع قيود كثيرة من أمام القطاع العام والسماح له وتشجيعه على مزاولة العديد من الأنشطة كانت حكراً على القطاع الاشتراكي. والثاني : تحويل ملكية عدد من المشروعات العامة الى القطاع الخاص. ومن أبرز الانجازات على المحور الأول صدور قانون الاستثمارات العربية رقم 46 لعام 1988 لغرض تشجيع مشروعات التنمية الاقتصد.ية، والقانون التجاري رقم 45 لعام 1989 الذي هدف الى تشجيع القطاع الخاص على زيد.ة مساهمته في النشاط التجاري. أما على المحور الثاني فقد تم تحويل عدد من المؤسسات العامة التي تمارس نشاطاً اقتصد.ياً الى شركات عامة تعمل على اسس تجارية، ثم بيعت أعدد. كبيرة من المشروعات العامة العاملة في قطاعات لا تعد استراتيجية مثل صناعة البيتروكيمياويات والمصافي النفطية وصناعات الصلب والفوسفات، وفي عام 1987 بيعت بعض محطات البنزين ومراكز صناعة السيارات. وفي عام 1989 تم انشاء ست شركات خاصة ومختلطة لأمتلاك شركات القطاع الخاص، وانشاء شركة مختلطة لإدارة فند.ق الشيراتون في بغدد. والبصرة وشركة الحبانية للمدن السياحية التي تتولى د.ارة المنتجع السياحي في بحيرة الحبانية، وشركة الفند.ق السياحية لتتولى د.ارة أربعة فند.ق في النجف وكربلاء. ثم أعلنت الحكومة عن بدء الاكتتاب للقطاع الخاص في شركة مدينة سد صدام السياحية سابقاً. لقد كانت فترة الثمانينات وأوائل التسعينات نشطة، الا ان حرب الخليج الثانية فضلاً عن أسباب ولا سيما السياسية منها جمدت جميع مشروعات الخصخصة التي كانت قيد الدراسة. وللمزيد عن تجربة العراق في الخصخصة يراجع : د.رفعة عبدالحليم الفاعوري، المصدر السابق، ص97.

القانوني للخصخصة فلا يوجد تشريع موحد خاص بهذا الموضوع، ولكن يوجد قانون بيع وايجار اموال الدولة رقم 32 لسنة 1986، وكذلك وتوجد بعض القرارات الصادرة عن مجلس قيادة الثورة المنحل وهي القرار المرقم 273 الصادر في 23 / 4 / 1989[1]، والقرار المرقم 140 لعام 1993[2]، والقرار المرقم 100 الصادر في 1995/9/20[3]، وكذلك قانون الشركات العامة المرقم 22 لسنة 1997، وقانون الشركات رقم 21 لسنة 1997 المعدل لسنة 2004.

ولذا ندعو المشرع العراقي إلى إصدار قانون (خاص) بعمليات الخصخصة يضم جميع الأحكام القانونية الخاصة بهذه العملية أسوة بالدول التي أخذت بهذا الاتجاه، على ان ينظم هذا القانون عملية إعادة هيكلة المشروعات، وتحديد الجهة المختصة بالإشراف على عملية الخصخصة، وكذلك تنظيم إجراءات تعين الشركات العامة المطلوب خصخصتها واختيار الوسيلة الملائمة لذلك وتقرير الآثار القانونية الناجمة عن ذلك.

وبناء على ما سبق طرحه من نظام دستوري وقانوني للخصخصة يتبين لنا ان الخصخصة لا تكون إلا بقانون أو بناء على قانون، أما تفويض إدارة المرفق للقطاع الخاص فانه ـ كما سنرى لاحقا ـ قد يتم بما يسمى بالأسلوب التعاقدي

---

(1) والذي أجاز بقرار من رئيس الجمهورية نقل ملكية المشروع الحكومي الذي تزيد قيمته على مليون دينار الى القطاع المختلط او الخاص بقيمته التقديرية، وتتخذ الجهة التي تنتقل اليها ملكية المشروع شكل شركة مساهمة وفقاً لأحكام قانون الشركات رقم 36 لعام 1983 الصدر في الوقائع العراقية ذي العدد 3254 في 8 /1989/5.

(2) والذي خول وزير الصناعة والمعد.ن صلاحية تحويل المعامل التابعة للوزارة الى شركة مساهمة عامة بعد الحصول على موافقة ديوان الرئاسة، الوقائع العراقية، العدد3477 في 27 / 9 / 1993 وقد الغي هذا القرار باقرار المرقم 67 في 1996/6/8 والمنشور في الوقائع العراقية ذي العدد 3726 في 1996/6/15.

(3) الذي اجاز تحويل المنشأت والشركات والمعامل الى شركات مساهمة خاصة أو مختلطة.

لإدارة المرفق العام بوساطة شخص خاص[1]، كما قد يتم ليس وفقا لعقد، وانما وفقا لقرار من جانب الإدارة، أي بعمل من جانب واحد يطلق عليه الترخيص أو ما يسمى بالأسلوب اللائحي في إسناد إدارة المرفق إلى القطاع الخاص[2].

ومن ناحية أخرى تخضع الخصخصة لقيود اشد من تلك التي تخضع لها الإدارة الخاصة للمرافق العامة الاقتصادية.

ثانياً : المرافق التي يمكن ان تكون محلا للخصخصة أو للإدارة الخاصة.

ان المرافق التي تستمد ضرورتها من مبادئ أو قواعد دستورية والمرتبطة بسيادة الدولة واستقلالها لا يجوز خصخصتها كما لا يجوز تفويض إدارتها للقطاع الخاص مثل القضاء والدفاع، أما المرافق الدستورية غير السيادية فلا يجوز خصخصتها ولكن يجوز تفويض إدارتها للقطاع الخاص لان المشروع سيظل مملوكا للجماعة، وهذه المرافق يمكن تمثيلها في الصحة والتعليم.

ومن ناحية أخرى، إذا كان التفويض الكامل لإدارة المرافق السيادية غير جائز، إلا انه يجوز في حدود معينة اللجوء إلى تفويض إدارتها للقطاع الخاص. وبناء على ذلك، قرر المجلس الدستوري ان " تحصيل الضريبة لا يكون إلا بوساطة مرافق أو هيئات توضع تحت سلطة الدولة أو رقابتها[3]" واجاز المجلس ان يعهد القانون إلى أشخاص خاصة تخضع لوصاية الدولة ورقابتها تحصيل

---

(1) ان التفويض في د.ارة المرافق العامة الاقتصد.ية يشكل طائفة من العقود الاد.ارية التي يكون موضوعها أن يعهد باستغلال المرفق الى مشروع مستقل عن الشخص العام المسؤل عن المرفق ،انظر : د..محمد محمد عبد اللطيف، تفويض المرفق العام، دار النهضة العربية، القاهرة، 2000، ص24.

(2) المصدر السابق، والصفحة نفسها.

(3) **C.C,28 December, 1990 , 285 Dc , Rec, p.95.**

الضرائب. واستنادا إلى ذلك ذهب بعض الفقهاء ان هذا القضاء يفتح الباب أمام إمكانية اللجوء إلى عقد الالتزام في مجال المرافق السيادية[1].

المطلب الثاني

الاتجاه لأسلوب التعاقد لإدارة

المرافق العامة الاقتصادية

من اجل إسناد إدارة المرافق العامة الاقتصادية إلى القطاع الخاص تلجأ الإدارة إلى إبرام عقود مع مشروعات هذا القطاع، ويعتبر التزام المرافق العامة أهم هذه العقود ولا سيما في أحد صوره الجديدة وهو عقد البوت (B.O.T) بعد طول فترة انحسار عاد إلى الظهور في ظل سياسة الاقتصاد الحر.

والى جانب التزام المرافق العامة توجد أنواع أخرى من العقود أهمها، عقد إيجار المرفق العام، وعقد مشاطرة الاستغلال، وعقد الإدارة. وسنخصص هذا الفرع لدراسة هذه الموضوعات وعلى النحو الآتي :

◈ **الفرع الأول**   : عقد التزام المرفق العام B.O.T

◈ **الفرع الثاني**   : العقود الإدارية الأخرى لإدارة المرافق العامة الاقتصادية.

الفرع الأول

عقد التزام المرفق العام B.O.T

ازدادت أهمية العقود الإدارية في العصر الحديث سواء على المستوى الداخلي نظرا لاتجاه الدول إلى الاقتصاد الحر والاعتماد أساسا على القطاع الخاص. ففي ظل هذا النظام تستطيع الدولة عن طريق العقود الإدارية وخاصة عقد الالتزام ان تعهد بإدارة القطاع العام إلى القطاع الخاص، وفقا لنظام يتفق عليه أطراف العقد.

---

(1) P. Esplugas : le conseil constitutionnel et service public, L.D.J 1994, p.53.

وعلى المستوى الدولي، فان اتجاه النظام الدولي إلى العولمة وتحرير التجارة الدولية بين الدول، وكفالة حرية تداول رؤوس الأموال بينها بدا معه العقد الوسيلة الأساسية لذلك. واهتمت لجان الامم المتحدة في اطار مشروعات قوانين نموذجية تدعو الدول للأخذ بها وذلك للتقريب بين النظم القانونية المختلفة حتى تضمن هذه الاليات تشجيع الاستثمار وانتقال رؤوس الأموال بين دول العالم[1].

وفي هذا الإطار نشأت صور جديدة وأنظمة قانونية حديثة مثل التحكيم والبوت الذي يعد تطورا لعقد الالتزام ـ وكما سنرى ـ وبناء عليه سنعرض لعقد الالتزام بشكل غير مفصل نظرا لتناول العديد من مؤلفات وبحوث القانون الإداري له وبشكل مسهب. ومن ثم نتناول عقد B.O.T بشيء من التفصيل تتطلبه جدة الموضوع وعلى النحو الآتي :

أولاً : نظرة عامة في مفهوم عقد الالتزام

كثيرا ما عهدت الدولة إلى أشخاص عاديين بمهمة إدارة بعض المشروعات تحت إشراف الحكومة ورقابتها، وذلك بموجب عقد يبرم بين الإدارة والملتزم لمدة محددة، بقصد تأدية خدمات عامة لجماهير المنتفعين به مقابل رسم محدد مع الخضوع لنظام قانوني معين، واصطلح على تسميته التزام أو امتياز المرفق العام، فيظل مرفق الالتزام بهذه المثابة محتفظا بصفة العمومية وللهيئات الحاكمة الكلمة الأخيرة فيما يتصل بتنظيم أعمال مرفق الالتزام وادارته وانقضائه، وسوف نستعرض عقد الالتزام وتطوره في كل من فرنسا ومصر والعراق وعلى النحو الآتي :

في فرنسا لا يوجد تشريع عام ينظم الالتزام، والمبادئ الأساسية التي تحكم نظامه القانوني من وضع القضاء[2]. ولقد تحول التزام المرفق العام وتغير

---

(1) د. جابر جد. نصار، عقود البوت B.O.T والتطور الحديث لعقد الالتزام، دراسة نقدية للنظرية التقليدية لعقد الالتزام، دار النهضة العربية، القاهرة، 2002،ص5.

(2) د.توفيق شحاته، مبد.ئ القانون الد.اري، الجزء الأول ،بلا دار نشر، 1954، ص413.

كثيرا بتأثير التحولات الاقتصادية والاجتماعية. وقد تمثل التحول في أمور عديدة من أهمها تغيير الملتزم، الذي كان قبل الحرب العالمية الثانية شخصا خاصا أو شركة خاصة، في حين انه قد يكون مؤسسة عامة وفي بعض الاحيان شركة ذات اقتصاد مختلط. وهذا التحول لم ينشا فجأة ولكن بالتدرج في حركة على مراحل جزئية بوساطة المشرع نفسه، وعملت الممارسة على تطويره تباعا كما يأتي :

أ - بقى المشرع الفرنسي في قانون 8 أغسطس 1946 على كل التزام قديم كان ممنوحا لكل مشروعات الغاز والكهرباء المؤممة حيث انتقلت فيها الإدارة لمؤسستين عامتين مؤممتين هما المؤسسة العامة للكهرباء (E.D.F) والمؤسسة العامة للغاز (G.D.F) اللتان أصبحتا هكذا ملتزمتين تجاه الهيئات المحلية. وكان هناك أيضا مجموعات من هيئات عامة إقليمية ملتزمة بإنشاء واستغلال الطرق السريعة [1].

ب - إلا ان الأفضلية كانت لشركات الاقتصاد المختلط التي استفادت من منح وتسهيلات السلطات العامة في التطور الحديث للالتزام. فقد كان على الدولة ان تفتح الطريق ابتداء من سنة 1934 بان تمنح الشركة القومية للرون Rohne الامتياز العام لاستغلال المياه وللاستفادة من هذا النهر ثم إنشاء S.N.C.F في سنة 1937 التي دعيت لان تحل محل خمس شركات خاصة للسكك الحديدية في الحقوق والالتزامات التي كانت تسيطر على هذه الامتيازات السابقة، واخيرا بإعطاء Air France سنة 1948 شكل شركة الاقتصاد المختلط [2]. ونكتفي بهذا القدر من الحديث عن نشاط شركات الاقتصاد المختلط لأننا سنعاود الحديث بشأنه فيما بعد.

---

(1) د. عزت فوزي حنا، المصدر السابق، ص210 وما بعدها.
(2) المصدر السابق، والصفحة نفسها.

وفي مصر لم يكن يوجد قانون ينظم طريقة منح الامتياز[1] إلى ان صدر دستور 1923 وتقرر إعمالا لمادته رقم 137 وجوب منح الالتزام بموجب قانون والى زمن محدد وهذا نوع من الرقابة البرلمانية على الحكومة في منح الالتزام لا سيما إذ تغلغل فيها العنصر الأجنبي فانه يمثل خطرا حقيقيا على مصالح الدولة وسيادتها وقد كان هذا هو الدافع الأساسي وراء صياغة هذه المادة[2].

كما نصت المادة رقم 868 من القانون المدني الصادر بالقانون رقم 131 لسنة 1948 ان " التزام المرافق العامة عقد الغرض منه إدارة مرفق عام ذي صفة اقتصادية، ويكون هذا العقد بين جهة الإدارة المختصة بتنظيم هذا المرفق وبين فرد أو شركة يعهد إليها باستغلال المرافق فترة معينة من الزمن".

وجاء هذا النص استجابة لما استقر عليه رأي الفقه واتجاه القضاء الفرنسي من ان الامتياز وليد فكرة المرفق العام وانه عقد " مركب " يحتوي على نوعين من النصوص التعاقدية واللائحية، وقد تولى قضاء المحاكم العادية والمختلطة في مصر اختصاص الفصل في المنازعات الناشئة عن عقد الالتزام إلى تاريخ صدور

---

(1) للمزيد من التفصيل عن عقد الالتزام ،راجع: د.سعد. الشرقاوي، العقود الد.ارية، دار النهضة العربية، 1999، ص48 وما بعدها. و د.عمر حلمي، د.ربيع أنور فتح الباب، المبد.ئ العامة في العقود الد.ارية، دار النهضة العربية، القاهرة ، 1997، ص151 وما بعدها. ود. محمد المتولى، المصدر السابق، ص52 وما بعدها. كان أول امتياز عرفته مصر هو الامتياز الممنوح في عام 1851 م للمهندس الانكليزي " جورج ستيفنسون " لد.ارة أول خط حديدي في افريقيا، يربط بين الإسكندرية والسويس مرورا بالقاهرة، أما الامتياز الثاني واشهرها فكان امتياز حفر قناة السويس البحرية الممنوحة للسيد فردينارد ديأتيسيبس بالفرمان الصد.ر في 30 سبتمبر 1854 م، وعليه ظلت عقود الامتياز في مصر طيلة هذه المدة دون نص تشريعي يحكمها حتى صدور دستور 1923، ود. ابراهيم الشهاوي، عقد امتياز المرفق العام (البوت)، رسالة دكتوراه مقدمة لكلية الحقوق، جامعة عين شمس، 2003، ص1 في الهامش.

(2) د.محمد سعيد حسين أمين، العقود الد.ارية، دار الثقافة الجامعية، 1999، ص109.

القانون رقم 112 لسنة 1946 بإنشاء مجلس الدولة مقتديا فيه إلى حد كبير بنظام مجلس الدولة الفرنسي.

وقد نهض مجلس الدولة المصري بخطى ثابتة، وتطور محمود في مجال تحرير النظر في المنازعات الإدارية من اختصاص القضاء العادي والقانون المدني اذ كان عقد الالتزام أول العقود التي نص المشرع على اختصاص القضاء الإداري بنظر المنازعات المتعلقة بها[1]، وازدان هذا التطور بصدور القانون رقم 47 لسنة 1974 الذي بمقتضاه صار المجلس صاحب الولاية في المنازعات الإدارية.

ثم صدر أول تشريع في شأن " عقد الامتياز " بموجب القانون رقم 129 لسنة 1947 بالتزام المرافق العامة، والذي تعرض في مواده التسع إلى تنظيم الالتزام فقط في بعض الجوانب وجرى تطبيق أحكامه لسنوات محدودة، ثم ما لبث ان انحصر تطبيقه في نطاق ضيق بسبب تأميم مشروعات الامتياز، وتكاد تنحصر تطبيقات الامتياز في مصر عبر سنوات التحول الاشتراكي فقط في استغلال بعض موارد الثروة واهمها المنتجات البترولية[2].

وعلى اثر انهيار النظام الاشتراكي في نهاية القرن العشرين وتحول الدول بخطوات واسعة نحو العولمة آخذة بالاقتصاد الحر تعاظم دور الامتياز بنظام الـ B.O.T واصبح الامتياز وفقا لآليته الجديدة أنجع وسيلة من وسائل الرأسمالية في إنشاء وادارة واستغلال المرافق العامة ولاسيما الاقتصادية منها[3].

---

(1) أ د. محمد سعيد حسين أمين، العقود الد.ارية، مصدر سابق، ص 109.

(2) د. سليمان الطماوي، الوجيز في القانون الـد.اري، دار الفكر العربي، 1988، القاهرة، ص296. شهدت هذه الفترة اسقاط الالتزام الممنوح لشركة ليبون لاستغلال مرفق الكهرباء والغاز بمدينة الإسكندرية (القانون رقم 122 لسنة 1961) واسقاط الالتزام الممنوح لشركة ترام القاهرة (قانون 123 لسنة 1961) د.محمد محمد عبد اللطيف، الاتجاهات المعاصرة في د.ارة المرافق العامة الاقتصد.ية، مصدر سابق، ص33.

(3) د. ابراهيم الشهاوي، المصدر السابق، ص3.

وفي العراق نظمت الفقرة الاولى من المادة 891 من القانون المدني رقم 40 لسنة 1951 طريقة الالتزام اذ نصت على ان " التزام المرافق العامة عقد الغرض منه ادارة مرفق عام ذي منفعة اقتصادية ويكون هذا العقد بين الحكومة وبين فرد أو شركة يعهد اليها باستغلال المرفق مدة محددة من الزمن بمقتضى قانون". وقد عرفت العراق هذه العقود من خلال هذه الامتيازات الممنوحة لشركات النفط الاجنبية قبل تأميمها في عام 1972.

وبفعل تدخل الدولة في انشاء وادارة المرافق مباشرةً بشأن استغلال موارد الثروة الطبيعية فقد حرم المشرع الدستوري منح الامتياز بشأنها، وقرر أن يكون استثمارها من قبل السلطة المركزية مباشرةً وذلك تطبيقاً لنص المادة 13 من الدستور الصادر 1970 الملغي والتي جعلت استثمار الثروات الطبيعية ووسائل الانتاج قصراً على السلطة المركزية وفقاً لمقتضيات التخطيط العام للاقتصاد الوطني[1]. وعلى هذا يتبين لنا أن تطبيقات عقود الالتزام محدودة جداً ولم يطرأ عليها أي تغيير.

ثانياً : ماهية عقود البناء والتشغيل ونقل الملكية B.O.T [2]

للألمام بهذا الموضوع سنتناول تعريف عقود البوت، وأشكالها، وطبيعتها القانونية، ومنافعها والمخاوف المرتبطة باللجوء إليها، وأخيراً نعرض الاطار التشريعي لهذه العقود كما يأتي :

أ - تعريف عقود البناء والتشغيل ونقل الملكية الـ B.O.T

يقصد بمشروعات البوت تلك المشروعات التي تعهد بها الحكومة إلى إحدى الشركات وطنية كانت أم أجنبية وسواء أكانت شركة من شركات

---

(1) د. محمد علي بدير وآخرون، المصدر السابق، ص273 وص274.

(2) كان أول من استخدم ذلك المصطلح باللغة الانكليزية هو رئيس الوزراء التركي توجوت اوزال في بداية الثمانينات

Jeffery Delmon : Boo.Bot Projects, Acommercial and contractmal Guid Sweet and maxwell.London,2000,p.2.

القطاع العام أم القطاع الخاص وتسمى (شركة المشروع) وذلك لإنشاء مرفق عـام وتشغيله لحسابها مدة من الزمن ثم نقل ملكيته إلى الدولة أو الجهة الإدارية[1].

واصطلاح البـوت B.O.T هـو اختصار لكلمات إنكليزيـة ثـلاث البنـاء Build والتشغيل Operate ونقل الملكية Transfer. ان أهمية نظام عقود البوت تتمثل في انه يقدم حـلا لمشكلة تمويـل مشروعـات البنيـة الأساسية دون ان تضطر الدولة إلى اللجوء للاقتراض أو فرض مزيد من الأعبـاء عـلى مواطنيهـا، أو تحميل الموازنـة العامـة مزيدا من الأعباء فضلا عن ان هذا النظام يمكن الحكومة أو الجهة الإدارية من تقديم خدمة أساسية للمواطن بإنشاء المرافق العامة[2].

من أهم المجالات التي تعمل فيها عقود البناء والتشغيل ونقل الملكية ما يأتي[3] :

---

(1) د. جابر جد. نصار، عقود البوت والتطور الحديث لعقد الالتـزام، مصـدر سـابق، ص38. وقد عرفتها لجنة الامم المتحدة للقانون التجاري (الانسترال) بأنها شكل من أشكال تمويل المشاريع تمنح بمقتضاه حكومة ما لفترة من الزمن أحد الاتحد.ات المالية الخاصة ويدعى شركة المشروع امتياز لتنفيذ مشروع معين، وعندئذ تقوم شركة المشروع ببناءه وتشغيله ود.ارته لعدد مـن السنوات وتسترد تكاليف البناء وتحقـق ارباحـا مـن تشغيل المشروع واستغلاله تجاريـا وفي نهاية مدة الامتياز تنقل ملكية المشروع إلى الحكومة. لمزيد مـن التفصيل يراجع : د. محمـد ابو العينين، انتشار الاتجاه إلى إقامة مشروعـات البنيـة الأساسية في الـدول الناميـة عـن طريق نظام البوت B.O.T، بحق مقدم إلى المؤتمر الـدولي عـن مشروعـات البنـاء والتشغيل ونقل الملكية (البوت) ومقومات نجاحها في مصر، مركز القاهرة الاقليمي للتحكيم التجاري الـدولي، القاهرة، 14 – 16 نوفمبر (تشرين ثاني) 1999، ص3.

(2) د. جيهان حسن سيد احمد، عقود البوت B.O.T وكيفية فـض المنازعـات الناشئة عنهـا، دار النهضة العربية، القاهرة، 2002، ص18.

(3) د. محمد محمد بدران، نحو أفاق جديدة للخصخصة، مذكرات لطلبة دبلوم العلوم الـد.ارية، كلية الحقوق، جامعة القاهرة، غير منشورة، 1999، ص3.

1- مشروعات البنية الأساسية المتعلقة بالمرافق العامة الأساسية والتي كانت تضطلع الدولة بالقيام بها أساسا، من أمثلة ذلك المطارات ومشروعات الطرق والجسور ومحطات الكهرباء والصرف الصحي.

2- المجمعات السكنية، حيث يعهد إلى القطاع الخاص بإنشاء هذه المجمعات السكنية وادارتها ثم إعادتها بعد انتهاء مدة العقد إلى الدولة على انه من الملاحظ عدم إقبال القطاع الخاص على مثل هكذا مشروعات.

3- استغلال واستصلاح الأراضي المملوكة للدولة ملكية خاصة كإقامة مشروعات التنمية العمرانية أو استصلاح الأراضي الزراعية أو إقامة مشروعات ري، على انه يلاحظ ان المجال الرئيس الذي طبقت فيه عقود البناء والتشغيل واعادة الهيكلة هو إنشاء المرافق العامة الاقتصادية مثل إنشاء المطارات أو محطات الكهرباء أو محطات المياه.

وإذا كان نظام البوت وأشكاله قد ارتبط ظهوره بهذه الكثافة مع الاتجاه الذي سلكته اقتصاديات دول العالم المختلفة ـ ومنها مصر ـ إلى الاقتصاد الحر إلا ان هذا النظام ليس جديدا تماما، وانما هو نظام قديم تعود نشأته في فرنسا على شكل عقود امتياز المياه (بيريه إخوان) وفي مصر كان مشروع قانون السويس، وهو يعد أول مشروع بوت في مصر [1].

ب. أشكال عقود البوت :

عقود البناء والتشغيل ونقل الملكية ليست شكلا واحدا وانما تتعدد صورها وتتباين، فعلاوة على الصورة الرئيسة التي تعني البناء والتشغيل ونقل الملكية، فان الواقع العملي افرز صورا جديدة يتعين التعرف عليها والإلمام بخصائصها حتى يمكن اختيار النوع المناسب للتطبيق وهذه الأنواع هي :

---

(1) خالد بن محمد عبد الله العطية، النظام القانوني لعقود التشييد والتشغيل ونقل الملكية، رسالة ماجستير، كلية الحقوق، جامعة القاهرة، دون سنة، ص4.

1 ـ البناء والتملك والتشغيل ونقل الملكية B.O.O.T

(Build, Own, Operate & Transfer)

وفي إطار هذا العقد فان شركة المشروع تقوم ببناء المرفق وتملكه وادارته وتشغيله طوال مدة العقد، وتختلف هذه الصورة عن صورة الـ B.O.T من انها تتيح لشركة المشروع ملكيته مدة العقد ثم ينقل الملكية في نهاية هـذه المـدة، بينما في الـ B.O.T تكون الملكية للجهة الإدارية ذلك ان المشروع يبنى لحسابها[1].

2 ـ البناء والتملك والتشغيل B.O.O

(Build, Own, Operate)

وهذا النوع تكون الملكية فيه دائمة حيث ينتهي المشروع ذاتيا بانتهاء فترة الامتياز، وهذا النوع الوحيد من أنواع الـ B.O.T التي تكون فيه الملكية دائمة أي انتقال المشروع كاملا إلى القطاع الخاص بعد بنائه وتشييده وتملكه لتكون المرحلة الأخيرة انتقاله إليه لتشغيله بمفرده ولا يعود مرة أخرى إلى الدولة مثل باقي الأنواع الأخرى لذلك يعد هذا النوع أحد أساليب الخصخصة الكاملة للمرافق العامة[2].

3 ـ البناء والتملك والتأجير التمويأتي وتحويل الملكية الـ B.O.L.T

(Build, Own, Lease & transfer)

حيث يتم بناء المشروع وامتلاكه مرحليا وتأجيره تأجيرا تمويلياً للغير وتحويل الملكية إلى الدولة في نهاية مدة الامتياز، وهو من أهم صور مشروعات البنية الأساسية الممولة من القطاع الخاص وتصلح لاقامة المشروعات التي تحتاج إلى آلات ومعدات رأسمالية لتشغيلها وحسن إدارتها[3].

---

(1) د. جابر جد. نصار، عقود البوت وتطور الحديث لعقد الالتزام، مصدر سابق، ص46.

(2) د. جيهان حسن احمد، المصدر السابق، ص20.

(3) د. احمد رشد. محمود سلام، عقد الإنشاء والد.ارة وتحويل الملكية (B.O.T) في مجال العلاقات الدولية الخاصة، دار النهضة العربية، القاهرة، 2004، ص16.

4 ـ البناء والإيجار والتحويل الـ B.R.T

(Build, Rent & Transfer)

وهذا النوع له طبيعة خاصة تستمد خصوصيتها من خصوصية المنفعة التي تحققها للأفراد وهي خصوصية ترتبط بالمكان وترتبط أيضا بالعائد المتولد عنها، حيث يقوم المشروع على قابليته للتأجير سواء كان إيجارا سنويا قابلا للتجديد أو طوال فترة الامتياز، مثل إقامة طريق حيوي سريع[1].

5 ـ تحديث وتملك وتشغيل وتحويل الملكية M..O.O.T

(Moderns, Own, Operate & Transfer)

وهذا النوع من المشروعات يكون قائما بالفعل لكنه لا يعمل بكفاءة لعدم صلاحيته أو بسبب التطور التكنولوجي ويجعله يحتاج إلى عملية التحديث يتم من خلالها تزويد المشروع بأحدث المعدات التكنولوجية وبنظم إدارة وتشغيل حديثة، ومراحله تبدأ بالتحديث ثم التملك وتشغيله وتحويل الملكية إلى الدولة في نهاية عقد الامتياز[2].

6 ـ البناء والتملك والتشغيل[3] R.O.O

(Rehabilitate, Own & Operate)

---

(1) د. محمد المتولي، المصدر السابق، ص 57. د. هاني صلاح الدين، المصدر السابق، ص16.

(2) د. هاني صلاح سري الدين، الاطار القانوني لمشروعات البناء والتشغيل ونقل الملكية (البوت) ومقومات نجاحها في مصر، بحث مقدم الى مركز القاهرة الاقليمي للتحكيم التجاري الدولي نوفمبر، 1999، ص16.

(3) د. محمد المتولي، المصدر السابق، ص58.

7 - البناء والتحويل والتشغيل B.T.O

(Build, Transfer & Operate)

يقصد بهذا النـوع تعاقـد الحكومـة مـع المسـتثمر الخـاص عـلى بنـاء المشروع أو المرفق العام ثم التخلي عـن ملكيته للحكومـة التي تـبرم عقـد آخـر لادارة وتشغيل المشروع خلال فترة الامتياز وذلك مقابل الحصول على إيرادات التشغيل وبذلك تصبح الحكومة مالكة ابتداء وليس في نهاية فترة الامتياز كـما في عقـد الـ B.O.T فتكـون للجهة الإدارية الملكية حيث ان المشروع ينشأ لحسابها ويصلح هذا النوع مـن العقـود في مجال الفنادق[1].

8 ـ التصميم والبناء والتمويل والتشغيل D.B.F.O

(Design, Build, finance, Operate)

تتفق الحكومة مع المستثمر على إقامة مشروعات البنية الأساسية أو المرفق العام وفقا لشروط وتصميمات تحددها الحكومـة، ويتـولى المستثمر الإنفاق عـلى إقامـة المشروع وتأسيسه وامداده بالآلات والمعدات والأجهزة، ويتولى البحث عـن تمويل مـن أحد البنوك ويقوم بتشغيل المشروع وفقا لضوابط تضعها الحكومة، ولا تنتقل ملكية المشروع إلى الحكومة بعد فترة الامتياز حيث ان الحكومة تحصل مقابل مـنح الامتياز ويحق للحكومة تجديد الامتياز أو مـنح الامتياز لمستثمر افضل مـع دفع التعويض المناسب للمستثمر الخاص المالك للمشروع[2].

هذه هي أهم أنواع البناء والتشغيل والتحويل وعلى الرغم مـن تعـددها إلا انهـا جميعا تتقـارب ولا تخرج في رأينا عن ثلاثة أنواع أساسية هـي B.O.T - B.O.O.T - M.O.O.T. وفي جميـع الأحـوال اختيـار أي منهـا للتطبيـق تحكمـه العديـد مـن

---

(1) د. محمد بهجت فايد، إقامة المشروعات الاستثمارية وفقا لنظام البناء والتشغيل ونقل الملكية، نظام البوت، دار النهضة العربية، 1997، ص90.

(2) د. جيهان حسن سيد احمد، المصدر السابق، ص11.

العوامـل والمتغـيرات والاعتبـارات السياسـية والاقتصـادية والاجتماعيـة والتكنولوجيـة، والتي تختلف من دولة لأخرى ومن نشاط اقتصادي لآخر وبما يتوافق والبيئة المحيطـة وتحقيق اكبر فائدة تنموية للدولة.

ج- الطبيعة القانونية لعقود البناء والتشغيل ونقل الملكية B.O.T

يرى اغلب الفقهاء ان عقود البناء والتشغيل ونقل الملكيـة B.O.T بتفريعاتها المختلفة خرجت من رحم عقد التزام المرافق العامـة[1]، إلا ان بعض الفقهاء لهـم آراء مختلفة وسوف نتناول هذه الآراء وكما يأتي :

الرأي الأول : عقود البناء والتشغيل ونقل الملكية هي تنظيم.

ويعني ذلك ان عقد البوت ليس اتفاقا أو عقدا وانمـا هـو تنظيم اقتصـادي يلـزم لتنفيذه إبرام العديد من الاتفاقات المتشابكة والمتعددة بين أطراف مختلفة. بل ان هذه الأطراف قد تتعارض مصالحها[2]. إلا ان هذا الرأي محل نقد بسبب انكاره الصفة التعاقدية لعقود البوت بدعوى انه يتضمن العديد من الاتفاقات التي قد تتعارض فيها مصالح أطرافها، وهذا غـير صـحيح، إذ ان الاتفاقـات الفرعيـة إنمـا تـرتبط في وجودهـا بالعقد الرئيس بين جهة الإدارة وشركة المشروع فان كانت هناك عقود فرعية فهـي لا تؤثر على طبيعة العقد الرئيسي.

الرأي الثاني : الطبيعة الخاصة لعقود البوت.

ذهب البعض إلى ان عقود البناء والتشغيل ونقل الملكيـة مـن عقـود الإدارة العادية التي تخضع منازعاتها للقانون الخاص. ذلك لان هذه العقود مثل عقود

---

(1) د. جابر جد. نصار، عقـود البـوت والتطـور الحـديث لعقـد الالتـزام، مصـدر سـابق، ص 49، د. محمـد الشهاوي، المصـدر السـابق، ص3وص4، د.محمـد محمـد عبد اللطيـف، الاتجاهـات المعاصرة في د.ارة المرافق العامة الاقتصد.ية، مصدر سابق، ص33.

(2) د. هاني صلاح سري الدين، الاطار القانوني لمشروعـات البنية الأساسـية التـي يـتم تمويلهـا عـن طريق القطاع الخاص بنظام البناء والتملـك والتشـغيل والتمويـل، مجلـة القـانون والاقتصـد.، العدد 69، 1999، ص174.

الاستثمار لا تقبل بحسب طبيعتها ان تضمنها الإدارة شروطا استثنائية، فمتطلبات التجارة الدولية تلزم ان يكون شأن الدولة شأن الأفراد العاديين في التعاقد معهم فوجود طرف أجنبي في العلاقة التعاقدية يمنع الإدارة من تضمين عقودها مع هذا الطرف الاجنبي شروطا استثنائية على اعتبار ان سيادة الدولة محددة داخل إطار إقليمها الجغرافي، ومن ثم يجب ان تقف الإدارة موقف المساواة مع المتعاقد معها إذا كان أجنبيا[1]. في الحقيقة ان هذا الرأي كان محل انتقاد من بعض الفقه لإنكاره الطبيعة الإدارية للعقد وكما سنرى حالا.

الرأي الثالث : ينتقد أصحاب هذا الرأي التوجه السابق

ويذهبون إلى القول بأن عقود البوت وان كانت من عقود الاستثمار التي تبرمها الدولة تعد من العقود الإدارية من حيث تدخل السلطة العامة طرفا فيها ويلتزم الشخص الخاص بتسيير المرفق العام، وتشتمل جميعها على شروط استثنائية غير مألوفة في القانون الخاص[2].

ويضيف أصحاب هذا الرأي ان البوت هو عقد إداري بطبيعته بمجرد ان تكون الإدارة طرفا فيه وان يتصل بنشاط مرفق عام، لانه حين تعهد جهة الإدارة لفرد أو شركة بإدارة وتشغيل مرفق عام، ومن باب أولى إنشائه يعتبر أمرا استثنائيا يثبت به للعقد صفته الإدارية[3].

---

(1) د. احمد حسان الغندور، التحكيم في العقود الدولية للانشاءات، دار النهضة العربية، 1998، ص107.

Well (P.) : Droit international public et Droit administratif, melanges, trotabas p.527 أشار إليه د. جابر جد. نصار، عقود البوت والتطور الحديث لعقد الالتزام، مصدر سابق، ص50.

(2) د. جابر جد. نصار، المناقصات العامة في القانونين المصري والفرنسي والقانون النموذجي للامم المتحدة اليونسترال، دراسة مقارنة، الطبعة الثانية، دار النهضة العربية، 2002، ص7.

(3) Pe Forges et jean michel: Droit administratif , 5 edition , pu , F1994 , p.70.

الرأي الرابع : عقد البوت عقدا إداريا ذا طابع دولي

ان العقد الإداري ذا الطابع الدولي هو ذلك العقد الذي يبرمه شخص معنوي بقصد تنظيم مرفق عام أو تسييره مستخدما وسائل القانون العام وذلك بتضمين العقد شروطا استثنائية غير مألوفة في القانون الخاص، ويخضع لنظام قانوني واحد بالرغم من اتصال عناصره بأكثر من دولة، حيث يخضع لقانون الدولة التي يتبعه الشخص المعنوي العام المتعاقد مع ما يتضمنه من تحديد ما هو المقصود بهذا العقد[1].

ومعيار التفرقة بين العقد الإداري الوطني والعقد الإداري ذا الطابع الدولي هو الذي يقوم على تعلق العقد بمصالح التجارة الدولية، ويترتب على العقد انتقالا للاموال والخدمات عبر الحدود وهو ما يسميه الفقه بالمعيار الاقتصادي[2].

الرأي الخامس (الراجح) : عقود البوت هي عقود التزام مرافق عامة

يذهب هذا الرأي إلى اعتبار عقود البناء والتشغيل ونقل الملكية B..O.T هي عقود التزام مرافق عامة[3]، وما من شك ان عقد الالتزام يعتبر أهم العقود الإدارية، وهو عقد إداري بطبيعته أي انه يكون اداريا في كل الأحوال متى كانت الإدارة طرفا فيه واتصل بنشاط مرفق عام. وإذا كانت الصورة التقليدية لعقد الالتزام هي اعتباره اسلوبا لإدارة المرافق العامة، إذ ترى الدولة لاسباب كثيرة ان تتخلى عن ادراة مرفق وتعهد به إلى الملتزم. فان هذا لا يمنع ان يقوم

(1) د. عصمت عبد الله الشيخ، التحكيم في العقود الد.ارية ذات الطابع الدولي، دار النهضة العربية، القاهرة، 2000، ص87.

(2) د. هشام صد.ق، القانون الواجب التطبيق على عقود التجارة الدولية، منشاة المعارف بالاسكندرية، 1995، ص10.

(3) المستشار محمود محمد فهمي، بحث في عقود الـ**B.O.T** وتكييفها القانوني، مجلة مصر المعاصرة، يناير ابريل، العدد 461 -462، السنة 2، 2001، ص8.

الملتزم ـ بداءة ـ بإنشاء المرفق وتشغيله مدة العقد ثم رده مرة أخرى إلى الجهة الإدارية، وهو الأمر الذي كان عليه عقد التزام قناة السويس ولم يمار أحد في طبيعته ومن ذلك أيضا عقود النفط[1].

وقد عرفت محكمة القضاء الإداري عقد الالتزام في حكمها بتاريخ 1956/3/25 بأنه " ... التزام المرافق العامة ليس إلا عقدا إداريا يتعهد أحد الأفراد أو الشركات بمقتضاه بالقيام على نفقته وتحت مسئوليته المالية بتكليف من الدولة أو إحدى وحداتها الإدارية وطبقا للشروط التي توضع لها باداء خدمة عامة للجمهور وذلك مقابل التصريح له باستغلال المشروع لمدة محددة من الزمن واستيلائه على الأرباح، فالالتزام عقد إداري ذو طبيعة خاصة وموضوعه إدارة مرفق عام لا يكون إلا لمدة محدودة ويتحمل الملتزم بنفقات المشروع واخطاره المالية ويتقاضى عوضا في شكل رسوم يحصلها من المنتفعين"[2].

وفي تقديرنا ان تعدد صور تنفيذ العقد بنظام B..O.T وكذلك هياكل التنفيذ ينتج عنه اختلاف الشروط والعناصر من عقد إلى عقد، وعلى ذلك لابد من فحص كل عقد على حده وتكييفه في ضوء شروطه وعناصره وظروفه وملابساته بحيث يتماشى التكييف مع جوهر العقد وخصوصيته.

لذا نرى البعد عن وضع تكييف واحد عام ينطبق على كل العقود أيا كانت الشروط والملابسات المحيطة بكل عقد على حده. ويكون الأفضل تكييف كل عقد على حده في ضوء شروطه وعناصره وظروفه، حيث ان الناتج قد يختلف من حالة لأخرى أو من عملية لأخرى.

---

(1) د. عبد الرحيم محمد سعيد، النظام القانوني لعقود البترول، رسالة دكتوراه، حقوق القاهرة، 2002، ص103.

(2) محكمة القضاء الد.اري في حكمها 146 لسنة 8ق الصد.ر بجلسة 1956/3/25، السنة العاشرة، ص259.

وبناء على ذلك تكون العقود المبرمة بين الدولة وشركة المشروع ليست ذات طبيعة واحدة ولا تخضع لنظام قانوني واحد، فهي في بعض المجالات تكون عقودا إداريا وفي البعض الآخر تعد من عقود القانون الخاص، والعبرة في ذلك بتحليل كل عقد على حده لمعرفة أركانه ووضعه تحت النظام القانوني الذي يحكمه.

وإجمالا نرى انه مع تقديرنا لتوجه اغلب الفقهاء لاعتبار عقود البوت من عقود التزام المرافق العامة إلا أننا لا نستطيع ان نتقبل هذا الرأي على إطلاقه ويجب ان نكون حذرين في تطبيق النظام القانوني لالتزام المرافق العامة بشكل حرفي على صور عقود البوت إذ انه في كثير من الأحيان يتعارض مع الفلسفة الاقتصادية لهذا النظام الجديد، والدوافع إلى تطبيقه وذلك في أمور عدة منها:-

1 ـ ان نظام البوت نظرا لطبيعته الاقتصادية ودور الدولة في تنفيذه وطرائق تمويله الحديثة وفقا لآليات السوق يختلف من الناحية الفنية والاقتصادية اختلافا جذريا عن نظام التزام المرافق العامة التقليدية وهو الأمر الذي يجعل معه بعض القواعد والأحكام السارية على اتفاقات التزام المرافق العامة غير صالحة للتطبيق على نظام البوت، كما يقتضي تفسير بعض النصوص والأحكام الأخرى بطريقة اكثر مرونة دون إخلال أو جور على حق الدولة الأصيل في تنظيم مرافقها العامة وضمان سيرها بانتظام واضطراد، وهو الأمر الذي دعا المشرع المصري إلى تعديل قانون التزامات المرافق العامة المرقم 129 لسنة 1947 بمقتضى قوانين خاصة في قطاعات معينة مثل قطاع الكهرباء (القانون رقم 100 لسنة 1996)، وقطاع المطارات (القانون رقم 3 لسنة 1997)، وقطاع الطرق والجسور (القانون رقم 299 لسنة 1996). كما هناك مشروع بقانون لقطاع مياه الشرب والصرف الصحي على النسق نفسه. وكل هذه القوانين ومشروع القانون

المذكور قد شرعت لتخفف من قيود بعض احكام القانون رقم 129 لسنة 1947 فأجازت جميعها منح التزامات المرافق العامة لمدة تزيد على ثلاثين عاماً على خلاف احكام المادة (1) من القانون سالف الذكر وبموجب هذا التعديل يسمح بتجديد منح الترخيص لذات المستثمر، وتطوير ومد خدمات المرافق في حالة انتهاء المدة الأصلية للترخيص والتي لا تتجاوز عادة خمسة وعشرون عاما إلى ثلاثين عاما[1].

كما حذفت جميع القوانين المشار إليها وكذلك مشروع القانون أية قيود على أرباح شركة المشروع. وذلك على خلاف المادة الثالثة من القانون 129 لسنة 1947 التي تنص على انه " لا يجوز ان تتجاوز حصة الملتزم السنوية في صافي أرباح استغلال المرفق عشرة في المائة من راس المال الموظف والمرخص له، وذلك بعد خصم مقابل استهلاك راس المال"[2]. وكذلك فان هذه القوانين المشار إليها على خلاف القانون 129 لسنة 1947 وتعديلاته اكتفت بموافقة مجلس الوزراء على منح الترخيص دون حاجة لاستصدار قانون بمنح الالتزام، وذلك تحقيقا لقدر اكبر من المرونة ودون إخلال بخطة الهيئة التشريعية في الرقابة[3]. أما فيما عدا القطاعات المذكورة آنفا فهي تظل محكومة بأحكام قواعد قانون التزام المرافق العامة (القانون رقم 129 لسنة 1947).

2 ـ في عقود التزام المرافق العامة يفترض تحصيل الملتزم للرسوم مباشرة من المنتفعين، وهذا ليس بالضرورة هو الواقع العملي في إطار نظام البوت

---

(1) د. هاني صلاح سري الدين، الاطار القانوني لمشروعات البنية الأساسية التي يتم تمويلها عن طريق القطاع الخاص بنظام البناء والتملك والتشغيل والتمويل، مجلة القانون والاقتصد.، العدد 69، 1999، ص14.

(2) د. احمد بشار محمود سلام، المصدر السابق، ص187.

(3) المصدر السابق، والصفحة نفسها.

بصوره المختلفة، إذ ان التطبيقات الحديثة قد جرت على قيام الدولة بالالتزام بشراء الخدمة أو المنتج مباشرة من شركة المشروع، فمثلا تقوم الشركة ببناء محطة كهرباء أو مياه، تلتزم الدولة بشراء حد أدنى من المنتج ـ سواء المستخدمة بالفعل أم لا ـ على ان تقوم هي بعد ذلك بتوزيع هذه الطاقة أو المياه المنتجة على جمهور المستخدمين وبالآتي لا تنشا أية علاقة مباشرة بين شركة المشروع وهؤلاء المستخدمين ومن هنا كان أي تعديل من قبل جهة الإدارة بارادتها المنفردة لسعر الخدمة. لا يعد في مفهوم هذه الاتفاقات تعديلا لتعريفة أسعار الخدمة للجمهور ـ أي تعديلا للشروط اللائحية ـ بل تعديلا للشروط المالية للعقد أي تعديلا للنصوص التعاقدية، وهو الأمر الذي لا يجوز قانونا ـ حتى في ظل قواعد القانون الإداري ـ إلا باتفاق الطرفين والتزام المخالف بتعويض الطرف الآخر كما ان التفرقة بين النصوص التعاقدية واللائحية أمر ليس بالسهل في ظل النظم الحديثة المعروفة بالبوت حيث انها تختلط ببعضها البعض، واعطاء جهة الإدارة سلطة تعديلها بإرادتها المنفردة ينسف الأساس الاقتصادي لهذه المشروعات. والتي قد تصل تكلفتها إلى مئات الملايين من الدولارات[1].

3 ـ ان نظام البوت يعتمد على تملك شركة المشروع لاصول المرفق ملكية تامة وخالصة، والهيمنة على إدارته، ويمكن رهن أصول المشروع في هذه الأحوال بغرض تمويله، وهو الأمر الذي يتعارض مع مفهوم وجوهر عقد

(1) لذلك نجد انه في مشروع القانون الخاص بقطاع مياه الشرب والصرف الصحي ـ المنوه عنه سابقا ـ قد جاء النص فيه صراحة على انه لا يجوز في المشروعات التي يتم تمويلها بنظام البوت تعديل أي من بنود اتفاق الالتزام دون تفرقة بين هذه البنود إلا باتفاق أطرافه، بالتأكيد ان هذه المد.ة في مشروع القانون هذا تعرض مبدأ قابلية قواعد المرافق العامة الاقتصد.ية للتغيير والتطوير للإهدار، أو تقيد سلطة الد.ارة في تعديل عقودها الد.ارية بإرد.تها المنفردة وهو جوهر هذا المبدأ.

التزام المرفق العام والتي تفترض ان المرفق خاضع لهيمنة سلطة الإدارة[1] وان أصوله غير قابلة للحجز أو التنفيذ عليها.

يمكن ان نقول ان عقد التزام المرفق العام قد يشكل البنيان أو الهيكل أو الإطار الذي يؤطر عقد البوت بأشكاله المتعددة إلا ان تفاصيل هذه العقود فيها من الاختلاف الكبير عن عقود الالتزام الأمر الذي يجعلها تتمرد على هذا الإطار وتحاول ان تتملص منه، وما سنه المشرع المصري من قوانين لتعديل القانون المرقم 129لسنة 1947 وبخصوص قطاعات معينة الا محاولة منه لإبقاء هذه العقود الحديثة ضمن الإطار القانوني لعقد الالتزام، وسيكون هذا ديدنه في كل مرة تلجا فيها الإدارة إلى عقود البوت في القطاعات الأخرى الأمر الذي دفع بعض الفقهاء للمطالبة بسن تشريع جديد لعقود البوت يتضمن أحكام عقد الالتزام التي لا تتعارض مع أحكام النظام الجديد. ومن جانبنا نطالب المشرع العراقي بإخراج عقد الالتزام من نصوص القانون المدني وسن قانون خاص به يراعي التطورات الحديثة الجارية على هذا النوع من العقود.

د- عقود البوت B.O.T بين الامتيازات والعيوب.

تتمثل أهمية عقود البوت بأشكالها المختلفة في كونها تعمل على زيادة القدرة الاستيعابية للاقتصاد المقامة فيه، وبذلك يكون أكثر قدرة على جذب الاستثمارات المحلية والأجنبية[2].

وتهدف عقود البوت الى تحقيق أمرين الأول : تطوير وتوسيع وتحسين أداء المرافق العامة القائمة. والثاني يهدف إلى إنشاء مرافق جديدة بتمويل من القطاع الخاص، وذلك يؤدي إلى تحسين ظروف عمل الاقتصاد في دولة ما، وسوف نعرض أهم امتيازات عقود البوت وكما يأتي :

(1) فالمرفق العام هو مشروع ذو نفع عام خاضع لهيمنة السلطة العامة أو الد.ارة العليا للحكام، د.محمود محمد حافظ، نظرية المرفق العام، مصدر سابق، ص22.

(2) د. جابر جد. نصار، عقود البوت والتطور الحديث لعقد الالتزام، مصدر سابق، ص55، و د. محمد الشهاوي، المصدر السابق، ص 350.

1ـ تخفيف العبء عن الموارد الحكومية المحددة : في ظل هـذه العقـود يتحمـل القطاع الخاص تمويل إنشاء وتشغيل هذه المرافق وتحمل مخـاطر التمويـل بهـا مما يؤدي إلى ان تتفرغ الدولة للمشروعات والمرافق العامة الأكثر أهميـة وتزيد أهمية هذه العقود إذا كانت شركة المشروع مسـتثمرا أجنبيا مـما يعنـي إدخـال استثمارات جديدة بتمويل خارجي الأمر الذي يؤدي إلى تحسين ميزان المدفوعات وخفض العجز في الموازنة العامة وتعزيز حصيلتها من النقد الأجنبي [1].

2ـ إقامة مشروعات ومرافـق جديـدة : وهـذه العقـود تـؤدي إلى إقامـة مشروعـات ومرافق جديدة مما يؤدي إلى إتاحة مزيد من فرص العمل، وضخ أمـوال جديـدة إلى السوق. وخلق قاعدة صناعية وخدمية جديدة مثل إنشاء الطرق أو محطـات الكهرباء أو المياه أو الإنفاق أو غـير ذلـك مـن المشروعات التـي تـتم عـبر هـذه العقود [2].

3ـ توفير البيئة المناسبة للتنمية الاقتصـادية : ذلـك أنهـا تـوفر فرصـة مناسبة لنقـل التكنولوجيا الحديثة إلى الدول النامية كما انها تنقل مخـاطر تمويـل إنشـاء هـذه المرافق أو تحسين ظروف العمل بها إلى القطاع الخاص مـما يخفف العـبء ومـا يترتب عليه من اختلالات في الموازنة العامة وأعباء خدمة هذه الديون [3].

---

(1) د. محمد المتولي، الاتجاهات الحديثة في خصخصة المرافق العامة الاقتصـد.ية، مصـدر سـابق، ص58.

(2) د. جابر جد. نصار، عقود البوت والتطور الحديث لعقد الالتزام، مصدر سابق، ص56.

(3) د. هاني صلاح سري الدين، الاطار القانوني لمشروعات البنـاء والتشـغيل ونقـل الملكيـة (البـوت) ومقومات نجاحها في مصر، مصدر سابق، ص5، هامش رقم (1)

Hoffman, S. The law and Business of international project finance 1998, pp.14،20.

اشار إليه المصدر السابق.

4 ـ استفادة الحكومات من خبرة القطاع الخاص في تقديم الخدمة العامة : اذ يذهب بعض الفقهاء الى أن الإدارة الخاصة دائما أكثر فاعلية وكفاءة من الإدارة الحكومية مما يحسن من أداء هذه الخدمات[1].

على إن هذه المميزات قد لا تتحقق في مجملها، فقد كشفت كثير من التجارب العملية ان الأخذ بنظام البوت قد مثل عبئاً اقتصاديا على الدولة المضيفة في كثير من التجارب لاسباب كثيرة منها :

1-لجوء المستثمر سواء أكان أجنبيا أم محليا إلى السوق المحلية للحصول على التمويل اللازم للمشروع بدلا من تحويل هذه الأموال من الخارج ثم بعد ذلك يستخدم هذا التمويل الخارجي لاستيراد المعدات والأجهزة من الخارج، مما يؤدي إلى زيادة الطلب على العملات الأجنبية والضغط على السيولة المتاحة في السوق الداخلي، الأمر الذي يؤدي إلى انخفاض قيمة العملة الوطنية وزيادة الطلب على العملات الأجنبية[2].

---

(1) د. محمد المتولي، الاتجاهات المعاصرة في خصخصة المرافق العامة الاقتصد.ية ،مصدر سابق، ص58.

(2) وهو الأمر الذي حدث عند تنفيذ عقد **B.O.T** بإنشاء محطتي كهرباء سيدي كرير في مصر، حيث حصلت شركة المشروع من بعض البنوك الوطنية على قرض قدره 400 مليون دولار بدلا من تحويل هذه الأموال من الخارج، وهو الأمر الذي دفع رئيس الجمهورية للتحذير من التوسع في عقود الـ **B.O.T** وقال في ذلك " ان الأعباء التي تتحملها مصر نتيجة قيام هذه المشروعات كبيرة لانه بعد فترة يتم تحويل مكاسبها إلى الخارج وبالعملة الصعبة " جريدة الاهرام الصد.رة في 2001/11/12 العدد 41979 لسنة 126، الصفحة الأولى. واعد. هذا التحذير مرة أخرى في جريدة الاهرام في 2001/11/15 ضاربا المثل بما حدث في محطتي كهرباء سيدي كرير، إذ قال " يجب إلا يأتي أحد ويعمل نظام **B.O.T** كما حدث في الشركة التي عملت محطة كهرباء في سيدي كرير واقترضت اموالا بالعملة الصعبة من البنوك المصرية، فماذا فعلت اذن ؟ لقد ضغطت على ما لدينا من عملة صعبة00" جريدة الاهرام 2001/11/15 العدد 41982 السنة 126 الصفحة الأولى.

2- تحويل المستثمر الأجنبي للأرباح الناتجـة عـن المشروع إلى الخـارج دون أي قيـود تلزمه باستثمار جزء من هذه الأموال في الدولة المضيفة مما يـؤدي إلى اختلال في ميزان المدفوعات.

3- الإفراط في منح الملتزم المزايا المرتبطة بالعقد، ومن ذلك التزام الدولة بشراء الخدمـة وضمان الحكومة لسداد حد أدنى لمقابل هذه الخدمـة، فضلا عـن ضمان البنـك المركزي لتأدية الدين وهو ما حدث في عقد محطـة كهربـاء سـيدي كريـر، وهـو الأمر الذي لا يتفق ووظائف البنك المركزي[1]. وفي عقود التزامات الطرق السريعة التي طرحتها الحكومة المصرية بنظام البوت احتوت العروض على تمليك الملتزم مساحات شاسعة من الأراضي التي تقع على جوانب هـذه الطـرق وهو أمـر قـد يتجاوز قيمة هذه العقود لاسيما إذا ابرمت لمدد طويلة من الزمن[2].

4- ارتباط عقود البوت بالاحتكار، فشركة المشروع تشترط ذلك حتى تضمن سيطرتها على السوق وضمان عدم منافستها حتى تسترد ما نفقته من أموال. ويترتب علـى ذلك ما يترتب على الاحتكار من مساوئ، وفي حالة عدم ارتباط المشروع بالاحتكار، فان الدول المضيفة تلتـزم بشراء الخدمـة التي يقـدمها المشروع كـما يحـدث في محطات الكهرباء أو تضمن حـدا أدنى مـن التشـغيل، كـما يحـدث في المطارات والطرق.

5- ارتفاع كلفة المشروعات على المـدى الطويـل خاصة إذا تعلـق الأمر بشراء الدولـة للمنتج.

---

(1) د. جابر جد. نصار، عقود البوت والتطور الحديث لعقد الالتزام، مصدر سابق، ص59.

(2) د. مجدي موريس نخلة، في التجربة المصرية في مجـال إنشـاء المطارات بنظام B.O.T، بحـث مقدم إلى المؤتمر الدولي عن مشروعات البناء والتشـغيل ونقـل الملكيـة (البـوت) ومقومـات نجاحها في مصر، مركز القاهرة الاقليمي للتحكيم التجاري الـدولي، القاهرة، 14،16 نوفمبر 1999، ص3.

6- إبرام عقود البناء والتشغيل ونقل الملكية لمدة طويلة قد تصل إلى تسع وتسعين سنة، حسب التعديلات التشريعية الحديثة لقانون التزام المرافق العامة 129 لسنة 1947 المعدل، وهو أمر شديد الخطورة ولمصر تجربة مريرة في هذا الشأن في احتلال مصر 1882 وكذلك العدوان الثلاثي عليها سنة 1956.

7- عبء المخاطر السياسية يقع على عاتق الدولة مثل حالات العصيان المدني، وحالة الحرب وزيادة الرسوم الجمركية وتغيير المعاملة الضريبية أو التغيير في العملة الأجنبية[1]

8- من أهم أوجه النقد الموجهة لعقود البوت أنه قد يقيد حق الادارة في استرداد المرفق قبل نهاية مدته الطبيعية، وهو حق تقرر لها بموجب المادة الخامسة من قانون الالتزام المصري رقم 129 لسنة 1947، الا ان ذلك مردوداً عليه بان هذا الحق يرتبط بملكية الادارة للمرفق أما في عقود البوت فأن الملتزم (شركة المشروع) ينشئ المرفق ويشغله مدة العقد ثم ينقل ملكيته مرة أخرى الى جهة الادارة. ولذلك لا يتصور ممارسة الادارة لهذا الحق الا اذ اتفق الطرفان على ذلك صراحة فهو أمر يهدد الاستثمارات شركة المشروع، ويجب في حالة حدوثه أن ينظمه العقد بنصوص صريحة وبمقابل عادل.

وفي تقديرنا انه على الرغم من جدية هذه المخاوف، فإنها لا تعني اغلاق الباب أمام هذه العقود إذ يمكن تلافي هذه المعوقات والتقليل منها عن طريق إنشاء جهاز إداري متخصص يقوم على اعداد الأعمال التحضيرية ودراسات الجدوى للمشروعات المستقبلية والإشراف على تنفيذ مشروعات البنية الأساسية بنظام الـ B..O.T وتحديد مسؤولياتها وسلطاته في اطار هيكل تنظيمي واضح،

(1) د. محمد المتولي، الاتجاهات الحديثة في خصخصة المرافق العامة الاقتصادية ،مصدر سابق، ص59.

كما يجب ان تتضافر جهود الفقه والمشرع في إصدار قانون يؤمن اللجوء إلى مثل هـذه العقود ويعظم إيجابياتها ويحد من السلبيات التي تنتج عنها لمصلحة الوطن ولتحقيق التنمية الاقتصادية المنشودة.

وقد لجئت العديد من الدول إلى تطبيق هـذا النظام ففـي مجـال النقـل طبقتـه دول كثيرة مثل الولايات المتحدة الأمريكية وبلجيكا والدانمارك والنرويج وهولندا وكوريا واستراليا ونيوزلندا والأرجنتين وشيلي والمغرب ومصر. وفي مجال المياه والصرف الصحي طبقته شيأتي والمكسيك ونيوزلنـدا واسـتراليا والصـين وتايلانـد والأردن والكويـت ومصر وعمان. وفي مجال الكهرباء طبقتـه معظـم دول أمريكـا اللاتينيـة وكـذلك مصر وتركيـا وباكسـتان وبولنـدا والفلبـين واندونوسـيا. وفي مجـال الاتصـالات لجـأت اليـه البرازيـل وتايلاند[1].

وندعو المشرع العراقي إلى اللجوء لهذا النظام نظرا للامتيازات التي ينضوي عليهـا وكذلك لحاجة العراق الملحة إلى مشروعات البنيـة الأساسية مـن كهربـاء ومـاء وصرف صحي وغيرها من مشروعات الطـرق والمواصـلات ولاسيما ان نظـام البـوت قـد اثبـت نجاحا ـ لا يشوبه بعض العوائق ـ في الدول التي أخذت به فحـري بالفقـه والمؤسسـات العلمية والإدارية تسليط الضوء عليه لابراز جوانبه المتعددة من خلال البحوث العلمية والندوات والمؤتمرات بغية الاطلاع على تجارب الدول المختلفة للاستفادة منهـا. عـلى أن يسبق ذلك إخراج أحكام عقد الالتزام ـ كما أسلفنا ـ من القانون المدني وإفـراد تشريـع خاص به يراعي فيه التطورات الجارية.

هـ - الإطار التشريعي لعقود البناء والتشغيل ونقل الملكية.

عقود البوت هي تطور حـديث لعقـود التـزام المرافـق العامـة ومـن ثـم فـان القواعد التي تحكم عقد التزام المرافق العامة تطبق على عقود البوت بالقدر الـذي يتفق مع هـذا التطـور فهـي تمثـل اطـارا عامـا لهـذه العقـود، ويـنظم عقـد التـزام

(1) د. محمد المتولي، الاتجاهات الحديثة في خصخصة المرافق العامـة الاقتصـادية، مصـدر سـابق، ص51وص59.

المرافق العامة في مصر القانون رقم 129 لسنة 1947 المعدل بالقانون رقم 61 لسنة 1958. ونظرا لقصور هذا التنظيم القانوني لعقود الالتزام عن استيعاب التطورات الحديثة لعقود الالتزام التي تتعلق بنظام البناء والتشغيل ونقل الملكية لجأ المشرع إلى تعديلات جزئية ـ كما سبق وأن ذكرنا ـ تتيح للحكومة ان تبرم عقود البوت التي تتعلق ببعض المجالات مثل إنشاء المطارات أو محطات الكهرباء أو محطات المياه والطرق.

ونظرا لتناول العديد من الدراسات لعقد التزام المرافق العامة بمفهومه التقليدي[1] ارتأينا ان نقصر تناولنا على غياب التنظيم التشريعي لعقود البوت واللجوء إلى المعالجة الجزئية.

صدرت حتى الآن أربعة قوانين في مصر بشأن السماح للقطاع الخاص باستغلال مرافق عامة حيوية، وذلك بوساطة عقود الالتزام وهذه القوانين هي:

1-القانون رقم 100 لسنة 1996 بخصوص تعديل بعض أحكام القانون رقم 13 لسنة 1976 في شأن هيئة كهرباء مصر، وقد نص هذا القانون على انه يجوز منح التزامات المرافق العامة للمستثمرين المحليين والأجانب لإنشاء وإدارة وتشغيل وصيانة محطات توليد الكهرباء دون التقيد بأحكام القانون رقم 129 لسنة 1947 في شأن التزامات المرافق العامة والقانون رقم 61 لسنة 1958 في شأن منح الامتيازات المتعلقة باستثمار موارد الثروة الطبيعية والمرافق العامة وتعديل شروط الامتياز[2].

---

(1) يراجع : ص ،،، من الاطروحة حيث اشرنا إلى مصد.ر عديدة بخصوص النظام القانوني لعقود التزام المرافق العامة بمفهومها التقليدي.

(2) على ان يكون منح هذه الامتيازات بمراعاة القواعد والإجراءات الآتية ،أ. ان يتم اختيار الملتزم في اطار المنافسة والعلانية. ب. إلا تزيد مدة الالتزام على تسع وتسعين سنة. ج. تحديد وسائل الاشراف والمتابعة الفنية والمالية التي تكفل حسن سير المرفق بانتظام واضطرد.. ويصدر منح الالتزام وتعديل شروطه في حدود القواعد والإجراءات السابقة قرار من مجلس الوزراء بناء على اقتراح وزير الكهرباء والطاقة. د. جابر جد. نصار،=

2- القانون رقم 229 لسنة 1996، لتعديل بعض أحكام القانون رقم 84 لسنة 1986 بشأن الطرق العامة، وينص هذا القانون على انه " يجوز منح التزامات المرافق العامة للمستثمرين المحليين والأجانب، أشخاصا طبيعيين أو معنويين، وتحصيل مقابل المرور عليها دون التقيد بأحكام القانون رقم 129 لسنة 1947 والقانون رقم 61 لسنة 1958"[1].

3- القانون رقم 3 لسنة 1997 في شأن منح التزامات المرافق العامة لإنشاء وإدارة واستغلال المطارات وارض النزول، وينص هذا القانون على انه " مع عدم الإخلال بالسيادة الكاملة والمطلقة للدولة على الفضاء الجوي داخل الإقليم وبالأنظمة الخاصة بأمن المطارات والطائرات يجوز منح التزامات المرافق العامة للمستثمرين المصريين وغيرهم، أشخاصا طبيعيين أو اعتباريين في الداخل والخارج لإنشاء واعداد وتشغيل وادارة وصيانة واستغلال المطارات، واراضي النزول، أو أجزاء منها، أو لتشغيل وادارة وصيانة واستغلال ما هو قائم من المطارات واراضي النزول، وذلك دون التقيد بأحكام القانون رقم 129 لسنة 1947 والقانون رقم 61 لسنة 1985 "[2].

4- لقانون رقم 22 لسنة 1998، بإضافة مادة جديدة إلى قانون رقم 1 لسنة 1996 في شأن الموانئ التخصيصية، وينص هذا القانون على انه " مع عدم

= عقود البوت والتطور الحديث لعقد الالتزام، مصدر سابق، ص92 ،93.وفيما يتعلق بالفقرة (أ) فان الد.ارة لا تتقيد بقواعد المناقصات والمزايدات في اختيار الملتزم للمرافق العامة، وفيما يتعلق بالفقرة (ب) فقد جاءت مخالفة للقانون المرقم 129 لسنة 1947 الذي حدد مدة الالتزام بما لا يزيد عن ثلاثين سنة بالاضافة إلى تعارض منح الالتزام بقرار من مجلس الوزراء مع نصوص القانون 129 لسنة 1947.

(1) د.محمد محمد عبد اللطيف، الاتجاهات المعاصرة في د.ارة المرافق العامة الاقتصد.ية، مصدر اسابق، ص35.

(2) د. جابر جد. نصار، عقود البوت والتطور الحديث لعقد الالتزام، مصدر سابق، ص93.

الإخلال بأمن الموانئ والسفن، يجوز منح التزامات المرافق العامة للمستثمرين المصريين وغيرهم، أشخاص طبيعيين أو اعتباريين في الداخل والخارج لإنشاء موانئ عامة أو تخصصية أو أرصفة متخصصة في الموانئ القائمة وادارتها واستغلالها وصيانتها وتحصيل مقابل استخدامها، وذلك دون التقيد بأحكام القانون رقم 129 لسنة 1947 والقانون رقم 61 لسنة 1958"[1].

ومن الواضح ان هذه التشريعات تجيز منح التزامات المرافق العامة في مجالات مهمة هي المرافق الأساسية أو مشروعات البنية الأساسية، مثل الطرق والمطارات والموانئ ومحطات القوى الكهربائية.

ولم تفقد الادارة في مصر وقتاً من اجل التطبيق الفعلي لهذه القوانين، فقد تم إبرام عقد إنشاء مطار مرسعلم واستغلاله وتم إبرام اتفاقية لإنشاء واستغلال محطة توليد قوى كهربائية بسيدي كرير.

الفرع الثاني
العقود الإدارية الأخرى لإدارة المرافق العامة الاقتصادية

نبين تباعا المقصود بعقود إيجار المرفق العام، وعقود مشاطرة الاستغلال، وعقود الإدارة على النحو الآتي :

أ- عقد إيجار المرافق العامة الاقتصادية.

جرى الفقه على التمييز بصدد عقود الإيجار التي تكون الإدارة طرفا فيها في حالتين[2]:

1- ان تكون الإدارة مستأجرة : وهنا يطبق القضاء المعيار العام لتمييز العقود، والقاعدة ان عقود الإيجار التي تبرمها الإدارة بصفتها مستأجرة عقد من

---

(1) د.محمد محمد عبد اللطيف، الاتجاهات المعاصرة في د.اراة المرافق العامة الاقتصد.ية، مصدر سابق، ص36.

(2) د.عمر حلمي، ود.ربيع أنور فتح الباب، المصدر السابق، ص197 وما بعدها.

عقود القانون الخاص ما لم تتضمن شروطا غير مألوفة وهذه مسألة نادرة الحدوث.

2- ان تكون الإدارة مؤجرة : وهنا يكون التمييز بين ما إذا ورد عقد الإيجار على عين تتبع الدومين الخاص أو الدومين العام. في الحالة الأولى يعتبر عقد الإيجار من عقود القانون الخاص[1]. أما الحالة الثانية فقد قرر المشرع الفرنسي بالمرسوم بالقانون الصادر 1918 اختصاص القضاء الإداري بمنازعات هذا النوع من العقود وبذلك اعتبرها من العقود الإدارية، واقد اعتبر القضاء الفرنسي الاتفاقات التي تبرمها الإدارة من قبيل العقود الإدارية متى انصبت على شغل جزء من الدومين العام ومن ذلك شغل جزء من شاطئ البحر لبناء كبائن للاستحمام، وتخصيص أجزاء معينة من الأسواق العامة للباعة أو مساحات من الجبانات المدافن[2].

وفي مصر يمكن القول بان العقود التي ترد على المال العام لا يمكن بحال من الأحوال ان تكون مدنية وذلك لتعارض أحكام القانون المدني مع طبيعة المال العام، فهي عقود إدارية بصفة مستمرة واكدت ذلك المحكمة الإدارية العليا بقولها " غني عن البيان ان العقد الذي يكون محله الانتفاع بمال عام هو بطبيعته من العقود التي تخضع لاحكام القانون العام لأنها توافق طبيعة المال العام لاتصالها الوثيق بمقتضيات النفع العام "[3].

وعقد الإيجار التي تكون الإدارة فيه بصفة مؤجرة هو اتفاق بموجبه يعهد شخص

---

(1) انظر : حكم محكمة القضاء الـد.اري في 1960/3/22 لسنة 14، ص 256، انظر : مجموعة الاحكام الصد.رة عن مجلس الدولة الفرنسي التي أشارت اليها د.سعد. الشرقاوي، العقود الـد.ارية، مصدر سابق، ص135 هامش1.
(2) د.عمر حلمي، د.ربيع أنور فتح الباب، المصدر السابق، ص198.
(3) حكم المحكمة الـد.ارية العليا في 1962/3/31، السنة السابعة قضائية، ص535.

عام إلى شخص آخر باستغلال مرفق عام مع تقديم المنشآت إليه، على ان يدفع المستأجر مقابلا للشخص العام المتعاقد[1].

ويمنح هذا الأسلوب للمتعاقد مع القطاع الخاص سلطة التحكم الكامل في نشاط المرفق العام خلال فترة التعاقد ويقع على عاتقه عبء تشغيل وصيانة المرفق خلال المدة المتفق عليها، واذا كان عبء تمويل الاستثمارات الرأسمالية للمرفق يقع على عاتق السلطة الإدارية فان المخاطر تقع على عاتق المستأجر بالإضافة إلى مسؤولية تمويل راس المال العامل واحلال الأصول ذات العمر الاقتصادي القصير، والفترة التي يغطيها العقد تتراوح بين 6 - 10 سنوات لتتماشى مع فترة الاسترداد الملائمة لتلك الاستثمارات[2].

ويتفق عقد إيجار المرافق العامة مع عقد الالتزام في امرين : الأول ان العقد يعهد إلى المستأجر إدارة واستغلال المرفق العام. والثاني ان المستأجر يقوم بتحصيل مقابل من المنتفعين بالمرفق.

غير ان عقد إيجار المرفق العام يختلف عن عقد الالتزام من ناحيتين : فمن ناحية يلتزم المستأجر بدفع مقابل مالي للإدارة من حصيلة ما يتقاضاه من المنتفعين، وذلك حتى يمكن لها استهلاك قيمة التجهيزات والإنشاءات التي قامت بتنفيذها، وهذا المقابل الذي يدفعه المستأجر يعتبر أحد خصائص عقد الإيجار دائما، لكن ليس هناك ما يستبعد أحيانا ان يقوم الملتزم بدفع مقابل للسلطة المانحة[3].

ومن ناحية أخرى فان عقد الإيجار، خلافا لعقد الالتزام لا يلقى على عاتق المستأجر " تنفيذ إنشاءات تتطلب استثمارات مهمة " وقد أكد مجلس الدولة

---

(1) د.محمد محمد عبد اللطيف، الاتجاهات المعاصرة في د.اراة المرافق العامة الاقتصد.ية، مصدر سابق، ص43.

(2) د. محمد المتولي، الاتجاهات الحديثة في خصخصة المرافق العامة الاقتصد.ية، مصدر سابق، ص51.

(3) د.محمد محمد عبد اللطيف، تفويض المرفق العام، المصدر السابق، ص81.

الفرنسي في حكم حديث ان التمييز بين عقد الالتزام والإيجار يستند إلى عدم تكليف المستأجر بإنشاء واستغلال منشآت تقتضي استثمارات مهمة من جانب المتعاقد[1].

وهذا الأسلوب له سلبياته، كما ان له إيجابياته، أما عن الأولى فمن أهمها احتمال إهدار المتعاقد أو إهماله لأصول المشروع مما قد يرتب خسارة كبيرة مستقبلا، ومن مزاياه ضمان دخل ثابت للدولة، واحتفاظها بملكية المشروع وعدم تحملها بالمخاطر التجارية[2]. ومن ابرز حالات تطبيق هذا النظام في العالم تأجير دولة التشيك لمرفق السكك الحديدية الإقليمية إلى القطاع الخاص عام 1997، ونصت في العقد على ان تبقى ملكية الأصول الثابتة للحكومة وتنقل ملكية الوحدات المتحركة إلى القطاع الخاص بنظام التأجير، وطبقت هذا النظام تايلاند وكولومبيا ومالي والهند والكاميرون وبوروندي، أما مرفق مياه الشرب والصرف الصحي ومرفق الكهرباء فقد تم تطبيق نظام التأجير بشأنها في كل من ساحل العاج وجامبيا وغينيا والفلبين. وهذا الأسلوب يكون مناسبا عندما تكون هناك حاجة للتشغيل بكفاءة أعلى ولا تكون هناك حاجة ماسة لتمويل استثمارات جديدة[3].

ومن تطبيقات عقود إيجار المرافق العامة في مصر، عقود إدارة جراجات (مرآبات) السيارات المتعددة الطوابق (مرآب العتبة والأوبرا على سبيل المثال)

---

(1) انظر : حكم مجلس الدولة الفرنسسي

C.E, 3Nov, 1995, ste iyonnaise des Eaux, Dunez, RFDA, 1997 , p927.

أشار اليه أ. د محمد محمد عبد اللطيف، تفويض المرفق العام، مصدر سابق، ص81.

(2) د. محمد المتولي، الاتجاهات الحديثة في خصخصة المرافق العامة الاقتصد.ية، مصدر سابق، ص51، ود. احمد جمال الدين موسى، فنون الخصخصة، مجلة البحوث القانونية والاقتصد.ية، العدد 12، اكتوبر، 1992، ص536.

(3) د. محمد المتولي، الاتجاهات الحديثة في خصخصة المرافق العامة الاقتصد.ية، مصدر سابق، ص51.

فهذه الجراحات (المرآبات) مملوكة للمحافظة، وعهدت إلى شركات خاصة بإدارتها مقابل ان تقوم الأخيرة بدفع جعل سنوي، يسدد على أقساط شهرية، ومن أهم التطبيقات أيضا إيجار شركات قطاع الأعمال في مصر إذا كانت هذه الشركات تباشر نشاطا يشكل مرفقا عاما[1].

ب- عقد مشاطرة الاستغلال[2].

مشاطرة الاستغلال عقد بموجبه يعهد شخص عام مرفق عام إلى شخص خاص نظير مقابل يتقاضاه الأخير من الجهة المتعاقدة وفقا لحسن سير الاستغلال على ان تتحمل الإدارة المخاطرة المالية للمشروع[3].

وتستهدف الإدارة من هذا الأسلوب تخليص المشروع من الروتين وعوائق نظم التوظف، حيث تقع على عاتق ادارة المشروع المستأجرة عبء توفير العاملين بالمرفق وتنظيم مركزهم القانوني وفقا لقواعد القانون الخاص[4]. وهذه الطريقة تختلف عن الإدارة المباشرة والالتزام، فهي تختلف عن الإدارة المباشرة في ان السلطة العامة لا تتولى بنفسها إدارة المرفق وانما يتولى شخص خاص هذه الإدارة، ومع ذلك فان القائم بالإدارة يتولى الإدارة لحساب الشخص العام الذي يتحمل مخاطر المشروع.

---

(1) د.محمد محمد عبد اللطيف، تفويض المرفق العام، مصدر سابق، ص82.

(2) يطلق البعض على " مشاطرة الاستغلال " اصطلاح " الاسغلال غير المباشر" انظر : د. عزت فوزي حنا، المصدر السابق، ص213. د.سليمان الطماوي، مبد.ئ القانون الد.اري، الكتاب الثاني، نظرية المرافق العامة، مصدر سابق، ص118. مع تقديرنا لهذا الرأي إلا اننا نؤيد ما ذهب إليه البعض الآخر من ان الد.ق ان مشاطرة الاستغلال هي إحدى طرق الاستغلال غير المباشر، د. محمد محمد عبد اللطيف، الاتجاهات المعاصرة في د.ارة المرافق العامة الاقتصد.ية، مصدر سابق، ص45.

(3) د.محمد محمد عبد اللطيف، تفويض المرفق العام، مصدر سابق، ص83.

(4) د.سامي جمال الدين، أصول القانون الد.اري، الجزء الثاني، منشات المعارف الاسكندرية، 1996، ص609.

وهي تختلف عن الالتزام، فالملتزم يقدم راس المال اللازم للمشروع وادارته خلافا للقائم بالإدارة في مشاطرة الاستغلال، وكذلك فان المقابل المالي الذي يتقاضاه القائم بالإدارة من المنتفعين لا يتولى تحصيله لحسابه وانما لحساب الإدارة[1]. واخيرا فان المقابل المالي نظير إدارة المرفق المستحق للقائم بالإدارة يتم تحديده وفقا لحسن الاستغلال وليس وفقا للأرباح[2]، ومن ذلك على سبيل المثال في مرفق النقل عدد الركاب، مقدار الأداء، الوفر الذي يتحقق في إدارة المرفق[3].

باختصار إذا كان الملتزم يجد المقابل المالي العادي في الربح، فان المدير يحصل على حافز تحسين سير الاستغلال. وللإدارة رقابة على الشركة المديرة ولكن رقابتها في هذه الحالة أقوى منها في حالة الامتياز نظرا لان الإدارة هي التي تتحمل مخاطر المشروع، أما مخاطر الشركة المديرة فمحدودة جدا، إذ تنحصر في عدم تحقيق الربح ولكنها ستحصل حتما على النسبة المئوية المتفق عليها[4].

ولهذا لا تكتفي الدولة بتحديد الرسوم الواجب اقتضاؤها من الأفراد ووضع الشروط العامة للاستغلال، بل تتدخل في التفصيلات، فتحدد الأجور ومكافئات مستخدمي وعمال الشركة المديرة، وتبين الأعمال والإصلاحات الجديدة الواجب إدخالها في إدارة المشروعات، وتراقب مكاتب وحسابات

---

(1) د.سليمان الطماوي، مبد.ئ القانون الد.اري، الكتاب الثاني، نظرية المرافق العامة، مصدر سابق، ص118.

(2) د.محمد محمد عبد اللطيف، الاتجاهات المعاصرة في د.ارة المرافق العامة الاقتصد.ية، مصدر سابق ص45 وص 46.

(3) د.محمد محمد عبد اللطيف، تفويض المرفق العام، مصدر سابق، ص83.

(4) د. عزت فوزي حنا، المصدر السابق، ص214.

الشركة[1]. وهذه الطريقة نادرة التطبيق في الوقت الحاضر وطبقت في مصر في إدارة الإذاعة المصرية ما بين 1922 إلى 1947[2].

ومن التطبيقات الحديثة العقد المبرم بين شركة المنتزه ووزارة السياحة لإدارة قصر المنتزه بالإسكندرية[3].

ما يحسب لصالح هذه الطريقة انها تستبعد مساوئ الإدارة المباشرة ومساوئ الامتياز وتجمع بين مزاياهما لأنها ستمنع بطء الإجراءات الإدارية وتكاليفها الباهضة. وستشرك الإدارة في الربح. وانه لذلك قد يكون نظام المستقبل[4].

بيد ان التجربة دلت على ان هذه الطريقة لم تحقق الآمال المرجوة التي كانت موضوعة فيها لانه لا يستبعد في الواقع عيوب الاستغلال المباشر، فالسلطة العامة مستعدة على الدوام للتدخل، فضلا عن ان حمل المستغل على تعهد المرفق يقتضي غالبا منحه مزايا مالية كبيرة تؤثر على المالية العامة[5].

ج- عقد الإدارة.

بموجب عقد الإدارة توقع الدولة عقدا مع القطاع الخاص، يقوم هذا الأخير بإدارة المؤسسة العامة مقابل مبلغ من المال، يدفع من قبل الدولة على ان تتعهد إدارة القطاع الخاص بتحقيق الأهداف المتفق عليها، ولا يتحمل القطاع الخاص في ظل هذا الاتفاق أي خسائر أو مخاطر مرتبطة بالتشغيل[6].

---

(1) المصدر السابق، والصفحة نفسها.
(2) د.سليمان الطماوي، مبد.ئ القانون الد.اري، الكتاب الثاني، نظرية المرافق العامة، مصدر سابق، ص119.
(3) د.محمد محمد عبد اللطيف، الاتجاهات المعاصرة في د.ارة المرافق العامة الاقتصد.ية، مصدر سابق، ص46.
(4) د.توفيق شحاتة، المصدر السابق، ص104، 105.
(5) المصدر السابق، ص105.
(6) حمود القيسي، المصدر السابق، ص297.

تتميز عقود الإدارة عن مشاطرة الاستغلال في ان القائم بـالإدارة يتقاضى مقابلا ماليا جزافياً، قد يقترن أحيانا بحوافز تتعلـق بنتـائج المرفـق، ولـذلك يمكـن ان يختلـف المقابل الجزافي من فترة لأخرى. ومـن ناحيـة أخـرى فان الشخص العـام يحـدد بدقـة شروط استغلال المرفق[1]. ومع ذلك فان القائم بالإدارة يقترب من المسؤول عـن الإدارة في مشاطرة الاستغلال في انه يدير المرفق لحساب الشخص العام، وانه يبدو على صـورة وكيل[2].

ويختلف عقد الإدارة عن عقد الإيجار في ان الدولة تستمر في تحمل المسؤوليات المالية الجارية والاستثمارية للمنشأة ولا يمكـن تحميـل مجموعـة الإدارة أعبـاء الخسـائر والديون التي تحققها المنشأة إلا في نطاق المسؤولية التقصيرية وحدها، كـذلك لا تتـأثر أوضاع العمال في المنشـأة في ظـل الإدارة الجديـدة التـي وان أعطيـت كافـة امتيـازات السلطة الإدارية فإنها لا تملك الاستغناء عنهم أو استبدالهم بآخرين فهي تظل محكومة بأوضاعهم القانونية التي تحددها لوائح العاملين بالقطاع العام[3].

تتميز طريقة عقد الإدارة بان الملكية العامة تبقى لدى الدولـة مـن جهـة، وتتيح المراقبة والإشراف على أعمال الشركة التـي تـدار وفقـا لأسـس وقواعـد القطاع الخـاص ونظم الشركات من جهة ثانية[4].

ومما يمتاز به أيضا هـذا العقـد انه يـؤدي إلى تخفيـض تكـاليف أداء النشـاط وتحسين الخدمة والتغلب على سوء الإدارة، كما يؤدي إلى اذكـاء روح المنافسـة بين القطاعين العام والخاص، ورفع الإنتاجية[5]، ومـن جهـة أخـرى تـؤدي هـذه

(1) د.محمد محمد عبد اللطيف، الاتجاهات المعاصرة في د.ارة المرافق العامة الاقتصد.ية، مصدر سابق، ص46.

(6) G.Vedel : P. delvolve, op. Cit, p.792.

(3) 3 J. B. Auby, et maugve: les contrats de delegation de service public J.C.P 1994   Doct. 3743, n50

(4) د. احمد جمال الدين موسى، فنون الخصخصة، مصدر سابق، ص537.

(5) احمد ماهر، دليل المدير في الخصخصة، مركز التنميـة الـد.ارية، القـاهرة، دون سـنة طبـع، ص 152 وص 153.

الطريقة إلى تأهيل الشركة ـ محل عقد الإدارة ـ واعادة تنظيمها تمهيدا لبيعها للقطاع الخاص[1].

ان أسلوب عقد الإدارة يعد من الأساليب المتبعة في الخصخصة بمعناها الواسع وقد ازدادت حالات اللجوء إلى هذه العقود فلجأت إليها مصر في مجال الفنادق الكبرى، وكذلك الولايات المتحدة الأمريكية، والأردن في مجال المياه ومجاري محافظة العاصمة[2]، وكذلك أخذت بها فرنسا في إدارة ساحات انتظار السيارات[3].

ان اللجوء إلى أسلوب عقد الإدارة وان كان يمتاز بالسهولة والبساطة وخاصة عندما تعاني المؤسسة من مشكلة سوء الإدارة وعدم كفاءة الأجهزة الحكومية، إلا ان التجارب تشير إلى ان هذا النوع من العقود لا يؤدي إلى تطوير الكفاءات المحلية ولا يرفع أداء المؤسسات العامة، ونجاحه يعتمد على قدرة الدولة على متابعة التزام المؤسسات الخاصة ببنود العقد، وهذه مسألة ليست بالسهلة في الدول النامية[4].

ومن ابرز حالات الإيجار في العالم الثالث تأجير توجو لاربع منشآت (الألبان، صناعة الصلب، التكرير، تخزين النفط) لشركات يسيطر عليها مستثمرون أجانب، وتأجير جامبيا فندق اتلانتك لشركة فنادق إنجليزية لمدة عشر سنوات، وتأجير المغرب للفنادق الخاضعة لمكتب سياحة الوطن العربي إلى مشروعات خاصة[5].

---

(1) د. ايهاب الدسوقي، التخصصية والاصلاح الاقتصد.ي مع دراسة التجربة المصرية، دار النهضة العربية، القاهرة، 1995، ص41.

(2) حمود القيسي، المصدر السابق، ص197.

(3) د. محمد محمد عبد اللطيف، الاتجاهات المعاصرة في د.ارة المرافق العامة الاقتصد.ية، مصدر سابق، ص46.

(4) يوسف خليفة، أفاق التخصصية في دولة الإمارات العربية المتحدة، مجلة العلوم الاجتماعية، المجلد الثاني، العدد 1997/4، ص51.

(5) د. احمد جمال الدين موسى، فنون الخصخصة، مصدر سابق، ص537.

وقد استخدم أسلوب التعاقد على الإدارة في سريلانكا بالنسبة لعدد من مصانع النسيج، كما استخدم في جاميكا ـ كمرحلة انتقالية نحو الخصخصة ـ بالنسبة لاثني عشر فندقا، وقد أعطيت ماليزيا مفهوما أوسع لعقود الإدارة، حيث تعاقدت مع شركات خاصة على إنشاء وادارة ثلاث طرق رئيسية (اوتو ستراد) ومحطة توليد كهرباء، وقد درجت مصر منذ مدة طويلة على التعاقد على إدارة فنادقها الكبرى مع شركات فندقية أجنبية تدير شبكات واسعة من الفنادق على مستوى العالم[1].

وبهذا العرض لأسلوب التعاقد على التأجير ومشاطرة الاستغلال والإدارة نكون قد انتهينا من تناول أهم العقود التي تلجأ إليها الدولة لإدارة مرافقها العامة الاقتصادية بوساطة القطاع الخاص، وليس هناك أسلوب ما خال من الصعوبات، ولذا يتعين على حكومة أية دولة ان تختار الأنسب في ضوء الظروف السياسية والاجتماعية والاقتصادية والمالية المحيطة بكل من المنشأة والمجتمع. ونقترح على الإدارة في العراق أن تستعين بهذه العقود في ادارة المرافق العامة الاقتصادية كل حسب طبيعة الخدمة التي يؤديها المرفق تحقيقاً للنفع العام.

المطلب الثالث

الاتجاه لأسلوب الترخيص للقطاع الخاص

لإدارة المرافق العامة الاقتصادية (النظام غير التعاقدي)

ان المقصود بالنظام غير التعاقدي في إدارة المرافق العامة الاقتصادية هو انه إلى جانب النظام التعاقدي في إدارة هذه المرافق العامة الاقتصادية يوجد نظام غير تعاقدي، وبمقتضاه يعهد إلى أشخاص القانون الخاص بإدارة مرافق عامة اقتصادية دون اتباع أسلوب التعاقد وسنبحث هذا الموضوع في فرعين وعلى النحو الاتي :

---

(1) المصدر السابق، ص538.

الفرع الأول

مدلول النظام غير التعاقدي (أسلوب الترخيص)

ويرى بعض الفقهاء بأن للنظام غير التعاقدي صورتين أساسيتين[1]:

الأولى : ان النصوص ذاتها تشريعية ولائحية تعهد مباشرة إلى مشروع خاص بإدارة مرفق عام، وهذا هو الوضع بشكل خاص في المرافق الاجتماعية في فرنسا، إذ تعهد قوانين التأمينات الاجتماعية والصحة إلى جهات خاصة بمرافق التأمينات الاجتماعية ومراكز مكافحة السرطان[2]، كما يعهد تقنين المباني بمهمة مرفق عام إلى الشركات الخاصة.

أما الصورة الثانية فان السلطة الإدارية تعهد لمشروع خاص بإدارة مرفق عام، وذلك من جانب واحد فقط، أي باستخدام أسلوب الترخيص الإداري " Authorization administrative " وهذا يعني ان عملية استغلال المرفق يعهد بها إلى القطاع الخاص بقرار إداري [3].

---

(1) د.محمد محمد عبد اللطيف، الاتجاهات المعاصرة في د.ارة المرافق العامة الاقصد.ية، مصدر سابق، ص47، 48.

(2) **Delaubadere, J. G. Venezia et Gaudement : Traite de droit admininstratif Precite, n.1157, p.241** اشار إليه المصدر السابق المذكور أنفاً ،ص47

(3) كما ويطلق عليه أيضا الأذن " **habilitation** "، الموافقة " **agreement** " د.محمد محمد عبد اللطيف، تفويض المرفق العام، مصدر سابق، ص23. إلا اننا نؤيد الرأي الذي يذهب إلى ان الاذن ليس ترخيصا فالاول هو ما يصدر عن المشرع أو إحدى الهيئات الد.ارية إلى جهة أو هيئة د.ارية أخرى، وذلك بغية القيام بعمل محدد، وهو الأمر الذي يمنح هذه الجهة سلطة استثنائية، وذلك لتحقيق الغاية أو الهدف المرجو من منح هذا الاذن، ومن تطبيقاته في فرنسا انه لا يجوز للمؤسسات ذات النفع العام قبول الهبات والهدايا إلا بعد الحصول على الاذن من الجهة الد.ارية المختصة. د. بكر القباني، الرقابة=

ومــن ثم فـان مركـز مــن يتـولى إدارة المرفـق لا يتضـمن أي عـنصر تعاقـدي[1].
والترخيص هو العمل الذي يخول القدرة على فعل شيء معين وهذا المعنى هو ما اخـذ
بـه القـانون الفـرنسي وتبعـه المصري[2]، بيـنما في العـراق اسـتعملت لفظـة الإجـازة في
القواعد القانونية المتعلقة بهذا الشأن على معنى الترخيص[3].

ويرى جانب من الفقه الفرنسي والمصري ان الترخيص هو الاستثناء بيـنما القاعـدة
ان إسناد إدارة المرفق للقطاع الخاص يتم عن طريق العقد فالأسلوب التعاقدي يتـواءم
اكثر مع نقل إدارة المرفق العام إلى أشخاص القانون الخاص[4].

الفرع الثاني

تطبيقات نظام الترخيص

سنعـرض في ثلاث فروع تطبيقـات نظـام الترخيص في كل من فرنسـا ومصر والعـراق
كما يأتي :

= الد.ارية، مطبعة دار الآتيف، القاهرة، 1978، ص35. وفي العراق فانه يطلـق عـلى الاذن لفـظ
الصلاحية، ومن صوره هو الاذن الذي تصدره السلطة التشريعية للوزراء بتجاوز بند من بنـود
الميزانية، عبد الامير علي موسى، النظام القانوني للترخيص أو الاجازة في التشريع العراقي، رسالة
ماجستير الى كلية القانون بجامعة بغدد.، 1981، ص102.

(1) د.محمد محمد عبد اللطيف، تفويض المرفق العام، مصدر سابق، ص23.

(2) د. محمد الطيب عبد اللطيف، نظام الترخيص والاخطار في القانون المصري، رسالة دكتوراه
مقدمة إلى كلية الحقوق، جامعة القاهرة، 1957، ص426.

(3) عبدالامير علي موسى، مصدر سابق، ص106.

(4) L.Richer: Remarques sur les entreprises de service public, AJDA 1997, p.18.
ود.محمد محمد عبـد اللطيـف، الاتجاهـات المعـاصرة في د.ارة المرافـق العامـة الاقتصـد.يـة،
ص49.

أولاً : تطبيقات نظام الترخيص في القانون الفرنسي :

توجد حالات عديدة في القانون الفرنسي، يجوز فيها إسناد إدارة المرفق العـام إلى المشروعات الخاصة بوساطة أسـلوب الترخيص، ومـن هـذه الحـالات نقل النـفط عـن طريق خط الأنابيب، توزيع الكهرباء وفقا لقانون 15 حزيران 1906، بعـض قطاعـات الخدمات في شركة طيران Air France [1]، كما يجـوز تقـديم الخـدمات الخاصـة بـدفن الموتى وهي مهمة مرفق عام سواء بوساطة المقاطعات أو من تفوضـهم أو بـوساطة أي مشروع أو جمعية [2]، كما ويعهد إلى صناديق التأمين الاجتماعي بمهمة مرفق عام، وفقا لتقنين التأمينات الاجتماعية وهذه الصناديق هي شركات تعاونية [3].

لعل من احدث تطبيقات نظام التراخيص في إدارة المرافق الاقتصادية في القـانون الفرنسي التطبيقات الخاصة بحالات : إنشاء شبكات التلفزيون الكابـل Cables (مثـل Reseaux Cables) والاتصالات، الإذاعة المسموعة والمرئية.

وفيما يتعلق بإنشاء شركات التلفزيـون الكابـل فان المـادة 34 مـن القـانون رقـم 1607 لسنة 1986، تنص على ان المحليات تقوم " بإنشاء الشبكات أو تصرح بإقامتها " غير ان المحليات ليس لها الحق في استغلال الشبكات بنفسها، انها تقـتصر فقـط عـلى ترشيح مسـتغل للمجلـس الأعـلى للإذاعـة المسـموعة والمرئيـة، الـذي يصـدر ترخيصـا بالاستغلال [4].

---

(1) A. delaubadere, J. Cvenezia et Gaudement: ،op.cit, p.842.

(2) Art. L.2223،19 code des collectivities territoriales

اشـار إليـه د.محمـد محمـد عبـد اللطيـف، الاتجاهـات المعاصـرة في د.ارة المرافـق العامـة الاقتصد.ية، مصدر سابق، ص23.

(3) R. chapus : Droit admininstratif genreal, T.I, montchrestien 1996, n 159.

(4) Truchet: nature et regime juridique de l'explploitation des reseaux cables ,
    R.E.D.A 1996,P.981.

وفي مجال الإذاعة المسموعة والمرئية، فانه وفقا لقانون 17 يناير (كانون الثاني) 1989، فان إنشاء الإذاعة المسموعة المرئية والخاصة يخضع لنظام التراخيص الإدارية، وذلك يرجع كما يذهب المجلس الدستوري إلى أسباب فنية، بحيث يوائم المشرع بين ممارسة حرية الاتصالات، كما وردت في المادة (11) من إعلان حقوق الإنسان والمواطن، والمقتضيات الفنية التي تتفق مع وسائل الاتصالات المسموعة والمرئية[1]، ويصدر الترخيص من المجلس الأعلى للإذاعة المسموعة والمرئية، غير ان القانون يشترط أيضا توقيع اتفاق بين المجلس بصفته ممثلا عن الدولة وبين طالب الترخيص، ومدة الترخيص لا تزيد عن عشر سنوات بالنسبة لمرفق التلفزيون، وخمس سنوات بالنسبة لمرفق الراديو، ويكون للمجلس الأعلى للإذاعة المسموعة والمرئية ان يوقع جزاءات في حالة إخلال المرخص له بشروط العقد[2].

أما في مجال الاتصالات السلكية واللاسلكية فوفقا لقانون 26 يوليو 1996، فان إنشاء واستغلال الشبكات المفتوحة للجمهور يخضع لترخيص يصدر من الوزير المختص وبعد ان تقوم " سلطة تنظيم الاتصالات بفحص ملف الطلب، ويمنح الترخيص لمدة خمسة عشر عاما، ويعهد القانون إلى سلطة تنظيم الاتصالات ان تراقب التزام المرخص له للالتزامات المفروضة عليه، وتوقيع جزاءات في حالة إخلاله بهذه الالتزامات "[3].

ثانياً : تطبيقات نظام الترخيص في القانون المصري.

بموجب المادة الأولى من القانون رقم 19 لسنة 1998، تم تحويل الهيئة القومية للاتصالات السلكية واللاسلكية إلى شركة مساهمة مصرية، ونصت

---

(1) C.C,17 janvier, 1989, n 248.

اشار إليه د.محمد محمد عبد اللطيف، تفويض المرفق العام، مصدر سابق، ص23.

(2) انظر : في هذا الموضوع د.محمد محمد عبد اللطيف، حرية الإذاعة السموعة والمرئية، بحث مقدم لمؤتمر "الأعلام والقانون" كلية الحقوق، جامعة حلوان، مارس، 1999.

(3) D.Berin l'acces au marche Francais, AJDA, 1997 , p.229.

المادة 12 من هذا القانون على ان ينشأ بوزارة النقل والمواصلات جهاز لتنظيم مرفق الاتصالات السلكية واللاسلكية تـؤول إليـه الاختصاصـات المعـدة للهيئـة القوميـة للاتصالات السلكية واللاسلكية، كما يتولى الاشراف على حسـن المرفـق ووضـع الخطط والبرامج اللازمة ومتابعة تنفيذها واعتماد أسعار الخدمات المقدمة للجمهور، واصدار التراخيص للشركات للعمل في مجال الاتصالات السلكية واللاسلكية، ومتابعة أداء هـذه الشركات والتنسيق بينها، ويصدر بتنظيم الجهاز وكيفية مباشرة اختصاصاته قرار مـن رئيس الجمهورية.

واستنادا إلى أحكام القانون رقم 19 لسنة 1998 صدر القرار الجمهوري رقم 101 لسنة 1998 في 14 ابريل (نيسان) 1998 بإنشاء جهاز تنظيم مرفق الاتصالات السلكية واللاسلكية ونصت المادة الأولى مـن هـذا القرار علـى انـه ينشـأ جهـاز لتنظيم مرفق الاتصالات السلكية واللاسلكية يتبع وزير النقل والمواصلات.

واناطت المادة الثانية من هذا القرار بالجهاز المـذكور " الموافقـة علـى الترخيص للشركات في العمل في مجال الاتصالات، ومتابعة ادائها والاشراف عليها، ووضع القواعـد التي تكفل المنافسة المشروعة بينها، ويصدر بالترخيص قرار من وزير النقل والمواصلات " ونصت المادة 11 من القرار أيضا علـى انـه " لا يجوز تقديم خـدمات الاتصالات أو تشغيل شبكات أو انظمة الاتصالات إلا بناء علـى تـرخيص يصـدر طبقـا لاحكام هـذا القرار"

وفي 18 ابريـل (نيسـان) 1998 وتطبيقـا للنصوص السابقة تـم مـنح أول ترخيص إلى الشركة المصرية لخدمات التليفون المحمول، وذلك لإنشاء وتشغيل خدمات اتصالات بنظام " جي. اس. ام 900" في مصر. ووفقا لنصوص الترخيص الذي منح للشركة المصرية لخدمات التليفون المحمول في المادة (2) فان مدة الترخيص هي خمسة عشر عاما، قابلة للتجديد لمـدد متتاليـة كـل منهـا خمـس سنوات. وعملا بالمادة 19 لا يجوز للمرخص له التنازل عن الحقوق والواجبـات والمصروفات والالتزامات والامتيازات الممنوحة له بهذا الترخيص إلى شخص آخر

دون موافقة كتابية مسبقة من المرخص، واستنادا إلى المادة (20) يجب على المرخص له المحافظة على سرية الاتصالات والمعلومات التي يتم الحصول عليها خلال تقديم خدمات الاتصالات ما لم تكن مطلوبة.

ثالثاً : تطبيقات نظام الترخيص في القانون العراقي:

بموجب الامر رقم 11 الصادر عن السلطة الائتلافية المؤقتة بشأن ترخيص خدمات ومعدات الاتصالات السلكية واللاسلكية الجزء الثاني المادة (1) والتي تنص على أن " تتولى وزارة النقل والمواصلات (الوزارة) مسؤولية ترخيص جميع خدمات الاتصالات السلكية واللاسلكية في العراق ولا يجوز تركيب أو تشغيل معدات الاتصالات السلكية واللاسلكية التجارية في العراق بدون اذن مسبق مكتوب من الوزارة، اذ تعرض للمصادرة بدون تعويض أي من تلك المعدات التي تستخدم لهذه الاغراض التجارية بدون الحصول على ترخيص مسبق [1]". وقد فازت كل من شركة أسيا سيل وهي شركة عراقية عن المنطقة الشمالية، وشركة اوراسكوم وهي شركة مصرية باجازة المنطقة الوسطى، وشركة الاثير الكويتية باجازة المنطقة الجنوبية بمناقصة الحصول على اجازات الهواتف النقالة.

ان التراخيص الممنوحة لهذه الشركات مدتها سنتان تنتهي بنهاية عام 2005، وستعرض بعدها لمناقصة جديدة، وأن الهيئة الوطنية للاتصالات والاعلام هي الجهة المكلفة بضبط تنفيذ شروط التراخيص علماً ان القوانين المعمول بها في هذا النطاق لم تحدد شروط قبول طلبات الحصول عليها، وسيكون للبنك الدولي وبعض الشركات الاستشارية دوراً في هذه العملية [2].

من الملاحظ ان التشريع الصادر يختلف عن التشريعين الفرنسي والمصري من حيث مدة الترخيص، ففي النظام الفرنسي مدته خمسة عشر عاماً ولم يحدد

---

(1) HTTP / WWW. C a p – IRAQ / Arabic regulatiols.

(2) من حديث للدكتورة جوان معصوم وزيرة الاتصالات العراقية لمجلة الاقتصد. والأعمال اللبنانية، العدد 307، السنة 27، تموز/ يوليو، 2005، ص106.

المشرع قابليته للتجديد، في حين ان المشرع المصري حددها أيضاً بخمسة عشرة عاما ولكنها قابلة للتجديد لمدد متتالية كل منها خمس سنوات. ونعتقد ان مدة السنتين لنظام الترخيص المعمول به في العراق مدة قليلة لغرض ممارسة المرخص له عمله بكفاءة هذا من جانب، كما أن الجهة المراقبة وهي الهيئة القومية للاتصالات ستكون غير قادرة على معرفة كفاءة المرخص له من عدمه بسبب قصر مدة الترخيص من ناحية أخرى. كما انه من اللازم أيضاً وضع ضوابط محددة لشروط منح الترخيص.

لقد نجح نظام منح التراخيص في مجال الاتصالات اللاسلكية اذ بلغ عدد خطوط النقال 2,2 مليون خط[1]، وهي أعداد ان كانت مقبولة الا انها ليست في مستوى الطموح مقارنة بالدول المجاورة. ان نجاح نظام التراخيص في مجال الهاتف النقال قد يغري الحكومة العراقية استخدامه في مجالات أخرى مثل نقل النفط عن طريق خطوط الأنابيب أو توزيع الكهرباء أو في مجال النقل، ولا سيما ان دول كثيرة قد سبقتنا في هذا المجال مثل فرنسا.

المبحث الثاني

العدول عن الإدارة المباشرة والهيئات والمؤسسات العامة والتوجه نحو شركات الاقتصاد المختلط لإدارة المرافق العامة الاقتصادية

من ابرز الاتجاهات المعاصرة في إدارة المرافق العامة الاقتصادية هو التحول عن نظامي الإدارة المباشرة والهيئة العامة، والاتجاه نحو شركات الاقتصاد المختلط وبشكل ملحوظ.

---

(1) من حديث للدكتورة جوان معصوم وزيرة الاتصالات العراقية لمجلة الاقتصد. والأعمال اللبنانية، المصدر السابق، ص106.

وبناء على ذلك نقسم هذا المبحث إلى مطلبين وعلى النحو الآتي :

- **المطلب الأول** : العزوف عن نظامي الإدارة المباشرة (الريجي) والهيئات والمؤسسات العامة لإدارة المرافق العامة الاقتصادية.
- **المطلب الثاني** : التوجه نحو شركات الاقتصاد المختلط لإدارة المرافق العامة الاقتصادية.

المطلب الأول

العزوف عن نظامي الإدارة المباشرة (الريجي) والهيئات والمؤسسات العامة لإدارة المرافق العامة الاقتصادية

سوف نعرض في هذا المطلب لفرعين وعلى النحو الآتي :

- **الفرع الاول** : التحول عن نظام الإدارة المباشرة (الريجي) لإدارة المرافق العامة الاقتصادية.
- **الفرع الثاني** : التحول عن نظام الهيئات والمؤسسات العامة لإدارة المرافق العامة الاقتصادية.

الفرع الأول

التحول عن نظام الإدارة المباشرة لإدارة المرافق العامة الاقتصادية

ولبيان ذلك نعرض لتعريف الإدارة المباشرة، وخصائصها، واهم تطبيقاتها

أولاً : تعريف الإدارة المباشرة :

عندما تباشر الدولة النشاط الاقتصادي بوسائل متصفة بطابع السلطة العامة فإنها تجري ذلك في حدود ما تقضي به الضرورة، وتخصص لذلك إدارة من إداراتها لا تتمتع بأي استقلال في شخصيتها القانونية أو في ماليتها. وتتبع الدولة في تسيير دفة هذا الضرب من النشاط أساليب القانون العام التقليدية كنظام الإدارة المباشرة (الريجي).

وتتولى الدولة أو إحدى الجماعات الأخرى المحلية الاستغلال المباشر للمرفق الذي أنشأته بنفسها وفقا لأسلوب الإدارة العامة ودون وساطة، وتهيئ رأس المال اللازم له، وتتحمل الخسائر، أو تجني الأرباح[1].

وتستخدم الدولة في الإدارة وفقا لذلك الأسلوب عددا من موظفيها العموميين وتطبق قواعد القانون العام التي تقضي بضرورة إحاطة نشاط الدولة المتعلق بوظائفها الأساسية المتسمة بطابع السلطة العامة بسياج متين من الحقوق والضمانات كحق التنفيذ المباشر والحجز الإداري وعدم جواز مباشرة طرائق التنفيذ ضدها وحق نزع الملكية للمنفعة العامة وتطبيق نظرية الظروف الطارئة على مدى واسع على العقود إذا اقتضت المصلحة العامة ذلك[2].

وبناء على ذلك يرى بعض الفقهاء ان الإدارة المباشرة هي طريقة لإدارة مرفق عام، يتميز بالاستغلال المباشر من جانب الشخص العام الذي أنشأه (الدولة أو المحليات) دون وساطة شخص آخر[3].

ثانياً : خصائص الإدارة المباشرة (الريجي)

وبناء على ما سبق تتميز الإدارة المباشرة بعدة خصائص :

أ- المرافق التي تدار عن طريق "الريجي" ليست لها شخصية قانونية متميزة، انها لا تتميز عن الشخص العام الذي أنشأها، والذي يستفيد بالحقوق ويتحمل بالالتزامات.

ب- تنظيم المرفق يتبع مباشرة للشخص العام الذي انشأها، فالمرافق التابعة للدولة تخضع لمختلف الوزارات، والعاملون فيها يخضعون رئاسيا للوزراء.

ج- المرفق لا يتمتع باستقلال مالي، إلا انه يمكن ان تكون للمرافق ميزانية ملحقة.

---

(1) د. ماهر جبر نصر، المصدر سابق، ص404.

(2) د. غريب الجمال، القطاع العام، ط1، مطبعة يوسف، القاهرة، 1965، ص14.

(3) A. Delaubadere, P. Deivolve: Droit public economique, precite. N488.v. Jvigvier, Recherches sur la notion de regie en droit public Francaise toulouse.1989, p315.

ثالثاً : أهم تطبيقات الريجي في المرافق الاقتصادية

تنحصر التطبيقات الأساسية لهذا الأسلوب في المرافق الإدارية، أما في مجال المرافق العامة الاقتصادية فان التطبيقات نادرة واستثنائية[1]، وذلك لان هذه الطريقة لا تتناسب مع طبيعة المرافق الاقتصادية التي من المفروض ان تكون مرنة.

ومن تطبيقات (الريجي) في فرنسا : مازالت توجد بعض تطبيقات محدودة للمرافق الاقتصادية التي تدار بالريجي، فمن تطبيقات المرافق الاقتصادية التابعة للدولة، المطبعة القومية، سك العملة والميدالية، المصانع العسكرية، ومن التطبيقات التابعة للمحليات، توزيع المياه، والغاز، والكهرباء، والنقل الجماعي[2].

ومن تطبيقات الريجي في مصر، السكك الحديدية، والتلغراف، والتليفون قبل ان تتحول تلك المرافق إلى هيئات عامة.

ومن التطبيقات في العراق السكك الحديدية، والبريد والهاتف، والكهرباء قبل تحويل معظمها الى هيئات عامة.

ومن أوجه النقد الموجهة إلى هذا النظام اتسامه بالقيود الإدارية والروتين والبطء والمبالغة في الحذر، وتعدد الرقابات، مما نتج عنه القول بان الدولة عاجزة عن مباشرة الأعمال التجارية والصناعية في حالة تطبيقه، وضرورة الاستعاضة عنه بنظام آخر، كنظام الهيئات العامة والمؤسسات العامة ونظام الاقتصاد المختلط.

---

(1) د. عزت فوزي حنا، المصدر السابق، ص188.

(2) د. غريب الجمال، القطاع العام، مصدر سابق، ص14. د.سليمان الطماوي، الوجيز في القانون الد.اري، 1978، مصدر سابق، ص347.د. عزت فوزي حنا، المصدر السابق، ص187.

الفرع الثاني

التحول عن نظام الهيئات والمؤسسات العامة

لإدارة المرافق العامة التجارية

نظرا لأوجه النقد المتعددة الموجهة إلى نظام الريجي في إدارة المرافق العامة الاقتصادية، لجأت الدول إلى أسلوب الهيئة أو المؤسسة العامة[1]، وجوهر هذا الأسلوب ان المرفق يدار بوساطة شخص عام. وقد مر هذا الموضوع بتطور تشريعي كبير في مصر أو في فرنسا أو العراق[2]، ليس من مهمتنا هنا ان نبحث تفصيليا في أسلوب المؤسسة أو الهيئة العامة، انما مهمتنا أن نعرض لأزمتها التي تسببت في العدول عنها ولبيان ذلك نعرض أولاً لمفهوم الهيئة أو المؤسسة العامة وخصائصها ومن ثم نعرض مظاهر الأزمة التي أصابتها وأدت إلى العزوف عنها وعلى النحو الآتي :

أولا: مفهوم الهيئة أو المؤسسة العامة الصناعية والتجارية وخصائصها:

يرى بعض الفقه ان الهيئة العامة[3]عبارة عن مرفق عام، يدار عن طريق

---

(1) ان المؤسسة العامة فكرة فرنسية المولد والنشأة، فإذا اردنا معرفة حقيقتها لابد ان نبحث عنها في المراجع : الفرنسية فقها وقضاء وعملا. وتقوم هذه الفكرة في فرنسا أصلا على وجود مصلحة عامة ترى الدولة ان لها من الاهمية بحيث يجب عدم تركها للنشاط الخاص، فتتعهد هي رعايتها ود.ارتها بأموالها فتخصها بذمة مالية مستقلة عن ذمة الدولة، وتمنحها الشخصية المعنوية لتدار مستقلة عن الد.ارة الحكومية، ولكن تحت توجيهها ورقابتها. محمود حافظ غانم، الطبيعة القانونية للمؤسسات العامة، مجلة مصر المعاصرة، السنة الثالثة والخمسون، العدد 310 اكتوبر 1962، ص19.

(2) سبق وان بحثنا في التطور التشريعي للمرافق العامة الاقتصد.ية، انظر : ص 13 من الاطروحة.

(3) د.محمد محمد عبد اللطيف، الاتجاهات المعاصرة في د.ارة المرافق العامة، مصدر سابق، ص58.

منظمة عامة، ويتمتع بالشخصية المعنوية[1]، وبناء على ذلك تقوم فكرة الهيئة على العناصر الآتية :

أ- وجود نشاط إداري تتوافر فيه صفات المرافق العامة فلا وجود للهيئة أو المؤسسة دون مرفق عام[2].

ب- يدار المرفق عن طريق منظمة عامة، لها شخصية قانونية مستقلة، وهي من أشخاص القانون العام[3]، وهذا الاستقلال مقيد بقيدين، قيد التخصيص وقيد الوصاية الإدارية[4].

ج- تتحدد الطبيعة الإدارية أو الاقتصادية للهيئة أو المؤسسة وفقا لطبيعة المرفق الذي تديره، فان كان المرفق اقتصاديا ـ تجاريا أو صناعيا ـ فان الهيئة أو المؤسسة توصف نتيجة لذلك بأنها اقتصادية، تجارية أو صناعية وبالآتي يخضع تشغيلها للقانون الخاص.

---

(1) د.سليمان الطماوي، مبد.ئ القانون الد.اري، دراسة مقارنة، الكتاب الثاني، مصدر سابق، ص62.

(2) وفي هذا المعنى يؤكد القضاء الفرنسي انه إذا كانت بعض المرافق العامة يمكن ان تدار بوساطة أشخاص القانون الخاص فانه على العكس من ذلك، الهيئة أو المؤسسة تدير بالضرورة مرفقا عاما لأنها هي ذاتها مرفق عام.

C. A , de paris, 22decembre, 1948, ste exploitation et daffemag des journaux C.SNEP. S.1949.2.p89.note Drag o.

اشار إليه د.محمد محمد عبد اللطيف، الاتجاهات المعاصرة في د.ارة المرافق العامة الاقتصد.ية، مصدر سابق، ص 59

(3) د.سامي جمال الدين، اصول القانون الد.اري، مصدر سابق، 1996، ص603.

(4) يحدد د.سعد العلوش فكرة المؤسسة العامة بجعلها تقوم على توافر عنصرين، الأول، وجود مرفق عام (ويتمثل ذلك في معنى المنظمة العامة) والثاني، تخصيص ذمة مالية مملوكة للدولة لغرض تحقيق فكرة اللامركزية في المجال المصلحي. وبذلك يعرف الفقيه المؤسسة العامة بأنها المنظمة العامة المملوكة للدولة التي تدار بالأسلوب اللامركزي. د.سعد العلوش، المصدر السابق، ص45.

ثانياً: أزمة الهيئات والمؤسسات العامة وانعكاسها على تطورها التشريعي[1]:

على الرغم من ذيوع أسلوب الهيئة أو المؤسسة العامة في إدارة المرافق العامة إلا انها لم تسلم من نقد، إذ مرت بأزمة عصفت بفكرتها التقليدية ويمكن تلخيص مظاهر هذه الأزمة فيما يأتي[2] :

أ - لم يعد الربط بين فكرة المؤسسة أو الهيئة والمرفق العام قائما بصفة مطلقة ويتمثل الانفصال بينهما في حالتين. فمن ناحية، وجود بعض المؤسسات العامة لا تدير مرافق عامة، مثال ذلك المؤسسات التي تقوم بإدارة مشروعات اقتصادية مماثلة للمشروعات الخاصة ومن هذه المؤسسات، مؤسسة الفحم في فرنسا، ومشروع الابحاث والانشطة البترولية، ريجي رينو قبل تحويله إلى شركة مساهمة. ومن ناحية أخرى، قد تقوم مؤسسة عامة بمهمة مرفق عام، ولكن في الوقت نفسه تقوم بصورة تبعية بإدارة نشاط لا يشكل مرفقا عاما ومثال ذلك، قيام مؤسسة تعليمية بنشاط آخر غير التعليم يتمثل في تدريب الفروسية وممارستها.

ب - ان الصفة الإدارية أو الاقتصادية للمؤسسة العامة لا تتحدد طبقا لطبيعة المرفق الذي تقوم الهيئة أو المؤسسة بادارته، ويتمثل ذلك في ناحيتين :

---

(1) د.سليمان الطماوي، مبد.ئ القانون الد.اري، دراسة مقارنة، الكتاب الثاني، مصدر سابق، ص64 وص65 و ص78. د.سعد العلوش، المصدر السابق، ص69 وما بعدها، محمود حافظ، المصدر السابق، ص41.

(2) د.محمد محمد عبد اللطيف، الاتجاهات المعاصرة في د.ارة المرافق العامة الاقتصد.ية، مصدر سابق، ص60. إلا ان د.سليمان الطماوي يرى انها ليست أزمة ويعدها تطورا. ود.سليمان الطماوي، مبد.ئ القانون الد.اري، دراسة مقارنة، الكتاب الثاني، المصدر السابق، ص78. الا اننا نؤيد الرأي القائل بوجود أزمة للحجج الواردة في المتن والتي تعني ضمن ما تعني ان جوهر المؤسسة العامة قد انتهى ولم يتبقى منه شيئا، الأمر الذي دفع الدول إلى التخلي عنه كنظام لد.ارة مرفق عام اقتصد.ي وبدأت - كما سنرى - الهيئات والمؤسسات العامة تتحول إلى شركات اقتصد. مختلط.

فمن ناحية، توجد مؤسسات أو هيئات اقتصادية تتعهد بإدارة مرفق ذات طبيعة ادارية، ويطلق على هذا النوع من المؤسسات، مؤسسة ذات طبيعة مزدوجة " Etablissement a Nisage renvrse" ومن ابرز هذه المؤسسات في فرنسا مؤسسة FORMA، إذ منحها مرسوم 29 يوليو 1961 مركز المؤسسة العامة الصناعية والتجارية، في الأسواق الزراعية، وذلك على الرغم من انها لا تمارس أي نشاط خاص بها، وتمارس في حقيقة الأمر مهمة إدارية محضة[1]. ومن ناحية أخرى توجد مؤسسات أو هيئات ذات طبيعة مزدوجة ويقصد بها مؤسسات إدارية أو اقتصادية، وتقوم بإدارة مرافق، بعضها ذات طبيعة إدارية والبعض الآخر ذات طبيعة اقتصادية، وهي المؤسسات ذات الطبيعة المزدوجة ومن هذه المؤسسات مؤسسة الخطوط الحديدية في فرنسا المنشأة بموجب القانون رقم 13 الصادر في فبراير (شباط) 1997 وهي من المؤسسات الصناعية والتجارية وفقا لهذا القانون لان عملها يتعلق بالنقل بوساطة السكك الحديدية، ومع ذلك فإنها تتولى مهام الإشراف والأمن، وبالآتي، فإنها تعتبر من المؤسسات ذات الطبيعة المزدوجة[2].

ج ـ ان كانت الدولة منحت منظمة عامة شخصية معنوية مستقلة لإدارة مرفق عام اقتصادي وهو جوهر المؤسسة العامة ـ كما ذكرنا ـ فهل يتبقى شيء من هذا الجوهر ان نزلت هذه المؤسسة عن إدارة المرفق المعهود إليها إدارته للغير؟ هذا ما يحدث في فرنسا وفقا لقانون 29 يناير 1993 إذ أجاز للمؤسسة أو الهيئة تفويض إدارة المرفق التابع لها، كليا أو جزئيا إلى القطاع الخاص، وذلك عن طريق الالتزام أو الإيجار[3].

---

(1) د.محمد محمد عبد اللطيف، المصدر السابق، ص62.

(2) D.Broussolle : de creation de reseau ferre de france,AJDA, 1997, P.459.

(3) ظهر اصطلاح تفويض المرفق العام في الفقه الفرنسي حيث استخدم الأستاذ (F.AUBY) اصطلاح الد.ارة المفوضة وقصد بها "د.ارة المرفق العام بوساطة شخص=

وقد انعكست مظاهر أزمة المؤسسة العامة على تطورها التشريعي :

سبق ان أوضحنا ان المؤسسة والهيئة العامة في مصر مرت بمراحل تشريعية عديدة[1]، وفي اعتقادنا انه لا ضير من إعادة ذكرها إجمالا لكي نتمكن من إبراز الملاحظات الآتية :

1- لم يكن هناك تمييز بين المؤسسة العامة والهيئة العامة فكلاهما مرادف للآخر.

2- ثم ميز المشرع بين الهيئات العامة والمؤسسات العامة، فخصص للاولى القانون رقم 60 لسنة 1963 وافرد للثانية القانون 61 لسنة 1963، وكان معيار التمييز ان الهيئة العامة هي مصالح حكومية منحها المشرع

= معنوي غير الجهة المنظمة أو المؤسسة العامة التي تنشا لهذا الغرض، وان المفوض إليه يكون عد.ة من أشخاص القانون الخاص لكنه ليس كذلك بالضرورة "

J.F AUBY: les services publics locaux, PUF, quesais N.2023, 1982, p.39.

اشار إليه د.محمد محمد عبد اللطيف، تفويض المرفق العام، المصدر السابق، ص17.

أما الفقه المصري فلم يظهر الاصطلاح في مؤلفات القانون الد.اري بل في المؤلفات التي قضت بظاهرة خصخصة المشروعات العامة إذ ينظر إلى التفويض انه قيام الدولة بتوكيل (أو تفويض) القطاع الخاص في القيام بالنشاط نيابة عنها. د. احمد ماهر، الخصخصة، بدون تاريخ، ص101. إلا ان أول ظهور تشريعي للمصطلح في فرنسا كان في القانون الصد.ر في 6 فبراير 1992 بشان الد.ارة الإقليمية للجمهورية والقانون الصد.ر في 29يناير 1993 بشان الوقاية من الرشوة، ووضوح الحياة الاقتصد.ية والإجراءات العامة الذي وسع من نطاق عقود تفويض المرفق العام ـ بعدما كانت تقتصر على عقود التأجير والد.ارة والالتزام ومشاطرة الاستغلال ـ إلى العقود التي يبرمها كل شخص عام بما في ذلك الدولة والمؤسسات العامة القومية. كما يمنح القانون هذه العقود نظاما قانونيا اكثر اكتمالا من النظام الوارد في القانون السابق. للمزيد من التفاصيل عن تفويض المرفق العام راجع : د.محمد محمد عبد اللطيف، تفويض المرفق العام، مصدر سابق، ص18.

(1) انظر : ص،،،، من الاطروحة.

الشخصية الاعتيادية والمؤسسة هي مرافق عامة اقتصادية. ورتب المشرع على هذا التميز نتائج تتعلق بالنظام المالي، والنظام القانوني للاموال ورقابة الدولة. إلا ان هذا المعيار لم يكن صحيحا من ناحيتين، الأولى ان بعض المؤسسات لم تكن تدير مرافق اقتصادية، مثل المؤسسة العامة للطرق والجسور، فهي وفقا للمعيار الموضوعي هيئة عامة. والثانية ان بعض الهيئات العامة كانت تدير مرافق اقتصادية مثل الهيئة المصرية للطيران المدني، وهيئة المواصلات السلكية واللاسلكية.

3 ـ ولعدم وضوح دور للمؤسسات العامة بسبب تدخل الوزراء في اختصاصاتها حاول المشرع علاج هذا الخلل فتعاقبت القوانين لكنها لم تفلح، وقد اصدر القانون 32 لسنة 1966 والقانون 60 لسنة 1971 ثم استبدل المؤسسات العامة بالقانون 111 لسنة 1975 بنظام " المجالس العليا للقطاعات " ثم اصدر المشرع القانون رقم 97 لسنة 1983 بإنشاء هيئات القطاع العام وتختص كل هيئة بمجموعة من شركات القطاع العام وتشرف عليها وتنشا الهيئة بقرار من رئيس الجمهورية، وتتمتع بالشخصية الاعتبارية وتعتبر من أشخاص القانون العام[1].

4- اثمرت سياسة تحرير الاقتصاد عن تحولات كبيرة سواء فيما يتعلق بهيئات القطاع العام أو بالهيئات العامة. فيما يتعلق بهيئات القطاع العام صدر القانون رقم 203 لسنة 1991 بإصدار قانون شركات قطاع الأعمال العام وتضمن هذا القانون ان تحل الشركات القابضة محل هيئات القطاع العام الخاضعة لاحكام القانون رقم 97 لسنة 1983 المشار إليه، كما تحل الشركات التابعة محل الشركات التي تشرف عليها هذه الهيئات[2]

---

(1) المد.ة الثانية من قانون 97 لسنة 1983. د.محمد محمد عبد اللطيف، الاتجاهات المعاصرة في د.ارة المرافق العامة الاقتصد.ية، المصدر السابق، ص65.

(2) المد.ة الثانية من قانون رقم 203 لسنة 1991 قانون شركات قطاع الأعمال العام، الهيئة العامة لشؤون المطابع الاميرية، ط1، القاهرة، 1991، ص1.

واضفى المشرع شكل شركات المساهمة على الشركات القابضة والشركات التابعة[1]. ولا جدال في ان إضفاء هذا الشكل أمر يتفق مع فلسفة تحرير الاقتصاد. وفيما يتعلق بالهيئات العامة لم تعد النظرة إليها على ان تدير بالضرورة مرافق إدارية، إذ أصبحت تدير مرافق اقتصادية[2]، ويؤدي إضفاء الصفة الاقتصادية على هذه الهيئات إلى إمكانية تحويلها إلى شركات مساهمة وهو ما حدث بالنسبة للهيئة العامة للاتصالات السلكية واللاسلكية. واخيرا حدث التطور المهم، ألا وهو تحويل يعض الهيئات العامة إلى شركات اقتصاد مختلط وهو ما يجعلنا نقرر ان هذا التطور يعني من ضمن ما يعني أفول الهيئات العامة لصالح نظام شركات الاقتصاد المختلط.

وفيما يتعلق بالعراق، أيضا سبق وان عرضنا للتطور التشريعي الذي مرت به المؤسسة العامة[3]، ولسنا هنا في معرض تكرار هذا الموضوع بقدر ما هو عرض لبعض الملاحظات عن ما يعانيه النظام القانوني للمؤسسة العامة من اضطراب وتشتت وعلى النحو الآتي :

1- ان النظام القانوني الحالي للمؤسسة العامة في العراق محصورا في أحكام قانون المؤسسات العامة رقم 166 لسنة 1965 وكذلك القانون رقم 90 لسنة 1970 والخاص بالنظام القانوني للمؤسسات العامة التابعة لوزارة

---

(1) المد.ة الأولى من قانون 79 لسنة 1983.

(2) قرار مجلس الوزراء رقم 1029 لسنة 1979 باعتبار بعض الهيئات العامة هيئات عامة اقتصد.ية منها هيئة قناة السويس، الهيئة العامة لتنفيذ مجمع الحديد والصلب، الهيئة العامة لمرافق القاهرة الكبرى، الهيئة العامة لشؤون سكك حديد مصر، الهيئة العامة للبريد، هيئة المواصلات السلكية واللاسلكية، هيئة النقل العام بالقاهرة، هيئة ميناء القاهرة الجوي، الهيئة العامة للتصنيع، الهيئة العامة لشؤون المطابع الاميرية، الجريدة الرسمية، العدد 1979/11/15/46.

(3) انظر : ص21 من الاطروحة.

الصناعة، وكذلك قراري مجلس قيادة الثورة المنحل رقم 117 و118 لسنة 1987.

2- وبذلك يكون النظام القانوني للمؤسسات العامة مبعثرا ومشتتا مما يدعونا إلى مناشدة المشرع العراقي لاصدار تشريع موحد ولا سيما بعد الغائه المؤسسات العامة النوعية مع ابقائه على النظام القانوني للمؤسسات العامة والذي يحكم فكرة المؤسسة العامة في العراق.

3- في حالة إصرار المشرع العراقي على الاحتفاظ بالنظام القانوني للمؤسسة العامة المتمثل في قانوني المؤسسات العامة رقم 66لسنة 1960 والمؤسسات الصناعية رقم 90 لسنة 1970، فلابد من التأكيد على مزية الاستقلالية التي من المفروض تمتع الشخص العام المصلحي بها في ظل نظام اللامركزية المصلحية، وبدون الاستقلال الحقيقي لن تقوم للمؤسسة العامة كفكرة قائمة ناهيك عن تطبيقها[1].

4- نعتقد ان توجه الدولة الحالي هو الاعتماد على انظمة تحرير الاقتصاد، الأمر الذي ينتج عنه الاهتمام بمشاركة القطاع الخاص في إدارة المرافق العامة الاقتصادية والابتعاد بقدر الإمكان عن اشغال الدولة في مجالات يمكن للافراد الاضطلاع بها، على ان لا تكتفي الدولة فقط بالمشاركة في راس المال إلى جانب راس المال الخاص بل بالإدارة أيضا، ذلك التعاون يتم في شكل شركة مساهمة خاضعة للقانون الخاص وهو ما يسمى بشركات الاقتصاد المختلط كما سنرى حالا.

---

(1) انظر :، مقترحات السيد فواز خالد عبد العزيز المختار بهذا الشان، رسالته المشار إليها سابقا، ص18-19 س، وكذلك تقييم د.خميس السيد اسماعيل لنظام المؤسسة العامة في العراق في مؤلفه، الد.ارة الحديثة للمؤسسات والشركات العامة بمصر والدول العربية وتجربة اشتراك العمال في الد.ارة، بلا دار نشر، 1988، ص291 وما بعدها.

المطلب الثاني

التوجه نحو شركات الاقتصاد المختلط

لإدارة المرافق العامة الاقتصادية

تشـكل شركـة الاقتصـاد المخـتلط طريقـة هامـة مـن طرائـق إدارة المرفـق العـام الاقتصادي، ونعرض لهذه الطريقة في فرعين وعلى الوجه الآتي :

◈ **الفرع الأول**   : ماهية الاقتصاد المختلط

◈ **الفرع الثاني** : تطبيقات نظام الاقتصاد المختلط

الفرع الأول

ماهية الاقتصاد المختلط

نعرض في هذا المقـام تعريـف شركـة الاقتصـاد المخـتلط وبيـان أركانهـا، وأسباب استخدام هذه الطريقة، والتطور الحديث الذي شملها وعلى النحو الآتي:

أولاً : تعريف شركة الاقتصاد المختلط.

حتى نصل إلى تعريف أو مفهوم لشركات الاقتصاد المختلط يجب ان نلقي نظرة على معنى الاقتصاد المختلط ومن ثم ننتقل إلى بيان شركات الاقتصاد المختلط باعتبارها هي الإدارة التي يتم من خلالها تطبيق نظام الاقتصاد المختلط وعلى النحو الآتي :

أ-   **معنـى الاقتصـاد المخـتلط** : الاقتصاد المختلط نظـام لإدارة الأنشطـة الاقتصادية سـواء أخـذت الشـكل التجاري أو الصـناعي وتتميـز بمشـاركة مالية بين أشخاص معنويـة مـن القانون الخـاص واشـخاص معنويـة مـن القانون العام، وتأخذ هذه المشاركة أو المساهمة شكل شركة تجارية تسمى

شركة الاقتصاد المختلط[1]، وهذه الشركة تخضع في نشاطها لرقابة الإدارة وان كانت قواعد القانون التجاري هي التي تتولى نظامها القانوني. وهذه الشركات تأخذ في الغالبية العظمى منها شكل شركات المساهمة التي تتقاسم اسهمها أشخاص معنوية عامة وأشخاص خاصة ويبدو ان أسلوب الاقتصاد المختلط يتناسب مع أسلوب المشاركة بين المالية العامة ورؤوس الأموال الخاصة[2].

ب ـ **ظهور نظام الاقتصاد المختلط** : اختلفت نشأت هذا النظام في كل من فرنسا ومصر والعراق ففي فرنسا لم يظهر هذا الأسلوب إلا بعد سنة 1919 وقبل هذا التاريخ كانت كل الأنشطة ذات الطبيعة الصناعية أو التجارية تعد أنشطة خاصة. وفي عام 1936 ـ 1937 تحولت أعداد كبيرة من الشركات الى شركة اقتصاد مختلط، ومنذ عام 1950 حدث تحول هام في مجال هذه الشركات بدخول الهيئات المحلية إلى مجال العمران والتصنيع، وابتداء من سنة 1953 أخذت الأقاليم في اقامة هذه الشركات وبدأ نشاطها في إنشاء مساكن وتوسع نشاطها في غير هذا النطاق ابتداء من 1955 ومن ناحية أخرى وفي اطار نشاط الدولة ارتبط اتساع الاقتصاد المختلط بظهور شركات إدارة المشروعات ذات المنفعة العامة وخاصة شركات إنشاء واستغلال الطرق[3].

أما في مصر فقد عرف نظام الاقتصاد المختلط في بداية الثلاثينات ـ كما وضحنا سابقا ـ ثم ازدهر منذ عام 1952، وزاد عدد شركات الاقتصاد المختلط زيادة كبيرة منذ عام 1957، حيث وضع جانب كبير من المنشات تحت

---

(1) د.سليمان الطماوي، الوجيز في القانون الـد.اري، مصـدر سـابق، ص343. ود.رفعت المحجوب، الاقتصد. السياسي، بلا دار نشر، 1964.

(2) د. مصطفى عبد المقصود سليم، التكييف القانوني لعقود شركات الاقتصد. المختلط في مجال الاشغال العامة، دار النهضة العربية، القاهرة، 1995، ص31.

(3) د. مصطفى عبد المقصود سليم، المصدر السابق، ص35.

الحراسة (عقب العدوان الثلاثي) وبدأت إجراءات التمصير للبنوك وشركات التامين واشترت المؤسسة الاقتصادية ـ في حينها ـ من الحراسة عددا من منشات البنوك والتامين الأجنبية وبالآتي ارتبط نشوء هذا النظام بفكرة التأميم[1]. وقد حتم هذا التوسع الكبير وضع نظام قانوني ملائم لشركات الاقتصاد المختلط ومتفق مع السياسة الاقتصادية العامة للدولة وقد جاء هذا النظام في حينه بقانون المؤسسة الاقتصادية الذي تميز بميزتين وهما تدارج الرقابة الداخلية وعدم جمود راس المال[2].

أما في العراق : فقد كان أول ظهور تشريعي للشركات المختلطة في قانون الشركات التجارية المرقم 36 لسنة 1983 الذي أجاز انشاء الشركات المختلطة وتنظيمها. ومن ثم صدر قانون الشركات المرقم 21 لسنه 1977 المعدل لسنه 2004.

ثانياً : أركان نظام الاقتصاد المختلط .

ان جوهر الاقتصاد المختلط هو اشتراك الاقتصاد العام مع الاقتصاد الفردي في تكوين راس مال المشروع وفي إدارته وبناء على ذلك يقوم نظام الاقتصاد المختلط على الأركان الآتية :

أ- تتخذ المشاركة بين السلطات العامة والأفراد صورة شركة مساهمة عادية من شركات القانون التجاري، تكتتب فيها السلطات العامة بحيث تكون مساهمة أو حاملة لسندات الشركة، وقد تكون نسبة اكتتاب السلطة اكثر أو اقل من نصف راس المال، ويجب ان تكون هذه الشركة في

---

(1) في هذه الفترة وصل عدد شركات الاقتصد. المختلط إلى ما يزيد على 40 شركة يتجاوز راس مالها 92 مليون جنيه. د. أكثم امين الخولي، المشروع العام وشبه العام في القانون المصري، مجلة العلوم القانونية والاقتصد.ية، العدد الأول، يناير 1960، ص156وص157.

(2) د. أكثم امين الخولي، المشروع العام وشبه العام في القانون المصري، مصدر سابق، ص158 وما بعدها.

تكوينها وفي إدارتها مطابقة لتشريعات الشركات حتى تحقق الحكمة من الأخذ بهذه الصورة في الإدارة، وقد يكون نصيب الدولة مالياً وقد يكون عينيا مثل المناجم أو المحاجر أو آبار البترول أو مساقط المياه، وتتنازل الدول عن بوصفها سلطة عامة وتدخل في الشركة المساهمة على قدم المساواة مع الأفراد، فالأساليب المتبعة في الاستغلال وكذلك مبادئ التجارة والمحاسبة هي تلك التي تحكم شركات الاقتصاد المختلط واحكامها تستند إلى القانون التجاري[1].

قد تكون مساهمة الدولة في الإدارة المالية لمرفق عام دون ان تكون هذه المساهمة عن طريق الاقتصاد المختلط مثل منحها اعانات لملتزم مرفق عام، أو ان تكفل له حد أدنى من الأرباح.

كما ان مساهمة الدولة في راس مال الشركة ليس معناه دائما تكوين شركة اقتصاد مختلط، فقد تكون هذه المساهمة عارضة. فالازمة الاقتصادية في المانيا 1931 هي التي حملت السلطة على شراء مجموعة كبيرة من اسهم شركات الصلب والبنوك الموشكة على الإفلاس. غير انها باعت معظمها بعد سنوات[2]، وقد يكون الغرض منها توظيف هيئة إدارية لاموال تملكها[3].

وقد تعرض مشكلة تحديد المركز القانوني لبعض شركات الاقتصاد المختلط فيما إذا كانت تعتبر متولية مرافق عامة أو مجرد مشروعات خاصة تساهم فيها رؤوس أموال عامة، وقد ثار هذا الموضوع بخصوص اشتراك الحكومة المصرية مبدئيا في رأسمال الشركة المساهمة لزراعة

---

(1) د.سليمان الطماوي، مبدئ القانون الداري، دراسة مقارنة، الكتاب الثاني، نظرية المرافق العامة، المصدر السابق، ص121 وما بعدها.

(2) د. عزت فوزي حنا، المصدر السابق، ص216.

(3) د.مصطفى ابو زيد، الوجيز في القانون الداري، ج1،نظرية المرافق العامة، 1957، ص300.

البنجـر لانتـاج السـكر وتقطيـره، وفي إنشـاء مصـنع للـورق يقـوم علـى الخامـات المصرية.

يرى بعض الفقهاء انه لا يمكن الاعتماد على معيار مدى المسـاهمة الماليـة لـراس المال بل يجب التعويل على طبيعة النشاط التي تضطلع الشركة به، فإذا كان هذا النشاط يهدف لاشباع حاجة عامة جماعية يعجز المجهـود الفردي عـن اشباعها بدرجة كافية قلنا اننا أمام مرفق عام، والا فنحن إزاء مشروع خاص [1].

ومن جانبنا لا نسلم لهذا الرأي على إطلاقه اذ نتحفظ على مسـالة اشتراط عجـز المجهود الفردي عن إشباع الحاجة العامة بكفاية لسـببين أولهـما اننا في الوقت الحاضر لا نجد حاجة عامة يصعب على المجهود الفردي إشباعها وبكفاية، والثاني هو ان الدولة تتدخل لإشباع حاجات عامة لاعتبارات عديـدة دون ان يكون مـن بينها عجز المجهود الفردي عن إشباعها.

ب ـ لما كانت شركة الاقتصاد المختلط تتولى إدارة مرفق عام فيجب النظر إلى السـلطة العامة ليس كونها مساهمة فقط ولكن يجب تمتعها بحق الرقابة، ذلك العنصر الذي يعتبر القاسم المشترك في جميع أنواع المرافق العامة لحماية المصلحة العامة. تشتـرك شركة الاقتصـاد المشـترك مـع الشركة المسـاهمة العاديـة في كـونهما يحكمان بوساطة الجمعية العمومية للمساهمين ومجلس الإدارة الـذي مـن المفروض ان يكون منتخب بأكمله من الجمعيـة العمومية وهـذا يحـدث في حالة الشركة المساهمة، أما شركة الاقتصـاد المختـلط فمجلس الإدارة ليست كل أعضائها منتخبين بل تختار السلطة مـن يمثلها في هـذا المجلس وهـم لا سـلطان عليهم مـن الجمعيـة العموميـة حتـى لا تصبح الدولـة إذا كانـت

(1) د.مصطفى ابو زيد، الوجيز في القانون الـداري، مصدر سابق، ص301.

تحوز اقل من 50% من الأسهم تحت رحمة الجمعية العمومية[1]. وإذا أرادت الدولة ان يكون لها مجرد حق الرقابة الداخلية على نشاط الشركة فإنها تكتفي بالحصول على عدد قليل من الأسهم وليس هنالك تلازم بين حجم السلطة الممنوحة للإدارة وبين عدد الأسهم التي تملكها.

ويرى البعض ان هذه السلطة تتمثل في الامتيازات الممنوحة للإدارة وهي متعددة، فقد تكون عبارة عن تعيين بعض المديرين أو بعض أعضاء مجلس الإدارة، وقد تكون عبارة عن حق اعتراض توفيقي أو مطلق تمارسه الحكومة على قرارات الجمعية العمومية، وقد تتمثل في ان يكون للحكومة في الجمعية العمومية للشركة عدد من الأصوات اكبر مما يخوله لها ما دفعته من أموال[2]. إلا ان البعض الآخر يرى ان الدولة لكي تتمتع بامتيازات واسعة تخولها القيام بالرقابة العميقة على الشركة يجب ان تكون مساهماتها المالية في راس المال على جانب كبير من الأهمية فإذا كانت نسبة الأموال العامة ضئيلة إذا ما قيست براس مال الشركة فان تلك الامتيازات الواسعة تعدو أمرا لا يقره القانون[3].

من جانبنا نؤيد هذا الرأي ذلك انه ولئن كان تدخل الدولة في إدارة النشاط الاقتصادي تؤدي إلى ان يتضمن قانون إنشاء الشركة الخروج على قواعد القانون التجاري، الذي يمنح الدولة سلطات واسعة على الرغم من انها

---

(1) د.سليمان الطماوي، مبد.ئ القانون الـد.اري، دراسة مقارنة، الكتاب الثاني، نظرية المرافق العامة، المصدر السابق، ص121 – 122.

(2) د.رفعت المحجوب، المصدر السابق، ص549.

(3) وقد اثيرت هذه المسألة في قضية عرضت أمام مجلس الدولة الفرنسي تتعلق بشركة حبنيوم ورون للـد.وية، تمتلك فيها الدولة مائة سهم من عدد اسهمها البالغ ثلاثمائة ألف سهم. فقرر مجلس الدولة ان مساهمة الدولة المالية هنا ليس بالكافية إلى الحد الذي يمكن ان نعتبر معه انها تملك مصالح جدية في الشركة. د.مصطفى ابو زيد، الجيز في القانون الـد.اري، مصدر سابق، ص304.

لا تملك إلا أقلية في راس المال وهـذا مـا لا يقـره القانـون التجـاري للمسـاهمين العاديين.

وان كان لابد من الخروج على قواعد القانون التجاري فانه يتعين وجـود مصلحة جدية للدولة تتمثل في عدد وقيمة ما تتملكه الدولة من اسهم في الشركة وأمـام ضآلة قيمة اسهم الدولة في الشركة، نرى انها ليست جديرة بصفة شركة اقتصاد مختلط بل تكون مجرد شركة مساهمة.

يشترط القضاء الفرنسي ان يكون هنالـك حـد أدنى للمسـاهمة العامـة في شركـات الاقتصاد المختلط يسمح بان يكون للدولة مصالح جدية في الشركة. وقد أكد المشرع الفرنسي هذا القضاء، فقد اشترط في قانون 25 يوليو (آب) 1949 ان تصل مسـاهمة الدولـة إلى 10% مـن شركـات الاقتصاد المختلط حتى يمكن تطبيق القواعد الخاصة بالرقابة المالية التي تخضع لها هـذه الشركـات، وحتى تستطيع الدولة ان تعين فيها المديرين(1).

إذا كانت المشاركة تخص إحدى الهيئات المحلية فلقد أصدر المشرع الفرنسي العديـد مـن التشريعـات في آخرهـا قانـون 9 ينـاير (كـانون الثـاني) 1993 لمواجهة انحراف هذه الشركات عن القواعد المنظمة لها بما يسمح بإبعاد أعمال هذه الشركات عن القواعد التي تحمي المصالح العامـة مثل قواعـد المحاسبة العامـة وقواعـد الأشغال العامـة، وكذلك تمـنح نصـوص هـذه التشريعات حرية كبيرة للهيئات المحلية التي تستطيع المشاركة بصفة عامـة

---

(1) بتحقق النسبة المطلوبة تتكاثر هيئات الرقابة على هذه الشركـات بـين مفوضي الحكومـة وهم موجودون طبقا لنظم هذه الشركات وبجانبهم توجد رقابة مفتشي الدولة، وكذلك مراجعة حسابات المشروعات العامة والرقابة البرلمانية. د. مصطفى عبد المقصـود، المصدر السـابق، ص39، ولا شك ان تعدد هذه الهيئات الرقابية يعكس عدم الثقة في د.ارة هذه الشركات التي تساهم فيها الدولة مساهمة كبيرة، كما ان وسائل الرقابة لا تكثر إلا إذا كانت قليلـة الكفـاءة والفعالية.

في مجال الإسكان والعمران والزراعة وقد حـددت نسبة المشاركة عـام 1926 بـ 40% وفي عام 1955 رفعت هذه النسبة إلى 60%[1].

للأعضاء المعينين في مجلس الإدارة صفتين الأولى كـونهم نـائبين عـن الدولـة المساهمة ويسعون إلى تحقيق الربح، وصفتهم الثانية كمدافعين عـن المصلحة العامة في وجه الرأسماليين الذين لا يهـدفون الا الى تحقيـق الـربح. وعـلى هؤلاء الأعضاء ان يوفقوا بين الصفتين وعند التعارض يرجح كفة المصلحة العامة باعتبار ان المرفق العام هدفه النفع المشترك وليس تحقيق الربح[2].

نظرا لتمتع أعضاء مجلس الإدارة المنتخبين بهاتين الصفتين نجد ان قانون تأسيس الشركات يمنحهم سلطات واسعة في الأمور المتعلقة بالسياسة الاقتصادية العامة للدولة بينما يتمتع بقية أعضاء مجلس الإدارة بصلاحيات أوسع فيما يخص الأمور ذات الطابع الفني البحت[3].

ج ـ تنشا شركة الاقتصاد المختلط بقانون أو بنـاء عـلى قـانون ويـرى بعـض الفقهـاء ان شركة الاقتصاد المختلط يجب ان تنشا دائما بقانون لسببين :

الأول : ان النظام الإداري لهذه الشركات يخالف إلى حد كبير القواعـد القانونيـة التـي وضعها المشرع في القانون التجاري لتحكم الشركات. وبما ان القانون التجاري صاغه المشرع في قانون وليس لائحة، فيجب لامكان مخالفتـه صـدور قـانون مماثل.

الثاني : ان إنشاء الشركة إنما يتطلب ان تقدم الدولة بعض الأموال العامـة لتساهم بهـا في راس مال المشروع. ويجب ان يتدخل البرلمان آليا وأن يأذن للحكومـة بـان تقوم بالمساهمة المالية في رأس المال[4].

---

(1) د. مصطفى عبد المقصود سليم، المصدر السابق، ص41.

(2) د.عزت فوزي حنا، المصدر السابق، ص218.

(3) د.توفيق شحاته، مبد.ئ القانون الد.اري، ج1، 1954، ص431.

(4) د.مصطفى ابو زيد، مبد.ئ القانون الد.اري، مصدر سابق، ص301 وص302.

ان أول عنصر من عناصر النظام الإداري الذي يحكم شركة الاقتصاد المختلط يتكون من النصوص التي وضعها المشرع في قانون انشائها، والواقع ان المشرع يسعى دائما إلى منح السلطة العامة من الحقوق الواسعة ما يسمح لها ليس فقط بمجرد الرقابة على الشركة وانما بالتوجيه الفعلي لها والسيطرة الحقيقية عليها.

ومساهمة الدولة في الإدارة إنما يتاتى من المساهمة المالية في راس المال، الأمر الذي يترتب عليه ان تمثل الحكومة في هيئات الشركة فيتسنى لها الرقابة عن قرب. وعادة ما تكون نسبة المشاركة في الإدارة هي نسبة المشاركة نفسها في راس المال.

فإذا أرادت الدولة السيطرة على الشركة يكون عليها أن تحصل على أغلبية الأسهم فإذا كانت الشركة تمتلك أغلبية الأسهم فان القواعد العامة في شركات المساهمة تمكنها من السيطرة على الشركة وتوجيهها. أما لو كانت أسهمها اقل من النصف أو كانت حائزة على سندات فقط فان قواعد القانون التجاري لا تسعفها. حينئذ يجب على القانون الصادر بإنشاء الشركة ان يمنحها من الامتيازات والحقوق ما يمكنها من السيطرة على زمام الأمور في الشركة للإشراف على حسن سير المرفق العام[1].

ففي مصر تخضع شركة الاقتصاد المختلط باعتبارها شركة مساهمة للقانون رقم 159 لسنة 1981 واللائحة التنفيذية الخاصة بالشركات المساهمة.

---

(1) كما فعلت شركة الخطوط الجوية الفرنسية فبالرغم من قلة عدد ممثلي الدولة في مجلس د.ارة الشركة وسيطرة راس المال الخاص فان المشرع الفرنسي أصدر قانونا خاصا أعطى هذه القلة (حق الفيتو) وكما فعل المشرع المصري في القانون رقم 154 لسنة 1961 الذي قضى بتعيين أعضاء مجلس الد.ارة في هذا النوع من الشركات. ويجب ان يتم بقرار من رئيس الجمهورية ومن دون تقييد مساهمة الدولة بحد معين من الأسهم. د. حسن موسى، الموجز في الشركات التجارية، ط2، بغدد.، 1975، ص239 وما بعدها.

ويتجه المشرع إلى زيادة رقابته باطراد على شركات الاقتصاد المختلط ويتمثل ذلك في رقابة الجهاز المركزي للمحاسبات ورقابة النيابة الإدارية.

وفي العراق عرف الامر رقم 64 لسنة 2004 بتعديل قانون الشركات القانون رقم 21 لسنة 1997 [1] الشركة المختلطة بانها شخص واحد أو أكثر من قطاع الدولة مع شخص أو أكثر من غير القطاع المذكور وبرأس مال مختلط لا تقل مساهمة قطاع الدولة فيه مبدئياً عن 25%، كما ويجوز لشخص أو أكثر من القطاع المختلط تكوين شركة مختلطة. وتعتبر الشركة المختلطة التي تنخفض مساهمة قطاع الدولة فيها الى أقل من 25% شركة خاصة وتعامل على هذا الأساس [2]. وتأخذ الشركة المختلطة شكل الشركة المساهمة أو المحدودة حصرا [3].

وتمثلت مشاركة الدولة في ادارة شركات الاقتصاد المختلط في تشكيل مجلس الادارة حيث يتم تعيين عضوين يمثلان قطاع الدولة بموجب قرار من الوزير أو وكيل الوزير المختص بالقطاع الذي تعود له الشركة، ما لم تتجاوز حصة قطاع الدولة في رأس مال الشركة المختلطة في تاريخ تعيين العضوين 50% من رأس مال الشركة، وفي هذه الحالة يقوم الوزير أو وكيل الوزير المختص بالقطاع الذي تعود اليه الشركة بتعيين ثلاثة أشخاص في مجلس ادارة الشركة يمثلون قطاع الدولة [4].

---

(1) المنشور في جريدة الوقائع العراقية المرقمة 3982 في حزيران 2004، وللمزيد من التفصيل عن شركات الاقتصد. المختلط راجع : د. باسم محمد صالح ود. عدنان احمد ولي العزاوي، القانون التجاري، الشركات التجارية، وزارة التعليم العالي والبحث العلمي، دون سنة طبع، ص121 وما بعدها.

(2) المدة (7/أولا) من الامر رقم 64 لسنة 2004 بتعديل قانون الشركات رقم 21 لسنة 1997.

(3) المدة (7/ثانيا) من الامر رقم 64 لسنة 2004 بتعديل قانون الشركات رقم 21 لسنة 1997.

(4) المدة (103/أولا/البند 1) من الامر رقم 64 لسنة 2004 بتعديل قانون الشركات رقم 21 لسنة 1997.

ونحن مع الفقه الذي يطالب المشرع العراقي بان يجعل نسبة تمثيل القطاع الاشتراكي في مجلس الإدارة هي نسبة مساهمته في راس المال[1].

ولقد كان لأعضاء مجلس الإدارة الممثلين للقطاع الاشتراكي دوراً ذا فعالية في إدارة الشركة خاصة وان قانون الشركات المرقم 21 لسنة 1997 قبل تعديله أوجب موافقة ما لا يقل عن عضوين من ممثلي القطاع الاشتراكي الثلاثة على أي قرار يصدره المجلس[2].

اذ انه بموجب التعديل الوارد على قانون الشركات المرقم 21 لسنة 1997 في عام 2004 علقت المادة (114/ثانيا) من هذا القانون وبذلك أصبح أعضاء مجلس الادارة الممثلون لقطاع الدولة على قدم المساواة مع بقية أعضاء مجلس الادارة تحكمهم جميعاً المادة (114/اولا) عند التصويت[3].

وفي تقديرنا ان هذا الاتجاه غير محمود اذ كان على المشرع الابقاء على الامتياز الممنوح لاعضاء مجلس الادارة الممثلون لقطاع الدولة على الاقل في حالات التصويت على القرارات المتعلقة بسياسة الدولة الاقتصادية. وفي كل الاحوال فان اخضاع حسابات الشركات المختلطة لرقابة وتدقيق ديوان الرقابة المالية[4] فيه من الضمانات القانونية التي تكفل الالتزام بتحقيق المصلحة العامة لا مجرد تحقيق الربح للمساهمين.

_____

(1) كامل عبد الحسين البلداوي، المصدر السابق، ص214. د. باسم محمد صالح ود. عدنان احمد ولي العزاوي، المصدر السابق، ص 237.
(2) المد.ة (114/ثانيا) من قانون الشركات رقم 21 لسنة 1997.
(3) حيث تنص المد.ة (114/اولا) على " تتخذ قرارات المجلس بالاكثرية المطلقة للاعضاء الحاضرين واذا تساوت الاصوات يرجح الجانب الذي فيه الرئيس ".
(4) المد.ة (133/اولا) من الامر رقم 64 لسنة 2004 بتعديل قانون الشركات رقم 21 لسنة 1997.

ثالثاً : أسباب استخدام طريقة الاقتصاد المختلط.

يرى الفقيه دولوبـادير (Delaubdere) ان طريقـة الاقتصاد المخـتلط أصـبحت مستخدمة وبتطور دائم وعلى نطاق واسع وفي مجالات مختلفة ولبواعث متنوعة وانـه اصبحت وسيلة للتعاون بين الهيئات العامة مع بعضها فضلا عـن اسـتخدامها لتحقيـق تعاون بين رؤوس الاموال العامة والخاصة[1].

ويرى العميد الأستاذ سليمان الطماوي[2]، ان هذه الطريقة ابتدعت لعـلاج اوجـه القصور في طريقة الإدارة المبـاشرة، وطريقـة الامتيـاز، فالإدارة المبـاشرة تتسـم بـالبطء والتعقيد والروتين الذي ينعدم معه الابتكار، وعلاج ذلك يمكن إيجاده في إتبـاع صـورة الشركة المساهمة التجارية وتطبيق وسائل القانون الخاص.

وفيما يتعلق بعيوب الامتياز فاهم السـلبيات الموجهة إليـه هـي انصراف الملتـزم لتحقيق النفع الخاص، ولضمان عـدم الإهـدار للمصـلحة العامـة ارتأى إشراك السـلطة العامة في راس مال هذه المشروعـات حتـى لا تقـتصر رقابتهـا علـى الناحيـة الخارجيـة للمشروع، بل تمتد الرقابة إلى داخـل الإدارة فتمثل السـلطة العامة لا بصـفتها حاميـة للمصالح العامة فحسب، بل بصفتها مساهمة أيضا.

لا يشترط ان يكون إنشاء شركة الاقتصاد المختلط خلق لمرفق عام لم يكـن موجودا من قبل، بل قد يلجأ إلى طريقة الاقتصاد المختلط لتغيير طريقة إدارة مرفق عام موجود من قبل، كـما لـو قدمت الدولة مسـاعدات ماليـة لملتـزم بإدارة مرفق عـام، ولم يـتمكن مـن سـدادها، فـان الإدارة قـد تغير مـن طريقـة

---

(1)   A. Delaubadere ،Traite de droit administratif, l'administration de l economie 3,e ed, 1977, LGDJ,p.233.

(2) د.سليمان الطماوي، الوجيز في القانون الد.اري، المصدر السابق، ص343.

الإدارة في هـذه الحالـة لتصبح مساهمة في المشروع، وتشرف عـلى إدارتـه الداخليـة، وعدم الاكتفاء بالرقابة الخارجية الموجودة في حالة الامتياز[1].

وقد تلجأ الدولة إلى نظام الاقتصاد المخـتلط إذا أرادت إنشاء مرفق عـام جديد بتوسيع أحد المشروعات الخاصة الموجودة، فتضيف إلى راس مال المشروع الخاص مـن اموالها ما يجعله شركة من شركات الاقتصاد المختلط تسهر على إدارة مرفق عام[2].

وفي حالات أخرى في فرنسا شكلت شركة الاقتصاد المختلط صيغة للتأميم وحلت محل مشروع خاص مؤمم. كما في حالة مشروعات صـناعة الأسلحة عـلى اثـر التـأميم بمقتضى قانون 11 أغسطس 1926[3].

وكذلك نظمت الدولة بصفة أصلية شركة الاقتصاد المختلط وذلك لان الدولة اختارت بمحض إرادتها هذه الطريقـة لإدارة مرفق عام قررت إنشاءه، كـما في حالة الشركة القومية للرون، إحدى الشركات الأولى التي تـم إنشـاءها والتي كثيرا ما تقدم كمثال يحتذى به، وقد خصصت لإدارة نهر الـرون Roan وكـان رأسمالها مقسما بـين مجموعات متنوعة من المساهمين تنتمي إليها هيئات عامة مختلفة[4].

وفي تقديرنا انه أيا كان الباعث على إتباع طريقة الاقتصاد المختلط فانه يتركـز في تعاون الأفراد والهيئات الخاصـة ومسـاهمتها مـع الدولـة في إدارة النشـاط الاقتصـادي وتحمل عبء التنمية الاقتصادية.

---

(1) د.سليمان الطماوي، مبـد.ئ القـانون الـد.اري، دراسـة مقارنـة، الكتـاب الثانـي، نظريـة المرافـق العامة، مصدر سابق، ص123. وقد حدث ذلك بالنسبة لشركة السكر في مصر عنـدما تراكمـت عليها الضرائب وعجزت عن دفعها للحكومة، د. عزت فوزي حنا، المصدر السابق، ص222.

(2) د.مصطفى ابو زيد، مبد.ئ القانون الد.اري، مصدر سابق، ص304.

(3) د. عزت فوزي حنا، المصدر السابق، ص222.

(4) A. Dlaubadere: op.cit, p.223. et suiv.

رابعاً : التطور الجديد للاقتصاد المختلط.

يمكن ان نرصد في فرنسا تطورا جديدا في طريقة الاقتصاد المختلط ويبتدئ ذلك في تعاون رؤوس الأموال الخاصة والعامة في هذه الانطلاقة الجديدة والتي ترجع بصفة خاصة للرغبة في إفادة مشروعات القطاع العام من وجود خبرات المديرين المعتادة على الإدارة الرأسمالية وبصفة عامة المعتادين على طرائق الإدارة البعيدة عن العمل الإداري التقليدي.

وتبدو صيغة شركة الاقتصاد المختلط اكثر فعالية عن صيغة المؤسسة العامة ذات الطابع الصناعي والتجاري، وهكذا دخل مرة ثانية الاقتصاد المختلط في بعض المشروعات مثل Air France وتطور بصفة خاصة بموجب نصوص القوانين في مجالات متعددة مثل، البناء والتشييد (D.30 Febreir 1958) والطاقة والبحث عن النفط واستغلال الطرق السريعة (L.18Avrill 1958) والأسواق ذات المنفعة القومية (D.25Avrill 1958) والقيام بالعمليات المدنية أو الحضرية (D.19Mars 1959) واستغلال المناطق (L.24Mars 1961)[1].

وتبلور أيضا الاتجاه الحديث للاقتصاد المختلط في انه أصبح وسيلة لمشاركة الهيئات والمؤسسات العامة فيما بينها، وتحقيق نوع من الاتحاد الإداري في المجال الاقتصادي، مثل الشركة القومية للرون التي اندمجت فيها الشركة القومية للسكة الحديد وكهرباء فرنسا على التوالي، وحلوا محل الشركات الخاصة بالكهرباء والتي في الواقع لم تحتو إلا على رؤوس أموال عامة بدرجة اكبر.

وتأكد هذا الاتجاه أيضا في الوقت الحالي في مجالات مثل اعداد الأراضي والسبب في ذلك ان المقصود هو مشروعات الاستغلال التي لا تدر دخلا كافيا مما تدفع وتحفز للبحث عن تحقيق عمل مشترك بين المؤسسات العامة، اكثر

---

(1) A. Delavbadere: op.cit, p.226 et suiv.

من البحث عن تعاون ومساهمة رؤوس الأموال الخاصة[1]. ها هي الشركة التي تقوم باستصلاح المناطق المحدودة (L 24mars 1951) وأيضا شركات إعداد المناطق السكنية والصناعية طبقا لقانون 22 يونيه (اب) 1956 الخاص بالتخطيط العمراني وعلى سبيل المثال الشركة القومية الأولى لإعداد منطقة الرون الأدنى.

وتضم الشركة الثانية لتجهيزات حوض الرون، اربع إدارات وهي : صندوق الودائع والأمانات، والشركة المركزية لتجهيز الأراضي، ومناجم الفحم لحوض اللورين، وشركات الحديد والصلب[2].

الفرع الثاني

تطبيقات نظام الاقتصاد المختلط

في مصر كانت البدايات مع بنك التسليف الزراعي (1931) والبنك الصناعي (1947) وشركة الحديد والصلب (1954) وشركة السكر والتقطير المصرية (1946)[3].

غير ان هذا النظام لم يزدهر في ظل النظام الاشتراكي، الا انه عاد مرة أخرى للظهور بعد إتباع سياسة تحرير الاقتصاد حيث تمثلت في شركات الاقتصاد المختلط في قطاعات مختلفة من النشاط الاقتصادي، شملت الزراعة والتشييد والصناعة والسياحة والأغذية، وبلغ عدد هذه الشركات التي يساهم فيها القطاع الخاص والتي انشئت طبقا للقانون 97 لسنة 1983 الخاص بهيئات القطاع العام وشركاته والقانون الحالي رقم 203 لسنة 1991 الخاص بقطاع الأعمال، أربعا وثلاثين شركة.

---

(1) د. عزت فوزي حنا، المصدر السابق، ص223.

(2) المصدر السابق، ص224.

(3) د.محمد محمد عبد اللطيف، الاتجاهات المعاصرة في د.ارة المرافق العامة الاقتصد.ية، مصدر سابق، ص70.

وتتراوح نسبة مساهمة رأس مال الخاص في هذه الشركات بين 50% مثل شركة النصر للأجهزة الكهربائية "فيلبس" أو مثل شركة ادفينا للأغذية المحفوظة، وشركة بور سعيد لتداول الحاويات والبضائع، وشركة النصر لصناعة الفخار والحراريات، و2% مثل شركة مصر لصناعة الكيماويات و 0.03% مثل شركة مصر للألبان والأغذية.

وتزيد هذه النسبة في شركات أخرى مثل شركة الحديد والصلب المصرية حيث بلغت 1,1% والشركة القومية لانتاج الإسمنت، حيث بلغت 1,3% بينما تصل النسبة إلى 91,1% في الشركة المتحدة للإسكان والتعمير.

وفي العراق : تأسست أول شركة مختلطة وهي شركة السمنت الشمالية بموجب القانون رقم 51 والصادر في 1935/9/14، ثم تأسست شركة استخراج الزيوت النباتية وكانت نسبة مساهمة المصرف الصناعي في هذه الشركة 2%[1]. وفي سنة 1940 صدر قرار بفصل المصرف الزراعي عن المصرف الصناعي الا ان القرار لم ينفذ الا في عام 1946 بسب ظروف الحرب[2]. وقد ساهم المصرف الصناعي حتى عام 1961 في عشرين شركة مختلطة، وتراوحت نسبة مساهمته في هذه الشركات ما بين (5% ـ 30%) من رأس المال الاسمي للشركات المختلطة سنة التأسيس، وإجمالاً يبلغ عدد الشركات المختلطة منذ تأسيس المصرف المذكور حتى عام 1991 أربعة وأربعون شركة مختلطة[3].

---

(1) د. عبد الوهاب حمدي النجار، دراسة عن البدايات الاولى لتكوين المصرف الصناعي للفترة (1935 ـ 1945) بمناسبة اليوبيل الذهبي للمصرف، المؤسسة العامة للتنمية الصناعية، 1985، ص1 وص6.

(2) كاتلين ام لينكي، تصنيع العراق، بغدد.، 1963، ص225.

(3) السيد نزار صديق الياس القهوجي، إنتاجية القطاع العام المختلط في العراق والعوامل المؤثرة فيها للفترة 1980 ـ 1990، دراسة تحليلية، رسالة ماجستير مقدمة الى كلية الد.ارة والاقتصد.، جامعة الموصل، 1993، ص20.

ولقد كان لقرارات التأميم في عام 1964 الأثر البالغ في انكماش القطاع الصناعي المختلط حيث أممت كل الشركات باستثناء أربع شركات مختلطة ظلت تحت مسؤولية المصرف الصناعي تمهيداً لتصفيتها[1]. وتأسست شركات مختلطة جديدة وبنسبة مساهمة من قبل المصرف الصناعي أكبر من مساهمته في فترة ما قبل التأمين حيث تراوحت هذه النسبة منذ عام 1965 الى عام 1997س1 بين (10% ـ 72%)، وقد اندمجت الكثير من الشركات المختلطة بعضها مع البعض[2].

وخلاصة تجربة طريقة الاقتصاد المختلط في العراق انها مورست على نطاق ضيق وفي مجالات محدودة ابتداء من القانون رقم 36 لسنة 1983 إلى حين صدور قانون الشركات رقم 21 لسنة 1997 المعدل وقانون الشركات العامة رقم 22 في نفس السنة والامر المرقم 64 لسنة 2004 بشأن تعديل قانون الشركات رقم 21 لسنة 1997.

ولعل تحويل بعض الهيئات العامة إلى شركات اقتصاد مختلط هو الأحدث ضمن التطورات الحادثة لنظام الاقتصاد والمختلط. وكان مرفق الاتصالات هو المجال المختار لهذه التحولات. ففي فرنسا صدر قانون 26 يوليو 1996 بشأن تحويل (France Telecom) وهي شخص عام إلى شركة مساهمة، تملك الدولة فيها مباشرة أغلبية رأس المال، وينص القانون على ان يخضع مشروع France Telecom فيما يتعلق بالاستغلال العام له للنصوص الواردة فيه، وكذلك النصوص المطبقة على الشركات المساهمة، وأخيرا تضمن القانون انه

---

(1) المصدر السابق، ص21 و ص22.

(2) اذ كانت الشركة الوطنية للصناعات الغذائية نتيجة لدمج أربع شركات مختلطة وهي معمل البيرة الوطني، والشركة الوطنية للصناعات الغذائية، ومعمل عصير يافا، ومعمل السفن أب. للمزيد من التفصيل يراجع : السيد نزار صديق الياس، المصدر السابق، ص22 وما بعدها.

اعتبار من 31 ديسمبر 1996 تخرج الأموال العامة لمشروع France Telecom من الدومين العام.

وفي مصر صدر القانون رقم 19 لسنة 1988 ونصت مادته الأولى على ان " تحول الهيئة القومية للاتصالات السلكية واللاسلكية إلى شركة مساهمة مصرية تسمى الشركة المصرية للاتصالات " ونصت المادة الثانية على ان تكون لهذه الشركة الشخصية الاعتبارية، وتعتبر من أشخاص القانون الخاص، ويسري عليها فيما لم يرد بشأنه نص خاص في هذا القانون أحكام كل من قانون شركات المساهمة وشركة التوجية بالأسهم والشركات ذات المسؤولية المحدودة الصادر بالقانون رقم 159 لسنة 1981. ونصت المادة 8 من القانون على انه يجوز بقرار من مجلس الوزراء ان يطرح للبيع أسهم بقيمة جزء من رأس مال الشركة للاكتتاب العام على ان تظل الأغلبية من رأس المال للدولة ويكون للعاملين في الشركة نسبة من الأسهم المطروحة للبيع يحددها مجلس الوزراء.

أما في العراق فقد أجازت المادة 35 من قانون الشركات العامة رقم 22 لسنة 1977 تحويل الشركات العامة الى شركات مساهمة، ولا شك في وجود بعض الشركات العامة من يضطلع بمرفق عام اقتصادي مثل الشركة العامة للبريد والاتصالات فضلاً عن الشركة العامة لادارة النقل الخاص، والشركات العامة للمناطق الجنوبية المنبثقة عن الهيئة العامة للكهرباء، ولا شك ان في هذا التحول اثراء لنظام الاقتصاد المختلط وتدعيما لشركاته.

ولهذا النظام أنصار يحبذونه وخصوم يناهضونه، ومزاياه كما يراها أنصاره[1]، انه من خير مظاهر تدخل الدولة في الشؤون الاقتصادية. والدولة

---

(1) د.سليمان الطماوي، مبد.ئ القانون الد.اري، دراسة مقارنة، الكتاب الثاني، نظرية المرافق العامة، مصدر سابق، ص126. ود.توفيق شحاتة، مظهر من مظاهر تدخل الدولة في الميدان الاقتصد.ي، مصدر سابق، ص553. ود. عزت فوزي حنا، المصدر السابق، ص225، ود.علي البارودي، في سبيل نظام قانوني موحد للمشروع التجاري العام المكتب المصري الحديث للطباعة والنشر، الإسكندرية، دون سنة طبع، ص62 وما بعدها.

عندما تقوم بذلك تسن القوانين وتضع اللوائح، وهذا لا يكفي بل يجب ان تتدخل تدخلا مباشرا في تلك الشؤون بان تشترك بنفسها في الأعمال الصناعية والتجارية. وهذا لا يستتبع بالضرورة إلغاء المشروع الخاص بل العكس لابد من الإبقاء عليه، والدولة في حاجة إلى رؤوس أموال الأفراد، إذ ان أموالها لا تكفي، كما انها تملك ثروات عظيمة من مناجم وابار ومساقط مياه وغيرها في حاجة إلى استغلال ولا يمكن الاستفادة منها إلا إذا شاركت رؤوس الأموال الفردية، والدولة بذلك تتجنب عيوب الاستغلال المباشر، كما انها تضيف إلى مزايا الاستغلال الفردي مزايا الاستغلال المباشر، فالدولة لا تدخل للشركة باعتبارها صاحبة سيادة بل على قدم المساواة مع الأفراد وتقبل الخضوع للقواعد العامة للقانون التجاري، ولكنها مع ذلك تستطيع توجيه المشروع عن طريق تمثيلها في مجلس الإدارة توجيها يحقق المصلحة العامة، فتكون بذلك قد أخذت ما في الاستغلال المباشر من فوائد وتجنبت ما فيه من عيوب.

كما ان ميزة هذا النظام هو استبعاده للسياسة وما ينتج عنها من أضرار وتحل الكفاءة محل المحسوبية، وتبدو على المشروع مظاهر الاستقرار الناشئ المتولد عن اطمئنان الجمعيات العمومية للمساهمين التي تنتخب مجالس إداراتها إلى ان مصالحها ترعى على خير وجه.

ويقول الأستاذ الدكتور توفيق شحاتة " ويخيل إلينا ان هذا النظام بما فيه من مرونة كبيرة خير أسلوب من أساليب استغلال المشروعات العامة للدولة ولا يعدله أي أسلوب آخر يسمح بمسايرة مقتضيات الحياة الاقتصادية، فتمتع الشركات بالحرية التي لابد منها لتنمو وتزدهر كما انه يحتفظ للدولة بحقوق السلطة العامة بالقدر الضروري لتحقيق المصلحة العامة"[1].

(1) د.توفيق شحاتة، نظهر من مظاهر تدخل الدولة في الميدان الاقتصد.ي، المرافق العامة الاقتصد.ية، مصدر سابق، ص 553 - 554.

ويؤكد أ.د. سليمان الطماوي هذا الرأي بقوله " كنا وما زلنا نعتقد ان طريقة الاقتصاد المختلط من انسب الطرائق لتعاون القطاعين العام والخاص في المجالات التي لم يقصرها المشرع على القطاع العام، لاسيما وان التنظيمات الحديثة لدينا تجعل للدولة هيمنة تامة على المشروعات التي تدار بهذه الطريقة"[1].

أما عن خصوم هذه الطريقة فتتلخص حججهم ان من شأن هذا النظام توسيع سلطان الدولة وبسط سيطرتها على المشروعات الخاصة، وابرز عيوب هذه الطريقة هو ان مجلس إدارة الشركة يجمع بين مصلحتين متعارضتين، الأمر الذي ينتج عنه عدم الاستقرار ويؤدي في النهاية إلى تحويل الشركة أما إلى استغلال مباشر واما إلى مشروع خاص[2].

وباعتقادنا ان معظم هذه العيوب ترجع لا إلى طبيعة ذلك النظام نفسه، بل إلى كيفية تطبيقه.

وبناء على ذلك نرى في نظام الاقتصاد المختلط الأسلوب الامثل في إدارة النشاط الاقتصادي العام بعد انتهاج العديد من الدول له مثل مصر وفرنسا والولايات المتحدة الأمريكية التي اعتبرته الأسلوب المفضل لديها للتحويل من القطاع العام إلى القطاع الخاص، وقد اتبعت بريطانيا أيضا هذا الأسلوب[3]، والأمر الذي حفزنا على تبني هذا النظام والمناداة بتوسيع حالات تطبيقه هو التطور الحادث مؤخرا والمتمثل في تحويل بعض الهيئات العامة التي تدير مرافق عامة اقتصادية (مرافق التليفونات) إلى شركات مساهمة.

---

(1) د. سليمان الطماوي، مبدئ القانون الداري، دراسة مقارنة، الكتاب الثاني، نظرية المرافق العامة، مصدر سابق، ص126.

(2) فلديمير ايفانوفيتش، محاضراته عن المشروع الاقتصدي في يوغسلافيا لطلبة الدكتوراه في الجامعات المصرية عام 1963/62، اشار إليها د.علي البارودي، المصدر السابق، ص58.

(3) استخدمت بريطانيا أسلوب بيع الأسهم بالبورصة وفقا للعرض والطلب وذلك في مؤسسة الغاز وفي شركة المواصلات. د. احمد ماهر، المصدر السابق، ص109.

واعتقد ان هذا التحول ستعقبه تحولات كثيرة أخرى يكون موضوعها تغيير طرائق إدارة مرافق عامة اقتصادية أخرى، خضوعا لمبدأ قابلية هذه المرافق للتغيير والتطوير.

اذا كانت الدولة تعمل حالياً على تشجيع الاستثمارات الخاصة على المشاركة في تحقيق التنمية الاقتصادية من خلال أسلوب الاقتصاد المشترك في شتى مجالات النشاط الاقتصادي [1]، فيجب عليها العمل على زيادة نسبة هذه الاستثمارات، بل والاستفادة من هذه الطريقة في مجال تقديم الخدمات كمرافق النقل بالسكك الحديدية والسيارات والهواتف والكهرباء والغاز على سبيل المثال لا الحصر، وذلك ليس بالنسبة للمرافق الجديدة المزمع إنشاؤها فحسب، بل والقائمة فعلاً بتحويل ادارتها من طريقة الهيئات العامة الى شركات الاقتصاد المختلط.

هذه هي باختصار أهم الاتجاهات المعاصرة في إدارة المرافق العامة الاقتصادية، وهذه الاتجاهات بمثابة المقدمات التي أفضت إلى نتائج مهمة، هي اتساع دائرة القانون الخاص وانحسار دائرة القانون العام في إدارة المرافق العامة الاقتصادية. ان هذا التطور الأخير هو موضع الفصل الثاني في هذا الباب.

_____

(1) لا سيما ان المد.ة 25 من مسودة الدستور تنص على " تكفـل الدولـة اصلاح الاقتصـد. العراقي وفق أسس اقتصد.ية حديثة وبما يضمن استثمار كامل مـوارده وتنويـع مصـد.ره، وتشـجيع القطاع الخاص وتنميته "، وكـذلك تـنص المـد.ة 26 على مـا يـأتي " تكفـل الدولـة تشجيع الاستثمارات في القطاعات المختلفة، ونظم ذلك بقانون ".

الفصل الثاني

اتساع تطبيق القانون الخاص في إدارة المرافق

العامة الاقتصادية

ان اللجوء المتزايد إلى الإدارة الخاصة للمرافق العامة الاقتصادية بالتفصيل السابق تولدت عنه نتيجة مهمة، إلا وهي اتساع دائرة تطبيق القانون الخاص، وانحسار دائـرة تطبيق القانون العام.

ومن العوامل التي ساهمت أيضا في هـذا التطـور : قبـول الدولـة مبـدأ التحكيـم لفض المنازعات الناشئة عن إدارة المرافق العامة الاقتصادية على رغم مـن أن التحكيم كان بالأمس القريب يمثل احتكارا تقليديا للقانون العام.

وبناء على ذلك فان خطة الفصل الثاني من هذا الباب تكون على النحو الآتي :

◈ **المبحث الأول**   : التحكيم أسلوب فض منازعات إدارة المرافق العامة الاقتصادية.

◈ **المبحث الثاني**   : التوسـع في تطبيـق القـانون الخـاص في إدارة المرافـق العامـة الاقتصادية.

المبحث الأول

التحكيم أسلوب فض منازعات إدارة

المرافق العامة الاقتصادية

إذا كان التحكيم بصفة عامة يستند إلى إرادة أصحاب الشـأن لإنهاء مـا قـد يثـور من منازعات في شأن علاقاتهم التعاقدية وانه قد نشأ بديلا عن الاختصاص القضائي في أحضـان القانـون الخـاص، فـان التسـاؤل ينـدرج بشـأن مـدى جـواز اسـتعارة أحكامـه وتطبيقها في مجال المنازعات التعاقدية للقانون العام[1].

ظل المبدأ بالنسبة للأشخاص العامة يتمثل في حظر اللجوء إلى التحكيم، حيث تحكمـه مبـادئ مـن النظـام العـام والاختصـاص القضـائي الـوطني، إلا انـه نظـرا إلى الضرورات الاقتصادية التي تفرض نفسها، وتحت وطأة التجارة الدولية لم تعد منازعات القانون العام تشكل حصنا في مواجهة التحكيم، الأمـر الـذي أدى إلى تطبيـق القانـون الخـاص عـلى علاقـات، كانـت حتـى الأمـس القريـب مـن الاحتكـار التقليـدي للقانـون العام[2].

وعلى ضوء هذا التمهيد سنقسم هذا المبحث الى مطلبين وعلى النحو الاتي :

◈ **المطلب الأول** : ماهية التحكيم.

◈ **المطلب الثاني** : مدى جواز اللجوء إلى التحكيم في المنازعات الإدارية.

---

(1) د. ابراهيم علي حسن، تأملات في اختصاص التحكيم بمنازعات الدولة، مجلة هيئة قضايا الدولة، مستخرج العدد الثاني، السنة الحادية والأربعون، ابريل، يونيو 1997، ص3.

(2) د. محمد محمد عبد اللطيف، الاتجاهات الحديثة في إدارة المرافق العامة الاقتصادية، مصدر سابق، ص77.

المطلب الأول

ماهية التحكيم

ان التحكيم بحد ذاته يكون فرعا مستقلا من فروع التجارة الدولية ومصدرا هاما من مصادرها، يهتم به فقهاء القانون التجاري، وكذلك فقهاء القانون الدولي الخاص وايضا القانون الدولي العام. إلا ان الاتجاه المتزايد نحو جواز التحكيم في العقود الإدارية خاصة المتعلقة بأمور التجارة الدولية، فرض علينا التعرض للتحكيم والذي سنتناوله في ثلاثة فروع وعلى النحو التالي :

◈ الفرع الأول : تعريف التحكيم.

◈ الفرع الثاني : صور التحكيم وأنواعه.

◈ الفرع الثالث : مسوغات التحكيم.

الفرع الأول

تعريف التحكيم

عرفه بعض الفقه بأنه نوع من العدالة الخاصة الذي يتم وفقا له إخراج بعض المنازعات من ولاية القضاء العادي ليعهد بها إلى أشخاص يختارون للفصل فيها[1]، وعرفه البعض الآخر انه " اتفاق على طرح النزاع على شخص معين أو أشخاص معينين، ليفصلوا فيه دون المحكمة المختصة به "[2]. وعرفه بعض

---

(1) د. عبدالقادر الطوره، قواعد التحكيم في منازعات العمل الجماعية، دراسة مقارنة، رسالة دكتوراه، مقدمة إلى كلية الحقوق، جامعة القاهرة، 1988، ص33.

(2) د. احمد ابو الوفا، التحكيم الاختياري والاجباري، منشأة المعارف، الإسكندرية، 1987، ص15، وعرف بعض الفقه التحكيم أيضا بأنه " اصطلاح يقصد به ايجاد حل للنزاع القائم بين شخصين أو اكثر بوساطة شخص ـ محكم ـ أو اكثر ـ محكمين ـ غير أطراف النزاع، والذين يستمدون سلطاتهم من الاتفاق المبرم بين طرف أو أطراف النزاع، دون ان يكونوا معينين من قبل الدولة ".
=

الفقهاء بأنه نظام بمقتضاه يعهد الخصوم إلى أشخاص يختارونهم للفصل في منازعاتهم بعيدا عن قضاء الدول[1].

والتحكيم على هذا النحو يتضمن عنصرين :

أما العنصر الأول : ان التحكيم نظام للفصل في المنازعات، يوصل إلى حكم حاسم للنزاع حائز لقوة الأمر المقتضي به وواجب التنفيذ بوساطة السلطة العامة، وهو على هذا النحو مسار للفصل في المنازعات إلى جانب مسار القضاء الإداري .

وأما العنصر الثاني : ان التحكيم نظام اتفاقي، بمعنى ان سلوكه رهين باتفاق أطراف النزاع على اختياره، وان ولاية المحكم في حسم النزاع تستمد من هذا الاتفاق، وان صلاحيته تتحدد بحدوده "[2].

= Rene, David: l'arbitrage dans le commerce interenutional , paris sconomica, 1982, p.9.

وعرفته المحكمة الإدارية العليا في مصر بأنه " اتفاق على طرح النزاع على شخص معين أو أشخاص معينين، لبفصلوا فيه دون المحكمة المختصة " حكمها الصادر بجلسة 1994/1/18 في الطعن رقم 886 لسنة 30 ق. اشار إليه د. عصمت عبد الله الشيخ، التحكيم في العقود الإدارية ذات الطابع الدولي، دار النهضة العربية، القاهرة، 2003، ص20.

(1) د. محمد محمد عبد اللطيف، الاتجاهات الحديثة في إدارة المرافق العامة الاقتصادية، مصدر سابق، ص20.

(2) د. مصطفى محمد الجمال، د. عكاشة محمد عبد العال، التحكيم في العلاقات الخاصة الدولية والداخلية، بلا دار نشر، 1998، وقد يشتبه مع التحكيم أنظمة أخرى مثل القضاء العادي والخبرة والصلح والوكالة والتوفيق، وللمزيد من التفصيل عن هذا الموضوع يراجع : د.عباس العبودي، شرح أحكام قانون المرافعات المدنية، دراسة مقارنة ومعززة بالتطبيقات القضائية، جامعة الموصل، 2000، ص354 وص355، و د. أحمد عبد الكريم سلامه، نظرية العقد الدولي الطليق، دار النهضة العربية، القاهرة، بلا سنة طبع، ص233.

وعلى ذلك نستطيع القول ان التحكيم يرتكز على أساسين اولهما إرادة الخصوم المتمثلة في الاتفاق بين طرفي التحكيم، والثاني هو إقرار المشرع بهذه الإرادة المتمثلة في النظام القانوني للتحكيم.

الفرع الثاني

صور التحكيم وأنواعه

ان كان التحكيم هو اتفاق على طرح النزاع على محكم أو اكثر ليفصلوا فيه دون اللجوء إلى القضاء. فما هي صوره ؟ وما هي أنواعه ؟ سنجيب على هذه الأسئلة كما يأتي :

أولاً : صور التحكيم.

ان اتفاق التحكيم قد يرد في ذات العقد مصدر الرابطة القانونية، أو يكون في وثيقة مستقلة عنه وعادة ما يدرج في العقد الأصلي، أو يتفق عليه في ملحق للعقد الأصلي، وفي غالب الأحيان يأتي بصيغة عامة لا تتطرق إلى التفصيلات. ويشير إلى ان كل نزاع ينشأ بين طرفي العقد يسوى عن طريق التحكيم[1].

وعلى ضوء ذلك، فان لاتفاق التحكيم صورتين تقليديتين معروفتين وهما :

شرط التحكيم : وهو نص وارد ضمن نصوص عقد معين، يقرر اللجوء إلى التحكيم بوصفه وسيلة لحل المنازعات التي قد تثور مستقبلا بين المتعاقدين حول العقد وتنفيذه.

---

(1) د. عصمت عبد الله الشيخ، التحكيم في العقود الإدارية ذات الطابع الدولي، دار النهضة العربية، القاهرة، 2003، ص26.

مشارطة التحكيم : أي اتفاق يبرمه الأطراف منفصلا عن العقد الأصلي وذلك للجوء إلى التحكيم في صدد نزاع قائم[1].

اذن الفرق بين كل من شرط التحكيم ومشارطة التحكيم واضح، فالاول يتعلق بنزاع سيولد، بينما الثاني بنزاع ولد.

ثانياً : أنواع التحكيم.

يمكن تقسيم التحكيم عدة تقسيمات حسب المعيار الذي يؤخذ أساساً للتقسيم أو حسب الزاوية التي ينظر منها إلى التحكيم وعلى النحو الآتي :

أ - **التحكيم الاختياري والتحكيم الإجباري :** قد تكون إحالة الخصومة على التحكيم نتيجة اتفاق بين الخصوم يختارون فيه المحكم، ويعينون القانون الواجب التطبيق وإجراءات التحكيم فيكون التحكيم عندئذ اختياريا مستندا في كليته إلى سلطان الإرادة[2]. بينما يكون التحكيم إجبارياً إذا فرضه المشرع على الخصوم ووضع له القواعد المنظمة لإحكامه ومثاله التحكيم الإجباري الذي كان في مصر بخصوص منازعات القطاع العام[3]. وفي هذا النوع من التحكيم قد يكتفي المشرع بفرض التحكيم

---

(1) د. سامية راشد، التحكيم في العلاقات الدولية الخاصة، الكتاب الأول، اتفاق التحكيم، دار النهضة العربية، القاهرة، 1984، ص75.

(2) د. محسن شفيق، التحكيم التجاري الدولي، دار النهضة العربية، القاهرة، 1989، ص13.

(3) أنظر : في تفاصيل تجربة التحكيم الاجباري في القطاع العام في مصر د. محمد عبد الخالق عمر، نظام التحكيم في منازعات القطاع العام، مجلة القانون والاقتصاد، العدد الأول، السنة الثامنة والثلاثون، 1968، ص201 وما بعدها، و د. محي الدين إسماعيل علم الدين، نظام تحكيم القطاع العام، مجلة المحاماة، العدد الأول، يناير، 1970، ص78 وما بعدها، ود. سعد عصفور، نظام التحكيم في القطاع العام وهل يجوز استمراره بحالته الراهنة، مجلة المحاماة، العدد الأول، يناير، 1970، ص79. وفي تقديرنا ان هذا النوع من التحكيم قد فشل أو على الأقل اثبت عدم ملائمة فرضه=

ويترك للخصوم حرية اختيـار المحكـم وتعيـين إجـراءات التحكيم، وقـد يتدخل المشرع بشكل أوسع فيضع له تنظيما إلزاميا لإجراءاته، فلا يكون لإرادة الخصـوم أي دخل تجاهها[1].

والتحكيم الواقع في المعـاملات التجاريـة الداخليـة والخارجيـة عـلى السـواء هـو التحكـيم الاختياري. إلا ان التحكـيم الإجبـاري لـيس بنـادر في مجـال التجـارة الخارجية، ويقع إذا أوجبته اتفاقية دولية[2].

ب ـ التحكيـم المؤسـس والتحكيـم الحـر : يكون التحكيم تحكيما مؤسسا (نظاميـا Institutional)، عندما يكون له وجود دائم في كنف نظام قائم، بمعنى ان تتولاه هيئات أو منظمات دولية أو وطنية وفق قواعـد وإجـراءات محـددة وموضوعة سلفا، وتحددها الاتفاقيات الدولية أو القرارات المنشئة لهذه الهيئات، وقد انتشر في القرن الأخير إنشاء مراكز تحكيم دولية دائمة، أو لها لوائح خاصة بهـا، واجبـة التطبيق بمجرد اختيار مركز تحكيم معين للفصل في النزاع، وقـد أصبحت كافـة العقود النموذجية تتضمن جميعا نصوصا تقضي بفض النزاع الذي قد ينشأ بشأن تنفيذها عن طريق التحكيم الدولي[3].

أمـا التحكـيم الحـر هـو ذلـك التحكـيم الـذي يختـار فيه المتنـازعون المحكمين ونظام عمل التحكيم في كل حالة دون التقيد بنظام دائم، فهـو يجري في حـالات فرديـة، ولا يختـار فيـه الأطـراف هيئة تحكيم دائمـة وانمـا

= بشكل اجباري بنص تشريعي. الأمر الـذي دفع المشرع المصري في القـانون رقـم 203 لسنة 1991 والخاص بقطاع الأعمال العام والذي حل محل القطاع العام سابقا إلا إلغاء التحكيم الإجباري في منازعات قطاع الأعمال واصبح اللجوء إليه اختياريا.

(1) د. محي الدين اسماعيل علم الدين، المصدر السابق، ص 78.

(2) د. عصمت عبد اللـه الشيخ، المصدر السابق، ص30 – 31. د. عزيز الشريف، التحكيم الإداري في القانون المصري، دار النهضة العربية، القاهرة، 1992/ 1993، ص105.

(3) د. عصمت عبد اللـه الشيخ، المصدر السابق، ص31.

يلجئون إلى اختيار محكم أو اكثر بمعرفتهم، ثم يتولى هؤلاء المحكمون الفصل في النزاع المعروض عليهم ووفقا لما حدده لهم الخصوم من قواعد أو وفقا للقواعد العامة في التحكيم[1].

ج - التحكيم الوطني والتحكيم الدولي : ان التفرقة بين التحكيم الوطني والتحكيم الدولي تبدو بسيطة إذا كان التحكيم يجري وفقا لاتفاقية دولية تبين في نطاقها معنى الدولية، إذ يجب عندئذ الأخذ بالمعنى الوارد فيها، والوضع كذلك إذا ما كان القانون الوطني يتكفل بوضع معايير دولية للتحكيم. أما إذا لم توجد نصوص تبين معنى الدولية صار الأمر اجتهادا ويستند الفقه في هذا الصدد إلى جملة معايير[2].

---

(1) د. عبد الحميد الشواي، التحكيم والتصالح في التشريعات المختلفة في ضوء الفقه والقضاء ، منشأة المعارف، الإسكندرية، 1996، ص24.

(2) يوصف التحكيم بالدولي اذا كان، اولا : اذا كان المحكم من جنسية غي جنسية الخصوم، أو كان الخصوم من جنسيات مختلفة. و ثانياً : اذا كان التحكيم يجري في دولة غير الدولة التي يوجد بها مركز المنظمة، أو التي توجد فيها المحكمة المختصة بالنزاع لولا التحكيم. د. محمد ماجد محمود، العقد الإداري وشروط التحكيم الدولي، مجلة العلوم الإدارية، العدد الثاني، ديسمبر 1993، ص120. وثالثاً: اذا قرر الخصوم اختيار قانون أجنبي، فأن لم يتفق الخصوم يمكن الرجوع الى قواعد الاسناد في قانون الدولي الخاص، وغالباً ما يكون القانون هو قانون الدولة التي يجري فيها التحكيم. د. محسن شفيق، المصدر السابق، ص23. ورابعاً : اذ أشتمل النزاع أو التحكيم على عنصر يخرجه عن النطاق الوطني البحت كاختلاف جنسية الخصوم أو المحكين، أو اختلاف مراكز أعمال الخصوم، أو أجنبية القانون الواجب التطبيق على إجراءات التحكيم، أو على موضوع النزاع. د. محمود مختار البربري، التحكيم التجاري الدولي، ط3، دار النهضة العربية، القاهرة ،2004، ص24. وبعد استعراضنا الآراء كافة نرى ان المعيار الأخير هو المعيار الأجدر بالإتباع لوضوحه وسهولة تطبيقه.

د ـ التحكيم طبقا لقواعد القانون والتحكيم طبقا لقواعد العدل والإنصاف : ان النوع الاول يتقيد فيه المحكمون بقواعد القانون الموضوعي عند الفصل في النزاع، بينما النوع الثاني يمكن للمحكمين فيه الاستناد لقواعد العدالة حتى لو استبعدوا قواعد القانون واجبة التطبيق، ولا يمكن العمل بالنوع الأخير دون نص عليه صراحة في العقد، فهو استثناء من الأصل[1].

الفرع الثالث

مسوغات التحكيم

يحقق التحكيم مزايا عديدة تسوغ لأطراف النزاع اللجوء إليه وهذه المسوغات تتخلص فيما يأتي :

أولا : يؤدي التحكيم إلى حسم المنازعات بسرعة، على عكس القضاء إذ تتسم إجراءاته بالبطء والتعقيد، واستخدام الخصوم لأساليب المماطلة لإطالة أمد التقاضي.

ثانيا : يعين أطراف النزاع القانون الواجب التطبيق سواء كان أجنبيا أو وطنيا، بصرف النظر عن قواعد الإسناد وقد يطبق المحكم مجموعة من الأعراف والعادات التجارية السائدة في مجال النشاط الذي يتعلق به النزاع، وهو ما يعني أفول قواعد تنازع القوانين بالنسبة لعقود التجارة الدولية[2].

ثالثا : ان المحكم على خلاف القاضي لا يلزم ان يكون رجل قانون فالأطراف يمكنهم اختيار محكم له الخبرة في مجال النشاط الذي يتعلق به النزاع

---

(1) د. سراج حسين محمد أبو زيد، التحكيم في عقود البترول، رسالة دكتوراه مقدمة لكلية الحقوق جامعة القاهرة، 1998، ص48.

(2) د. محمد محمد عبد اللطيف، الاتجاهات الحديثة في إدارة المرافق العامة الاقتصادية، مصدر سابق، ص79.

مما يجعله مؤهلا لفهم وإدراك طبيعة النزاع والامساك بمقطع النـزاع دون ان يكون مضطرا للاستعانة بالخبراء وهو أمر لا غنى عنه إذا كان النزاع معروضـا على القضاء[1].

رابعا : ان عملية التنمية الاقتصادية الشاملة التي تسعى الـدول الناميـة إلى تحقيقهـا، تلزم الدولة وأشخاص القانون العام بالتدخل في الإبرام أو في الإشراف والرقابة على عقود التنمية الاقتصادية، مما جعل التحكيم هو الوسـيلة الملائمـة لفـض الخلافات التي قـد تثور بمناسبة تنفيـذ هـذه العقـود التـي تمثل الشركـات متعددة الجنسيات طرفها التقليـدي في العـصر الحـالي، فالدولـة أو أشخاص القانون العام يصعب قبول خضوعهم لقضاء دولة أجنبية، أما التحكيم فهي تشارك فيه سواء باختيار المحكمين أم اختيار القانون واجب التطبيـق، فضلا عن وجود اتفاقيات دولية تـنظم التحكيـم في المنازعـات التـي قـد تثور بـين الدول ورعايا دولة أخرى بمناسبة الاستثمارات، هذا من جانب الدولة[2].

أما من جانب المتعاقد مع الدولة أو الشخص العام فانه يـتردد كثيرا في المجازفـة باستثماراته إذا لم يكن متاحا لـه وضـع شرط التحكيم، أو إبـرام اتفاقيـة تحكيم لمواجهة ما قد يثور من خلافات مع الدولة المضيفة.

خامسا : كما يتسم التحكيم بالطابع السري، ومن المعلوم ان السرية في نطاق التجـارة الدولية تعتبر أمرا بالغ الأهمية، لان الأمر يتعلق بأسرار مهنية واقتصادية قـد يترتب على علانيتها الإضرار بمراكز أطراف الخصومة[3].

---

(1) د. محمود مختار البربري، المصدر السابق، ص11 وص12.
(2) المصدر السابق، والصفحة نفسها.
(3) د. عصمت عبد اللـه الشيخ، المصدر السابق، ص42.

المطلب الثاني

مدى جواز اللجوء إلى التحكيم في المنازعات الإدارية

في البداية يجب الإقرار ان التحكيم لم يجد مناخا مناسبا في مجال القانون العام، بسبب نشأته في أحضان القانون الخاص، لذا ظل التنافر بين التحكيم والقانون العام قائما بينهما حتى وقت قريب. غير انه تحت تأثير الاتجاه إلى الإدارة الخاصة للمرافق العامة الاقتصادية. ودخول الأشخاص العامة طرفا في عقود التجارة الدولية، تغير الأمر وأصبح للتحكيم مجال يخوض فيه بعد ان كان حكرا على قواعد القانون العام.

ولكي نتوصل إلى إجابة على تساؤلنا عنوان المطلب يتعين ان نستعرض تباعا لمدى جواز اللجوء إلى التحكيم في فرنسا، ثم في مصر وأخيرا في العراق وذلك في فروع ثلاثة على النحو الآتي :

الفرع الاول

مدى جواز اللجوء إلى التحكيم في المنازعات الإدارية في فرنسا

حظر المشرع التحكيم بالنسبة للأشخاص العامة وذلك بموجب المادة 2060 من التقنين المدني بعد تعديلها بقانون 5 يوليو (اب) 1972، والتي تنص على عدم جواز اللجوء إلى التحكيم في المنازعات الخاصة بالجماعات العامة (الدولة والمحليات والمؤسسات العامة)[1].

---

(1) نصت المادة 2060 للتقنين المدني على انه " لا يجوز اللجوء إلى التحكيم في مسائل الحالة المدنية واهلية الأشخاص وما يتعلق بالطلاق والانفصال الجسدي، وكذلك في شان منازعات الجماعات العامة والمؤسسات العامة، وبوجه عام في كل الموضوعات المتعلقة بالنظام العام " واضطرد قضاء مجلس الدولة الفرنسي في أحكام على ان مبدا عدم مشروعية التحكيم مجاله أعمال العقود التي تكون الإدارة طرفا فيها (متخذة شكل المؤسسة العامة)=

ويجد الحظر مسوغا له في الخشية من عدم حماية مصالح الشخص العام في التحكيم عكس القضاء وكذلك في منع الأشخاص العامة في ان تظهر كأنها تتحدى القضاء[1]. غير ان هذا الوضع التشريعي في شان هذا الموضوع قد تطور عندما قرر القانون 596 لسنة 1975 إضافة فقرة جديدة للمادة 2060 من التقنين المدني والتي تنص على " ومع ذلك فانه يمكن ان يصرح للمؤسسات العامة ذات الطابع الصناعي والتجاري ـ بموجب مرسوم ـ بان تلجا إلى التحكيم"[2].

ويلاحظ الفقهاء على هذا الموضوع، انه على الرغم من تعديل سنة 1975 فانه لم يصدر على الإطلاق أي مرسوم يصرح بالتحكيم للمؤسسات العامة التجارية والصناعية[3]. الا انه قد صدرت عدة تشريعات تجيز لبعض المؤسسات العامة اللجوء إلى التحكيم. من ذلك السكك الحديدية SNCF (قانون 30 ديسمبر 1982)

= إلا إذا كان مجال تنفيذ العقد هو القانون الدولي الخاص، د. شمس مرغني، التحكيم في منازعات المشروع العام، رسالة دكتوراه، حقوق القاهرة، 1973، ص334.

(1) ورأى بعض الفقهاء انه كان من الممكن إخراج المؤسسات العامة ذات الطبيعة التجارية والصناعية من هذا الحظر حيث ان التحكيم يعد جزءا من قوانين واعراف التجارة، التي يجب ان تخضع لها إدارة المؤسسات

(R)Chapus: Droit administratif.T.l,Montchrestien ,1996 , n202.

(2) تقررت استثناءات أخرى قبل هذا الاستثناء فيها استثناء بعض طوائف المنازعات التعاقدية حيث أجاز قانون 17 ابريل (نيسان) 1960 " للدولة في المحافظات والمقاطعات، ان تلجا إلى التحكيم ووفقا للشروط الواردة في تقنين المرافعات المدنية، وذلك من اجل تحديد نفقات الأشغال العامة والتوريد ". وأضاف مرسوم 1960 أيضا النقابات المختلطة والمناطق الحضرية والمؤسسات العامة التابعة للمحافظات والمقاطعات، د. محمد محمد عبد اللطيف، المصدر السابق، ص83-84، د. زكي محمد محمد النجار، نظرية البطلان في العقود الإدارية، دراسة مقارنة، رسالة دكتوراه، مقدمة إلى كلية الحقوق، جامعة عين شمس، 1981، ص116.

(3) Victot Haim ،le choix du juge dans le contentieux des contrats administratif A.J.D.A.20 ,mai 1992,p.318.

وبعض شركات الاقتصاد المختلط مثل شركة طيران Air France وشركة France telecome والذي نظمها قانون هيئة البريد والاتصالات الفرنسية رقم 2 الصادر في يوليو 1990، ومؤسسة الخطوط الحديدية في فرنسا الصادر 13 فبراير (شباط) 1997[1].

وبناء على ما سبق يمكن القول بان القاعدة في فرنسا هي عدم جواز لجوء الأشخاص العامة إلى التحكيم إلا بنص خاص في التشريع أو في اتفاقية دولية، إلا ان الوضع في مصر هو العكس فقد اصبح المبدأ جواز التحكيم للأشخاص العامة في مجال العقود الإدارية وكما سنرى حالا :

الفرع الثاني

مدى جواز اللجوء إلى التحكيم في المنازعات الإدارية في مصر

ليتسنى لنا الإجابة عن هذا التساؤل يتعين أن نعرض عرضاً مختصراً نشأة نظام التحكيم وتطوره التشريعي، ثم نوضح موقف مجلس الدولة في هذا الصدد، وبعدها نعرض للتعديلات الواردة على قانون التحكيم، وأخيراً نعرض لموضوع التحكيم في عقود البوت وعلى النحو الآتي :

أولاً : نشأة نظام التحكيم وتطوره في المنازعات الإدارية :

اهتم المشرع المصري منذ بدء دخول التشريعات المكتوبة في مصر بتنظيم التحكيم، فقام منذ البداية بتنظيمه ضمن قوانين المرافعات المتعاقبة فوردت الأحكام المنظمة له بالمواد من 702 إلى 722 من قانون المرافعات في المواد المدنية والتجارية الصادر بالأمر المؤرخ 13 نوفمبر (تشرين الثاني) ثم المواد من 818 إلى 850 من قانون المرافعات المدنية والتجارية الصادر بالقانون رقم 77 لسنة 1949

---

(1) د. جورج شفيق ساري، التحكيم ومدى جواز اللجوء اليه لفض المنازعات في مجال العقود الإدارية، دار النهضة العربية، القاهرة، 1991، ص203 وما بعدها.

ثم المواد من 501 إلى 513 من قانون المرافعات المدنية والتجارية الصادر بالقانون رقم 13 لسنة 1968 [1].

غير انه إلى جانب هذا التحكيم الاختياري عرف القانون المصري التحكيم الإجباري بشأن المنازعات التي تقع بين الهيئات العامة والمؤسسات العامة وشركات القطاع العام [2]، اذا وقع النزاع بين بعضها البعض أو بين احدى هذه الشركات وبين جهة حكومية مركزية أو محلية أو هيئة عامة أو مؤسسة عامة [3]، وانتقلت هذه الاحكام الى التشريعات المتعاقبة حتى صدور قانون هيئات القطاع العام وشركاته رقم 97 لسنة 1983 [4]، الا انه بصدور قانون قطاع الأعمال رقم 203 لسنة 1991 والذي حل محل القانون الأخير أصبح

---

(1) ياسر عبدالسلام منصور، دراسة نقدية لقانون التحكيم المصري، ط1، دار النهضة العربية، القاهرة، 2002، ص3.

(2) المواد من 66 إلى 78 من القانون رقم 32 لسنة 1966 الخاص بالمؤسسات العامة وشركات القطاع العام الصادر في 15 اغسطس 1966، د. محمد عبدالخالق عمر، المصدر السابق، ص2. وكذلك القانون رقم 60 لسنة 1971، د. محمد محمد عبد اللطيف، المصدر السابق، ص87. والقانون 97 لسنة 1983، قانون القطاع العام.

(3) المادة 1/66 من القانون رقم 32 لسنة 1966 قانون المؤسسات العامة وشركات القطاع العام، الهيئة العامة لشؤون المطابع الاميرية، ط3، 1969، القاهرة، ص20.

(4) الباب السابع بعنوان التحكيم، المواد من 56 إلى 69. وقد اتجه المشرع لهذا التوجه لان الشعب هو المالك الحقيقي لوسائل الإنتاج لذا فان المنازعات بين شركات لاقطاع العام والحكومة لا تعتبر خصومات حقيقية لأنها لا تتم عن مصالح متنافرة ثم ان نتائج الفصل في النزاع سواء لهذا الطرف أو ذاك تعود على الدولة في النهاية فلا مصلحة للدولة في استمرار هذه لمنازعات. فلقد تم تحويل 4000 قضية من المحاكم إلى هيئات التحكيم بعد إدخال نظام التحكيم الإجباري. د. محمد فتوح عثمان، التحكيم الإجباري لمنازعات الحكومة والقطاع العام، مجلة العلوم الإدارية، العدد الأول، حزيران 1987، ص87.

التحكيم اختيارياً[1]. واستقل حديثا قانون التحكيم عن قانون المرافعات إذ نظمه قانون مستقل هو " قانون في شان التحكيم في المواد المدنية والتجارية " الصادر بالقانون رقم 27 لسنة 1994 والمعدل بالقانونين رقمي 9 لسنة 1997 و8 لسنة 2000، وقد اعتمد المشرع المصري في إعداده بصفة رئيسية على نموذج قانون اليونسترال[2].

ثانياً : موقف مجلس الدولة المصري.

انتهت الجمعية العمومية لقسمي الفتوى والتشريع في جلستها المنعقدة في 1989/5/17 إلى جواز الاتفاق على الالتجاء إلى التحكيم في العقود الإدارية استنادا إلى المادة 58 من قانون مجلس الدولة رقم 47 لسنة 1972 والذي الزم الوزارة أو الهيئة العامة أو مصلحة[3] من مصالح الدولة بعرض اتفاق التحكيم أو تنفيذ حكم المحكمين على مجلس الدولة للمراجعة وفي فتوى أخرى صادرة بجلسة 1993/2/7 قضت بان التحكيم لا يكون جائزا قانونا إذا كان من شأنه ـ بناء على موضوع المنازعة أو الحكم فيها ـ ان يؤدي الى المساس بالقواعد القانونية الموضوعية للعقد الإداري[4].

---

(1) المادة 40 من قانون قطاع الأعمال رقم 203 لسنة 1991، الهيئة العامة لشؤون المطابع الاميرية، ط1، 1991، ص25.

(2) اليونسترال اختصار " لجنة الامم المتحدة بشأن قانون التجارة الدولية
(UNCITRAL), United Nation Commission on International Trade Law. "
لمعرفة المزيد من التفصيل عن هذه اللجنة واعمالها ودورها في مساءل التحكيم راجع، د. ثروت حبيب، دراسة في قانون التجارة الدولية، دون دار نشر، 1990، ص258وص269. د. محمود سمير الشرقاوي، التطورات الحديثة في قانون التحكيم المصري، مجلة مصر المعاصرة، العدد 449 - 450، السنة التاسعة والثمانون، 1998، ص201.

(3) فتوى الجمعية العمومية لقسم الفتوى والتشريع في 1989/5/17 ملف رقم 265/1/54.

(4) فتوى الجمعية العمومية لقسم الفتوى والتشريع في 1993/4/7 ملف رقم 307/1/54.

ويرى البعض ـ وبحق ـ بان جواز التحكيم وفقا لفتوى الجمعية العمومية يكون في حالات طلب التعويض المادي لزيادة الأعمال أو لتغير الظروف، ودون مساس بأحد السلطات الاستثنائية المقررة للشخص العام.

ولقد كان القضاء الإداري في مجلس الدولة المصري رأياً مخالفاً للجمعية العمومية لقسمي الفتوى والتشريع اذ أصر على رفض التحكيم في عقود الدولة الإدارية استنادا إلى نص المادة 172 من الدستور المصري التي تنص على " ان مجلس الدولة هيئة قضائية مستقلة، ويختص بالفصل في المنازعات الإدارية، وفي الدعاوى التأديبية ويحدد القانون اختصاصاته الأخرى ".

كما ان المادة العاشرة من قانون مجلس الدولة رقم 47 لسنة 1972 تنص على ان " تختص محاكم مجلس الدولة دون غيرها بالفصل في المسائل الآتية : حادي عشر .... المنازعات الخاصة بعقود الالتزام أو الأشغال أو التوريد أو أي عقد إداري آخر"[(1)].

ثالثاً : حكم القانون الجديد للتحكيم وتعديلاته.

صدر في 18 ابريل (نيسان) 1994 القانون رقم 27 لسنة 1994 في شان التحكيم في المواد المدنية والتجارية، والذي ألغى المواد من 501 إلى 513 من قانون المرافعات المدنية والتجارية رقم 13 لسنة 1967، وكذلك إلغاء أي حكم مخالف لأحكامه[(2)].

---

(1) د. محمد عبدالعزيز بكر، اثر شرط التحكيم على المفهوم المتفرد للعق الإداري، ط1، دار النهضة العربية، القاهرة، 2001، ص5-6. انظر: الاحكام الصادرة من محكمة القضاء الإداري بتاريخ 1999/12/9، طعن رقم 5837 لسنة 44 قضائية، وكذلك حكمها بتاريخ 1/30/ 1991 دعوى رقم 5439 لسنة 43 قضائية، وحكمها الصادر في 1996/1/28 في الدعوى 4188 لسنة 48 قضائية، وانظر كذلك حكم المحكمة الإدارية العليا بتاريخ 1990/1/20 طعن رقم 3049 لسنة 32 قضائية.

(2) المادة الثالثة من قانون التحكيم المصري رقم 27 لسنة 1994، د. احمد السيد صاوي، التحكيم طبقا للقانون، رقم 27 لسنة 1994 وأنظمة التحكيم الدولية، ط2، المؤسسة الفنية للطباعة والنشر، القاهرة، 2004، ص23.

والسؤال الذي يفرض نفسه هل حسم هذا القانون موضوع جواز خضوع العقـود الإدارية للتحكيم ؟ لقد ثار جدلا فقهياً حول هذه المسألة إذ تنازع رأيان بصددها[1].

وقطعا لدابر كل خلاف، صدر القانون رغم 9 لسنة 1997 بتعـديل المـادة الأولى من قانون التحكيم رقم 27 لسنة 1994، فنص عـلى انـه " وبالنسبة إلى منازعات العقود الإدارية يكون الاتفاق على التحكيم بموافقة الـوزير المختص

---

(1) يذهب الرأي الأول الى جواز التحكيم في العقود الإدارية لأسباب منها، عمـوم نـص المـادة (1) من قانون التحكيم المصري رقم 27 لسنة 1994 حيـث أخضـعت كـل تحكيم بـين الأشخاص سواء العامة أو الخاصة وأياً كانت طبيعة النزاع الى أحكام هذا القانون، وكذلك استناداً لفتوى الجمعية العمومية لمجلس الدولة ـ المذكورة سلفاً ـ وأخيراً لسبب عملي هو الرغبة في جـذب الاستثمارات الوطنية والأجنبية وهو السبب الرئيس لصدور قانون التحكيم. مـن أنصار هـذا الرأي د. جابر جاد نصـار، التحكيم في العقـود الإدارية، ج1، دار النهضـة العربيـة، القاهرة، 1997، ص78. والرأي الثاني ينكر على الإدارة لجوؤها الى التحكيم في العقود الإدارية لأسباب منها، ان عنوان القـانون رقم 27 لسنة 1994 هـو التحكيم في المـواد المدنيـة والتجاريـة اذ استبعد المشرع بذلك العقود الإدارية، وكذلك ان المادة 11 من القانون المـذكور اشترطت أن يكون التحكيم في المسائل التي لا يجوز فيها الصلح وان جواز تصالح الشخصي العـام لا يوجـد رأي حاسم في شأنه، وأخيراً ان المادة 172 من الدستور الصادر 1971 المعدل والمـادة 10 مـن قانون مجلس الدولة رقم 47 لسنة 1972 قـد قصرت اختصـاص النظر في المنازعـات الإداريـة على مجلس الدولة. ومن أنصار هذا الرأي د. أكثم أمين الخولي، الاتجاهات الحديثة في قـانون التحكيم المصري الجديد، بحث مقدم الى مؤتمر القاهرة الإقليمي للتحكيم التجاري الدولي 12 ـ 13 سبتمبر (أيلول)، 1994، و د. سليمان الطماوي، الأسس العامـة للعقـود الإداريـة، مصدر سابق، ص 17 وما بعدها، ود. محمد عبد العزيز بكر، المصدر السابق، ص65. وفي تقـديرنا ان الرأي الأول هو الجدير بالإتباع لضعف حجج الرأي الثاني، لقد تسبب المشرع المصري في هـذا الجدل بسبب عموم عباراته إلا أنه تدارك الأمر وأجرى تعديلا عـلى المـادة (1) مـن القانون بنص واضح على إمكانية اللجوء للتحكيم.

أو من يتولى اختصاصه بالنسبة للأشخاص الاعتبارية العامة، ولا يجوز التفويض في ذلك".

لقد جاء هذا النص عاما فهو يشمل كافة منازعات العقود الإدارية وبالآتي يخرج عنه المنازعات المتعلقة بتنفيذ القرارات الإدارية مثل المنازعات الخاصة بالتراخيص، وتتمثل قيود هذا الإجراء في وجوب استحصال موافقة الوزير المختص أو من يتولى اختصاصه وبدون الموافقة المسبقة على إدراج الشرط في العقد يكون باطلا إلا انه يمكن تصحيحه بالإجازة اللاحقة[1].

بعد استعراضنا لموقف المشرع والقضاء في فرنسا ومصر بخصوص مدى جواز التحكيم في منازعات العقود الإدارية وجدنا ان المبدأ في فرنسا هو عدم جواز اللجوء إلى التحكيم في المنازعات الإدارية وان اللجوء هو الاستثناء. بينما في مصر فانه وفقا للتعديل الوارد على المادة الأولى من قانون التحكيم 27 لسنة 1994 فان المبدأ هو جواز اللجوء إلى التحكيم والاستثناء هو حظره ما لم يكن هناك موافقة من الوزير أو بالاتفاق الأطراف على استبعاده.

وقد تأكد اتجاه التشريع في مصر إلى إمكان اللجوء إلى التحكيم في العقود الإدارية وذلك في القانون رقم 89 لسنة 1998 في شان المناقصات والمزايدات والذي حل محل القانون رقم 9 لسنة 1983، فقد نص هذا القانون في الباب الرابع منه في المادة 42 على انه " يجوز لطرفي النزاع عند حدوث خلاف أثناء تنفيذ الاتفاق على تسويته عن طريق التحكيم بموافقة الوزير المختص مع التزام كل طرف بالاستمرار بتنفيذ التزاماته الناشئة عن العقد ".

وبذلك أدى التطور التشريعي في مصر إلى تقرير القاعدة العامة بقبول الاتفاق على اللجوء إلى التحكيم في العقود الإدارية والتأكيد عليها في كل النصوص التي وردت بعد صدور قانون التحكيم رقم 27 لسنة 1994 على

(1) د. مصطفى محمد الجمال، د. عكاشة محمد عبد العال، التحكيم في العلاقات الخاصة الدولية والداخلية، مصدر سابق، ص148.

خلاف التشريع في فرنسا الذي ما زال يأخذ بالقاعدة العامة وهي الحظر إلا في حالات استثنائية معينة كما سبق وان رأينا. ونظرا لارتباط نظام التحكيم في السنوات الأخيرة بفكرة التنمية الاقتصادية وجذب الاستثمارات الأجنبية وتأثرا بالاعتبارات السياسية والتغييرات الاقتصادية، وفضلا عن إقرار المشرع باللجوء إليه، فقد اصبح التحكيم أمرا مألوفا في العقود التي تبرمها الدولة والهيئات العامة لإنشاء مشروعات البنية الأساسية في مصر، وفقا لنظام البوت.

رابعاً : التحكيم في عقود التزامات المرافق العامة (البوت):

تخضع عقود البوت في فض منازعاتها للتحكيم، فشركة المشروع تحرص على النص عند إبرام هذه العقود ان تخضع للتحكيم ويرجع ذلك لعوامل كثيرة سبق وان عرضنا لها، ويحدث ذلك على الرغم من تخوف فقه القانون الإداري بشأن عدم استيعاب المحكم ـ ولا سيما الأجنبي ـ لطبيعة العقد الإداري من جهة، واستبعاد تطبيق القانون الوطني وتطبيق القانون الاجنبي على العقود الادارية ذات الطابع الدولي.

يأخذ التحكيم في عقود البوت صورة شرط التحكيم، وهو ما يتفق مع نص المادة الأولى من قانون التحكيم 27 لسنة 1994 معدلا بالقانون 9 لسنة 1997 التي تتحدث عن اتفاق التحكيم بصورتيه الشرط والمشارطة[1].

وعلى الرغم من إقرار المشرع باللجوء إلى التحكيم في المنازعات المتعلقة بالعقود الإدارية إلا ان القضاء على نهجه القديم لا زال متخوفا من التسليم بهذا الإقرار على إطلاقه، إذ رأى مجلس الدولة بمناسبة عرض مشروع العقد المبرم بين هيئة الكهرباء وإحدى الشركات الأجنبية، لإنشاء محطة لتوليد الطاقة الكهربائية التضييق بقدر الإمكان من اللجوء إلى التحكيم باعتباره أسلوبا استثنائيا لفض المنازعات الناشئة عن تنفيذ العقد، واقترح المجلس تعديل المادة 18

---

(1) د. محمد محمد عبد اللطيف، الاتجاهات الحديثة في إدارة المرافق العامة الاقتصادية، مصدر سابق، ص92.

من العقد بحيث يكون نصها كما يأتي " تختص محاكم مجلس الدولة بنظر أي نزاع قد ينشأ بين الطرفين ويجوز استثناءاً اللجوء الى التحكيم في أي نزاع ينشأ بين الطرفين في أثناء تنفيذ العقد بموافقة الوزير المختص، وبأن تأخذ موافقة الوزير المختص على كل تحكيم قد ينشأ عن أي خلاف في أثناء مدة الالتزام"[1].

ولا جدال في ان رأي مجلس الدولة حاول التوفيق بين أمرين : قبول مبدأ التحكيم من جهة، ومراعاة مصلحة الدولة من جهة أخرى، وذلك بان يكون الاتفاق على التحكيم لاحقا على نشوء النزاع، وان يكون الفصل في أي نزاع من اختصاص مجلس الدولة. ومع ذلك التوجه المحمود من المجلس لم يتم تعديل نص المادة المذكورة في العقد بالنص المقترح[2].

الفرع الثالث

مدى جواز اللجوء إلى التحكيم في المنازعات الإدارية في العراق

لم ينظم المشرع العراقي مسائل التحكيم في قانون مستقل، بل خصص له الباب الثاني في قانون المرافعات المدنية المعدل رقم 83 لسنة 1969[3].

وقد شغلت نصوص التحكيم المواد من 251 إلى 276 ولا يوجد ضمن هذه المواد ما يمنع الدولة أو الأشخاص العامة من وضع شرط التحكيم في عقودها المدنية أو عقودها الإدارية إلا انه يمكن القول بان الدولة في العراق

---

(1) رأي اللجنة الثانية في مجلس الدولة في 24 ديسمبر (كانون اول) 1997، غير منشور، اشار إليه د. محمد محمد عبد اللطيف، الاتجاهات الحديثة في إدارة المرافق العامة الاقتصادية، مصدر سابق، ص93.

(2) المصدر السابق، ص94.

(3) للمزيد من التفصيل عن التحكيم في العراق يراجع : د. آدم وهيب النداوي، المرافعات المدنية، جامعة بغداد، كلية القانون، 1988، ص 273 ـ289، و د. عباس العبودي، المصدر السابق، ص349 ـ 363.

لم تستقر على مسألة اللجوء إلى التحكيم لفض المنازعات الناشئة عن عقودها الإدارية[1]، ففيما يتعلق بعقودها الإدارية ذات الطابع الدولي   نجدها تقر بإمكانية لجوء الوزارات والمؤسسات إلى التحكيم الدولي والاتفاق على ذلك بشرط ان تحصل تلك المؤسسات على موافقة مجلس التخطيط[2].

وفيما يتعلق بالتحكيم الداخلي في المنازعات بين الأشخاص العامة والخاصة نصت المادة 69 من الشروط العامة لمقاولات أعمال الهندسة المدنية التي أصدرتها وزارة التخطيط على إمكانية اللجوء إلى التحكيم لتسوية النزاع بين رب العمل والمقاول في حالة عدم قبول القرار الذي يتخذه المهندس لحسم النزاع[3].

سبق وان ذكرنا ان التحكيم يرتكز على أساسين هما إرادة الخصوم وإقرار المشرع بهذه الإرادة[4]، فإذا كان المشرع في المادة 250 من قانون المرافعات المعدل رقم 83 لسنة 1969 أجاز الاتفاق على التحكيم في نزاع معين، كما أجاز الاتفاق عليه في جميع المنازعات التي تنشأ من تنفيذ عقد معين، ولما كانت الإجازة مطلقة، والمطلق يجري على إطلاقه فإننا نعتقد بان المشرع اقر بإمكانية اللجوء إلى التحكيم بصورتيه في منازعات العقود الإدارية، ولكن

---

(1) راجع : كتاب لجنة المتابعة لشؤون النفط وتنفيذ الاتفاقيات المرقم 920 بتاريخ 1973/12/9 الذي اشار إليه د. فوزي محمد سامي، التحكيم التجاري الدولي، جامعة بغداد، 1992، ص118، هامش 12.

(2) راجع : كتاب وزارة التخطيط المرقم 2/6ب/12926 في 1984/9/3 ويجب التنويه إلى ان مجلس التخطيط قد الغي وتشكلت في وزارة التخطيط هيئة استشارية لمجلس الوزراء واصبحت اختصاصات مجلس التخطيط الملغي بيد مجلس الوزراء، اشار إليه المصدر السابق، ص118، هامش 13.

(3) د. فوزي محمد سامي، المصدر السابق، ص118 و ص119.

(4) انظر : الاطروحة ص203.

هناك موقف قضائي معارض لذلك إذ اعتبر ان التحكيم شأنه شأن القضاء الأجنبي يمس سيادة الدولة[1].

إلا ان محكمة التمييز لها رأي مؤيد لتوجه المشرع في الإقرار بإمكانية اللجوء إلى التحكيم لفض المنازعات الناشئة عن العقود الإدارية، إذ نظرت في العديد من الدعاوى المتعلقة بصحة التحكيم من عدمه بين الأشخاص العامة من ناحية وأشخاص القانون الخاص من ناحية أخرى ولم نجد أحكاماً تقضي بأبطال إجراء التحكيم بسبب ان إدراجه في مجال العقود الإدارية مخالفا للقانون[2].

في الحقيقة انه للتحكيم اثار عديدة منها تأثيره على الاختصاص القضائي للقاضي الإداري اذ ينازعه فيه المحكم، وكذلك تأثيره على الاختصاص التشريعي اذ قد يستبعد المحكم القانون الوطني ويطبق القانون الأجنبي في العقود الإدارية ذات الطابع الدولي في حالة عدم وجود نص صريح يحكم العقد، وقد يتسبب التحكيم أيضاً في ظهور تنازع القوانين في مجال القانون الإداري اذا

---

(1) قرار ديوان التدوين القانوني المرقم 78/123 بتاريخ 1978/8/28، اشار إليه د. فوزي محمد سامي، المصدر السابق، ص121.

(2) قرار محكمة التمييز في 1972/12/6 رقم الاضبارة 463-467/مدنية اولى/1972 إذ كان طرفا المنازعة أمين العاصمة إضافة إلى وظيفته وشركة من أشخاص القانون الخاص والمنازعة ناشئة عند عقد إداري بينهما، وكذلك قرار المحكمة نفسها في 1972/11/5 رقم الاضبارة 533و589/مدنية اولى/1972. إذ كان طرفا المنازعة الشركة العربية للهندسة والاعمار وهي من أشخاص القانون الخاص والمصرف العقاري، وكانت المنازعة بمناسبة عقد مبرم بينهما، وكذلك حكمها في 1975/9/13 رقم الاضبارة 111/هيئة عامة اولى/1975 بين أحد المقاولين وبلدية الموصل، وكذلك قرارها 1970/12/8 رقم الاضبارة 103/استثنائية/1970 بين وزير المواصلات واحد أشخاص القانون الخاص، اشار إلى هذه الاحكام جميعا عبدالرحمن العلام، شرح قانون المرافعات المدنية رقم 33/لسنة1969، منشورات الدائرة القانونية، بغداد، 1990، ص406 وما بعدها.

ما تم تكييف العقد ذا الطابع الدولي كعقد إداري فقد يستلزم تطبيق قانون عام أجنبي على العقد.

وعلى الرغم من هذه التأثيرات وتوابعها، إلا انه يمكن الاستفادة من التحكيم ولا سيما في ظل حركة الاستثمار الكبيرة التي من المؤمل ان يشهدها العراق. وحاجة الادارة فيه إلى التعاقد مع شركات ومستثمرين أجانب وعرب والذين يفضلون اللجوء إلى التحكيم لفض ما قد ينشأ من منازعات حول تنفيذ أو تفسير العقود التي تربطهم بالإدارة. وان كان هناك تأثير قد يلحق بسلطات الإدارة إلا انها (أي الإدارة) قبلت بمحض إرادتها شرط التحكيم ورأت ان قبول التعاقدات التي تنطوي على مثل هذا الشرط فيه مصلحة عامة وقومية. ولا شك ان اشتراط المادة الأولى / الفقرة الثانية من قانون التحكيم المصري رقم 9 لسنة 1997 موافقة الوزير التي لا يقبل التفويض على التحكيم مثال للتحوط التشريعي لأنه يشكل صمام أمان لقبول اتفاق التحكيم من عدمه، وهو نهج شبيه بنهج المشرع العراقي عندما اشترط موافقة مجلس التخطيط على اللجوء للتحكيم ولكن في مجال التحكيم الدولي.

وفي ظل الظروف التي تمر بها البلاد وحاجتها الماسة إلى تشجيع القطاع الخاص للولوج إلى الحياة الاقتصادية بقوة لمساعدة الدولة في إدارة المرافق العامة الاقتصادية، نرى انه من أهم محفزات القطاع الخاص للتعامل مع أشخاص القانون العام هو منحه الثقة الكاملة في ان منازعاته بشان العقود التي يبرمها معها، ستنظر أمام محكمين يثق هو بهم إذ يختارهم بنفسه لكفاءتهم، وخبراتهم الفنية، ولاسيما ان طبيعة المنازعات الحالية هي من طبيعة فنية تحتاج إلى خبرة هؤلاء المحكمين، فضلا عن المميزات العديدة لهذا النظام.

وبناء على ذلك نطالب المشرع العراقي بان ينظم أمور التحكيم الداخلي والخارجي في قانون مستقل بعيدا عن قانون المرافعات المدنية المعدل رقم 83 لسنة 1969 على ان ينص فيه صراحة على جواز إدراج إجراء التحكيم في

العقود الإدارية المبرمة بين الأشخاص العامة والأشخاص الخاصة على ان تستحصل موافقة الوزير المختص في كل حالة على حدة.

وفيما يتعلق بمنازعات الاشخاص العامة فيما بينها يمكن اللجوء الى التحكيم لفضها ولكن بشكل اختياري تجنباً لمساوئ اللجوء الى التحكيم الالزامي وتحقيقاً لفوائد التحكيم على وجه العموم.

المبحث الثاني

التوسع في تطبيق القانون الخاص في إدارة المرافق العامة الاقتصادية

في الحقيقة توجد علاقة طردية بين اتباع أساليب الإدارة الخاصة في المرافق العامة الاقتصادية من ناحية وبين اتساع دائرة تطبيق القانون الخاص، وانحسار دائرة تطبيق القانون العام من ناحية أخرى.

ان تطبيق القانون الخاص في إدارة المرافق العامة الاقتصادية ليست حالة جديدة فقد تأكدت منذ الحكم في دعوى دلوكا سنة 1922 إذ ان هناك نوعا من المرافق لا يتلاءم طبيعة نشاطها مع تطبيق القانون العام، وان القانون الخاص هو الأكثر ملائمة لهذا النوع من النشاط. ان هذه الحقيقة تبدو اكثر ما تبدو عند إدارة شخص خاص لمرفق عام اقتصادي كما في حالة الالتزام.

ان دائرة تطبيق القانون الخاص في إدارة المرافق العامة الاقتصادية تزداد اتساعا وذلك - في رأي بعض الفقهاء[1] - يرجع إلى عاملين : اولهما تحرير الاقتصاد الذي اصبح بمثابة ظاهرة عالمية وليس فقط في البلدان النامية، وثانيهما تحول المشروعات العامة التي تتخذ شكل مؤسسات أو هيئات عامة إلى شركات مساهمة.

ان المرفق الاقتصادي يمارس الأعمال التجارية حقيقة كما نص عليها القانون التجاري ولكن إلى أي مدى يمكن تطبيق قواعد هذا القانون ؟

---

(1) د. محمد محمد عبد اللطيف، الاتجاهات الحديثة في ادارة المرافق العامة الاقتصادية، مصدر سابق، ص100.

وكذلك تظهر الحاجة إلى معرفة مدى انطباق القانون الخاص فيما يتعلق بمركز العاملين في المرفق ومركز المنتفعين وغير المنتفعين.

وفي ضوء هذا التمهيد، فان دراسة المبحث الثاني تكون وفقا للخطة الآتية:

◈ المطلب الأول   : تطبيق القانون التجاري على المرافق العامة الاقتصادية

◈ المطلب الثاني   : مركز العاملين في المرافق العامة الاقتصادية

◈ المطلب الثالث   : مركز المنتفعين وغير المنتفعين في مواجهة المرافق العامة الاقتصادية

المطلب الأول

تطبيق القانون التجاري على المرافق العامة الاقتصادية

سنعرض لهذا الموضوع في ثلاثة فروع

◈ الفرع الأول   : التكريس التشريعي لخضوع المرفق العام الاقتصادي للقانون التجاري

◈ الفرع الثاني   : منح المرفق العام الاقتصادي صفة التاجر

◈ الفرع الثالث   : عدم خضوع المرفق العام الاقتصادي لقواعد الإفلاس

الفرع الأول

التكريس التشريعي لخضوع المرفق العام الاقتصادي

للقانون التجاري

ان إخضاع المرافق العامة الاقتصادية للقانون التجاري يختلف باختلاف الشخص الذي يتولى الإدارة وعلى النحو الآتي:

أولاً : إذا كان المرفق تتم إدارته بواسطة شخص خاص فان قواعد القانون التجاري تكون قابلة للتطبيق.

299

ففي فرنسا نص قانون 976 لسنة 1948 الـذي انشأ شركة Air France علـى إخضاعها لقانون الشركات التجارية ـ فيما لا يتعارض مع الأحكام التي أوردهـا ـ وعاد المشرع مؤخرا للتأكيد على هذه القاعـدة في المـادة الاولى مـن القانون رقـم 660 لـسنة 1996 بشـان تحويـل مشروع France Telecom الى شركـة مساهمة[1].

وفي مصر نصت المادة الأولى من القانون رقـم 19 لـسنة 1998، بشـان تحويـل الهيئة القومية للاتصالات السلكية واللاسـلكية إلى شركة مسـاهمة عـلى انه " تكون للشركة الشخصية الاعتبارية وتعتبر من أشخاص القانون الخاص، ويسري عليها فيما لم يرد بشأنه نص خـاص في هـذا القانون أحكـام كـل مـن قـانون شركـات المسـاهمة، وشركـات التوصـية بالأسـهم والشركـات ذات المسـؤولية المحدودة الصادر بالقانون رقـم 159 لـسنة 1981، وقـانون سـوق راس المـال الصادر بالقانون رقم 95 لسنة 1992"[2].

وفي العراق نصت المادة 35 من قانون الشركات العامة المـرقم 22 لـسنة 1997 على انه " يجوز تحول الشركة العامة الى شركة مساهمة بموافقة مجلس الوزراء ". ولا جدال في ان بعض الشركات العامة تدير مرفقا عامـا اقتصاديا كالشركـة العامـة للبريـد والاتصـالات والشركـة العامـة للنقـل الخـاص، وتحويـل هـذه الشركات الى شركات مساهمة يجعلها مشمولة بتطبيق قانون الشركات المـرقم 21 لسنة 1997 المعدل لسنه 2004.

ثانياً : أما إذا كان المرفق يقوم بإدارته شخص عام، مؤسسة عامة أو هيئة عامـة، فإنهـا لا تخضع مـن حيـث التنظيم للقانون التجـاري، فـالأمر يتعلـق

---

(1) (G).vedel,(p).Delvolve: Droit administratil.T.2.P.U.F.1992,p.755.

(2) د. محمد محمد عبد اللطيف، الاتجاهات المعاصرة في ادارة المرافق العامة الاقتصادية، مصدر سابق، ص101.

بأشخاص تابعة للقانون العام، ومع ذلك ليس هناك ما يمنع من إخضاع إدارة هذه المؤسسات للقواعد التجارية.

من ذلك على سبيل المثال، ان قانون 13 فبراير (شباط) 1997 بإنشاء مؤسسة الخطوط الحديدية في فرنسا (Reseau Ferre de France)، نص على ان تخضع هذه المؤسسة في مجال الإدارة المالية والمحاسبية للقواعد المطبقة على المشروعات الصناعية والتجارية. أي ان المحاسبة لا تتم وفقا لقواعد المحاسبة الحكومية وانما وفقا لقواعد المحاسبة التجارية[1].

ولكن هل يعني تطبيق القانون التجاري على المرافق العامة الاقتصادية منح المرفق صفة التاجر ؟ وهل تطبق عليه قواعد الإفلاس ؟.

الفرع الثاني

منح المرفق العام صفة التاجر

ان مسألة معرفة ما إذا كان المشروع العام يمكن ان يكسب صفة التاجر هي مسألة دقيقة للغاية لأنها تؤدي إلى سلسلة من النتائج تتعلق بالآثار المرتبطة بمفهوم التاجر مثل عنصر المتجر وتطبيق التشريعات الخاصة بالتجار.

ان الصعوبة في الإجابة ليست واردة فيما يتعلق بالمشروعات التي تدار في شكل شركات مثل البنوك وشركات التأمين، حيث ان تطبيق هذه المفاهيم ليست محل جدل[2].

كما ان الرأي متفق على ان المرفق الذي يدار بوساطة الريجي لا يستهدف صفة التاجر حتى لو اعتاد القيام بالأعمال التجارية الذاتية، لانه (المرفق) يستهدف غايات عامة تتضاءل إلى جانبها غايات التاجر، ولانه من

---

(1) (D). Broussolle : op.cit,p.459.

(2) د. عزت فوزي حنا ،المصدر السابق، ص252.

غير المستساغ أو الممكن خضوع الدولة لنظام التجار وخاصة نظام الإفلاس[1].

وفيما يتعلق بالمؤسسات العامة التجارية فهناك رأيين الأول منهما ينكر[2] صفة التاجر بحجة قيام التعارض بين مباشرتها للنشاط التجاري وطبيعة سلطاتها بوصفها شخصا معنويا من أشخاص القانون العام، إذ تباشر هذه المؤسسات سلطاتها لصالح الجماعة في حين تعتبر التجارة نشاطا خاصا أو نفعيا يستهدف تحقيق الربح المالي. فضلا عن ان النشاط التجاري والصناعي يقتضي الاستقلال ويقوم على المنافسة، ويستتبع المسؤولية الشخصية في حين تزاول المؤسسات العامة نشاطها بوساطة موظفين يعملون بغية تحقيق المصلحة العامة، ويستهدفون في عملهم غايات غير نفعية، ويخضعون في ذلك لرقابة من جانب الجهة المنشئة[3].

واخيرا فان المشرع الفرنسي وان أوجب خضوع المؤسسات الاقتصادية في إدارتها المالية والمحاسبية للقواعد التجارية السارية على الشركات الصناعية والتجارية إلا ان ذلك لا يعني منح المؤسسة صفة التاجر ولكن قد يعني ـ في نظر البعض ـ أمرا من امرين، إما ان المشرع أراد تحرير المؤسسة من قواعد المحاسبة العامة فقط دون ان يصل الأمر إلى إخضاعها للقانون التجاري، واما ان اراد إخضاع المؤسسات للقانون الخاص فيما يتعلق بجوانب ثلاثة فقط هي علاقتها بالمنتفعين، وعلاقاتها بالغير الذي أصابه الضرر من نشاطها وعلاقاتها بالمستخدمين، أما القواعد الأخرى الذي ينص عليها القانون الخاص فلا يتصور سريانها على هذه المؤسسات[4].

---

(1) د. حسني المصري، نظرية المشروع العام وقانون شركات القطاع العام المصري، مصدر سابق، ص74.

(2) Linotte (D)، Mestre (A) : services pullics et droit public economique litec, 1982. N419.

(3) G. Ripert : le declin du droit , L.G.D.J.,Paris 1949, p.82.

(4) Chavanon : op.cit,p.69 et suiv. ،et G ،Ripert : op.cit ,p.155.

أما الرأي الثاني فهو يرد على الحجج التي ساقها أصحاب الرأي الأول : فمن حيث القول بالتعارض بين سلطات المؤسسات العامة التجارية وممارسة التجارة فهو قول مدحوض لان هذه المؤسسات وان كانت من أشخاص القانون العام إلا أنها لا تمارس ـ غالبا ـ السلطات الاستثنائية المعترف بها لأشخاص القانون العام الأخرى، ومن ثم ليس هناك ما يمنع من القول بان هذه المؤسسات تحترف التجارة بل أنها لم تنشأ إلا من اجل ذلك[1].

وحيث انه لا جدال في قيام المؤسسات العامة التجارية بالنشاط التجاري فانه يلزم القول بضرورة سعيها إلى تحقيق الربح لاستخدامه في توسيع نشاطها ورفع جودة منتجاتها، بما يؤدي في النهاية إلى تحقيق الصالح العام وهو ما يدحض أي تعارض بين هدف تحقيق الربح وهدف تحقيق الصالح العام باعتبارهما هدفين متصلين تسعى هذه المؤسسات إلى تطبيقهما في الوقت ذاته[2].

والقول بان المؤسسات العامة لا تتمتع بالاستقلال وبالآتي لا تكتسب صفة التاجر، فهو قول مدحوض عليه بأنه لا يستند إلى أساس قانوني سليم، إذ ان المؤسسة تتمتع بشخصية اعتبارية مستقلة وبالذمة المالية المستقلة وهذا ما يضمن لها الاستقلال عن الجهة التي أنشأتها. حين يتوفر للمؤسسة الاستقلال وعنصر الاحتراف واستهداف الربح (بالمعنى السابق ذكره) حينئذ لا يمكن لاحد ان ينكر صفة التاجر عن هذه المؤسسات[3]، ومن حيث خضوع المؤسسة للرقابة من الجهة المنشئة فان التجار أفرادا كانوا أو شركات يخضعون لرقابة الدولة دون ان ينكر عليهم أحد صفة التاجر[4].

---

(1) La Rouque : op.cit, p199.
(2) Escra : principes de droit commercia, T.1.p380 sq , p.102.

اشار اليه د. عزت فوزي حنا، المصدر السابق، ص204

(3) (J.D) Bredin : L' entreprise semi-publique et publique et le droit prive, L.G.D.J. 1957 , pp.96-97.
(4) د. علي جمال الدين عوض، النظام القانوني للنشاط التجاري العام، المجلة المصرية للعلوم السياسية، ابريل، 1963، ص90 وص 91.

وهكـذا في فرنسا طالما نشـأت المؤسسـة العامـة التجارية متمتعـة بالشخصية المعنوية وبالذمة المالية المستقلة، واحترفت الأعمال التجارية كان من الحق القول بأنها تكتسب صفة التاجر وتثبت هذه الصفة على الرغم مـن عـدم إعمال بعض النتائج المترتبة عليها، كالخضوع لنظام الإفلاس[1]، كما سنرى.

أما في مصر، عندما تقوم الدولة أو أحد الأشخاص المعنويـة العامـة كالبلـديات أو غيرها بالعمل التجاري على وجه الاحتراف، كما إذا قامت الدولة باستغلال مرفق النقـل بالسكك الحديدية، أو إذا افتتحت إحدى البلـديات بعـض المحـال في الأحياء المختلفـة لبيع السلع الضرورية بأسعار مخفضة للحد من موجة الغلاء، فهل يظل العمل بصفته التجارية ويكتسب القائم به صفة التاجر إذا قام به على وجه الاحتراف[2]؟.

يذهب جانـب مـن الفقهـاء[3] إلى ان العمـل يفقد الصفة التجارية إذا قام بـه الشخص المعنوي العام، لان العمل التجاري لا يدخل ضـمن أغراضه، إلا ان هناك رأيا آخر نؤيده يذهب إلى ان العمل يحتفظ بصفته التجارية بصرف النظر عن صفة القائم به سواء أكان شخصا طبيعيا أو شخصا معنويا خاصا أو شخصا معنويا عامـا، إذ متى باشر الشخص المعنوي العام نشـاطا مـن نـوع النشـاط الـذي يبـاشره الأفراد ونزل إلى ميدانهم فقد وجب ان يعامـل معاملتهم[4].

وتطبيقا لذلك تنص المادة 101 من القانون التجاري المصري على تطبيق أحكام الفصل الخامس من مجموعة القانون التجاري الخاص بالنقل على هيئة

---

(1) D. Linotte ،A.Mestra : op.cit. n.419.

(2) د. عزت فوزي حنا، المصدر السابق، ص256.

(3) د. علي حسن يونس، القانون التجاري، الاعمال التجارية والتجارة، بلا دار نشر، 1959، ص165.

(4) د. حسني المصري، نظرية المشروع العام وقانون شركات القطاع العـام المصري، مصدر سابق، ص77.

السكك الحديدية، وهو ما يعني ان المشرع يعتبر قيام الدولة بمقاولة النقل مـن قبيـل الأعمال التجارية [1].

وفي العراق فان الشركات العامة تخضع لقوانين تأسيسها، الا ان هـذه الشركـات في الغالب تمارس نشاطا تجاريا، وبالتالي تخضع في نشاطها الى القانون التجاري اذا مارست احد الأعمال التجارية المنصوص عليها في قانون التجارة المـرقم 30 لسـنة 1984 علـى سبيل الاحتراف [2]. فإنها تكتسب صفة التاجر حيث كان يعد تاجرا كل شـخص طبيعـي او معنوي يزاول باسمه ولحسابه وعلى وجه الاحتراف عمـلاً تجاريـا وفق احكام هـذا القانون [3]. وقد نصت المادة العاشرة من قانون التجارة صراحة عـلى تطبيـق الأحكـام المتعلقة بالتاجر على مؤسسات القطاع الاشتراكي اذ تنص على ان " تسري على مؤسسات القطاع الاشتراكي الأحكام المتعلقة بالتاجر المنصوص عليها في هذا القانون بالقدر الـذي لا يتعارض مع طبيعة الخدمات التي يؤديها ".

الفرع الثالث

عدم خضوع المرفق العام الاقتصادي لقواعد الإفلاس

إن ثبوت صفة التاجر في فرنسا يثير تساؤلا يتعلق بإمكانية خضـوع المرفـق العـام الاقتصادي لقواعد الإفلاس والتصفية القضائية.

من البديهي ان هذه المسألة لا تثور في حالة الإدارة المباشرة للمرفق إذ ان المرفق تابع للدولة أو للمحليات، وهي لا تكسب أبدا صفة التاجر، أما إذا كان المرفق يدار بوساطة مؤسسة عامة فلا يجوز استخدام طرائق التنفيذ في القانون الخاص في مواجهتها، كما لا يجوز أيضا اللجوء إلى نظـام الإفلاس، حتـى ولـو

---

(1) د. عزت فوزي حنا، المصدر السابق، ص256.
(2) المادتين 5 و 6 من قانون التجارة العراقي المرقم 30 لسنة 1984.
(3) الفقرة الاولى من المادة 7 من قانون التجارة العراقي المرقم 30 لسنة 1984.

بلغت المؤسسة درجة كبيرة في التجارة وان اكتسبت وصف التاجر، إلا أنها ما زالت "تاجرا عاما"[(1)]، فالصفة العامة للمرفق تستغرق هنا طبيعة النشاط الذي تقوم به المؤسسة. وفي هذا الشأن يقرر بعض الفقه الفرنسي[(2)] ان قانون 25 يناير (كانون ثاني) 1985 بشأن التصفية القضائية لا يطبق على المؤسسات العامة[(3)]. وحتى في مواجهة المشروعات العامة التي لها وصف الشركات الخاصة فان القضاء يستبعد فكرة تطبيق التصفية القضائية عليها لان المشرع لم يخضع هذه الشركات لقواعد القانون التجاري إلا بشرط اتفاقها مع موضوع المرفق العام، وان القانون الخاص بالتصفية القضائية يبدو متعارضا مع هذا الهدف وقد رفضت محكمة النقض في فرنسا حديثا تطبيق قواعد التصفية القضائية المنصوص عليها في قانون 25 يناير (كانون الثاني) 1985 على شركة الخطوط الفرنسية[(4)].

وفي مصر كانت المبادئ المستقرة في القوانين السابقة المتعاقبة التي كانت تحكم القطاع العام تقرر في الغالب ان أموال شركات القطاع العام لم يكن جائزاً الحجز عليها، كما لا يجوز اشهار افلاسها [(5)] غير ان القانون المرقم 203

---

(1) **(G).Vedel, (P).Delvolve: Droit administratif, 2 vd , PUF, 1992,p.755.**

(2) **De laubadere (A.) venezia (J.C.) , Gaudmet (Y.): traite de droit administratif T.1,LGDJ,1996, n.418.**

(3) وأكدت محكمة النقض الفرنسية هذا الاتجاه الفقهي المستمد من النصوص التشريعية إذ قررت عدم جواز ممارسة طرق التنفيذ المقررة في القانون الخاص تجاه جميع الأشخاص العامة سواء كانت إدارية أو صناعية أو تجارية. **Cass. Soci.ler Dec. 1987, Bvll.1.n348.p.249.**

اشار إليه د. محمد محمد عبد اللطيف، المصدر السابق، ص105.

(4) **Cass.Soci,17Avril, 1991.Groupement Des Assedic de la region parisienne C.lcie Air France, J.c.p.1991.n 19-20. Actmalite.p.3**

أشار إليه المصدر السابق، والصفحة نفسها

(5) د. عزت عبد الحميد البرعي، الإطار الاقتصادي والقانوني لتنظيم قطاع الأعمال العام رقم 203 لسنة 1991، مجلة البحوث القانونية والاقتصادية، كلية الحقوق، جامعة المنوفية، العدد الثامن، السنة الرابعة، أكتوبر 1995، ص550.

لسنة 1991 الخاص بشركات قطاع الأعمال العام لم يرد به نصوص في هذا الشأن. ومن ثم طبقاً للمادة الأولى من مواد اصدار هذا القانون تطبق على شركات قطاع الاعمال العام الأحكام الواردة في قانون رقم، 159 لسنة 1986 بشأن شركات المساهمة بالأسهم واشركات ذات المسؤولية المحدودة والتي تجيز اشهار افلاسها وجواز الحجز على أموالها طبقاً للقواعد العامة المقررة في القانون التجاري والقانون المدني. ولقد جاء هذا النص ملبيا لنداء اغلب الفقه[1] الذي انتقد الاتجاه القديم والذي تساءل عن الفائدة من تقرير عدم جواز شهر إفلاس شركة القطاع العام دون إيجاد المخرج القانوني لحالة الإفلاس الواقعية التي تواجهها هذه الشركة حين تتوقف عن دفع ديونها التجارية.

أما في العراق فعلى الرغم من إخضاع شركات القطاع الاشتراكي إلى القانون التجاري، فأن هذه الشركات لا تخضع لنظام الإفلاس، لأن ذلك يتعارض مع طبيعة نشاطها ولدورها الأساسي في تنفيذ خطط التنمية القومية فضلاً عن أن أموال هذه الشركات لا يجوز الحجز عليها.

ولا حاجة لتكرار ذكر الأسباب التي انتقد فيها الفقه المصري عدم جواز شهر إفلاس شركات قطاع الأعمال المصري وعدم جواز الحجز على أموالها ونتساءل عن ضمانات حقوق الدائنين وكيفية تحصيل ديونهم على شركات القطاع الاشتراكي العراقي. ونرى ان علاج هذه المشكلة يكون بنص تشريعي مفاده ضرورة قيام الدولة بتغطية التزاماتها في مواجهة دائنيها، أو إخضاعها لنظام قانوني للتصفية إذا قدرت الدولة عدم إمكانية علاج حالاتها المالية والائتمانية، حتى لا يكون في عدم جواز إشهار إفلاس شركات القطاع الاشتراكي إهدار لحقوق الدائنين من ناحية، وحافزاً للإهمال وربما العبث من ناحية أخرى.

---

(1) د. أبو زيد رضوان، د. حسام عيسى، شركات المساهمة والقطاع العام، بلا دار نشر، 1976، ص196وص197، د. محسن شفيق، الموجز في القانون التجاري، الجزء الأول، بلا دار نشر، سنة 1976، ص331، ود. عزت يوسف حنا، المصدر السابق، ص258.

المطلب الثاني

مركز العاملين في المرافق العامة الاقتصادية

بالرغم من ان المبدأ الذي تقرر بظهور هـذا النـوع مـن المرافـق هـو خضوعه في علاقاته مع عماله لاحكـام القانون الخاص ـ إلا ان هـذا المبـدأ لـيس عـلى إطلاقه. اذ تختلف علاقة العاملين بالمرفق الاقتصادي تبعا لطريقة إدارته. وبناء على ذلك نعرض لهذا المطلب في فرعين وهما :

◈ **الفرع الأول**   : المركز القانوني لأفراد الاستغلال المباشر (الريجي).

◈ **الفرع الثاني**   : المركـز القانـوني لأفـراد المؤسسـات العامـة الاقتصادية وشركـات الاقتصاد المختلط ومشروع الالتزام.

الفرع الأول

المركز القانوني لأفراد الاستغلال المباشر (الريجي)

يختلف مركز العاملين لأفراد الاستغلال المباشر اختلافا واضحا في القانون الفرنسي من ناحية والقانونين المصري والعراقي من ناحية أخرى.

ففي فرنسا فان الموظفين وهم مـا ينطبـق علـيهم صـفة الكـوادر الإداريـة والفنية في مركز قانوني عام. أما ما يتعلق بفئة العمال الذين هم في مركز مشابه لفئة الأجراء في القطاع الخاص وأنشطتهم ذات طابع يدوي تستخدمهم الـدول في المراكز الصناعية والترسانات والورش، ويمكن تقسيمهم إلى فئتين، الأولى تخص نسبة صغيرة منهم يتم تشغيلهم طبقا لقواعد القانون الخاص تحت فئة العمال المؤقتين، وهم يخضعون للتشريع العام للعمل وللضـمان الاجتماعـي، ويخضـع عمال الفئة الثانية لنظام مستوحى من قانون الوظيفة العامة، ولذا سميت هذه الفئة بالعمال الدائمين أو العمال العمـوميين، ويتضـمن قواعد متميـزة للتقاعد

وكذلك تنظيم خاص لعلاقات العمل الجماعية وكلاهما يستندان للقانون العام[1].

وفي مصر فان المرفق الاقتصادي الذي يدار بطريقة (الريجي) شأنه شأن المرفق الإداري، يخضع لقواعد القانون العام فيما يتعلق بطريقة إدارته وتعيين موظفيه وتحديد رواتبهم وترقياتهم واختصاصاتهم[2].

أما في العراق فقد كانت هناك فئات مختلفة من العاملين في خدمة المرافق العامة ومنها الاقتصادية وهم الموظفون والعمال المستخدمون، وقد ألغيت فئة المستخدمين بموجب قرار مجلس قيادة الثورة المنحل 518 لسنة 1973 و 911 لسنة 1976، وكذلك تم تحويل العمال إلى موظفين بموجب قرار مجلس قيادة الثورة المنحل المرقم 150 والصادر في 1987/3/19 ومن ثم أصبح في العراق طبقة واحدة هي الموظفين وبالتالي فهم مشمولون بقانون الخدمة المدنية رقم 24 لسنة 1960 الذي يعد الشريعة العامة لقواعد الخدمة المدنية[3].

---

(1) ومن هذا المنطلق أعلن قضاء مجلس الدولة الفرنسي تقريره ان العلاقات بين العمال الدائميين والإدارة تكون محددة ليس بوساطة نصوص تعاقدية، ولكن بمقتضى لوائح إدارية.

C.E, 26mars, 1955, Rosset, Drsoc, 1955 ,p.624.

وكذلك حكم محكمة التنازع في قضية " Gaglioardi " واخرين حيث رفضت منح عمال البحرية صفة الموظفين واعترفت لهم بصفة المستخدمين العموميين.

T.C, 27 mars, 1967. Gaglioardi et autres Rec, p.813.

أشار إلى الحكمين، د. عزت فوزي حنا، المصدر السابق، ص298.

(2) أكدت المحكمة الإدارية العليا هذا الاتجاه حيث اعتبرت عمال المرافق العامة سواء كانت إدارية أو اقتصادية من الموظفين العموميين مادامت هذه المرافق تدار بأسلوب الاستغلال المباشر، حكم المحكمة الإدارية العليا في 1962/5/5 السنة 7، ص793.

(3) د. ماهر صالح علاوي، القانون الإداري، 1996، مصدر سابق، ص 103 وص104. ولكن لكي يكونوا مشمولين بقانون الخدمة المدنية 24 لسنة 1960 يتعين أن يعملوا في المرفق العام الذي يدار عبر طريق الإدارة المباشرة سواء كان المرفق إداريا=

الفرع الثاني

المركز القانوني لأفراد المؤسسات العامة الاقتصادية وشركات الاقتصاد المختلط ومشروع الالتزام

سنبحث في هذا الفرع موضوعين وعلى الوجه الآتي :

أولاً : المركز القانوني لأفراد المؤسسات العامة الاقتصادية :

في فرنسا استبعد مشرعها العاملين بالمرافق العامة الاقتصادية من نطاق تطبيق نظام الوظيفة العامة لكونها أكثر تعقيدا ولا تتلاءم والمناخ الاقتصادي الذي تعمل تحت مظلته هذه المشروعات[1].

ولقد كان لبعض الفقه رأيا[2] في هذا التوجه التشريعي، إذ ذهب إلى ان المشرع استبعد العاملين بالمرافق الاقتصادية من تطبيق قانون التوظف الفرنسي،

= أو اقتصاديد. شابا توما منصور، القانون الإداري، دراسة مقارنة، ج1، ط2، بغداد، 1975 - 1976، ص262.

(1) فقد نصت على ذلك المادة الأولى من قانون التوظف الفرنسي رقم 2294 في 1946/10/19 والقوانين التي تلته رقم 1959/2/244 والقانون رقم 2294 في 1983/7/13 حيث رددت ذات المفهوم الوارد بالمادة الأولى من القانون الصادر 1946. د. حمدي عبداللاه احمد، المركز القانوني للعاملين بالقطاع العام وقطاع الأعمال العام، دراسة مقارنة، رسالة دكتوراه مقدمة لكلية الحقوق بجامعة عين شمس، 1994، ص21-22.

(2) د. عبد الحميد كمال حشيش، دراسات في الوظيفة العامة في النظام الفرنسي، المنظمة العربية للعلوم الإدارية، 1974، القاهرة، ص151، د. علي جمعة محارب، التأديب الإداري في الوظيفة العامة، رسالة دكتوراه مقدمة لحقوق عين شمس، 1986، ص76، د. جودت الملط، المسؤولية التأديبية للموظف العام، رسالة دكتوراه، حقوق القاهرة، 1967، ص11 وما بعدها.

وفي الوقت نفسه لم يحدد النظام الذي يخضعون له من ناحية. ومن ناحية أخرى ان المشرع لم يفرق بين طائفة وأخرى على الرغم من وجوب ذلك اذ يجب التفرقة لا على أساس طبيعة نشاط المرفق ولكن يجب أن يكون على أساس طبيعة العاملين فيه[1]، وعلى هذا الأساس جرى الفقه الفرنسي على التفرقة بين من يشغلون وظائف التوجيه والرئاسة والمحاسبة من ناحية وبين باقي العمال من ناحية أخرى، حيث تشمل الطائفة الأولى أعضاء مجلس الإدارة والمديرين العموميين ورؤساء المستخدمين في الكادرات العليا والمحاسبين، وهؤلاء كما يرى الفقه الفرنسي في مركز مماثل لمركز الموظفين العموميين، وان لم يكن مطابقا له تماما فهم يعينون بقرار إداري، ونظامهم يكاد يكون متصلا بالقانون العام[2].

ولقد أجرى قضاء مجلس الدولة الفرنسي هذه التفرقة أيضا في أحكام كثيرة، حيث قضى بان مستخدمي الإدارة والمحاسبين هم وحدهم الذين تكون لهم صفة الموظف العام، أما المستخدمون الآخرون فإنهم يخضعون للقواعد العامة في الشركات المساهمة[3].

وقد مر القضاء الفرنسي في تحديد الفئة التي تعتبر من الموظفين العموميين بمرحلتين، ففي البداية كان القضاء ينظر إلى عمال الإدارة نظرة اكثر اتساعا من الاتجاه الحالي بحيث يشمل كافة الذين يتولون وظائف الإدارة، وكان القضاء يستهدي في ذلك بالمركز الشخصي للعامل، ومكانته في المشروع، وكان المعيار الذي يلجأ إليه هو وسيلة التعيين فمن كان يعين أو يعزل بمرسوم أو قرار وزاري في مركز قانوني يخضع لقواعد القانون العام ومن ثم يعتبرون موظفين عموميين

(1) د. عبد الحميد كمال حشيش، المصدر السابق، ص179.

(2) د. كمال أبو سريع، تنظيم هيئات الإدارة لشركات القطاع العام، رسالة دكتوراه، جامعة عين شمس، بدون تاريخ، ص459.

(3) د. حمدي عبد اللاه احمد، المصدر السابق، ص23.

وليسوا أُجراء[1]، وكان القضاء يستعين أيضا بطبيعة الوظيفة التي يمارسها العامل، فمن كان يتمتع بسلطة الأمر والنهي في المرفق كانت وظيفته من وظائف الإدارة[2]، ولكن في الغالب كان القضاء يجمع ما بين المعايير[3].

وفي المرحلة الثانية اتجه مجلس الدولة الفرنسي في تطوره الحديث نحو تضييق نطاق وظائف الإدارة الخاصة وذلك في قضية (Jalenque de la beau) الصادر حكمها في عام 1957[4] حيث أصبحت تتضمن فقط الموظف المكلف بإدارة مجموع مرافق المؤسسة أو المشروع، وبعبارة أخرى الشخص الذي يشغل أعلى وظيفة في السلك الوظيفي للمشروع، وبذلك انحصرت وظائف الإدارة في وظيفة واحدة، وبالنسبة لوظائف المحاسبة فقد انكمشت بدورها في منصب مدير المحاسبة[5]، بشرط توافر صفة المحاسب العام وفقا لمرسوم 1953/8/9[6].

ووسعت محكمة التنازع في أحكامها الحديثة من وظائف المديرين والمحاسبين لتشمل كل من يشغلون وظائف التوجيه والمحاسبين العامين[7].

---

(1) **Bernard chenot : orgnisation economique de l'etat Dalloz Paris 1951 p.332.**

(2) د. حمدي عبد اللاه احمد، المصدر السابق، ص24.

(3) المصدر السابق والصفحة نفسها.

(4) **C.E , 8 Mars, 1957, jalenque de la beau Rec 158.**

(5) د. السيد صبري، المركز القانوني لموظفي المؤسسات العامة ذات الصبغة التجارية والصناعية، تعليق على حكم المحكمة الإدارية العليا الصادر في 22 /1958/2 طعن 947 لسنة 4ق، مجلة مجلس الدولة س11 سنة 1962، ص302.

(6) وأكدت ذلك محكمة التنازع في حكمها الصادر 1979/5/28 في قضية غرفة (Amqers) التجارية حيث قضت بأنه فيما عدا من يشغلون وظائف المديرين والمحاسبين العامين يكونون في مركز قانوني خاص.

T.C.28 Mai 1997 chambre de commerce d Angeesd, 1980 p.391.

(7) **T.C 19 Avr 1982, chambre de Mme Robert , p.540**. أشار اليه د. حمدي عبد اللاه، المصدر السابق، ص25.

هذا إلا ان اعتبار هذه الفئة موظفين عموميين لا يحول دون خضوعهم لنظام خاص بل هذا هو الغالب[1]، حيث ان معظم المؤسسات العامة في فرنسا لها قوانين خاصة تصدر بمرسوم تطبق على مستخدميها ومنها مؤسسات الفحم والكهرباء والغاز والسكك الحديدية والملاحة والطيران وغيرها[2].

وبناء على ذلك يجوز للنصوص التشريعية ان لا تعمل القاعدة التي مؤداها ان العاملين من غير شاغلي وظائف القيادة يعتبرون عاملين خصوصيين. إذ يمكن ان تعهد لهم بمركز خاضع للقانون العام، من ذلك على سبيل المثال ان قانون 6 أكتوبر (تشرين) 1982 بشأن أجهزة التدخل في المجال الزراعي للمؤسسات العامة الصناعية والتجارية ينص على ان مركز العاملين في هذه الأجهزة يخضع للقانون العام[3]، وبالإضافة إلى ذلك يمكن ان يقرر المشرع منح العاملين في بعض المشروعات مركزا تابعا للقانون الخاص، ويعني ذلك ان هذه المراكز الخاصة لا تفرض من جانب الدولة وحدها، ولكن يتم التفاوض بشأنها مع ممثلي المشروع، فاما ان تقرر بمرسوم بعد مشاورات مع التنظيمات النقابية الأكثر تمثيلا، أو ان يضعها مجلس الإدارة نفسه، بحيث يقتصر دور الدولة على الموافقة عليها[4].

وفي مصر يدار المرفق بواسطة هيئة عامة مثل هيئة الكهرباء، وقد يدار بواسطة مؤسسة عامة مستثناة من الخضوع لاحكام القانون رقم 111 لسنة 1975

---

(1) د. سليمان الطماوي، مبادئ القانون الإداري، دراسة مقارنة، الكتاب الثاني، نظرية المرفق العام وعمال الإدارة، مصدر سابق، ص46، هامش رقم (1).

(2) حمدي عبداللاه، المصدر السابق، ص25.

(3) د. محمد محمد عبد اللطيف، الاتجاهات المعاصرة في إدارة المرافق العامة الاقتصادية، المصدر السابق، ص 107 وص 108.

(4) D. Linotte : op.cit, n.430.

والخـاص بإلغـاء المؤسسـات العامـة، كـما هـو الحـال بالنسـبة لمؤسسـة مصر للطـيران والعاملون في هذه المرافق موظفون عموميون تربطهم بهـذه الجهـات علاقـة لائحيـة تنظيمية. فالعبرة هنا بطبيعـة الشخص المسـؤول عـن المرفـق، وليسـت العـبرة بصـفة النشاط. فالعاملون بهذه المرافق موظفون عموميون لانهـم تـابعون لأشخاص القانون العام على الرغم من ممارسة هؤلاء الأشخاص نشاطا تجاريا[1].

وقد رأى بعض الفقهاء تطبيق مـا هـو مقرر في فرنسا مـن التمييـز بـين شـاغلي وظائف القيادة وغيرهم في المؤسسات العامة ذات الصفة التجاريـة[2]، غـير ان مجلس الدولة المصري رفض أعمال هذه التفرقة[3].

وقد يدار المرفق بواسطة شركة قطاع عام، أي مملوكة للدولة كليا أو جزئيا. مثال ذلك شركة الاتصالات السلكية واللاسلكية، ومـن ذلـك أيضا شركات قطاع الأعمال الخاضعة للقـانون رقـم 203 لسـنة 1991، قـانون شركات قطاع الأعـمال العـام المصري، فهـذه الشركـات وان كانـت غالبـا

---

(1) المحكمة الإدارية العليا 1977/11/12 الموسوعـة الإداريـة الحديثـة، ج24، ص439 قاعـدة 224، الجمعية العمومية لقسمي الفتوى والتشريع 1966/4/14. الموسوعة الإدارية الحديثـة، ج20، ص566.

(2) د. احمد رسلان، الوظيفة العامة، بلا دار نشر، 1994، ص66.

(3) إذا قضت في احدى احكامها " ولا تعول المحكمة على ما ذهب إليه رجال الفقه في هذا الصـدد من تفرقة بين طائفتين مـن مـوظفي المصالح والمؤسسـات العامـة الاقتصادية، الأولى طائفـة الموظفين من ذوي المناصب الرئيسية، والأخرى تضم عدا هؤلاء الأفراد من صغار المـوظفين إذ يضفون على أفراد الطائفـة الأولى دون الثانيـة صفـة المـوظفين العمـوميين، وذلـك لان هـذه التفرقة لا تقوم على أساس عملي، فمن العسير وضع مقياس لها بحيث لا يقع الخلط واللبس بين أفراد الطائفتين، يضاف إلى ذلك ان هذه التفرقة ان كانت قائمة على أساس منطقي فلماذا تقتصر على المصالح والمؤسسات العامة الاقتصادية دون غيرهـا " محكمـة القضـاء الإداري في 1953/3/8 السنة السابعة، ص611.

لا تدير مرفقا عاما، إلا انها أيضا تعتبر مـن شركـات القطـاع العـام، وذلـك لان معيـار وصف الشركة بأنها من شركات القطـاع العـام يتعلـق بالملكيـة العامـة لا بأموالهـا ولا بأسلوب إداراتها وإمكانيات نشاطها[1].

ومن المسلم به ان العاملين في هذه الشركات لا يكتسبون وصف الموظف العـام وذلـك لسببين الأول : هو ان القانون نص صراحة على ان هـذه الشركـات مـن أشخـاص القانون الخاص، وان تتخذ شكل الشركة المسـاهمة[2]. الثـاني : هـو خضـوع العـاملين في هذه الشركات لاحكام قانون العمل، وذلك فيما لم يرد به نص.

أما في العراق فان أعمال المرافق الاقتصـادية والتـي تـدار عـن طريـق المؤسسـات العامة أو الهيئات العامة كانوا خاضعين لقانون الخدمة المدنيـة رقـم 24 لسنة 1960، حيث تربطهم بالدولة علاقة وظيفية تحكمها القوانين .

وعلى الرغم من إلغاء المؤسسات العامة التابعة لوزارة الصناعة والمعادن والصناعات الخفيفة ونقل حقوقها والتزاماتها إلى المنشآت المستفيدة، وكذلك إلغاء بقية المؤسسات العامة التابعة للوزارات الأخرى، إلا ان فكرة المؤسسـة العامة ـ كما يذهب البعض وبحق [3] ـ باقيـة ومتجسـدة في المنشآت التـي تتمتع بميزتي الاستقلال المـالي والاداري، وكـذلك التبعيـة إلى السـلطة العامـة وهـما جنـاحـا اللامركزيــة المرفقيــة في فكــرة المؤسسـات العامــة ســواء

(1) الجمعية العمومية لقسمي الفتوى والتشريع 1997/11/26 ملف رقم 420/2/27، أشار إليها د. محمد محمد عبد اللطيف، الاتجاهات المعاصرة في إدارة المرافق العامة الاقتصادية، ص110.

(2) المادة الأولى والمادة السادسة عشر من قانون قطاع الأعمال رقم 203 لسنة 1991، المـادة الأولى مـن القـانون رقـم 19 لسـنة 1998 والخـاص بتحويـل الهيئـة القوميـة للاتصـالات السـلكية واللاسلكية إلى شركة مساهمة مصرية، وهي المصرية للاتصالات.

(3) فواز خالد عبدالعزيز المختار، المصدر السابق، ص153، 160.

كانـت تسـمى بالمؤسسـة العامـة أو المنشـأة العامـة أو الشركـة العامـة. وبالتـالي فان موظفي هذه المنشآت أو الشركات خاضعون لقانـون الخدمـة المدنيـة رقـم 24 لسنة 1960 فهم في مركز وظيفي وما يدعم رأينا ان المادة 44 من قانون الشركات العامة رقم 22 لسنة 1997 قد نصت على استمرار العمل بقواعد الخدمـة (والمقصود بها قواعـد الخدمة المعمول بها في نطاق القانون العام)[1] فضـلا عـن قـرار مجلـس قيـادة الثورة المنحل رقم 914 في 1997/12/21 والذي بموجبه خضـع المـوظفـون الخاضعـون لقواعـد الخدمة في المؤسسات العامة الملغـاة إلى نطـاق درجـات المـوظفيـن في قانون الخدمـة المدنية رقم 24 لسنة 1960.

ثانياً : المركز القانوني للعاملين في شركات الاقتصاد المختلط وطريقة الالتزام:

ان الفقـه والقضـاء في فرنسـا ميـزوا بـين طـائفتين الأولـى شـاغلي وظـائف الإدارة والتوجيه بالمؤسسات المختلطة ويخضعون لنظام الوظيفة العامة، أمـا الطائفـة الثانيـة فهي بقية العاملين فلم يعترف لهم بصفة الموظف العـام، وذلـك مـرده ان المؤسسـات المختلطة اقرب للمشروعات الخاصة منهـا للمشروعات العامة، ولكـون أموالهـا ليسـت كلها أموال عامة[2].

وبالنسبة لطريقة الالتزام فان الإدارة لا تتولى بنفسها إدارة المرفق العـام، بل تتخلى عن هذه الإدارة لفرد أو شركة، كما ان المشرفـين عـلى إدارة المشروع

---

(1) المصدر السابق، ص163 وما بعدها.

(2) د. حمدي عبد اللاه، المصدر السابق، ص29وص30، إلا اننا نتفق مع الرأي الـذي يـذهب إلى ان هذا التمييز يظل في الحيز النظري لان المديرين هم في اغلبهم موظفين يحتفظـون بعلاقـاتهم مع الدولة بهذه الصفة، فضلا عن ان الموظفين أو غير الموظفين يختارون ويعينون بقرار إداري من السلطة التنفيذية، د. عزت فوزي حنا، المصدر السابق، ص204وص205.

ليسوا موظفين عموميين ولكنهم أجراء يخضعون في علاقاتهم مع الملتزم لقواعد قانون العمل [1].

وفي مصر، فان من المسلم به ان مستخدمي شركات الاقتصاد المختلط لا يعتبرون موظفين عموميين وانما تربطهم بالشركة علاقة تعاقدية.

وفيما يتعلق بطريقة الالتزام، فان المبادئ التي تنطبق على العاملين في المرافق اقتصادية التي تدار عن طريق الالتزام في فرنسا يجري تطبيقها على العاملين في المرافق الاقتصادية المصرية، التي تدار عن طريق الالتزام.

وفي العراق، فان شركات الاقتصاد المختلط وفقا لقانون الشركات العراقي تأخذ شكل الشركة المساهمة أو المحدودة حصرا [2]، فهي من أشخاص القانون الخاص وعامليها تربطهم بالشركة رابطة تعاقدية وليست تنظيمية.

واما عن مركز العاملين في المرفق الاقتصادي الذي يدار عن طريق الالتزام فهو مركز تعاقدي مع الملتزم فردا كان أم شركة. فالملتزم لا يعتبر من عمال الدولة وإنما هو شخص من أشخاص القانون الخاص [3]،. والعلاقة بين الملتزم وعماله هي علاقة تعاقدية.

---

(1) د. محمد محمد عبد اللطيف، الاتجاهات المعاصرة في إدارة المرافق العامة الاقتصادية، مصدر سابق، ص108. د. سليمان الطماوي، الوجيز في القانون الإداري، مصدر سابق، ص329.

(2) المادة السابعة، الفقرة الثانية من قانون الشركات العراقي رقم 21 لسنة 1997 المعدل لسنة 2004.

(3) د. شابا توما منصور، المصدر السابق، ص240.

المطلب الثالث

مركز المستفيدين والمنتفعين ومستحقي الانتفاع

في مواجهة المرافق العامة الاقتصادية

وسنعرض في هـذا المطلـب للمراكـز القانونيـة لكـل مـن المسـتفيدين والمنتفعـين،
والمستحقين للانتفاع كل منهم في فرع مستقل وعلى النحو الآتي :

◈ الفرع الأول   : المركز القانوني للمستفيدين بالمرفق العام الاقتصادي.

◈ الفرع الثاني   : المركز القانوني للمنتفعين بالمرفق العام الاقتصادي.

◈ الفرع الثالث : المركز القانوني لمستحقي الانتفاع بالمرفق العام الاقتصادي.

الفرع الأول

المركز القانوني للمستفيدين بالمرفق العام الاقتصادي

ان المستفيدين مـن متعهدي التوريـد والمقـاولين ومـن يعهد إليـهم بامتيـاز إدارة
المرافق العامـة الاقتصاديـة يعتبرون في علاقـتهم بـالمرافق العامـة الاقتصاديـة في مركز
تعاقدي تربطهم بالمرافق العامـة عقود واتفاقيات خاصة، وهـذه العقـود تعتـبر أحيانـا
عقودا مدنية تخضع لاحكـام القانـون المـدني، ولكنهـا تكـون في الغالـب عقـودا إداريـة
تخضع لاحكام العقود المقررة في القانون الإداري[1].

---

(1) د. محمـد فؤاد مهنا، حقوق الافراد ازاء المرافق العامة الاقتصادية، مصدر سابق، ص181، ويقرر
القضاء الفرنسي في هذه الحالة ان هذه العقود (عقود التوريد أو الاشغـال) يمكـن ان تكون
عقودا إدارية إذا ما تضمنت شروطا استثنائية أو كانت عقودا إدارية بتحديد القانون
C.E.19 janvier, 1973, societe dexploitation eledrique de fa riviere
اشـار إليـه د. محمـد محمـد عبـد اللطيـف، الاتجاهـات المعـاصرة في ادارة المرافـق العامـة
الاقتصادية، مصدر سابق، ص116.

أما بقية من يطلق عليهم اسم المستفيدين فلا تربطهم بالمرافق العامة أو السلطة العامة التي تدير هذه المرافق أية رابطة خاصة، فلا يوجد بينهم وبين السلطات العامة أي عقد أو اتفاق، ولا تستلزم إدارة المرافق العامة وتنظيمها إنشاء روابط أو صلات خاصة بينها وبين المستفيدين، وانعقد الإجماع في فرنسا على ان المستفيد يتمتع إزاء المرافق العامة بمركز قانوني عام يحكمه قانون المرفق، ومن ثم يكون للسلطة العامة سلطة تعديل قانون المرفق ونطاقه دون ان يكون للمستفيد أي حق في الاعتراض على مثل هذا التعديل أو التغيير[1].

الفرع الثاني

المركز القانوني للمنتفعين بالمرفق العام الاقتصادي

يختلف الوضع في فرنسا عنه في مصر والعراق وعلى النحو الآتي :

في فرنسا :

ذهب القضاء[2] وفريق من الفقهاء[3] إلا ان الرابطة بين المنتفع والمرفق رابطة تعاقدية من روابط القانون الخاص يحددها وينظمها الاتفاق الكتابي أو الشفهي بين المنتفع والمرفق، هذه الرابطة تتمثل في عقد من عقود الإذعان ومرد هذا الرأي إلى ان المرافق العامة الاقتصادية تسير إلى حد بعيد على نمط الإدارة الفردية وان المنتفعين بخدماتها شبيهون بعملاء أي مشروع فردي عام ولكن

---

(1) د. محمد فؤاد مهنا، حقوق الافراد ازاء المرافق العامة الاقتصادية، مصدر سابق، ص185. ود. فؤاد عبد المنعم احمد، مبدأ المساواة في الاسلام، رسالة دكتوراه، كلية الحقوق، جامعة الاسكندرية، 1972، ص 249 وما بعدها.

(2) C.E. Boct ,1961 , Campanon , Rey.AJDA. 1962 , p.98. C.E. 9 , janv , 1981 , Ministre delEconomic et Bovoel. Rec , p.4.

اشار إلى الحكمين د. محمد محمد عبد اللطيف ، الاتجاهات المعاصرة في إدارة المرافق العامة الاقتصادية، مصدر سابق، ص111، 112.

(3) Waline : Traite ElemenTaire de droit administratif , 6ed , p.415.

الفقهاء : دولوبـادير (DELAUBDERE) و مـودرن (MODERNE) و دلفولـف (DELVOLVE) يعارضون هذا الرأي ويرون على العكس ان المنتفع يعتبر إزاء المرافق العامة الاقتصادية في مركز قانوني عام يحكمه قانون المرفق، ومسوغهم في ذلك هـو ان هـذه العقود تسـتجمع المعاييـر الخاصـة بـالعقود الإداريـة ومنهـا تضمينهـا لشروط استثنائية. فضلا عن ان المستقر عليه ان العقود التي تعتبر وسيلة تنفيذ المرفق تعتبر عقودا إدارية وهذه العقود وسيلة هذه المرافق لتنفيذ مهمتها[1].

ويضـيف دولوبـادير (DELAUBDERE) و فينـيس (VENEZIA) و كودميـه (GAUDMET) ان هذه الفكرة تتعارض مـع قيـام المرفـق بفـرض أي تعـديلات عـلى المنتفع ودون موافقته ولذلك فمن الاوفق ان يعتبر المنتفع مـن المرفـق الاقتصادي في مركز مماثل لمركز المنتفع مـن المرفق الإداري، نظـرا لان حقوقه والتزاماته تحدد في لائحة إذا كان يدار بالإدارة المباشرة، أو كراسة الشروط إذا كان يدار بالالتزام[2].

وفي مصر :

جرى القضاء على اعتبار الرابطة القانونيـة التي تنشـا بـين المنتفع ومرفق مـن المرافق الاقتصادية، رابطة تعاقدية من روابط القانون الخاص لاسيما فيما يتعلق بتلـك التي تدار بأسلوب الالتزام[3].

---

(1) (A).Delaubdere : (F). Moderne , (P). Delvolve: Traite de contrats administratif 2T. LGDJ,1983 , n127.

(2) (A).Delaubdere : J.C Venezie (Y.) , Gaudmet: Traite de droit administratif , T. 1, LGDJ,1996 , n.1180

(3) إذ تقول المحكمـة الدسـتورية العليـا (.... ان العلاقـة بـين المرافـق العامة الاقتصادية وبـين المنتفعين بها علاقة عقدية تخضع لاحكـام القانون الخاص ....) حكم المحكمـة الدسـتورية العليا في 1974/6/29 دعوى رقم 1 لسنة 5 ق الدستورية، المجموعة ، ص163.

ومن التطبيقات القضائية في هذا الشان ان عقد تركيب واستعمال التليفون المبرم بين الأفراد وهيئة المواصلات السلكية واللاسلكية يعتبر من عقود القانون الخاص[1].

واستند القضاء في ذلك الحكم إلى ان هذا العقد ليست له صلة بنشاط المرفق وتسييره أو تنظيمه. إلا ان بعض الفقهاء[2] انتقد ذلك التعليل ورآه غير مقنع، لان هذه العقود تتصل اتصالا وثيقا بنشاط المرفق بل هي أداة تنفيذ هذا النشاط. ويضيف ان المرافق تنشا لسد حاجات الأفراد وبالتالي فعنصر المنتفعين هو عنصر لازم لسير هذا المرفق ففي حالة ما إذا لم يتواجد منتفعون تعطل عمل المرفق وتعطل تقديم المنفعة. وقد انقسم الفقه في مصر حول هذا الموضوع وعلى النحو الآتي :

الفريق الأول[3] :

يرى اعتبار المنتفع بخدمات المرفق الاقتصادي في مركز تعاقدي من مراكز القانون العام أي عقدا إداريا للأسباب الآتية :

1-ان المتفق عليه فقهاً وقضاءً في فرنسا ومصر ان المنتفع الذي يتعاقد مع السلطة العامة أو مع شركة الامتياز لا تحدد حقوقه والتزاماته في مواجهة

---

(1) المحكمة الدستورية العليا 1975/4/5، قضية 8 لسنة 5 تنازع، المجموعة، ص143، المحكمة الإدارية العليا، 1985/12/28، مجموعة المبادئ القانونية، نقابة المحامين، السنة الأولى، العدد الثاني، مارس سنة 1991، ص46. ولقد كان ينظر إلى هذا العقد في فرنسا على انه من العقود الإدارية حيث كان مرفق البريد والاتصالات من المرافق الإدارية غير ان إعادة تنظيم هذا المرفق بقانون 1990/7/3 تضمن اعتباره من المرافق الصناعية والتجارية، د. محمد محمد عبد اللطيف، الاتجاهات المعاصرة في إدارة المرافق العامة الاقتصادية، المصدر السابق، ص113، هامش رقم 38.

(2) د. محمد محمد عبد اللطيف، الاتجاهات المعاصرة في ادارة المرافق العامة الاقتصادية، مصدر سابق، ص 194.

(3) محمد فؤاد مهنا، حقوق الأفراد إزاء المرافق العامة، مصدر سابق، ص194 وما بعدها.

المرفق طبقا لنصوص عقده فقط، وانما يلزم باحترام كافة شروط عقد الامتياز وكل ما تقرره السلطة العامة من قواعد تنظيمية خاصة بسير المرفق، كما يستفيد من كل ما يتقرر في هذا العقد أو تلك القواعد لصالحه. وهولا يخضع لما يتقرر وقت التعاقد فحسب بل يخضع كذلك لكل ما يتقرر منها في المستقبل.

2-يشترط لكي يكون العقد إداريا ان يكون بين السلطة وأحد الأفراد وان يكون متعلقا بتنفيذ المرافق العامة، وان يتضمن شروطا تخالف الشروط التي تتضمنها عادة العقود المدنية وهو ما يتحقق فعلا في عقود الانتفاع التي لها صلة وثيقة بنشاط المرفق الاقتصادي، كما ان الشروط التي تتضمنها هذه العقود أقسى واشد مما تتضمنه العقود بين الأفراد مع بعضهم البعض.

3-ان تنظيم المشرع المصري في المادة 669 من القانون المدني المصري النافذ للعلاقة بين المرافق العامة التي تدار بطريقة الامتياز والمنتفعين اقرب إلى القواعد الخاصة بالعقود الإدارية منها بالقواعد الخاصة بالعقود المدنية.

ومن جهتنا ننتقد هذا الرأي بالقول : أنه لا يمكن تقرير الصفة الإدارية لهذه العقود لان الإدارة ليست طرفا فيها. لذا انتهى هذا الرأي إلى انه " الأوفق ان يقال انها عقود من نوع خاص تخضع لاحكام العقود الإدارية" [1].

الفريق الثاني :

يرى انه مركز تعاقدي من مراكز القانون الخاص اذ ان علاقة المرفق بعملائه يخضعها القضاء للقانون خاص بصفة اساسية، فالمنتفع من خدمات المرفق الاقتصادي يكون في مركز قانوني خاص، والذي يتعاقد مع المرفق يتعاقد على ضوء أحكام القانون الخاص[2].

---

(1) د. محمد فؤاد مهنا، حقوق الافراد ازاء المرافق العامة، مصدر سابق، ص198.

(2) د. سليمان الطماوي، مبادئ القانون الإداري، الكتاب الثاني، مصدر سابق، ص47.

ومن اوجه النقد الموجه إلى هذا الرأي أن اعتبار العقد مدنياً يوجب التسليم بحرمان السلطة الإدارية من حق تعديل نظام المرفق دون رضاء المنتفع وفقا للقاعدة المدنية التي تنص على ان العقد شريعة المتعاقدين. وينتقد هذا الرأي أيضا بالقول ان العقد المبرم بين المنتفع والمرفق يختلف اختلافا جوهريا عن العقود المدنية لاختفاء إرادة المنتفع في تحديد الحقوق والواجبات، وان معظم بنود هذا العقد مستقاة أو بالأحرى منقولة من عقد الامتياز أو عن قانون المرفق بصفة عامة، وإذا عدلت شروط عقد الامتياز أو القواعد الخاصة بتنظيم المرفق فان التعديل ينسحب أيضا على المنتفع ولو خالف هذا التعديل ما هو وارد في العقد الخاص به، كما ان العقد القائم بين المنتفع والملتزم يحرم الأول من الشروط الواردة لصالحه في عقد الامتياز. وإذا كان هذا ما يحدث في العقد بين المنتفع والمرفق، فانه لا يمكن اعتباره عقدا مدينا، لانه مرتبط اشد الارتباط بعقد الامتياز وبقواعده التنظيمية ينسحب عليه كل ما يحدث لقانون المرفق العام بصفة عامة أو عقد الامتياز بصفة خاصة من تعديل أو تغيير[1].

الفريق الثالث :

يذهب هذا الفريق إلى ان مركز المنتفع هو مركز تنظيمي أو لائحي، تسري عليه كل التعديلات التي تتقرر بتعديل القواعد القانونية المنظمة للمرفق، وان هذا المركز التنظيمي هو من مراكز القانون الخاص، فالعقد ليس الا مجرد وسيلة لإسناد هذا المركز التنظيمي الخاص[2].

ومن اوجه النقد الموجهة إلى هذا الرأي إهداره لارادة المنتفع التي تتجلى في قبوله الاشتراك أو التعاقد مع المرفق بإرادته واختياره، خصوصا إذا لاحظنا ان العقد المبرم بين المنتفع من جهة والمرفق من جهة أخرى غالبا

---

(1) د. محمد فؤاد مهنا، حقوق الافراد ازاء المرافق العامة، مصدر سابق، ص198، هامش رقم (1).

(2) د. مصطفى ابو زيد فهمي، الوجيز في القانون الإداري، ج1، مصدر سابق، ص126.

ما يتضمن شروطا تكميلية ما دامت لا تتعارض مع قوانين المرفق أو عقد الامتياز[1].

أما عن رأينا في الموضوع فإننا نؤيد ما ذهب إليه الفريق الثاني في ان مركز المنتفع في مواجهة المرفق هو مركز تعاقدي من مراكز القانون الخاص، أما عن اوجه النقد الموجهة إلى هذا الرأي فيمكن الرد عليها وكما يأتي :

1- ان القول بحرمان الإدارة من استعمالها لسلطتها في تعديل المرفق دون رضاء المنتفع، يمكن الرد عليه بان المنتفع يلزم بكل الشروط الواردة في عقد الامتياز أو في اللوائح والقرارات التنظيمية الخاصة بالمرفق باعتبارها جزءا من الالتزامات التي يتضمنها العقد الخاص المبرم بينه وبين شركة الامتياز، أو بينه وبين السلطة العامة، إذ ان هذا العقد يتضمن غالبا نصا صريحا بمقتضاه يخضع المنتفع لكافة الشروط والالتزامات المقررة في عقد الامتياز، أو التي تقررها السلطة العامة. وفي حالة افتقار العقد لهذا النص الصريح فانه يفترض ان هذا الالتزام يدخل ضمنا في قصد المتعاقدين على اعتبار قصدهما الضمني بالرجوع إلى النصوص الواردة في القوانين واللوائح أو في عقد الامتياز القائم وقت التعاقد والى كل ما تقرره مستقبلا في هذا الشأن بوساطة السلطات العامة المختصة[2].

2- أما القول باختلاف العقد المبرم بين الملتزم والمنتفع عن العقود المدنية مردود عليه، بأن هذا العقد قائم على خلفية عقد الامتياز المبرم بين السلطة العامة من جهة والملتزم من جهة أخرى، وبناء على ذلك فان الطرفين ملتزمان بمقتضاه، حيث انهما تعاقدا في حدوده وهذا ما قررته المادة 669 من

_____

(1) Laroque des usageers des services publics industriels, p.144 et suiv

(2) Georges pequinot, theorie generale du contrat administratif. 1945, p.566.
أشار اليه د. محمد فؤاد مهنا، حقوق الافراد ازاء المرافق العامة، مصدر سابق ص 196.

القانون المدني المصري⁽¹⁾، وهذا ما يسوغ اختلاف هذا العقد عن العقود المدنية.

3- كما ان القول بحرمان المنتفع من الشروط المقررة لصالحه في عقد الالتزام مردود عليه، بان الطبيعة الإدارية لعقد الامتياز والعقود الإدارية بصفة عامة هي أساس حقوق المنتفعين في الشروط المقررة لصالحهم في عقود الامتياز⁽²⁾. إذ ان عقد الامتياز موضوعه هو إدارة مرفق عام اقتصادي واستغلاله لفترة محدودة وذلك عن طريق عمال واموال يقدمها الملتزم وعلى مسئوليته مقابل تقاضي رسوم من المنتفعين بهذا المرفق العام، ولهذا فان معظم نصوصه لائحية يمتد أثرها إلى المنتفعين، وهذا بذاته كاف لتسويغ حقوق المنتفعين قبل ملتزمي المرافق العامة⁽³⁾.

ومن مسوغات تأييدنا لهذا التوجه هو انه يواكب مقتضيات سير المرافق العامة الاقتصادية، وما تستلزمه من سرعة ومرونة فضلا عن تيسير تقديم خدماتها للمنتفعين، بالإضافة إلى انه يتفق ومبدأ حرية الإدارة في ان تلجأ فيما تبرمه من عقود إلى القانون العام أو القانون الخاص طبقا لما يحقق المصلحة

---

(1) اذ تنص هذه المادة على ان " ملتزم المرفق يتعهد بمقتضى العقد الذي يبرمه مع عميله بان يؤدي لهذا العميل على وجه المألوف الخدمات المقابلة للاجر الذي يقبضه وفقا للشروط المنصوص عليها في عقد الالتزام وملحقاته وللشروط التي تقتضيها طبيعة العمل ويقتضيها تنظيم هذا العمل من قوانين ".

(2) وقد عزا بعض الفقه أساس حق المنتفعين إلى نظرية الاشتراط لصالح الغير المقررة في القانون المدني، إلا ان الشروط التي تطلبها القانون المدني غير متوافرة في هذه الحالة. د. محمد فؤاد مهنا، المصدر السابق، ص192، 195. وكذلك د. سليمان الطماوي، الأسس العامة للعقود الإدارية، دراسة مقارنة، مصدر سابق، ص685.

(3) د. ابراهيم محمد عبدالحليم، اثر العقود الإدارية بالنسبة للغير، دراسة مقارنة، رسالة دكتوراه مقدمة لكلية الحقوق، جامعة عين شمس، 1994، ص99، د. سليمان الطماوي، الاسس العامة للعقود الادارية، مصدر سابق، ص679 وما بعدها.

العامة، الأمر الذي يحقق الانسجام مع التطور الحادث في إدارة المرافق العامة الاقتصادية.

وبناء على ذلك يمكن القول بشأن مسؤولية المرفق تجاه المنتفعين انها تخضع دائما للقانون الخاص سواء في مجال المسؤولية العقدية - كما رأينا حالا - أو المسؤولية غير التعاقدية حتى ولو كان الضرر ناشئا عن أشغال عامة أو منشآت عامة[1]، على عكس ما هو مقرر عن المسؤولية بشأن الأضرار التي تقع على الغير من دون المنتفعين فإنها تخضع للقانون العام، إذا كانت هذه الأضرار نشأت عن وجود منشآت عامة أو تنفيذ أشغال عامة، أيا كانت طريقة إدارة المرفق العام[2].

وفي العراق، نظم القانون المدني العراقي موضوع التزام المرافق العامة في المواد (891 - 899)، لقد نصت الفقرة (1) من المادة 891 على ان " التزام المرافق العامة عقد الغرض منه إدارة مرفق عام ذي صفة اقتصادية ويكون هذا العقد بين الحكومة وبين فرد أو شركة يعهد إليها باستغلال المرفق مدة محددة من الزمن بمقتضى قانون ".

وعليه يجب التفرقة بين عقد الامتياز للمرفق العام والعقد بين ملتزم المرفق العام والمنتفع، فالأول هو عقد إداري يدخل في مباحث القانون الإداري، اما العقد الثاني فيدخل ضمن احكام القانون المدني[3].

ان الملتزم فردا كان أم شركة لا يعتبر من عمال الدولة، وانما هو من أشخاص القانون الخاص [4]، والعقود التي يبرمها مع المنتفع هي عقود من القانون

(1) د. محمد محمد عبد اللطيف، الاتجاهات المعاصرة في ادارة المرافق العامة الاقتصادية، مصدر سابق، ص115.

(2) المصدر السابق، ص116 وص 117.

(3) د. شابا توما منصور، المصدر السابق، ص239 وص240.

(4) المصدر السابق، ص240.

الخاص وبالآتي يكون مركز المنتفع في مواجهة المرفـق هـو مركـز تعاقـدي مـن مراكـز القانون الخاص.

الفرع الثالث

المركز القانوني لمستحقي الانتفاع بالمرفق العام الاقتصادي

مستحقو الانتفاع هم مجرد مرشحين للحصول على الخدمـة بمعنـى انـه لم يتقـرر لهم بعد الحصول عليها بصفة شخصية[1].

اما عن مركزهم القانوني فيختلف باختلاف طريقة إدارة المرفق العام الاقتصادي، ففيما يتعلق بالمرافق التي تدار بطريقة الريجي أو الاستغلال المباشر فان الرأي المتفق عليه فقها في فرنسا هو ان مستحق الانتفاع في مركز قانوني عام، أي مركز تنظيمي، لانه لا توجد أية صلة تربطه بالمرفق، فهو لم يرتبط بالمرفق بعـد ولكنـه يطالـب بالحصـول على المنفعة وفقا لما يقضي به قانون المرفق ونظامه[2].

اما بالنسبة للمرافق التي تـدار بطريقـة الامتيـاز فانـه نظـرا لوجـود عقـد امتيـاز بإدارة المرفق بين السلطة العامة والشركة صاحبة الامتياز فقد اختلف الفقه والقضاء في تحديد مركز مستحق الانتفاع[3].

لقد كان هناك اتجاه اقره مجلس الدولة الفرنسي يتلخص في حـق طالـب المنفعـة في الحصول على المنفعة المقررة في عقد الامتيـاز وكراسـة الشروط علـى أسـاس نظريـة الاشتراط لمصلحة الغير، وذلك على اعتبار ان السلطة العامة وهي تتعاقد مع الملتزم إنما تشترط مصلحة المنتفعين، وعلى ذلك يكـون حـق طالـب المنفعـة مسـتمدا مـن رابطـة تعاقدية[4].

---

(1) د. عزت فوزي حنا، المصدر السابق، ص264.

(2) د. محمد فؤاد مهنا، حقوق الافراد ازاء المرافق العامة، مصدر سابق، ص185.

(3) د. عزت فوزي حنا، المصدر السابق، ص265.

(4) د. عبدالعليم عبدالمجيد شرف، حدود انصراف اثر العقـد الإداري إلى الغـير، جامعـة القاهرة، كلية الحقوق، فرع بني سويف، 2004، ص115، ود. ابـراهيم محمـد علـي،=

غير ان الفقه والقضاء لاسيما في فرنسا قـد عـدل عـن الأخـذ بهـذه الفكـرة لان المنتفعين بالمرفق العـام لا يمكـن تحديـدهم مقـدما، ذلـك لان الإدارة وهـي تستطيع التدخل بتعديل أركان الالتزام في كل وقت تجعـل احتمال هـذا التحديـد عسـيرا ان لم يكن مستحيلا، هذا مـن ناحيـة وان قبـول المنتفعين لـدفع المقابـل المنصوص عليـه لا يجعل هـذا المقابل نهائيا لان الإدارة يمكنها ان تعدلـه مـن ناحيـة أخـرى واخيـرا ان المنتفعين يستطيعون مقاضاة الإدارة لا الملتزم وحده.

وليس هناك شك في ان كـل هـذه الأمـور تخـالف المتفـق عليـه بالنسـبة لنظريـة الاشتراط لمصلحة الغير المنصوص عليها في القانون المدني[1].

ولهذا يرجع الفقه الإداري الحديث[2] حق مستحقي الانتفاع في المطالبة بالخدمـة إلى الطبيعة الإدارية لعقد الامتياز خاصة والعقود الإدارية بصفة عامة، وبنـاء على ذلك فان لطالب المنفعة الحق في طلب تنفيذ شروط عقد الامتياز المقرر لصالحه، وان حقـه يعتبر حقا شخصيا مستمدا من عقد الامتياز، وعلى تفصيل سبق وان عرضنا له[3].

اما توجه القضاء في فرنسا فانه منذ قضية Dame Bertrand في سـنة 1962 فقـد اعتبر طالب المنفعة (المستحق للانتفاع) كالمنتفع في علاقته بالمرفق الاقتصادي في مركز تعاقدي يخضع لاحكام القانون الخاص شـأنه في ذلك شـأن أي عميـل لمشـروع تجـاري خاص[4].

أمـا في مصر، فقـد أخـذت بالمبـادئ نفسـها التـي اقرهـا مجلـس الدولـة الفرنسي، فمبدأ إلزام المتعهد بأداء الخدمة لكـل مـن اسـتوفى شروط الاسـتفادة

=   آثار العقود الإدارية، جامعة المنوفية، كلية الحقـوق، 1997، ص412 ومـا بعـدها، د. ابراهيم محمد عبدالحليم، المصدر السابق، ص98وص99.

(1) د. عبدالعليم عبدالمجيد شرف، المصدر السابق، ص115 وما بعدها.

(2) د. ابراهيم محمد عبدالحليم، المصدر السابق، ص102 وما بعدها.

(3) انظر ص   من الاطروحة.

(4) De laubadere : Traite elementaire de droit administratif 4em ed 1967,p.581.

منصوص عليها صراحه في القانون المدني⁽¹⁾ حيث تنص المادة (670) من القانون المدني على الآتي :

1- إذا كان ملتزم المرفق محتكرا له احتكارا قانونيا أو فعليا وجب عليه ان يحقق المساواة التامة بين عملائه سواء في الخدمات العامة أو في تقاضي الأجور.

2- ولا تحول المساواة دون ان تكون هناك معاملة خاصة تنطوي على تخفيض الأجور أو الإعفاء منها ان ينتفع بهذه المعاملة من يطلب ذلك فمن توافرت فيه شروط يعينها الملتزم بوجه عام ولكن المساواة تحرم على الملتزم ان يمنح أحد عملائه ميزات يرفض منحها للآخرين.

3- كل تمييز منح على خلاف ما تقضي به الفقرة السابقة يوجب على الملتزم ان يعوض الضرر الذي يصيب الغير من جراء ما يترتب على هذا التمييز من إخلال بالتوازن الطبيعي في المنافسة المشروعة.

ومما سبق يتضح انه يجوز لمستحق الانتفاع ان يستند إلى النص السابق للمطالبة بالاستفادة من خدمات المرفق المدار عن طريق الامتياز أمام القضاء المدني⁽²⁾، على انه يحال إلى محكمة القضاء الإداري كل ما يتعلق بعقد الامتياز ذاته كتفسير شروطه أو تقدير مدى انطباقها على حالة معينة إذا ما كان ذلك موضع نزاع أمام المحكمة القضائية، وبناء على ذلك يكون مستحق الانتفاع في ظل التشريع المصري في مركز قانوني سواء أكان المرفق يدار بطريقة الالتزام أم بالطريقة المباشرة وهذا مما لاشك فيه يعمل على حماية مستحقي الانتفاع في مواجهة الملتزم.

---

(1) د. يوسف فوزي حنا، المصدر السابق، ص566، ود. ابراهيم محمد عبدالحليم، المصدر السابق، ص103، ود. عبدالعليم عبدالمجيد شرف، المصدر السابق، ص123 –124.

(2) د. محمد محمد عبد اللطيف، الاتجاهات المعاصرة في إدارة المرافق العامة الاقتصادية، مصدر سابق، ص114-115، ود. ابراهيم محمد علي، المصدر السابق، ص422وص423.

وفي العراق جاءت المادة 893 في القانون المدني بنص مشابه لنص المـادة 670 مـن القانون المدني المصري، إذ جاء فيها ما يأتي :

1- على ملتزم المرفق ان يحقق المساواة التامة بـين عملائـه سـواء في الخـدمات أو في تقاضي الأجور.

2- ولا تحول المساواة دون ان تكون هناك معاملـة خاصـة تنطـوي علـى تخفيـض في الأجور أو إعفاء منها على ان ينتفع بهذه المعاملة من يطلب ذلـك ممـن تتـوافر فيه شروط يعينها الملتزم بوجه عام لكن المساواة تحرم على الملتزم ان يمـنح أحـد عملائه مميزات يرفض منحها للآخرين.

3- وكل تمييز لمصلحة أحد العملاء يوجب علـى الملتـزم ان يعـوض الضـرر الـذي قـد يصيب الغير من جراء ما يترتب على هذا التمييز من إخلال بالتوازن الطبيعي في المنافسة المشروعة.

ويتبين من هذه النصوص انه يحـق لمسـتحق الانتفـاع المطالبـة بالاسـتفادة مـن خدمات المرفق الاقتصادي الذي يدار بطريقة الالتزام[1].

وبناء على ذلك يكون مستحق الانتفـاع في ظل التشريـع العراقـي في مركـز قـانوني يستمد حقوقه من نصوص التشريع، وهي كفيلـة بحمايتـه في مواجهـة ملتـزم المرافـق العامـة الاقتصـادية هـذا مـن ناحيـة، أو في مواجهـة الإدارة عنـد توليهـا هـذه المرافـق بأسلوب الإدارة المباشرة من ناحية أخرى إذ لا تربطه أيـة رابطـة تعاقديـة مـع المرفـق الاقتصادي لذا فهو في مركز تنظيمي.

---

(1) السيد سامي حسن نجم الحمداني، أثر العقد الإداري بالنسبة إلى الغير، رسالة ماجستير مقدمـة إلى كلية الحقوق، جامعة الموصل، 2005، ص134.

الخاتمة

نبرز في خاتمة هذا البحث أهم النتائج والتوصيات التي توصلنا إليها وكما يلي :

أولا : النتائج

1- ان مبدأ قابلية قواعد المرافق العامة للتغيير والتطوير هو من المبادئ العامة للقانون، التي هي أحد مصادر المشروعية التي تشغل حسب رأي الأغلبية مكانة التشريع ولا تحتاج إلى نص يقررها، فهي ملزمة سواء للإدارة أو للمشرع.

2- ان القيد الوارد على التغيير والتطوير هو مراعاة مقتضيات المصلحة العامة، وهي كما بينا تختلف بحسب المكان والزمان والظروف المختلفة التي تمر بها كل دولة.

3- من الممكن ان يحدث انحراف من قبل المشرع عندما يقوم بتغيير أو تطوير القاعدة القانونية لغرض غير تحقيق المصلحة العامة وهذا ما يطلق عليه الفقه الانحراف التشريعي، وهو الذي لا يمكن رقابته قضائيا إلا من خلال الرقابة على دستورية القوانين بوساطة محكمة دستورية عليا.

4- الرقابة على الانحراف في استعمال السلطة فيما يتعلق باللوائح التنظيمية الخاصة بالمرافق العامة غير متواجدة في القضاء الإداري العراقي بسبب التحصين الضمني الذي أضفاه عليها القانون المرقم 106 لسنة 1989.

5- ان المرفق الاقتصادي هو مرفق عام أولاً ينطبق عليه القواعد الحاكمة للمرافق العامة وهو مرفق اقتصادي ثانيا ينطبق عليه النظام القانوني الخاص به.

6- لا توجد أية عقوبات على المتعهدين والأشخاص التي تدير المرافق الاقتصادية أو المشروعات الخاصة ذات النفع العام في حالة إيقافهم للعمل بطريقة تعطل أداء الخدمة العامة وانتظامها.

7-ان خصخصة المرافق العامة الاقتصادية لا تعد من وسائل إدارتها، فالخصخصة بمعناها القانوني هي نقل ملكية المرفق العام من القطاع العام إلى القطاع الخاص وهذا لا يتحقق في الإدارة الخاصة للمرافق العامة، وكذلك لا يتحقق في زيادة كفاءة إدارة وتشغيل المشروعات العامة من خلال الاعتماد على آليات السوق والتخلص من الترتيبات البيروقراطية.

8-ان خصخصة المرافق الاقتصادية في العراق بمعناها القانوني لم تتحقق في العراق إلا على نطاق ضيق وشملت بعض المعامل الصغيرة نسبيا ويرجع ذلك إلى ان دستور العراق الملغي كان يضع قيودا على حرية الدولة في تبني سياسة الخصخصة.

9-لا يوجد في العراق كما هو الحال في مصر تنظيم قانوني للخصخصة.

10-ان عقود البوت (B.O.T) هي التطور الحديث لعقد التزام المرافق العامة. وهي طريقة حديثة لادارة المرافق العامة الاقتصادية لم يعرفها النظام القانوني للمرافق العامة الاقتصادية في العراق علما انه من أنجع الطرائق في مجال تشييد وادارة مشروعات البنية الأساسية.

11-من أهم العقود التي لجئت إليها الحكومات في السنوات الأخيرة لادارة المرافق العامة الاقتصادية عقود الإيجار، وعقود مشاطرة الاستغلال، وعقود الإدارة والتي يعدها البعض من وسائل خصخصة المرافق العامة الاقتصادية بمعناها الواسع، في حين نعدها نحن من الطرائق الحديثة لادارة المرافق العامة الاقتصادية.

12-يعد أسلوب الترخيص من احدث طرائق الإدارة الخاصة للمرافق الاقتصادية الذي لجئت إليه العديد من الدول ومنها العراق في مجالات عديدة ومنها الهاتف الجوال.

13-ان أسلوب الريجي في إدارة المرافق العامة الاقتصادية في الوقت الحاضر اصبح لا طائل من ورائه لانه يتسم بالقيود الإدارية والروتين والبطء والمبالغة

في الحذر وتعدد اوجـه الرقابة، الأمـر الـذي أدى إلى عجـز الدولـة عـن مباشرة نشاطها الاقتصادي مما دفعها للاستعاضة عنه بطرائق أخرى.

14- على الرغم من ذيوع وسيلة المؤسسات العامة لادارة المرافق العامة الاقتصادية، إلا ان التطور الحادث في طرائق إدارة هذا النوع من المرافق تسبب في أزمة خطيـرة لهذه المؤسسات واخطر مظاهر هذه الأزمة هو انه اصبح جائزا لها تفويض إدارة المرفق التابع لها كليا أو جزئيا إلى القطاع الخـاص، وذلك عـن طريـق الالتـزام أو الإيجار، فان كانت هي مكلفة بالإدارة فكيف تفوض غيرها ؟ وما جدوى وجودها إذن ؟ من هنا يمكن القول بـأفول بعـض الأفكـار أو الـنظم الأساسـية في القانون الإداري ومنها فكرة المؤسسة أو الهيئة العامة. فهـذه التنظيمات لم تعد قـادرة على الاستمرار في إدارة المرافق العامة الاقتصادية في عالم تحرير الاقتصاد.

15- وكانت نتيجة فشل نظامي الاستغلال المباشر (الريجي) والمؤسسة العامـة في إدارة المرفق العام الاقتصادي هي اللجـوء المتزايد إلى نظـام الاقتصاد المختلط. ولعل تحويل بعض الهيئات أو المؤسسـات والوحدات التابعة لها إلى شركات اقتصاد مختلط كما في مصر أو إلى شركات عامة كما في العراق ما يثبت ذلك.

16- وأدى تطوير إدارة المرافق العامة الاقتصادية أيضا إلى إخضاع منازعات هذه المرافق للتحكيم الذي كان سبيلا نفذ منه القانون الخاص ليحكم أوضاعا كانت بـالأمس القريب خاضعة للقانون العام.

17- ومن أهم نتـائج تطـور طرائـق إدارة المرافـق العامـة الاقتصادية انحصـار تطبيـق القانون الإداري في هذا النوع من المرافق لحساب قواعد القانون الخاص فلقـد انحصر تطبيق القانون الإداري في حـالات محـدودة : القـرارات الخاصـة بتنظيم المرفق، مركز غير المنتفعين والقواعد الحاكمة للمرافق العامة.

18- ولعل من اخطر نتائج تطور طرائق إدارة المرافق العامة الاقتصادية هو التأثير المباشر والخطير على سلطة الإدارة في تعديل أو إنهاء بعض عقودها الإدارية بإرادتها المنفردة، فقد يشترط المستثمر المتعاقد مع الإدارة عليها بان لا تقوم بممارسة حقها في تعديل بعض بنود عقد البوت أو إنهاؤه بإرادتها المنفردة. هذا بلا شك تعطيل لمبدأ قابلية قواعد المرافق العامة الاقتصادية للتغيير والتطوير وهو أحد القواعد الأساسية الحاكمة للمرافق العامة.

19- **ان التطورات الراهنة للمرافق العامة الاقتصادية تضع القانون الإداري في مفترق طرق : هل يمكن ان يستعيد سلطانه ؟ أم يحاول الإبقاء على أطلاله؟ ان المستقبل وحده سوف يجيب على هذا السؤال، وان كانت المقدمات ـ كما عرضنا لها ـ لا تبعث على تفاؤل كبير.**

ثانيا : التوصيات

1- نقترح على المشرع العراقي ان يفرد نصا خاصا لعقاب المتعهدين وكل شخص له علاقة بعمل مرفق من المرافق العامة الاقتصادية أو مشروعا من المشروعات الخاصة ذات النفع العام إذا أوقفوا العمل بطريقة يتعطل معها أداء الخدمة العامة وانتظامها.

2- نطالب المشرع العراقي بان ينظم حق الإضراب بدلا من تحريمه

3- نقترح على المشرع العراقي أن يسن تشريع خاص بالخصخصة بدلا من قرارات مجلس قيادة الثورة الملغى والقوانين ذات العلاقة، مثل قانون بيع وإيجار أموال الدولة رقم 32 لسنة 1986، وكذلك قانون الشركات العامة المرقم 22 لسنة 1997 على ان يتضمن القانون المقترح جميع الأحكام القانونية الخاصة بعملية الخصخصة، فضلا عن تنظيمه عملية إعادة هيكلة المشروعات وتحديد الجهة المختصة بالإشراف على عملية

الخصخصة. وكذلك إجراءات تعيين الشركات العامة المطلوب خصخصتها واختيار وسيلة خصخصتها، ويسري هذا القانون أيضا على المرافق العامة الاقتصادية.

4- نقترح على المشرع والادارة في العراق اللجوء لنظام عقود البوت نظرا للامتيازات التي ينضوي عليها، وكذلك لحاجة العراق الملحة إلى مشروعات البنية الأساسية من كهرباء وماء وصرف صحي وغيرها من مشروعات الطرق والمواصلات. ونطالب في الوقت نفسه رجال الفقه وكذلك المؤسسات العلمية والإدارية تسليط الضوء على هذا النظام الجديد لابراز جوانبه المتعددة من خلال الندوات والمؤتمرات والبحوث العلمية بغية التعرف على تجارب الدول للاستفادة منها.

5- نقترح على المشرع والادارة في العراق اللجوء إلى عقود إدارة المرافق العامة الاقتصادية لصالح القطاع الخاص للاستفادة من إمكانية وأساليب عمله، ومن هذه العقود عقد الإيجار، وعقد مشاطرة الاستغلال، وعقد الإدارة.

6- نطالب المشرع العراقي إعادة النظر في شروط منح التراخيص في قطاع الهاتف النقال من حيث المدة ووضع ضوابط محددة لمنح التراخيص، وكذلك اللجوء إلى هذا النظام في مجال نقل البترول عن طريق خطوط الأنابيب أو توزيع الكهرباء وكذلك في مجال النقل.

7- نقترح على المشرع والادارة في العراق زيادة حالات الاعتماد على نظام الاقتصاد المختلط بغية إشراك القطاع الخاص في عملية تحقيق التنمية. وقد وضح هذا الاتجاه في فرنسا ومصر في قطاع التليفونات. وحبذا لو انتهج المشرع العراقي نفس النهج.

8- نقترح على المشرع العراقي ان يفرد قانونا خاصا بالتحكيم الداخلي والخارجي وفي كافة المواد المدنية والتجارية وكذلك الإدارية، على ان تنظم فيه إجراءات التحكيم، وضوابط إدراج الإدارة لمشارطة التحكيم ـ فقط دون شرط التحكيم ـ

في العقود الإدارية المبرمة مع الغير من أشخاص القانون الخاص على ان يحاط ذلك بضمانات من أهمها استحصال موافقة الـوزير المخـتص حصرا في كل حالـة لجوء إلى التحكيم الاختياري، أما ما يتعلق بالمنازعات الناشئة عن العقود الإدارية التي يبرمها المرفق العام الاقتصادي مـع أشـخاص القـانون العـام فيكون اللجوء للتحكيم بشأنها إختياريا.

والحمد لله رب العالمين

المصـادر

أولا : المصادر العربية

الكتـب :

1-د. إبراهيم طـه الفيـاض، العقـود الإداريـة، النظريـة العامـة وتطبيقاتها في القـانون الكويتي، ط1، مكتبة الفلاح، 1981.

ـ د. ابراهيم طه الفياض، القانون الإداري، مكتبة الفلاح، الكويت، 1981.

2-د. ابراهيم محمد علي، اثار العقـود الإداريـة، ط2، دار النهضـة العربيـة، القـاهرة، 2003.

3-د.ابو زيد رضوان، و حسام عيسى : شركـات المسـاهمة والقطاع العـام، بـلا دار نشر، 1976.

4-د. احمد ابو الوفـا، التحكيـم الاختيـاري والاجبـاري، الإسكندرية، منشـاة المعـارف، الإسكندرية، 1987.

5-د. احمد السيد الصاوي، التحكيم طبقا للقانون رقم 27لسنة 1954 وانظمة التحكيم الدولية، ط2، المؤسسة الفنية للطباعة والنشر، القاهرة، 2004.

6-د. احمـد حسـان الغنـدور، التحكـيم في العقـود الاداريـة للانشـاءات، دار النهضـة العربية، القاهرة، 1998.

7-د. أنور احمد رسلان، الوظيفة العامة، بلا دار نشر، 1994.

ـ د. أنور احمد رسلان، القانون الإداري، دار النهضة العربية، القاهرة، 1994.

8-د. احمد رشاد محمود سلام، عقد الانشاء والإدارة وتحويل الملكيـة B.O.T في مجـال العلاقات الدولية الخاصة، دار النهضة العربية، القاهرة، 2004.

9-د. احمد عباس عبد البديع، تدخل الدولة ومدى اتساع مجالات السلطة العامة، دار النهضة العربية، القاهرة، 1971.

10-د. احمد عبد الكريم سلامة، نظرية العقد الدولي الطليق، دار النهضة العربية، القاهرة، بلا سنة طبع.

11-د. احمد عشوش، و سعيد الصادق، المدخل للعلوم القانونية، مكتبة جبل، القاهرة، 2000.

12-د. احمد ماهر، دليل المدير في التخصصية، مركز التنمية الادارية، القاهرة، بلا سنة طبع.

13-د. احمد محرز، النظام القانوني للخصخصة، منشأة المعارف، الإسكندرية، 2003.

14-د. احمد يسري، الاحكام والمبادئ في قضاء مجلس الدولة الفرنسي، منشاة المعارف الإسكندرية، بلا سنة طبع.

15-د. ادم وهيب النداوي، المرافعات المدنية، جامعة بغداد، كلية القانون، 1988.

16-د. اكثم أمين الخولي، دراسات في قانون النشاط التجاري الحديث للدولة، مطبعة نهضة مصر، 1961.

17-د. ايهاب الدسوقي، التخصيصية والاصلاح الاقتصادي مع دراسة التجربة المصرية، دار النهضة العربية، القاهرة، 1995.

18-د. باسم محمد صالح، و عدنان احمد ولي العزاوي، القانون التجاري والشركات التجارية، وزارة التعليم العالي والبحث العلمي، بلا سنة طبع.

19-د. بكر القياني : الرقابة الادارية، مطبعة دار التاليف، القاهرة، 1978.

20-د. توفيق شحاتة، مبادئ القانون الإداري، ج1، بلا دار نشر، 1954.

21-د.ثروت بدوي، القانون الإداري، دار النهضة العربية، القاهرة، 2002.

22-د. ثروت حبيب، دراسة في قانون التجارة الدولية، بلا دار نشر، 1990.

23-د. جابر جاد نصار، التحكيم في العقود الادارية، ط1، دار النهضة العربية، القاهرة، 1997.

ـ د. جابر جاد نصار، المناقصات العامة في القانونين المصري والفرنسي والقانون النموذجي للامم المتحدة اليونسترال، دراسة مقارنة، ط2، دار النهضة العربية، القاهرة، 2002.

ـ د. جابر جاد نصار، عقد البوت B.O.T والتطور الحديث لعقد الالتزام، دراسة نقدية للنظرية التقليدية لعقد الالتزام، دار النهضة العربية، القاهرة، 2002.

24-د. جورجي شفيق ساري، التحكيم ومدى جواز اللجوء إليه لفض المنازعات في مجال العقود الادارية، دار النهضة العربية، القاهرة، 1991.

25-د. جيهان حسن سيد احمد، عقود البوت B.O.T وكيفية فض المنازعات الناشئة عنها، دار النهضة العربية، القاهرة، 2002.

26-حامد مصطفى، النظام القانوني للمؤسسات العامة والتأميم في القانون العراقي، بغداد، 1965.

27-د.حسني المصري، النظام القانوني للمشروعات العامة ذات المساهمة الدولية، ط2، بلا دار نشر، 1985.

ـ د.حسني المصري، نظرية المشروع العام وقانون شركات القطاع العام المصري، الطبعة الأولى، بلا دار نشر، 1979.

28-د.حسن كيره، اصول القانون، ط2، دار المعارف مصر، 1959-1960.

ـ د.حسن كيره، المدخل إلى القانون، منشاة المعارف، الإسكندرية، 1971.

29-د. حسن موسى، الموجز في الشركات التجارية، ط2، بغداد، 1975.

30-حمدي ياسين عكاشة، موسوعة القعود الإدارية الدولية، العقود الإدارية في التطبيق العملي، بلا دار نشر، بلا سنة طبع.

31-د.خميس السيد اسماعيل، الادارة الحديثة للمؤسسات والشركات العامة بمصر والدولة العربية وتجربة اشتراك العمال في الادارة، بلا دار نشر، 1988.

ـ د.خميس السيد اسماعيل، الأصول العامة والتطبيقات العملية للعقود الإدارية والتعويضات مع القواعد القانونية واحكام المحكمة الإدارية العليا وفتاوى الجمعية العمومية لقسمي الفتوى التشريع بمجلس الدولة والاحكام المدنية لمحكمة النقض، ط1، بلا دار نشر، 1994.

32-د. زين الدين بركات، مبادئ القانون الإداري السوري المقارن، دار الفكر العربي، القاهرة، 1972.

33-د.ربيع أنور فتح الباب، العلاقة بين السياسة والإدارة، دراسة مقارنة في النظم الوضعية والإسلام، دار النهضة العربية، القاهرة، 1994.

ـ د.ربيع أنور فتح الباب، المبادئ العامة في العقود الإدارية، دار النهضة العربية، القاهرة، 1997.

34-د. رفعت المحجوب، الاقتصاد السياسي، بلا دار نشر، 1964.

35-د.رفعت عبد الحليم الفاعوري، تجارب عربية في الخصخصة، صادر عن المنظمة العربية للتنمية الادارية، القاهرة، 2004، ص9.

36-د. رمزي الشاعر، و عبد العظيم عبد السلام، الوجيز في القانون الإداري، تنظيم النشاط الإداري، بلا دار نشر، 1993.

37-د. رمزي يكن، الخصخصة والاصلاح الاقتصادي بمصر، المجلة المصرية للتنمية والتخطيط، معهد التخطيط العربي، المجلد الثاني، العدد الأول، 1994.

38-د. زكريا احمد نصر، العلاقات الاقتصادية الدولية، مطبعة نهضة مصر، 1954.

39-د.سامي جمال الدين، اصول القانون الإداري، ج2، منشاة المعارف، الإسكندرية، 1996.

ـ د.سامي جمال الدين، تدرج القواعد القانونية ومبادئ الشريعة الاسلامية، منشاة المعارف الإسكندرية، بلا سنة طبع.

40-د. سامية راشد، التحكيم في العلاقات الدولية الخاصة : الكتاب الأول، اتفاق التحكيم، دار النهضة العربية، القاهرة، 1984.

41-د.سعاد الشرقاوي، الوجيز في القضاء الإداري، ج1، بلا دار نشر، 1981.

ـ د.سعاد الشرقاوي، القانون الإداري، النشاط الإداري، اعمال الادارة، وسائل الادارة، دار النهضة العربية، القاهرة، 1983.

ـ د.سعاد الشرقاوي، القانون الإداري، النهضة العربية، القاهرة، 1984.

ـ د.سعاد الشرقاوي، القانون الإداري، دار النهضة العربية، القاهرة، 1996.

ـ د.سعاد الشرقاوي، العقود الادارية، دار النهضة العربية، القاهرة، 1999.

42-د. سعيد عبد المنعم الحكيم، الرقابة على اعمال الادارة في الشريعة الاسلامية والنظم الوضعية، ط2، دار الفكر العربي، القاهرة، 1987.

43-د.سليمان الطماوي، القانون الإداري، الكتاب الثاني، نظرية المرافق العامة، دار الفكر العربي، القاهرة، 1973.

ـ د.سليمان الطماوي، القضاء الإداري، الكتاب الأول، دار الفكر العربي، القاهرة، 1976.

ـ د.سليمان الطماوي، الوجيز في القانون الإداري، دار الفكر العربي، القاهرة، 1978.

ـ د.سليمان الطماوي، نظرية التعسف في استعمال السلطة (الانحراف بالسلطة)، دراسة مقارنة، ط2، مطبعة جامعة عين شمس، القاهرة، 1978.

ـ د.سليمان الطماوي، القانون الإداري، الكتاب الثاني، نظرية المرافق العامة، دار الفكر العربي، القاهرة، 1979.

ـ د. سليمان الطماوي، الوجيز في القانون الإداري، دار الفكر العربي، القاهرة، 1981.

ـ د. سليمان الطماوي، الأسس العامة للعقود الإدارية، دراسة مقارنة، ط4، دار الفكر العربي، القاهرة، 1984.

ـ د. سليمان الطماوي، مبادئ القانون الإداري، دراسة مقارنة، الكتاب الثاني، نظرية المرافق العامة وعمال الادارة العامة، ط5 ،دار الفكر العربي،القاهرة ،1984.

44-د.سمير تناغو، مبادئ القانون، بلا دار نشر، 1980.

45-د.شابا توما منصور، القانون الإداري، دراسة مقارنة، الجزء الأول، الطبعة الثانية، مطبعة سلمان الاعظمي، بغداد، 1975.

46-د. صبيح مسكوني، تاريخ القانون العراقي القديم، ط1، بغداد، 1971.

47-د.صلاح الدين فوزي، المبادئ العامة غير المكتوبة في القانون الإداري، دراسة مقارنة، دار النهضة العربية، القاهرة، 1998.

48-د.صوفي ابو طالب، مبادئ تاريخ القانون، دار النهضة العربية، القاهرة، 1967.

49-د.طعيمة الجرف، القانون الإداري، مكتبة القاهرة الحديثة، القاهرة، 1963.

ـ د.طعيمة الجرف، القانون الإداري، دراسة مقارنة في تنظيم ونشاط الادارة العامة، بلا دار نشر، 1964.

ـ د.طعيمة الجرف، القانون الإداري، بلا دار نشر، 1978.

50-د.عباس العبودي، شرح احكام قانون المرافعات المدنية، دراسة مقارنة ومعززة بالتطبيقات القضائية، جامعة الموصل، 2000.

51-د. عبد الحكيم عثمان، دروس في قانون هيئات القطاع العام، ط3، دار الثقافة الجامعية، 1989.

52-د. عبد الحميد الشاوي : التحكيم والتصالح في التشريعات المختلفة في ضوء الفقه والقضاء، منشاة المعارف، الإسكندرية، 1996.

53-د.عبد الحميد فودة، تطور القانون، ط1، دار النهضة العربية، القاهرة، 2003.

54-د.عبد الحميد كمال حشيش، دراسات في الوظيفة العامة في النظام الفرنسي، المنظمة العربية للعلوم الادارية، القاهرة، 1974.

55-د.عبد الرحمن نورجان الايوبي، القضاء الإداري في العراق حاضره ومستقبله، دار مطابع الشعب، بغداد، 1965.

56-د.عبد الرزاق احمد السنهوري، و احمد حشمت ابو ستيت، اصول القانون، المدخل لدراسة القانون، مطبعة لجنة التأليف والترجمة والنشر، القاهرة، 1950.

57-د. عبد السلام الترمانيني، الوسيط في القانون والنظم القانونية، مطبعة جامعة الكويت، 1982.

58-د.عبد العزيز عبد المنعم خليفة، الأسس العامة للعقود الإدارية، دار النهضة العربية، القاهرة، 2004.

59-د.عبد العظيم عبد السلام، اثر فعل الأمير على تنفيذ العقد الإداري، مكتبة الولاء للطباعة والنشر، شبين الكوم، 1989.

ـ د.عبد العظيم عبد السلام، اثر الظروف الطارئة، الصعوبات المادية التي تطرأ على تنفيذ العقد، بلا دار نشر، 1999.

ـ د.عبد العظيم عبد السلام عبد الحميد، و عيد احمد الغفلول، القانون الإداري، النشاط الإداري، دار النهضة العربية، القاهرة، 2002-2003.

60-د. عبد العليم عبد المجيد شرف، حدود انصراف اثر العقد الإداري إلى الغير، جامعة القاهرة كلية الحقوق، فرع بن سويف، 2004.

61-د. عبد الفتاح العدوي، الديمقراطية وفكرة الدولة، القاهرة، 1964.

62- د.عبد المنعم محفوظ، الوجيز في القانون الإداري، الكتاب الثاني، النشاط الإداري، ط1، بلا دار نشر، بلا سنة طبع.

63- د. عبد الوهاب حمدي النجار، دراسة عن البدايات الأولى لتكوين المصرف الصناعي للفترة (1935-1945) بمناسبة اليوبيل الذهبي للمصرف، المؤسسة العامة للتنمية الصناعية، 1985، ص1،ص6.

64- د.عثمان خليل، القانون الإداري، ط2، 1950-1951.

ـ د.عثمان خليل، الوجيز في القانون الإداري، نظرية المرافق العامة، ط1، بلا دار نشر، 1957.

65- د.عزيزة الشريف، التحكيم الإداري في القانون المصري، دار النهضة العربية، القاهرة، 1993،1992.

66- د. عصام عبدالوهاب البرزنجي، السلطة التقديرية للادارة والرقابة القضائية، دار النهضة العربية، القاهرة، 1971.

67- د.عصمت عبد الله الشيخ، التحكيم في العقود الادارية ذات الطابع الدولي، دار النهضة العربية، القاهرة، 2003.

68- د.علي البارودي، في سبيل نظام قانوني موحد للمشروع التجاري العام، المكتب المصري الحديث، للطباعة والنشر، الإسكندرية، بلا سنة طبع.

69- علي بدوي، ابحاث التاريخ العام للقانون، ج1، تاريخ الشرائع، ط3، بلا دار نشر، 1947.

70- د.علي حسن يونس، القانون التجاري، الاعمال التجارية والتجارة، بلا دار نشر 1959، القاهرة، 1967.

ـــ د.علي حسن يونس، النظام القانوني للقطاع الخاص والقطاع العام في الشركات والمؤسسات، دار الفكر العربي، القاهرة، 1976.

71-د.علي لطفي، التنمية الاقتصادية، مكتبة عين شمس، القاهرة، 1979.

72-د. علي محمد بدير، و عصام عبد الوهاب البرزنجي، و مهدي ياسين السلامي، مبادئ واحكام القانون الإداري، مطبعة جامعة بغداد، 1993.

73-د.غريب الجمال، القطاع العام، ط1، مطبعة يوسف، القاهرة، 1965.

74-د.فؤاد العطار، القانون الإداري، ج1، بلا دار نشر، 1976.

ـ د.فؤاد العطار، القانون الإداري، دار النهضة العربية، القاهرة، 1972.

ـ د.فؤاد العطار، دراسة مقارنة لاصول النظام الإداري، بلا دار نشر، بلا سنة طبع.

75-د. فاروق احمد خماس، الرقابة على اعمال الادارة، جامعة الموصل، بلا دار نشر.

ـ د. فاروق احمد خماس، والسيد محمد عبد الله الدليمي، الوجيز في النظرية العامة للعقود الإدارية، جامعة الموصل، 1992.

76-د.فوزي محمد سامي : التحكيم التجاري الدولي، جامعة بغداد، 1992.

77-كاثلين ام لانكي، تصنيع الطرق، بغداد، 1963.

78-كامل عبد الحسين البلداوي، الشركات التجارية في القانون العراقي، جامعة الموصل، 1990.

79-لورد دينيس، فكرة القانون، تعريب الاستاذ سليم الصويص ومراجعة الاستاذ سليم بسيسو، سلسلة عالم المعرفة، العدد 47، نوفمبر، 1981.

80-د.ماجد راغب الحلو، القانون الإداري، منشاة المعارف، الإسكندرية، 1982.

81-د. ماهر جبر نصر : الأصول العامة للقانون الإداري، الكتاب الأول، مطبعة الجلاء الجديدة، المنصورة، 20010-2002.

82-د.ماهر صالح علاوي، القانون الإداري، جامعة الموصل، 1989.

ـ د.ماهر صالح علاوي، مبادئ القانون الإداري، دراسة مقارنة، وزارة التعليم العالي والبحث العلمي، 1996.

83-د. مجدي المتولي، فتاوى واحكام مجلس الدولة بشان نظام العاملين بالدولة والكادرات الخاصة وقطاع الأعمال، دار النهضة العربية، القاهرة، 1996.

84-د. محسن احمد الخضري، الخصخصة، مكتبة الانجلو المصرية، القاهرة، 1993.

85-د.محسن خليل، و سعد عصفور، القضاء الإداري، بلا دار نشر، 1977.

86-د. محمد المتولي، الاتجاهات الحديثة في خصخصة المرافق العامة الاقتصادية، دار النهضة العربية، القاهرة، 2004.

87-د.محمد انس قاسم، الوسيط في القانون العام، أسس واصول القانون الاداري، بلا دار نشر، 1984، 1985.

88-د. محمد بهجت قايد، اقامة المشروعات الاستثمارية وفقا لنظام البناء والتشغيل ونقل الملكية، نظام البوت، دار النهضة العربية، 1997.

89-د. محمد حسنين عبد العال، الحريات السياسية للموظف العام، ط1، بلا دار نشر، 1981.

90-د. محمد رفعت عبد الوهاب، وعاصم احمد عجيلة، اصول القانون الاداري، مطبعة نهضة مصر، القاهرة، 1984.

91-د.محمد سعيد حسين امين، المبادئ العامة في تنفيذ العقود الإدارية وتطبيقاتها، دراسة مقارنة، دار الثقافة الجامعية، القاهرة، 1995.

ـ د.محمد سعيد حسين امين، العقود الادارية، دار الثقافة الجامعية، 1999.

92-د.محسن شفيق، التحكيم التجاري الدولي، دار النهضة العربية، القاهرة، 1989.

ـ د.محسن شفيق، الموجز في القانون التجاري، ج1، بلا دار نشر، 1976.

93-محمد صبري بن اونج، الخصخصة، تحويل الملكية العامة إلى القطاع الخاص في ضوء الشريعة الاسلامية، ط1، دار النفائس، الاردن، 2000.

94-د.محمد عبد الحميد ابو زيد، المطول في القانون الاداري، دراسة مقارنة، دار النهضة العربية، 1996-1997.

95-د. محمد عبد الحميد رضوان : الطابع القضائي للقانون الإداري، بلا دار نشر، بلا سنة طبع.

96-د.محمد عبد العال السناري، مبادئ واحكام العقود الإدارية مجال التطوير والتطبيق، دار النهضة العربية، القاهرة، بلا سنة طبع.

ـ د.محمد عبد العال السناري، مجلس الدولة والرقابة القضائية على اعمال الادارة في جمهورية مصر العربية، مطبعة الاسراء، القاهرة، 2002-2003.

97-د. محمد عبد العزيز بكر، اثر شرط التحكيم على المفهوم المتفرد للعقد الإداري، ط1، دار النهضة العربية، القاهرة، 2001.

98-د. محمد عبد المجيد مغربي، الوجيز في تاريخ القوانين، بيروت، 1979.

99-د.محمد علي عرفه، مبادئ العامة القانونية، الطبعة الثانية، مكتبة النهضة المصرية، القاهرة، 1951.

100-د.محمد فؤاد مهنا، القانون الإداري، ط1، بلا دار نشر، 1981.

ـ د.محمد فؤاد مهنا، القانون الإداري العربي في ظل النظام القطاع الاشتراكي الديمقراطي التعاوني، القاهرة، 1963-1964.

ـ د.محمد فؤاد مهنا، مبادئ واحكام القانون الإداري في ظل الاتجاهات الحديثة، دراسة مقارنة، منشاة المعارف، الإسكندرية، بلا سنة طبع.

101-د. محمد كاظم العطار، نحو قانون مدني عربي، في ضوء الايدلوجية العربية الثورية، دار الحرية للطباعة، بغداد، 1978.

102-د.محمد كامل ليلة، مبادئ القانون الإداري، ج1، مقدمة القانون الإداري، بلا دار نشر، 1968-1969.

103-د. محمد ماهر ابو العينين، الانحراف التشريعي والرقابة على دستوريته، دراسة تطبيقية، دار النهضة العربية، القاهرة، 1987.

104-د.محمد محمد عبد اللطيف، الاتجاهات المعاصرة في إدارة المرافق العامة الاقتصادية، دار النهضة العربية، القاهرة، 2000.

ــ د.محمـد محمـد عبـد اللطيـف، النظـام الدسـتوري للخصخصـة، دار النهضـة العربية، القاهرة، 2000.

ــ د.محمـد محمـد عبـد اللطيـف، تفـويض المرفـق العـام، دار النهضـة العربيـة، القاهرة، 2000.

105-د. محمد محمود الامـام، محـددات الاداء الاقتصـادي لكـل مـن القطـاعين العـام والخاص في الوطن العربي، مركز دراسـات الوحدة العربيـة والصـندوق العربـي للانماء الاقتصادي والاجتماعي، بيروت، 1990.

106-د.محمد محمود حـافظ، نظريـة المرافـق العامـة، دار النهضـة العربيـة، القـاهرة، 1982.

107-د.محمد مرغني خيري، القانون الإداري المغربي، ط3، مكتبة الطالب، القاهرة، بلا سنة طبع.

108-د. محمـود ابـو السـعود حبيـب، التنظيـم الإداري، دراسـة نظريـة وتطبيقـه، دار الثقافة الجامعية، الإسكندرية، 1992.

109-د.محمود حافظ، القضاء الإداري، بلا دار نشر، 1979.

110-د.محمود حلمي، العقد الإداري، ط1، بلا دار نشر، 1974.

111-د.محمود مختار احمد بربري، التحكيم التجاري الدولي، ط3، دار النهضة العربية، القاهرة، 2004.

112-د.مصطفى ابو زيد، الوجيز في القانون الإداري، ج1، نظرية المرافق العامة، بلا دار نشر، 1957.

113-د. مصطفى عبد المقصود سليم، التكييف القانوني لعقود شركات الاقتصاد المختلط في مجال الاشغال العامة، دار النهضة العربية، القاهرة، 1995.

114-د.مصطفى محمد الجمـال، و عكاشـة محمـد عبـد العـال، التحكيـم في العلاقـات الخاصة الدولية والداخلية، بلا دار نشر، 1998.

115-د. منير محمود الوتري، العقود الإدارية وانماطها التطبيقية ضمن اطار التحولات الاشتراكية، ج1، العقود الإدارية، مطبعة بغداد، 1979.

116-هارولد لاسكي، مدخل إلى علم السياسة، ترجمة عزالدين محمد حسن، مؤسسة سجل العرب، القاهرة، 1968.

117-د. هشام صادق، القانون الواجب التطبيق على عقود التجارة الدولية، منشأة المعارف، الإسكندرية، 1995.

118-د. وحيد رأفت، مذكرات في القانون الإداري، بلا دار نشر، 1938.

119-د.وصفي كمال طه، الوجيز في القانون التجاري، منشاة المعارف، الإسكندرية، 1974.

120-ياسر عبد السلام منصور، دراسة نقدية لقانون التحكيم المصري، ط1، دار النهضة العربية، القاهرة، 2002.

ب : الرسائل والأطاريح :

1-د. ابراهيم الشهاوي، عقد امتياز المرفق العام، رسالة دكتوراه مقدمة إلى كلية الحقوق، جامعة عين شمس، 2003.

2-د. ابراهيم محمد عبد الحليم، اثر العقود الإدارية بالنسبة للغير، دراسة مقارنة ،رسالة دكتوراه مقدمة إلى كلية الحقوق، جامعة عين شمس، 1994.

3-د. احمد عثمان عياد، مظاهر السلطة العامة في العقود الإدارية، رسالة دكتوراه، دار النهضة العربية، القاهرة، 1973.

4-د. احمد مدحت، نظرية الظروف الاستثنائية، دراسة مقارنة في فرنسا ومصر، رسالة دكتوراه مقدمة إلى كلية الحقوق، جامعة القاهرة، 1977.

5-د.اميرة صدقي، النظام القانوني للمشروع العام، رسالة دكتوراه مقدمة إلى كلية الحقوق، جامعة القاهرة، 1971.

6-د.أنور مصطفى الاهواني : رئيس الدولة في النظام الديمقراطي، رسالة دكتوراه مقدمة إلى كلية الحقوق، جامعة القاهرة، 1945.

7-د. ثورية لعيوني، معيار العقد الإداري، دراسة مقارنة، رسالة دكتوراه مقدمة إلى كلية الحقوق، جامعة عين شمس، 1987.

8-د. جودت الملط، المسئولية التأديبية للموظف العام، رسالة دكتوراه مقدمة إلى كلية الحقوق، جامعة القاهرة، 1976.

9-د.حاتم علي لبيب جبر، في نظرية الخطأ المرفقي، دراسة مقارنة، رسالة دكتوراه مقدمة إلى كلية الحقوق، جامعة القاهرة، 1968.

10-د. حسني درويش، نهاية القرار الإداري عن غير طريق القضاء، رسالة دكتوراه مقدمة إلى كلية الحقوق، جامعة عين شمس، 1981.

11-حسن محمد علي حسن البنان، تحصين بعض القرارات الإدارية من رقابة القضاء، دراسة مقارنة، رسالة ماجستير مقدمة إلى كلية القانون، جامعة الموصل، 2001.

12-د. حمدي عبد الاله احمد، المركز القانوني للعاملين بالقطاع العام وقطاع الأعمال العام، دراسة مقارنة، رسالة دكتوراه مقدمة إلى كلية الحقوق، جامعة عين شمس، 1994.

13-خالد بن محمد عبد الله العطية، النظام القانوني لعقود التشييد والتشغيل ونقل الملكية، رسالة ماجستير مقدمة إلى كلية الحقوق، جامعة القاهرة، دون سنة .

14-خالد مرموصي خلف، سلطة الادارة في تعديل العقود الإدارية بارادتها المنفردة، رسالة ماجستير مقدمة إلى معهد البحوث والدراسات العربية، 1987.

15-خضر عكوبي يوسف، موقف القضاء العراقي من الرقابة على القرار الإداري، رسالة ماجستير، كلية القانون، جامعة بغداد، مطبعة الحوادث، بغداد، 1976.

16-د. خضر علي جبالي، المسئولية عن القوانين، دراسة مقارنة ،رسالة دكتوراه مقدمة إلى كلية الحقوق، جامعة عين شمس، 1987.

17-د. زكي محمد محمد النجار، نظرية البطلان في العقود الإدارية، دراسة مقارنة، رسالة دكتوراه مقدمة إلى كلية الحقوق، جامعة عين شمس، 1981.

18-سامي حسن نجم الدين، اثر العقد الإداري بالنسبة إلى الغير، رسالة ماجستير مقدمة إلى كلية القانون، جامعة الموصل، 2005.

19-د. سراج حسين محمد ابو زيد، التحكيم في عقود البترول، رسالة دكتوراه مقدمة إلى كلية الحقوق، جامعة القاهرة، 1998.

20-د.سعد العلوش، نظرية المؤسسة العامة وتطبيقها في التشريع العراقي، رسالة دكتوراه مقدمة إلى كلية الحقوق، جامعة القاهرة، 1968.

21-د.سعيد يحيى، الرقابة على القطاع العام ومدى تأثيرها على استقلاله، دراسة مقارنة، رسالة دكتوراه مقدمة إلى كلية الحقوق، جامعة الإسكندرية، 1969.

22-السلال سعيد جمعة الهويدي، سلطة الادارة في انهاء العقد الإداري بالارادة المنفردة، دراسة نظرية وتطبيقية مقارنة في الامارات العربية المتحدة والدول الاجنبية، رسالة ماجستير مقدمة إلى كلية الحقوق، جامعة طنطا، 1994.

23-د. شمس مرغني، التحكيم في منازعات المشروع العام، رسالة دكتوراه مقدمة إلى كلية الحقوق، جامعة القاهرة، 1973.

24-د. صالح إبراهيم المتيوتي، رقابة القضاء على مخالفة القانون في القرار الإداري، دراسة مقارنة، اطروحة دكتوراه مقدمة إلى كلية القانون، جامعة الموصل، 2000.

25-د. صلاح يوسف عبد العليم، اثر القضاء الإداري على النشاط الإداري للدولة، رسالة دكتوراه مقدمة إلى كلية الحقوق، جامعة عين شمس، 2000.

26-د. عاطف نصر مسلمي، نظرية الاوضاع الظاهرة في القانون الإداري ،رسالة دكتوراه مقدمة إلى كلية الحقوق، جامعة عين شمس، دون سنة.

27-د. عبد الامير علي موسى، النظام القانوني للترخيص أو الاجازة في التشريع العراقي، رسالة ماجستير مقدمة إلى كلية القانون، جامعة بغداد، 1983.

28-د. عبد الجبار ناجي صالح، انقضاء عقد المقاولة، رسالة دكتوراه مقدمة إلى كلية القانون والسياسة، جامعة بغداد، 1979.

29-عبد الحميد عبد المهدي، اثر تغير الوقائع في مشروعية القرار الإداري، رسالة ماجستير مقدمة إلى كلية القانون، جامعة الموصل، 1997.

30-د. عبد الرحيم محمد سعيد، النظام القانوني لعقود البترول، رسالة دكتوراه مقدمة إلى كلية القانون، جامعة القاهرة، 2002.

31-د. عبد الفتاح صبري ابو الليل، اساليب التعاقد الإداري بين النظرية والتطبيق، دراسة مقارنة ،رسالة دكتوراه مقدمة إلى كلية الحقوق، جامعة طنطا، 1993.

32-د. عبد القادر الطورة، قواعد التحكيم في منازعات العمل الجماعية، دراسة مقارنة، رسالة دكتوراه مقدمة إلى كلية الحقوق، جامعة القاهرة، 1988.

33-د. عزت فوزي حنا، المرفق العام الاقتصادي، دراسة مقارنة، رسالة دكتوراه مقدمة لكلية الحقوق، جامعة عين شمس، 1992.

34-د. علي السيد الباز، الرقابة على دستورية القوانين في جمهورية مصر العربية ،رسالة دكتوراه مقدمة إلى كلية الحقوق، جامعة الإسكندرية، 1978.

35-د. علي جمعة محارب، التأديب الإداري في الوظيفة العامة، رسالة دكتوراه مقدمة إلى كلية الحقوق، جامعة عين شمس، 1986.

36-د. علي عبدالعزيز الفحام، سلطة الادارة في تعديل العقد الإداري ،رسالة دكتوراه مقدمة إلى كلية الحقوق، جامعة عين شمس، 1975.

37-د. فؤاد عبدالمنعم احمد، مبدأ المساواة في الاسلام، رسالة دكتوراه مقدمة إلى كلية الحقوق، جامعة الإسكندرية، 1972.

38-د. فواز خالد عبد العزيز المختار، المؤسسة العامة وتطور نظامها القانوني في التشريع العراقي، رسالة ماجستير مقدمة إلى كلية القانون، جامعة الموصل، 1996.

39-د. كمال ابو سريع، تنظيم هيئات الادارة لشركات القطاع العام، رسالة دكتوراه مقدمة إلى كلية الحقوق، جامعة القاهرة، بدون سنة.

40-د. مجدي دسوقي محمود حسين، المبادئ العامة للقانون والمشروعية الداخلية للقرار، رسالة دكتوراه مقدمة لكلية الحقوق، جامعة القاهرة، بلا سنة طبع.

41-د. مجدي عز الدين يوسف : الاساس القانوني لنظرية الموظف الفعلي ،رسالة دكتوراه مقدمة إلى كلية الحقوق، جامعة عين شمس، 1987.

42-د. محمد الطيب عبد اللطيف، نظام الترخيص والاخطار في القانون المصري، رسالة دكتوراه مقدمة إلى كلية الحقوق، جامعة القاهرة، 1957.

43-د. محمد المتولي السيد، مبدأ المساواة امام المرافق العامة بالتطبيق على توزيع الخدمات الصحية في مصر، رسالة دكتوراه مقدمة إلى كلية الحقوق، جامعة عين شمس، 1997.

44-د.محمد سعيد حسين امين، الاسس العامة لالتزامات وحقوق المتعاقد مع الادارة في تنفيذ العقد الإداري، رسالة دكتوراه مقدمة إلى كلية الحقوق، جامعة عين شمس، 1983.

45- د. محمد صلاح عبدالبديع، سلطة الادارة في انهاء العقد الإداري، دراسة مقارنة، رسالة دكتوراه، جامعة الزقازيق، 1993.

46- د. محمد عبد الحميد ابو زيد، مبدأ دوام سير المرافق العامة، رسالة دكتوراه مقدمة إلى كلية الحقوق، جامعة عين شمس، 1975.

47- د. محمد عبد الله الدليمي، سلطة الادارة في انهاء عقودها الإدارية، رسالة ماجستير مقدمة إلى كلية القانون والسياسة، جامعة بغداد، 1983.

48- د. محمد علي ابو عمارة، النظام القانوني للمرافق العامة في قطاع غزة، دراسة تطبيقية لنظام الادارة العامة المحلية والتعليم العالي، رسالة دكتوراه مقدمة إلى كلية الحقوق، جامعة عين شمس، 1991.

49- د. محمد علي عبد المولى، الظروف التي تطرأ اثناء تنفيذ العقد، رسالة دكتوراه مقدمة إلى كلية الحقوق، جامعة عين شمس، 1991.

50- د. محمد فاروق عبد الحميد، المركز القانوني للمال العام في مصر في ظل التطبيق الاشتراكي، رسالة دكتوراه مقدمة إلى كلية الحقوق، جامعة عين شمس، 1983.

51- د. محمد كامل ليلة، نظرية التنفيذ المباشر، رسالة دكتوراه مقدمة إلى كلية الحقوق، جامعة القاهرة، 1959.

52- د. مصطفى سالم النجفي، المساواة ودورها في تولي الوظائف العامة، دراسة مقارنة، رسالة دكتوراه مقدمة إلى كلية القانون، جامعة الموصل، 2005.

53- د. منير شلبي، المرفق المحلي، دراسة مقارنة، رسالة دكتوراه مقدمة إلى كلية الحقوق، جامعة عين شمس، 1977.

54- د. مهند ابراهيم علي فندي الجبوري، النظام القانوني للتحول إلى القطاع الخاص، أطروحة دكتوراه مقدمة إلى كلية القانون، جامعة الموصل، 2002.

55- د. ناصف اهام هلال، اضراب العاملين بالدولة بين الاجازة والتحريم، رسالة دكتوراه مقدمة إلى كلية الحقوق، جامعة عين شمس، بدون سنة.

56- نزار صديق الياس القهوجي، انتاجية القطاع الصناعي المختلط في العراق والعوامل المؤثرة فيها للفترة 1980 – 1990، دراسة تحليلية، رسالة ماجستير مقدمة إلى كلية الادارة والاقتصاد، جامعة الموصل، 1993.

57- د. نعم احمد محمد الدوري، القرارات التنظيمية في مجال الضبط الإداري ورقابة القضاء عليها، دراسة مقارنة، أطروحة دكتوراه مقدمة إلى كلية القانون، جامعة الموصل، 2003.

58- د. وسام صبار عبد الرحمن، الاختصاص التشريعي للادارة في الظروف العادية، دراسة مقارنة، أطروحة دكتوراه مقدمة إلى كلية الحقوق، جامعة بغداد، 1994.

ج : البحوث والمقالات

1- د. ابراهيم علي حسن، تأملات في اختصاص التحكيم بمنازعات الدولة، مجلة هيئة قضايا الدولة، مستخرج العدد الثاني، السنة الحادية والأربعون، ابريل، يونيو، 1997.

2- د. احمد جمال الدين موسى، فنون الخصخصة، مجلة البحوث القانونية والاقتصادية، الصادرة عن كلية الحقوق، جامعة المنصورة، العدد 12، اكتوبر، 1992.

3- د. احمد جمال الدين موسى، قضية الخصخصة، دراسة تحليلية، مجلة البحوث القانونية والاقتصادية الصادرة عن كلية الحقوق، جامعة المنصورة، العدد الثالث عشر، ابريل، 1993.

4- احمد رشيد، خصخصة الخدمات الحكومية، المنظمة العربية للتنمية الإدارية، القاهرة، 1998.

5-د. احمد رشيد، ظهور القطاع العام في الجمهورية العربية المتحـدة، مجلـة القانون والاقتصاد، السنة السابعة والثلاثون، العدد الثاني، يوليو، 1967.

6-د. احمـد شرف الـدين، التحـولات الاقتصادية للقانـون، مجلـة العلـوم القانونيـة والاقتصادية، العدد الأول والثاني، يناير ويوليو، 1986.

7-د. احمد عبد الخالق، التحـول مـن القطاع العـام إلى القطاع الخاص، بـين التنظير والواقع مع رؤية مستقبلية، مجلة روح القوانين، كلية الحقـوق، جامعـة طنطا، العدد التاسع، يناير، 1993.

8-د. اسماعيل صبري عبدالله، الاطار النظري للمشكلة التنظيميـة في القطاع العـام، مجلة مصر المعاصرة، السنة الثامنة والخمسون، العدد 330، اكتوبر 1967.

9-د. اكثم أمين الخولي، اثر الصفة التجارية للمشروع العام على طبيعته العامـة، مجلـة إدارة قضايا الحكومة (الدولة) السنة الثالثة، العدد الثالث، يوليو، سبتمبر، 1959.

10-د. اكثم أمين الخولي، المشروع العام وشبه العـام في القانون المصري، مجلـة العلـوم القانونية والاقتصادية، العدد الأول، يناير، 1960.

11-د. اكثم أمين الخولي : الاتجاهات الحديثة في قانون التحكيم المصري الجديد، بحـث مقدم لمؤتمر القاهرة الاقليم للتحكيم التجاري الـدولي، 12-13، سبتمبر، ايلـول، 1994.

12-د. السيد صبري، المركز القانوني لموظفي المؤسسـات العامـة ذات الصبغة التجاريـة والصناعية، تعليق عـلى حكـم المحكمـة الإداريـة العليا الصـادر في 1958/2/22، طعن 947 لسنة 4ق، مجلة مجلس الدولة س 11، سنة 1962.

13-د. أنـور أحمـد رسـلان، نظريـة الصعوبات الماديـة غـير المتوقعـة، مجلـة القـانون والاقتصاد، العددان الثالث والرابع من السنة الثامنة والاربعون.

14-د.توفيق شحاتة، مظهر من مظاهر تدخل الدولة في الميدان الاقتصادي، المرافق العامة الاقتصادية، مجلة الحقوق، السنة الثالثة، العدد الأول، يناير،1948.

15-د.ثروت انيس الاسيوطي، المنهج القانوني بين الراسمالية والاشتراكية، مجلة مصر المعاصرة، السنة التاسعة والخمسون، العدد 333 يوليو، 1968.

16-د.جلال امين، الديون الاجنبية وازمة مصر الاقتصادية، بحث مقدم إلى مؤتمر بناء مصر الاقتصادي، مجلة المحاماة المصرية، العدد التاسع والعاشر، 1983.

17-د.جمال ابو العيد، مصادر الشرعية، مجلة المحاماة، السنة 59، العدد 1، 1979.

18-د.حازم الببيلاوي، الحقائق الاقتصادية والفن القانوني، مجلة مصر المعاصرة، السنة الحادية والسبعون، العدد 380، ابريل ،1980.

19-د. حمدي علي عمر، المسؤولية التعاقدية للادارة، دراسة مقارنة، المجلة القانونية الاقتصادية، كلية الحقوق، جامعة الزقازيق، العدد الثامن، 1996.

20-د. رمزي زكي، الخصخصة والإصلاح الاقتصادي بمصر، المجلة المصرية للتنمية والتخطيط القومي، المجلد الثاني، العدد الأول، 1994.

21-د.سعد عصفور، نظام التحكيم في القطاع العام وهل يجوز استمراره بحالته الراهنة ؟ مجلة المحاماة، العدد الأول، السنة 5، يناير، 1970.

22-د.عبد الحميد متولي، مبدأ المشروعية، مشكلة المبادئ العليا غير المدونة في الدستور، مجلة الحقوق، عدد 3،4، السنة 18.

23-د.عبدالعزيز حجازي، التنظيم الإداري في ضوء خطة الاصلاح المالي والاقتصادي، مجلة الادارة، العدد الثالث، يناير، 1969.

24-د.عزت عبد الحميد البرعي، الاطار الاقتصادي والقانوني لتنظيم قطاع الأعمال العام رقم 203 لسنة 1991، مجلة البحوث القانونية والاقتصادية، كلية الحقوق، جامعة المنوفية، العدد الثامن، السنة الرابعة، اكتوبر، 1995.

25-د. عصام البرزنجي، الرقابة القضائية على اعمال الادارة في العراق وافاق تطورها، مجلة العلوم القانونية والسياسية، العدد الأول والثاني، جامعة بغداد، 1985.

26-د. عصام البزنجي، العنصر الشخصي في الاختصاص، مجلة العلوم القانونية، المجلد العاشر، العدد الأول، 1994.

27-د. علي جمال الدين عوض، النظام القانوني للنشاط التجاري العام، المجلة المصرية للعلوم السياسية، ابريل، 1963.

28-د. علي حسين علي، الخصخصة في الدول النامية والمتقدمة، مجلة التجارة والصناعة، العدد الثامن والثلاثون، 1997.

29-د. علي خليفة الكواري، دور المشروعات العامة في التنمية الاقتصادية، بحث مقدم إلى ندوة التنمية في اقطار الجزيرة العربية المنتجة للنفط ،ط2، مؤسسة بيروت للطباعة والتجليد، حزيران، 1983.

30-عماد الجواهري وعبد الكريم كامل، التجربة الاقتصادية في العراق 1921 - 1945، مجلة بحوث اقتصادية عربية، العدد 23، 1994.

31-د. قيس عبد الستار عثمان، رقابة مجلس شورى الدولة على الاحكام الصادرة من مجلس الانضباط العام ومحكمة القضاء الإداري، بحث غير منشور، 1999.

32-د.ماهر صالح علاوي، النظام في القانون العراقي، مجلة العلوم القانونية، جامعة بغداد، 1992.

33- د. مجدي موريس نخلة، في التجربة المصرية في مجال انشاء المطارات بنظام B.O.T، بحث مقدم إلى المؤتمر الدولي عن مشروعات البناء

والتشغيل ونقل الملكية (البوت) ومقومـات نجاحهـا في مصر، مقـدم الى مركـز القاهرة الإقليمي للتحكيم، القاهرة، 14-16 نوفمبر، 1999.

34-د. محمد ابو العينين، انتشار الاتجاه إلى اقامة مشروعات البنية الاساسية في الـدول النامية عن طريق نظام البوت، بحث مقـدم إلى المؤتمر الـدولي عـن مشروعـات البناء والتشغيل ونقل الملكيـة (البـوت) ومقومـات نجاحهـا في مصر، صـادر عـن مركز القاهرة الاقليمي للتحكيم التجاري الدولي، نوفمبر 1999.

35-د. محمـد جـمال عطيـة عيسى، اهداف القـانون بـين النظريـة والتطبيـق، المجلـة القانونية والاقتصادية، كلية الحقوق، جامعة الزقازيق، العدد السابع، ص1995.

36-محمد حامد الجمل، نظرة جديـدة للمرافـق العامـة، ج1، مجلـة مصر المعـاصرة، السنة الثالثة والستون، العدد 350، اكتوبر، 1972.

37-د. محمد عبد الخالق عمر، نظام التحكيم في منازعات القطاع العام، مجلة القـانون والاقتصاد، العدد الأول، السنة الثانية والثلاثون، 1968.

38-د. محمد عبد المحسن المقاطع، الاسس الدسـتورية لخصخصـة المشروعـات العامـة ورقابة الدولة عليها، مجلة المحامي تصدرها جمعيـة المحـامين الكويتين، السـنة 22، ابريل، مايو، يونيو.

39-د.محمد فؤاد مهنا، حقوق الافراد ازاء المرافق العامة، مجلة مجلس الدولة، السـنة الثانية، 1951.

40-د. محمد فتوح عثمان، التحكيم الاجباري لمنازعات الحكومة والقطاع العـام، مجلـة العلوم الإدارية، العدد الأول، حزيران، 1987.

41-د. محمد ماجد خشبة، قضايا مفاهيميـة وعمليـة تـأجير الأصـول، ضـمن سياسـة الاصلاح الاقتصادي مع التطبيق على مصر، المجلة المصريـة للتنميـة والتخطيط، معهد التخطيط القومي، المجلد السادس، العدد الثاني، ديسمبر، 1998.

42-د. محمـد ماجـد محمـود، العقـد الإداري وشرط التحكيـم الـدولي، مجلـة العلـوم الإدارية، العدد الثاني، ديسمبر، 1993.

43-د.محمد محمد عبد اللطيف، حرية الإذاعة المسموعة والمرئية، بحث مقدم لمؤتمر الاعلام والقانون، كلية الحقوق، جامعة حلوان، مارس، 1999.

44-د. محمد مصطفى حسن، المصلحة العامة في القـانون والتشريع الاسلامي، مجلـة العلوم الإدارية، السنة الخامسة والعشرون، العدد الأول، يوليو، 1977.

45-د. محمـود ابو السعود، سلطة الادارة في الرقابـة عـلى تنفيـذ العقـد الإداري، مجلـة العلوم القانونية والاقتصادية، العدد الأول ـ السنة 39، يناير، 1979.

46-د.محمود حافظ غانم، الطبعية القانونية للمؤسسات العامة، مجلة مصر المعـاصرة، السنة الثالثة والخمسون، العدد 310، اكتوبر، 1962.

47-د.محمود سمير الشرقاوي : التطورات الحديثـة في قـانون التحكيم المصري، مجلـة مصر المعاصرة، العدد 449-450، السنة التاسعة والثمانون، 1998.

48-د.محمود سمير الشرقاوي، النشاط التجاري للمشروعـات العامـة، مجلـة الحقـوق، جامعة الإسكندرية، مايو، السنة الثالثة عشر، ملحـق العـددين الثالـث والرابـع، 1968.

49-د. محمود عبد السميع : نطـاق التـدخل الحكـومي في النشـاط الاقتصادي، مجلـة مصر المعاصرة، العدد 444، اكتوبر، 1996.

50-د. محيي الدين اسماعيل علم الدين، نظام تحكيم القطاع العـام، مجلـة المحامـاة، العدد الأول، السنة 50، يناير، 1970.

51-عبد العزيز السيد الخوري، مذكرات في العقد الإداري، هيئـة قضايا الدولـة، العـدد الأول، مارس، 1989.

52-محمود محمد فهمي، في عقود الـ B.O.T وتكييفها القانوني، مجلة مصر المعاصرة، يناير، ابريل، العدد 461- 462 السنة 92، 2001.

53-د.مصطفى ابو زيد فهمي، الادارة المحلية في القانون المقارن، مجلة العلوم الإدارية، العدد الأول، السنة الثالثة، 1961.

54-د.مصطفى كمال وصفي، سلطة الادارة في تعديل العقد بارادتها المنفردة، مجلة العلوم الإدارية، السنة 13، العدد الأول، 1979.

55-د. مهدي اسماعيل الجزاف، الجوانب القانونية للخصخصة، مجلة الحقوق، جامعة الكويت، السنة التاسعة عشرة، العدد الرابع، ديسمبر، 1995.

56-د. ناجي البصام، المتغيرات الاقتصادية والاجتماعية والسياسية في العراق، مجلة العلوم الإدارية، العدد الثاني، ديسمبر، 1988.

57-د. نجلاء الاهواني، مشاركة القطاع الخاص في تقديم خدمات البنية الأساسية لمسندة النمو الاقتصادي في الدول النامية، سلسلة دراسات شرق أوسطية رقم 231، مركز بحوث الشرق الأوسط، جامعة عين شمس، القاهرة، 1998.

58-د.نعيم عطية، القانون العام والصالح المشترك، مجلة العلوم الإدارية، السنة العشرون، العدد الثاني، ديسمبر 1978.

59-د. هاني صلاح سري الدين : الاطار القانوني لمشروعات البناء والتشغيل ونقل الملكية (البوت) ومقومات نجاحها في مصر، بحث صادر عن مركز القاهرة الاقليمي للتحكيم التجاري الدولي، نوفمبر، 1999.

60-د. هاني صلاح سري الدين، الاطار القانوني لمشروعات البنية الاساسية التي يتم تحويلها عن طريق القطاع الخاص بنظام البناء والتملك والتشغيل والتحويل، مجلة القانون والاقتصاد، العدد 69، 1999.

د - الدوريات:

1-مجلة الإدارة.

2-مجلة المحاماة المصرية، نقابة المحامين المصرية.

3-مجلة المحامي، جمعية المحامين الكويتية.

4-المجلة المصرية للعلوم السياسية، الجمعية المصرية للعلوم السياسية، القاهرة.

5-مجلة البحوث القانونية والاقتصادية، كلية الحقوق، جامعة المنصورة.

6-مجلة البحوث القانونية والاقتصادية، كلية الحقوق، جامعة المنوفية.

7-مجلة بحوث اقتصادية عربية، الجمعية العربية للبحوث الاقتصادية، مصر.

8-مجلة التجارة والصناعة.

9-مجلة الحقوق، كلية الحقوق، جامعة الإسكندرية.

10-مجلة الحقوق، كلية الحقوق، جامعة الكويت.

11-مجلة ديوان التدوين، ديوان التدوين القانوني، وزارة العدل، بغداد.

12-مجلة روح القوانين، كلية الحقوق، جامعة طنطا.

13-مجلة العلوم الإدارية، الشعبة المصرية للمعهد الدولي للعلوم الإدارية، القاهرة.

14-مجلة العلوم القانونية، كلية الحقوق، جامعة بغداد.

15-مجلة العلوم القانونية والاقتصادية، كلية الحقوق، جامعة عين شمس.

16-مجلة القانون والاقتصاد، كلية الحقوق، جامعة القاهرة.

17-المجلة القانونية والاقتصادية، كلية الحقوق، جامعة الزقازيق.

18-مجلة مجلس الدولة، مجلس الدولة، مصر.

19-مجلة مصر المعاصرة، الجمعية المصرية للاقتصاد السياسي والإحصاء والتشريع، القاهرة.

20-المجلة المصرية للتنمية والتخطيط، معهد التخطيط القومي.

21-مجلة هيئة قضايا الدولة، هيئة قضايا الدولة، مصر.

هـ ـ الدساتير والقوانين والقرارات واللوائح

الدساتير

1-القانون الأساس 1925

2-الدستور العراقي الملغى 1970

3-الدستور المصري النافذ 1971

4-دستور فرنسا الصادر في عام 1946

5-الدستور الفرنسي النافذ 1958

القوانين والاوامر

1-قانون إنشاء السلخانات الفرنسية في 1905/1/8

2-قانون حرية التجارة والصناعة الفرنسي في 1917/3/17

3-قانون تأميم الغاز والكهرباء الفرنسي في 1946/4/8

4-قانون تأميم شركات التأمين الفرنسية في 1946/4/25

5-قانون تأميم الوقود المستخلص من المناجم في 1946/5/17

6-القانون المدني المصري 31 لسنة 1948

7-قانون التزام المرافق العامة المصري 129 لسنة 1947

8-قانون مجلس الاعمار العراقي رقم 23 لسنة 1950 العراقي

9-القانون المدني العراقي 40 لسنة 1951

10-قانون إنشاء المؤسسة الاقتصادية المصرية رقم 5 لسنة 1957

11-قانون إلغاء مجلس الاعمار العراقي رقم 74 لسنة 1959 العراقي

12-قانون المؤسسات العامة ذات الطابع الاقتصادي رقم 265 لسنة 1960 العراقي

13-قانون الخدمة المدنية 124 لسنة 1960

14-قانون إنشاء المؤسسة العسكرية في العراق رقم 98 لسنة 1964

15-قانون المؤسسات العامة الجديد رقم 166 لسنة 1965 العراقي

16-قانون المؤسسات العام المصرية رقم 32 لسنة 1967.

17-قانون العقوبات العراقي 111 لسنة 1969

18-قانون المرافعات المدنية التجارية رقم 83 لسنة 1969

19-قانون المؤسسات النوعية رقم 90 لسنة 1970 العراقي

20-قانون الاستثمار رقم 43 لسنة 1974 المصري

21-قانون القطاع العام رقم 97 لسنة 1983 المصري

22-قانون الاستثمار رقم 230 لسنة 1989 المصري

23-القانون 203 لسنة 1991 قانون شركات قطاع الأعمال العام المصري

24-قانون التحكيم المصري رقم 27 لسنة 1994

25-قانون رقم 100 لسنة 1996 قانون قطاع الكهرباء المصري

26-قانون رقم 9 لسنة 1997 المعدل لقانون التحكيم المصري رقم 27 لسنة 1994

27-قانون الشركات العراقي رقم 21 لسنة 1997.

28-قانون الشركات العامة العراقي المرقم 22 لسنة 1997

29-قانون رقم 3 لسنة 1997 قانون قطاع الطرق والجسور المصري

30-قانون تنظيم المناقصات والمزايدات المصري رقم 89 لسنة 1998

31-قانون قانون رقم 19 لسنة 1998 بشأن تحويل الهيئة القومية للاتصالات السلكية واللاسلكية المصرية إلى شركة مساهمة.

32-قانون رقم 8 لسنة 2000 المعدل لقانون رقم 27 لسنة 1994

33-الامر رقم 64 لسنة 2004 بشأن تعديل قانون الشركات المرقم 21 لسنة 1997

34-الامر رقم 30 لسنة 2005 بشأن انشاء المحكمة الاتحادية العليا رقم 31 لسنة 2005

القرارات

1-قرار مجلس قيادة الثورة المنحل رقم 700 لسنة 1980

2-قرار مجلس قيادة الثورة المنحل رقم 521 لسنة 1983

3-قرار مجلس قيادة الثورة المنحل رقم 200 لسنة 1986

4-قرار مجلس قيادة الثورة المنحل رقم 17 لسنة 1987

5-قرار مجلس قيادة الثورة المنحل رقم 18 لسنة 1987

6-قرار مجلس قيادة الثورة المنحل رقم 140 لسنة 1993

7-قرار مجلس قيادة الثورة المنحل رقم 105 لسنة 1995

8-قرار مجلس قيادة الثورة المنحل رقم 67 لسنة 1996

و : مجموعات الأحكام

1-النشرة التشريعية، يوليو، 1957، الصادرة عن وزارة العدل، مصر.

2-الجريدة الرسمية المصرية، الوقائع المصرية.

3-الجريدة الرسمية العراقية، جريدة الوقائع العراقية.

4-مجموعة الأحكام العدلية التي يصدرها قسم الإعلام القانوني في وزارة العدل.

5-مجموعة أحكام المحكمة العليا، الجزء الأول – الثاني.

6-مجموعة أحكام المحكمة الدستورية العليا، الجزء الأول.

7- الموسوعة الإدارية الحديثة ،جـ20، جـ22،جـ24،جـ35.

8-مجموعة القواعد القانونية، سمير ابو شاوي، الجزء الثاني.

9- الموسوعة العربية للدساتير العالمية.

10-مجموعـة المبـادئ القانونيـة التـي أقرتهـا المحكمـة العليـا مـن 1986/10/1 حتـى 1987/9/30، وكذلك للسنوات 2ق، 7ق، 27ق، 32ق، 33ق، 47ق.

11-مجموعة أحكام محكمة القضاء الإداري المصرية، مجموعـات السـنوات 2ق، 5ق، 7ق، 8ق، 9ق، 10ق، 11ق، 12ق، 43ق، 44ق، 48ق.

ي. الأحكام القضائية

1-حكم محكمة القضاء الإداري المصرية في جلسة 1952/12/2 المجموعة س7

2- حكم محكمة القضاء الإداري المصرية في 1953/3/8 السنة السابعة قضائية.

3- حكــم محكمـة القضـاء الإداري المصرية في الـدعوى المرقمـة 1618 في جلسـة 1954/2/15 مجموعة السنة الثانية ق.

4- حكم محكمة القضاء الإداري المصرية في جلسة 1954/2/15 المجموعة س8.

5- قرار محكمة التمييز في الدعوى رقم 9/ح/1954 بتاريخ 1954/4/5

6- حكم محكمة القضاء الإداري المصرية في جلسة 1955/3/23 المجموعة س 9.

7- حكم محكمة القضاء الإداري المصرية في الدعوى المرقمـة 8386 جلسـة 1956/4/22 مجموعة السنة العاشرة.

8- حكم محكمة القضاء الإداري المصرية في الدعوى المرقمة 1525 في جلسـة 1957/3/3 مجموعة السنة 11 ق.

9- حكم محكمة القضاء الإداري المصرية في الدعوى المرقمة 520 في جلسة 1957/4/20 مجموعة السنة 5 ق.

10- حكم محكمة القضاء الإداري المصرية في جلسة 1957/6/30 المجموعة 11 ق.

11- حكم المحكمة الإدارية العليا المصرية في جلسة 1957/11/9 في الطعن رقم 904.

12- قرار محكمة تمييز العراق بقرارها المرقم 508 – حقوقية – 59 في 1959/4/14.

13- حكم محكمة القضاء الإداري المصرية في الدعوى المرقمـة 968 جلسـة 1960/1/12 مجموعة السنة الثانية عشر.

14- حكم المحكمة الإدارية العليا المصرية في جلسة 1960/4/26 قضية 3/ 4 سوريا.

15-حكم المحكمة الإدارية العليا المصرية في جلسة 1960/5/20 الطعن رقم 29 لسنة 2 سوريا.

16-قرار محكمة التمييز المرقم 919/ 1963 في 1963/4/3 مجلة ديوان التدوين.

17-حكم المحكمة الإدارية العليا المصرية في جلسة 1964/11/29 في الطعن رقم 1390 لسنة 7ق المجموعة السنة العاشرة.

18-قرار محكمة التمييز المرقم 1046 ح /1965 في 1966/6/29 مجلة ديوان التدوين القانوني.

19-حكم محكمة القضاء الإداري المصرية في الدعوى المرقمة 882 في جلسة 1968/3/3 مجموعة السنة 10 ق.

20-قرار محكمة التمييز في الدعوى رقم 37 (استثنائية) 1969 في 1969/10/11 قضاء محكمة التمييز.

21-حكم محكمة القضاء الإداري المصرية في جلسة 1970/4/11 في الطعن رقم 954-12ق.

22-حكم محكمة القضاء الإداري المصرية في الدعوى المرقمة 835 في جلسة 1970/4/11 مجموعة السنة 12 ق

23-قرار محكمة التمييز العراقية في 1970/12/8 رقم الإضبارة 103/استثنائية /1970.

24-حكم المحكمة الدستورية العليا جلسة 1972/4/4 القضية رقم 11 لسنة 1 ق دستورية.

25-حكم المحكمة الدستورية العليا المصرية في 1972/7/1 الدعوى رقم 4 لسنة 2ق.

26-قرار محكمة التمييز العراقية في 1972/11/5 رقم الإضبارة 533 و 589/مدنية اولى/1972.

27-قرار محكمة التمييز العراقية في 1972/12/6 رقم الإضبارة 463-467/مدنية اولى/1972.

28-قرار محكمة التمييز العراقية في 1975/9/13 رقم الإضبارة 111/هيئة عامة اولى/ 1975.

29-حكم المحكمة الإدارية العليا المصرية في 1977/11/12 الموسوعة الإدارية الحديثة ج24.

30-حكم المحكمة الدستورية العليا جلسة 1978/4/1 في القضية رقم 5 لسنة 1975.

31-قرار محكمة التمييز المرقم 942/مدنية اولى/1978 في 1978/10/8 مجلة مجموعة الأحكام.

32-قرار محكمة التمييز المرقم 206 /مدنية اولى/1978 في 1978/12/25 مجلة مجموعة الأحكام.

33-حكم المحكمة الدستورية العليا جلسة 1980/2/6 في القضية رقم 13 لسنة 1 ق.

34-حكم المحكمة الإدارية العليا المصرية في جلسة 1986/4/12 في الطعن رقم 2458 لسنة 33ق.

35-حكم المحكمة الإدارية العليا المصرية في جلسة 1987/5/19 في الطعن رقم 3562 لسنة 29 ق.

36-حكم المحكمة الإدارية العليا المصرية في جلسة 1988/1/26 في الطعن رقم 722 السنة 32 ق.

37-حكم المحكمة الإدارية العليا المصرية بتاريخ 1990/1/20 طعن رقم 3049 لسنة 32 ق.

38-قرار محكمة القضاء الإداري العراقية المرقم 66/قضاء إداري/1990 في 1991/7/10 غير منشور.

39-حكم محكمة القضاء الإداري المصرية في جلسة 1991/1/30 في الدعوى رقم 5439 لسنة 43 ق.

40-قرار الهيئة العامة في مجلس شورى الدولة العراقي المرقم 18/إداري/تمييز 1995 في 1995/1/25 غير منشور.

41-قرار مجلس الانضباط العام 211 في 1995/9/20 في الإضبارة المرقمة 1995/19 غير منشور.

42-حكم محكمة القضاء الإداري المصرية في جلسة 1996/1/28 في الدعوى رقم 4188 لسنة 48 ق.

43-قرار مجلس الانضباط العام 1997/47 في 1997/2/23 غير منشور

44-حكم محكمة القضاء الإداري المصرية في جلسة 1999/12/9 طعن رقم 5837 لسنة 44ق.

ك : التقارير وأوراق العمل والندوات والمؤتمرات

1-المؤتمر القانوني الأول في كلية حقوق الإسكندرية، مايو 1961.

2-مؤتمر بناء مصر الاقتصادي، نقابة المحامين المصرية، 1983.

3-ندوة إدخال آليات القطاع الخاص وقوى السوق في إدارة الاجهزة الحكومية، المنظمة العربية للتنمية الإدارية 3-5 أكتوبر، 1998.

4-المؤتمر القانوني للقضاء الإداري، وزارة العدل العراقية، تشرين أول 1999.

5-المؤتمر الدولي عن مشروعات البناء والتشغيل ونقل الملكية (البوت) ومقومات نجاحها في مصر، مركز القاهرة الإقليمي للتحكيم التجاري الدولي، القاهرة، نوفمبر 1999.

6-مؤتمر الإعلام والقانون، كلية الحقوق، جامعة حلوان، مارس 1999.

7-التقرير الاقتصادي العربي الموحد، سبتمبر 2002.

8-ندوة التنمية الاقتصادية في أقطار الجزيرة العربية المنتجة للنفط.

ثانياً / المصادر باللغة الفرنسية:

المصادر العامة والخاصة

A / OUVRAGES GENERAUX ET SPEC IAUX:-

1- Auby et drago: traite du contentieux administrtif tom 1,2 ed 1975.

2- Auby J.M et Ducos-(A),Grand: services publics et Enterprises Nationules,t.1,1975.

3- Auby (j.B), Maugve, Les contrats de legation de service public j.c.p.1994

4- Badaoui(s): droit de l'adminsration de modifier ses controts, la caire 1963.

5- Benoit jeanau: Droit des services publics et des entreprises national, Dallo Z.1984.

6- Benoit (f.b): le droit adminislratif francais. 1988.

7- Bernier(ch.): des povnoiris de l'administration sur les concessions de trauaux publics1992.

8- Bonnard(R): precis de droit adminislratif 1936.

9- Bonnard (c)orgnization economique de l'etet paris, 1951.

10- Bredin (j.d): l'interprise semi –publique et publique et le droit prive. L. g. d j 1957.

11- Broussolle (D.): de creation de reseau ferre de france , aj. D. a 1997

12- Chapus (D): le Vulear jurdique de principe generaux de droit- Dalloz 1960.

13- Chapus (R.): droit administratif general, montchrestien . 1996.

14- Danip(r): l'arbitrage dan le commerce intarenational, paris 1982.

15- De lauladere (A): Traite des services publics et des entreprises national, Dalloz .1984.

16- Delaubadere (A). traite de droit adminislratif l'adminislration de l'economic 3ed, 1977.

17- Delaubadere (A): Traite de droit Administratif l'administration de l'econcmie 3ed 1977.

18- Delabadere(A): traite thearique des contrats ad minislratif . paris 1983.

19- Delaubader(A)modrne, delvolve (p.): traite descontrats adminialratif 2t.lgdj 1983.

20- Delaubader(A), moderne (f), delvolve (d.): traite de contrats administratif l.g.d.j 2ed 1.1 1983.

21- Delaubader(A), venezia (j.c),gaudmet (y.): traite de droit administratif t.1, l.g.d.j. 1996

22- Delaubadere (A), Venezia (J.G), et Gaudement : Traite de droit adminiotratif .

23- Duez et Debeyer: traite de droit administratif 1952.

24- Flam (m.a): traite theorique et partique des marchs publics bruxlles 1964.

25- Jeze: les principes generaux du droit administratif t.ll 1990.

26- La rouque:les usagers des services publics industriel et commerciaux 3 1933.

27- Letourneur: les principes generaux du droit dens conseil d'det Etudes et documents , 1951.

28- Linotte (d.), mestre(a): services publics et droit public economique litec, 1982.

29- Phlippe Colson (j): droit public zconomoque L.G.D.J.Paris 1971.

30- Pipert: les force creatrices du droit 1955.

31- Richer (L): droit de contrats adminslratif l.g.d.j 1995.

32- Richer (L.)Remaraques sur les entereprises des service public (AJDA)1997.

33- Ripert (g): le declin du droit, l.g.d.j paris 1949.

34- Rivero: droit administratif 10 ed 1983 Vedel (G): Droit administratif 1973

35- Romeuf: la justic adminislatif j.delmas.paris.1989.

36- truchet: nature et regeim jurdique de l'exploitation de reseaux cabls R.E.D.A. 1996.

37- Vedel (G)droit adminislratif , theimis 5ed paris 1961.

38- Vedel (g): travaux partiques, zeme anne course de droit administratif faculte de droit paris 1964.

39- Vedel (g), et delvolve (p.): droit administratif p.v.f. themis ge ed 1984.

40- Vedel(g),delvolve(p): droit administratif puf. 1992

41- Victor(H): Le choix du juge dans le contentieux contrats adminislratif A.J.D.A. 1992.

42- Walin : le pouvoir discritionnaire R.D.P. 1930.

43- Waline (m): traite de droit a dministratif 2ed paris, siery 1963.

الدوريات والمجموعات

C \ PERIODIQUE ET RECEILS

1- Actualite juridique- droit admimistratif (A.J.D.A)

2- jurisclasseur periodique (la samine juridique- edition generale (J. C. P))

3- Revue d droit pubic et de science politique (R.D.P)

4- Revue francaise de droit administratif (R.F.D.A.)

قائمة بالمختصرات المستخدمة في الاطروحة :

D \ liste des princip ales abreviation utilisees dans la THESE

1- L.G.D.J--- librairie generale de droit et jurisprudence edition.

2- op. Cit--- ouvrage precite.

3- T. ----- tom.

4- T.A ----- tribunal administrative.

5- T.C ----- tribunal des conflits.

6- T.C.A., 2e ed --- traite des contrats administratifs deuxieme edition.

7- T.D.A.,10 e ed --- traite de droit administratif, dixieme edition.

8- C.E ----- consil d' etat.

9- C.A.---- cour d'appel.

ثالثاً / المصادر باللغة الإنكليزية :

1- Dieter Bos : Privatization : Theoretical treatment, oxford, claren don press, 1991.

2- Eekstein, o.: individualism and the role of state in economic growth economic development and cultural change vol. 71. No22 (Jan 1985) reprinted in M. Bornstein (rd) comparative economic system, modes and cases, Homewood, in Irwin 1969, p.396-403.

3- Hoffman (S): The law and Business of international project finance 1998.

4- Ibrahim El-Wan Ibrahim: Privatization deregulation and macroeconomic polices: The case of Pakistan and mercoecon omi policy issues 1992.

5- Jeffery Delmon: BOO. BOT Projects, a commercial and contractual Guide sweet and Maxwell, London, 2000.

6- Molano, Waltes: The logic of privatization, the case of telecommunication, America, Green wood press west port 1997.

فهرس الكتاب

تم بحمد الله وتوفيقه

Printed in the United States
By Bookmasters